南部年鉴 2019

Nanbu Nianjian

南部县地方志办公室 编

黄河出版传媒集团
阳光出版社

图书在版编目（CIP）数据

南部年鉴. 2019 / 南部县地方志办公室编. -- 银川：阳光出版社，2020.5
ISBN 978-7-5525-5295-9

Ⅰ. ①南… Ⅱ. ①南… Ⅲ. ①南部县-2019-年鉴 Ⅳ. ①Z527.14

中国版本图书馆CIP数据核字(2020)第074148号

南部年鉴 2019   南部县地方志办公室 编

责任编辑　杨　皎
封面设计　白龙江文化
责任印制　岳建宁

黄河出版传媒集团　阳光出版社　出版发行

出 版 人	薛文斌
地　　址	宁夏银川市北京东路139号出版大厦（750001）
网　　址	http://www.ygchbs.com
网上书店	http://shop129132959.taobao.com
电子信箱	yangguangchubanshe@163.com
邮购电话	0951-5014139
经　　销	全国新华书店
印刷装订	成都市金雅迪彩色印刷有限公司
印刷委托书号	（宁）0016987

开　本	889mm×1194mm　1/16
印　张	20.25
字　数	429千字
版　次	2020年5月第1版
印　次	2020年5月第1次印刷
书　号	ISBN 978-7-5525-5295-9
定　价	166.00元

版权所有　翻印必究

《南部年鉴2019》编纂委员会

顾　问　张根生
主　任　黄　波
副主任　袁剑柏　李翔宇
委　员　徐驰骋　杜晓明　李　阳　王　剑
　　　　尤朝晖　刘　坚　袁兴远　斯　勤
　　　　何　悦　谢　瑛　王正伟　李　懿
　　　　祝雄跃　喻凤鸣　雍　超　曹齐麟
　　　　史光伦　蒋明胜　任　勇　任旭勇
　　　　邱文启　何　会　梁德华　杜卫东
　　　　苟连云　罗　铭　庞辉政　王　宁
　　　　陈雪花　高吉文　李　旭　梁　鸿
　　　　罗小川　刘崇重　黎兆勃　张君龙
　　　　许　琳　史小龙　宋全举

《南部年鉴2019》编辑部

总　　编　黄　波
副总编　袁剑柏　李　阳
编辑部主任　许　琳
编　　辑　罗　杉
编　　务　王　雪
摄　　影　张　枥　李　果　白　刚　阳世茂

编辑说明

一、《南部年鉴2019》是南部县人民政府主办的大型综合性年刊和大型地方资料工具书，为2018年南部县地情资料汇编。

二、编辑出版《南部年鉴2019》，旨在全面、系统、翔实、准确、及时记载和反映南部县2018年的经济建设、政治建设、文化建设、社会建设、生态文明建设等方面的新情况、新成就，为展示南部、为国内外人士了解南部和投资建设南部服务，为全县机关、企事业单位制定政策、进行科学研究、谋求发展提供重要依据。

三、《南部年鉴2019》采用分类编辑法，设部类、类目、分目、条目。全书除编辑说明、目录、特载、大事记等内容外，设南部概况、政治、经济、文化、社会、生态文明建设、乡镇等栏目，配合各部类内容，设有图片专辑。

四、《南部年鉴2019》仍然增设《媒体看南部》，选辑2018年省级以上媒体刊播涉及南部县政治、经济、文化建设的消息和通讯。

五、《南部年鉴2019》所用单位稿件、资料等均系入鉴单位提供，并经供稿单位审核。有关数据均以县统计局公布数据和核定数据为准。计量单位如面积计量中的"亩"，虽非法定计量单位，但已成为本地习惯用法，本年鉴未予换算。

六、自2019年5月《南部年鉴2019》编纂工作启动以来，在县编纂委员会领导和市志办的帮助指导下，全县各部门、企事业单位、各乡镇（街道）以及中央、省、市驻县单位均给予高度重视，提供了91万字的资料，在此诚致谢意。

领导活动 LINGDAO HUODONG

2019年2月25日,工信部副部长王志军(前排中)在南充市副市长、南部县县委书记张根生(右一)等领导陪同下调研四川南部经济开发区

2018年5月8日,省政协副主席王正荣(前排左二)来县调研中药材产业

2019年6月11日,南充市委书记宋朝华(中)在南部县碑院镇林坝村调研脱贫攻坚工作

温州市市长姚高员(前排左三)在南充市市长吴群刚,副市长、南部县县委书记张根生陪同下考察东西部产业园

南充市副市长、南部县县委书记张根生(右)走访贫困户

2019年4月3日,南部县县长黄波(前排右三)清明节前深入乡镇开展安全检查工作

2019年6月20日,县人大常委会主任胡修云(左)在雄狮乡指导"两不愁三保障"回头看大排查工作

2019年12月20日,政协南部县委员会主席时春英(前排左二)深入升水镇督导项目建设

重要会议
ZHONGYAO HUIYI

2018年8月28日，召开中共南部县委十三届六次全体（扩大）会议

2018年12月25日，召开南部县领导干部警示教育大会

2019年1月10日,召开南部县第十七届人民代表大会第四次会议第一次全体会议

2019年1月9日,召开中国人民政治协商会议南部县第十四届委员会第三次会议

重要活动
ZHONGYAO HUODONG

县领导巡河

2018年9月15日,发展中国家成员国学习考察班在八尔湖镇纯阳山村村委会留影

第二届"我骄傲,我是地道南部人"演讲比赛进入决赛选手留影

2018年2月10日,四川南部农村商业银行股份有限公司挂牌成立

亲水南部 项目攻坚
XIANGMU GONGJIAN

2018年11月5日至6日，南充市副市长、南部县县委书记张根生带领县委、县人大、县政府、县政协领导及相关部门负责人在八尔湖镇等地开展建设项目现场验靶

嘉陵江三桥建设

定升路建设

南部水城建设

亲水南部 工业强
GONG YE QIANG

四川南部经济开发区

四川恒诺电子有限公司生产车间

攀登食品生产车间

元安药业生产车间

亲水南部 城市美
CHENG SHI MEI

城市建设快速推进

南部水城

市民广场

火车站广场

亲水南部 乡村兴
XIANG CUN XING

2018年11月9日,召开全县乡村振兴大会

2018年12月11日,召开全县"三场大会战"推进会

雄狮乡碾盘村晚熟柑橘产业园

定水镇西河坝村瓜蒌套种白芨的产业扶贫项目

提档升级的雄狮乡水果种植基地

提档升级的定水镇有机葡萄园

八尔湖花海

保城乡菜花节

亲水南部 文化建设
WENHUA JIANSHE

第十届中国升钟湖钓鱼大赛开幕式

2018年，南部中学史地教研组推出的农耕文化展板

2018年,南部县职业教育中学学生在浙江洞头区实训

南部县第五小学开展的艺体教育活动

县有关部门组织的文化"三下乡"活动

文艺演出——灯舞

文艺演出——传道

非物质文化遗产传承——灯戏表演

非物质文化遗产传承——皮影表演

非物质文化遗产传承——傩戏表演

2018 数字南部
SHU ZI NANBU

全县面积：2230平方千米
耕地面积：94535公顷
乡镇、街道办事处：73个
户籍人口：125.6万人
农业人口：104.9万人
非农业人口：20.7万人
出生：13078人
死亡：5649人
人口自然增长率：5.6‰
森林覆盖率：48.7%
第一产业增加值：58.83.9亿元
第二产业增加值：159.1亿元
第三产业增加值：102.0亿元

全社会固定资产投资：292亿元
社会消费品零售总额：115.2亿元
城镇居民人均可支配收入：35117元
农村居民人均可支配收入：14931元
公办中小学：106所
公办幼儿园：3所
教职工：7567人（男3818人、女3749人）
民办学校：62所
教职工：1188人（男203人、女985人）
县级医疗卫生机构：5个
乡镇卫生院：79个
村卫生室：1044个
民营医院：21个

目 录 CONTENTS

特 载

在全县乡村振兴大会上的讲话 …………… 001
政府工作报告 …………………………… 013

大事记

1月 …………………………………… 026
2月 …………………………………… 026
3月 …………………………………… 027
4月 …………………………………… 027
5月 …………………………………… 028
6月 …………………………………… 029
7月 …………………………………… 030
8月 …………………………………… 031
9月 …………………………………… 032
10月 ………………………………… 033
11月 ………………………………… 034
12月 ………………………………… 035

南部概况

位置与政区 …………………………… 037
县　名 ………………………………… 037
县　城 ………………………………… 038
建置沿革 ……………………………… 038
人　口 ………………………………… 039
地　貌 ………………………………… 040
水　系 ………………………………… 040
自然资源 ……………………………… 041
气　候 ………………………………… 042
环境质量 ……………………………… 042

政 治

中国共产党南部县委员会 ……………… 043
　县委工作综述 ………………………… 043
　纪检　监察 …………………………… 046
　组织工作 ……………………………… 047

机构编制 ································· 049
　　事业单位登记管理 ····················· 050
　　宣传工作 ································· 051
　　统战工作 ································· 052
　　民族宗教工作 ··························· 053
　　机要工作 ································· 053
　　目标督查 ································· 054
　　老干部工作 ······························ 054
　　县委党校 ································· 055
　　党史研究 ································· 055
南部县人民代表大会 ························ 057
　　人大工作综述 ··························· 057
　　人民代表会议 ··························· 057
　　县人大常委会会议 ····················· 057
　　县人大常委会主任会议 ··············· 059
　　监督工作 ································· 061
　　专题调研及代表视察 ·················· 061
　　人事任免及基层人大工作 ··········· 062
　　制度建设及宣传工作 ·················· 062
南部县人民政府 ······························ 063
　　政府工作综述 ··························· 063
　　县政府办公室 ··························· 067
　　民　政 ··································· 068
　　政务服务 ································· 070
　　信访工作 ································· 071
　　机关事务管理 ··························· 072
政协南部县委员会 ·························· 073
　　政协工作综述 ··························· 073
　　政协常务委员会议 ····················· 074
　　政协主席会议 ··························· 075
　　视察与调研 ······························ 076
　　政协委员工作 ··························· 076
　　政协办公室 ······························ 077
人民团体 ······································ 078
　　南部县总工会 ··························· 078
　　共青团南部县委员会 ·················· 079
　　南部县妇女联合会 ····················· 080
　　南部县工商业联合会 ·················· 081
法　治 ·· 083
　　综　述 ··································· 083
　　公　安 ··································· 084
　　检　察 ··································· 085
　　法　院 ··································· 086
　　司法行政 ································· 088
军　事 ·· 089
　　南部县人民武装部 ····················· 089
　　武警南部县中队 ························ 091
　　武警南部县公安消防大队 ··········· 092

经　济

经济管理 ······································ 093
　　国民经济与社会发展计划 ··········· 093
　　国土资源管理 ··························· 095
　　国有资产管理 ··························· 096
　　市场监督管理 ··························· 096
　　审　计 ··································· 098
　　统　计 ··································· 098
农　业 ·· 100
　　农村经济综述 ··························· 100
　　脱贫攻坚综述 ··························· 101
　　水利建设 ································· 102
　　蚕　桑 ··································· 103
工　业 ·· 105
　　工业经济综述 ··························· 105
　　工业集中区 ······························ 106
　　投资促进 ································· 107
　　石　油 ··································· 108
　　天然气 ··································· 108
信息业 ·· 110

邮　政 …………………………………… 110
　　电　信 …………………………………… 111
　　移　动 …………………………………… 111
　　联　通 …………………………………… 112
交　通 ………………………………………… 113
　　交通运输 ………………………………… 113
　　航道管理 ………………………………… 113
　　海事管理 ………………………………… 114
　　路政管理 ………………………………… 114
　　公路管理一局 …………………………… 115
　　公路管理二局 …………………………… 116
　　运政管理 ………………………………… 116
城乡建设 ……………………………………… 118
　　城乡规划与建设 ………………………… 118
　　城市管理 ………………………………… 118
　　房地产管理 ……………………………… 119
　　供　水 …………………………………… 120
　　园林管理 ………………………………… 121
商　贸 ………………………………………… 122
　　商贸综述 ………………………………… 122
　　供销合作 ………………………………… 122
旅游业 ………………………………………… 124
　　旅游管理 ………………………………… 124
　　升钟湖风景区管理 ……………………… 125
财政　金融 …………………………………… 126
　　财　政 …………………………………… 126
　　税　务 …………………………………… 127
　　中国人民银行南部支行 ………………… 129
　　中国工商银行南部支行 ………………… 129
　　中国建设银行南部支行 ………………… 130
　　南部县农商银行 ………………………… 130
　　中国邮政储蓄银行南部支行 …………… 130
　　人寿保险 ………………………………… 131
　　财产保险 ………………………………… 131

文　化

教　育 ………………………………………… 132
　　教育工作综述 …………………………… 132
　　南部县第一中学 ………………………… 133
　　南部县第二中学 ………………………… 135
　　南部县第三中学 ………………………… 135
　　南部县第一小学 ………………………… 136
　　南部县第二小学 ………………………… 137
　　南部县第三小学 ………………………… 139
　　南部县第四小学 ………………………… 140
　　南部县第五小学 ………………………… 140
科学技术 ……………………………………… 141
　　科学普及与创新 ………………………… 141
传　媒 ………………………………………… 142
　　新闻出版 ………………………………… 142
　　广播电视 ………………………………… 143
　　广电网络 ………………………………… 144
文化管理 ……………………………………… 145
　　文物与考古 ……………………………… 145
　　群众文化建设 …………………………… 145
　　图书管理 ………………………………… 146
　　新华文轩 ………………………………… 147
文　史 ………………………………………… 148
　　档　案 …………………………………… 148
　　地方志 …………………………………… 148

民　生

管理与监督 …………………………………… 150
　　社会保障和人力资源管理 ……………… 150
　　社会保险 ………………………………… 151
　　就业服务 ………………………………… 151

安全生产监督管理……………152

人民生活与社会保障　153
　　南部县残疾人事业………………153
　　南部县红十字会…………………154
　　医疗卫生人口与生育……………154
　　医疗保障…………………………156
　　疾病防控…………………………156
　　中医药服务………………………157

生态文明建设

　　环境保护…………………………158
　　气象服务…………………………159

乡　镇

　　蜀北街道办事处…………………161
　　滨江街道办事处…………………162
　　南隆镇……………………………163
　　河东镇……………………………164
　　火峰乡……………………………165
　　老鸦镇……………………………165
　　楠木镇……………………………166
　　永定镇……………………………167
　　碑院镇……………………………168
　　中心乡……………………………169
　　长坪镇……………………………170
　　三清乡……………………………171
　　五灵乡……………………………171
　　盘龙镇……………………………172
　　谢河镇……………………………173
　　碾盘乡……………………………174
　　石河镇……………………………174
　　群龙乡……………………………176
　　平桥乡……………………………176
　　东坝镇……………………………177
　　窑场乡……………………………178
　　八尔湖镇…………………………179
　　马王乡……………………………180
　　河坝镇……………………………181
　　龙庙乡……………………………181
　　梅家乡……………………………182
　　王家镇……………………………183
　　铁佛塘镇…………………………184
　　大富乡……………………………184
　　富利镇……………………………185
　　碧龙乡……………………………186
　　定水镇……………………………186
　　兴盛乡……………………………187
　　大王镇……………………………188
　　太华乡……………………………189
　　黄金镇……………………………190
　　寒坡乡……………………………190
　　肖家乡……………………………191
　　建兴镇……………………………191
　　三官镇……………………………193
　　四龙乡……………………………193
　　碾垭乡……………………………194
　　流马镇……………………………195
　　大河镇……………………………195
　　大桥镇……………………………196
　　石泉乡……………………………197
　　永庆乡……………………………197
　　宏观乡……………………………198
　　万年镇……………………………199
　　雄狮乡……………………………199
　　伏虎镇……………………………200
　　千秋乡……………………………201

玉镇乡 …………………………… 202
双佛镇 …………………………… 203
花罐镇 …………………………… 203
柳驿乡 …………………………… 204
小元乡 …………………………… 205
升钟镇 …………………………… 206
永红乡 …………………………… 207
柳树乡 …………………………… 208
保城乡 …………………………… 208
双峰乡 …………………………… 209
升水镇 …………………………… 210
皂角乡 …………………………… 211
铁鞭乡 …………………………… 212
大坪镇 …………………………… 212
丘垭乡 …………………………… 213
太霞乡 …………………………… 214
西河乡 …………………………… 215
店垭乡 …………………………… 215
桐坪乡 …………………………… 216
光中乡 …………………………… 217
神坝镇 …………………………… 218

媒体看南部

四川以党建促脱贫让党旗在脱贫攻坚一线
　　飘扬 ………………………………… 219
净水设备进校园 …………………… 222
四川省南部县打造脱贫攻坚合力 …… 222
南部县：冬日爱心温暖边远山区学生 …… 224
退得出还要稳得住 ………………… 225
南充市委书记宋朝华赴南部县访贫问苦 …… 226
清代四川南部县衙门档案文献入选首批《四
　　川省档案文献遗产名录》 ………… 228
南充市南部县确定 2018 年奋斗目标 …… 229

南部县多方发力奋力书写建设"亲水南部"
　　新篇章 ……………………………… 232
南部"超级玛特"上线 ……………… 235
亲水南部：农牧业铺开如诗画卷 …… 236
南部县高质量脱贫摘帽背后的故事 …… 239
南部访友不遇吕洞宾留下"瓜皮诗" …… 244
"国考"纪委扶贫监督的南部实践 …… 245
央视一套：亲水南部　无鱼不成宴 …… 252
凤凰卫视：摘帽了——中国扶贫纪实 …… 252
东方卫视：四川南部县产业就业两手抓　以长
　　促短摘"穷帽" ……………………… 253
乡村土菜鼓起农民腰包 …………… 254
李鸣珂：隐蔽战线的英雄 …………… 255
乡贤王新：用影片记录川北乡愁 …… 256
乡村振兴产业先行　南部县药材基地春耕繁忙
　　 …………………………………… 257
叙永县委书记陈景强率队赴南部县考察交流
　　脱贫攻坚 …………………………… 258
四川南部县：夜晚的八尔湖畔　流光溢彩 …… 259
南充市南部县满福大道及配套路网工程项目
　　开工 ………………………………… 259
中药种植＋康养旅游　改变山乡旧面貌 …… 260
代夫尽孝　好媳妇用爱撑起完整的家 …… 261
一桌日记簿记下半个世纪林业史 …… 263
爱心人士资助肢残人士踏青赏春 …… 265
直升飞机灭虫害 …………………… 266
身残志坚　一样能创造幸福生活 …… 266
第十届升钟湖钓鱼大赛 9 月举行 …… 268
股权量化　拓宽残疾群众增收路 …… 268
专场招聘会助力就业扶贫 ………… 269
尽心尽力照顾岳母　女婿孝顺传佳话 …… 269
与湖同龄共潮起 …………………… 271
扎根基层八年辛苦　南充南部县"吹牛书记"
　　用实干赢得百姓点赞 ……………… 273
长坪山上访"穷亲" ………………… 274
"周三娃"重操旧业 ………………… 276

第十届中国升钟湖钓鱼大赛"开竿"千余名
　　中外高手竞技………………………………278
为了曾祖母的承诺，四川26岁女教师为800
　　红军英魂守墓………………………………279
脆红李丰收……………………………………280
猕猴桃促增收…………………………………281
石河场村　邂逅慢时光………………………281
南部县获脱贫攻坚组织创新奖………………281
依托对口帮扶　南部走上特色脱贫致富路…282
南部县采取"四大工程"打造乡村人才振兴
　　………………………………………………283
汇聚人财物　携手同奔康……………………284
南部县推进乡村绿色发展　实现"一村一处
　　景，一镇一幅画"……………………………286
借力"一江五湖"南部县发展亲水旅游产业
　　………………………………………………289
南部县创新"六大机制"打赢精准脱贫攻
　　坚战…………………………………………291
培育特色产业　南部县争当"乡村振兴发展排
　　头兵"…………………………………………293
纯阳山村进"决胜2020脱贫攻坚展"………295
船工号子：嘉陵江畔的劳动者之歌…………296
巴南高速八尔湖互通通车……………………298

马王皮影进校园………………………………299
唢呐声声　见证时代变迁……………………299
南部农特产品热销浙江洞头区………………301
南部集中巡河守护碧水………………………301
省新增和恢复蓄引提水能力1.3亿立方米……302
洞头南部手拉手　人才援助架起合作桥梁…302
智慧水务"玩"的就是云平台…………………303
暖冬行动让留守儿童温暖过冬………………305
推行高效节水优化农业水利建管机制………305
蛋壳上绘出家乡美景…………………………307
亲水南部"五个围绕"振兴乡村………………309
南部县坚持"三个高质量"建设四好农村路
　　………………………………………………310
聚焦农业　授之以渔…………………………312

人物与先进

中共南部县委、县人大常委会、县政府、
　　县政协领导人………………………………314
2018年度"最美南部人"……………………315

特 载

在全县乡村振兴大会上的讲话

（2018年11月9日　根据录音整理）

南充市人民政府副市长、南部县县委书记　张根生

今天，县委、县政府召开这次大会，主要任务是：深入贯彻习总书记"三农"思想，全面落实中央、省委、市委乡村振兴会议精神，明确南部实施乡村振兴战略的总体思路、奋斗目标、主要路径、重点难点，统一思想、坚定信心、汇聚力量，推动乡村振兴战略在我县落地生根、开花结果。

这次会议采取视频直播方式，覆盖了县、乡、村千余名干部，还邀请了部分农业龙头企业、新型业主代表在主会场参加，规模之大、规格之高，是少有的，充分体现了县委、县政府对乡村振兴的高度重视和鲜明态度。前面，传达了中央、省委、市委乡村振兴会议精神，农工委印发了乡村振兴的文件资料汇编，内容很丰富，请同志们加强学习、加强研究；县农牧业局、东坝镇、八尔湖镇纯阳山村分别从不同角度交流了实施乡村振兴战略的体会，很有特点，也很有启发性，希望大家学习借鉴。这里，我代表县委重点强调三个问题。

一、关于乡村振兴顶层设计的理解

党的十九大明确提出实施乡村振兴战略，并将其写入党章，这在我国农业农村发展史上具有重大的里程碑意义。习近平总书记就实施乡村振兴战略发表了一系列重要讲话，今年9月21日，中央政治局就实施乡村振兴战略进行集体学习，习总书记主持会议并作重要讲话，强调要把实施乡村振兴战略作为新时代做好"三农"工作的总抓手，抓重点、补短板、强弱项，实现乡村产业振兴、人才振兴、文化振兴、生态振兴和组织振兴，促进农业全面升级、

农村全面进步、农民全面发展,科学地回答了为什么要振兴乡村、怎样振兴乡村等一系列重大的认识问题、理论问题和实践问题,为推动乡村振兴,实现农业农村现代化提供了根本遵循。

9月3日—4日,省委召开全省乡村振兴大会,省委彭清华书记就四川如何贯彻落实习总书记关于乡村振兴系列重要指示精神进行了全面部署,特别强调要正确处理好"四个关系":攻坚战与持久战的关系、顶层设计与实践创新的关系、乡村振兴与新型城镇化的关系、政府主导与市场机制的关系,要求要打好精准脱贫攻坚战,擦亮四川农业大省的金字招牌,加快农业大省向农业强省跨越。

10月24日—26日,市委召开全市乡村振兴大会,全市所有乡镇党委书记都参加了会议,规模之大、规格之高,是空前的。会议参观了高坪、嘉陵、南部、西充四个现场,市委宋朝华书记对南部乡村振兴的思考、探索与实践给予了充分肯定,他强调:南部的干部有想法、有说法、有干法,干出来的事情大气、经典,就是不一样。在八尔湖,宋朝华书记三次点评,结束的时候讲道:"其实不想走,其实我想留,这里的山水、这里的村庄、这里的美景、这里的变化真的吸引人。"在全市大会上,宋朝华书记作了重要讲话,强调要围绕"五个振兴",加快建设实力乡村、活力乡村、文明乡村、美丽乡村、和谐乡村"五大乡村",推动南充由基本脱贫向全面小康跨越、由城乡二元向城乡融合跨越、由农业大市向农业强市跨越"三大跨越"。

党中央对乡村振兴作出了科学的顶层设计,省委、市委站在"两个维护"的高度,充分结合省情、市情,旗帜鲜明地提出了贯彻方案和落地措施,为我们实施乡村振兴提供了重要遵循、根本遵循。我梳理了一下,主要有九个方面的内容。

第一,乡村振兴总目标是农业农村现代化。农业是指农村产业,而农村既包括了产业,又包括了农村的生产力、精神文明建设、政策体制机制等。习总书记反复强调,农业现代化与农村现代化要一体设计、一并推进,实现农业由大变强。"大"是指总量,"强"是指人均。"总量大、人均少",这是我们的基本国情、基本省情、基本市情、基本县情,必须要实现由大变强。

第二,乡村振兴的总方针是坚持农业农村优先发展。目前我国与西方发达国家的差距主要在于:生态的文明程度、人的文明程度和农村的文明程度。农业农村优先发展是中国未来的政策定位、发展的方向定位。作为农业大县,我们将会面临千载难逢的机会,必须要有信心、要有准备。

第三,乡村振兴的总要求是产业兴旺、生态宜居、乡风文明、治理有效、生活富裕。这二十个字要求描绘了乡村的美好前景,也是我们"三农"工作的重点难点所在、潜力希望所在。

第四,乡村振兴的基本内涵是产业振兴、人才振兴、文化振兴、生态振兴和组织振兴。

第五,乡村振兴的制度保障是建立健全城乡融合发展的体制机制和政策体系。

第六,乡村振兴的目标愿景是让农业成为有奔头的产业,让农民成为有吸引力的职业,让农村成为安居乐业的家园。

第七，乡村振兴的政治方向是坚持农村土地集体所有制。这意味着坚持农村土地集体所有制是根本，决不能动摇，决不能质疑。要通过坚持农村土地基本制度，发展新型集体经济，走共同富裕的道路。

第八，乡村振兴的实践路径是"八个必须"。一是必须按规律办事；二是必须突出农民合作社和家庭农场两类经营主体；三是必须坚持自治、法治、德治"三治"同步；四是必须走城乡融合之路，把城乡融合的体制机制作为乡村振兴的制度保障；五是必须建立健全城乡基本公共服务均等化体制机制；六是必须打赢脱贫攻坚战，这是乡村振兴的优先任务，也是补短板的基础；七是必须加强各级党委（党组）的领导；八是必须创新乡村人才工作的体制机制。

第九，乡村振兴的推进原则是处理好"四个关系"。一要处理好长期目标与短期目标的关系。乡村振兴，到2020年实现全面小康，取得明显进展；到2035年实现农业农村现代化；到2050年实现乡村的全面振兴。改革开放已走过了40年，乡村全面振兴还要走32年，这是一个长远目标，我们必须遵循乡村振兴的建设规律，坚持科学规则、注重质量、从容建设。什么是"从容建设"？我的理解就是心中有数、心中有底、胸有成竹、稳步发展、稳步建设，一件接着一件办，一年接着一年干，切忌贪大求快、刮风搞运动，防止走弯路、"翻烧饼"。乡村振兴不是一夜之间建成的，不能头脑发热，村村点火、户户冒烟，不要以为办农家乐就是乡村振兴，那就大错而特错了。我们必须对顶层设计的内涵、特点、规则有充分认识、正确认识、全面认识，才不会走弯路，不会"翻烧饼"。二要处理好顶层设计与基层探索的关系。顶层设计是纲，是基本遵循、基本框架，必须坚持坚守；但各地有各地的特点，具有差异性，要按照差异化原则，创新探索。"公转"要有力有序，"自转"也要加强加力。如果只"公转"，那是照搬照套；如果只"自转"，那是不讲政治不讲规矩，偏离了方向，最终会犯更多错误。三要处理好发挥市场作用和发挥政府作用的关系。市场是决定作用，政府是调控作用。既要做到党委加强领导、政府加强主导，又必须遵循市场规律，两者都不可或缺。乡村振兴不能少了政府主导，否则就是渎职；但也绝不能行政包办，否则就是越职。四要处理好增强群众获得感与适应发展阶段的关系。我们要让人民群众实实在在感受到乡村振兴带来的成果，但又不能拔高目标，超越社会主义初级阶段的基本国情，这与脱贫攻坚的要求是一致的。南部脱贫摘帽的成功就在于全过程坚持了实事求是。"实事求是"这四个字，说起来容易，做起来难，做到了必然成功，做不到就暗藏风险。比如：在易地扶贫搬迁政策上，我们设计了4种户型，最高补助每户不超过6万元，完全符合中央精神，与国家发改委、国扶办的指导意见高度契合，防止了"两大"风险；在发展产业上，县委三令五申要守住群众自主的底线，绝不干群众不愿意干的事情，自上而下宣传、自下而上决策，指导不拍板、群众说了算。坚持了这些原则，推进过程一路顺风，老百姓非常满意。全县有73个乡镇（街道）1115个村（社区），谁有积极性，谁的积极性最高，谁的主导能力最强，就可以先行推进。

围绕乡村振兴顶层设计，我们要重点思考、研究三个问题。

一是不能把乡村振兴和农业农村搞成两张皮、区别对待。乡村振兴是农业农村工作的主抓手，最终目标是让农业成为有奔头的产业，农民成为有吸引力的职业，农村成为安居乐业的乐园，抓乡村振兴就是抓"三农"工作，不能在乡村振兴上标新立异。

二是不能把脱贫攻坚与乡村振兴区别对待、割裂开来。乡村振兴的优先任务是脱贫攻坚，我们要有抓好稳定脱贫就是抓乡村振兴的理念，先把短板补起来。

三是不能把过去的文明新村搞简单的复制和翻版。乡村振兴是幸福美丽新村的升级版，更全面、更科学，文明新村更强调的是生态宜居，而乡村振兴还有产业振兴、人才振兴、文化振兴、组织振兴，有城乡融合、城乡一体的要求，有保障城乡融合的体制机制，有德治、法治、自治三治的自主化、规范化、常态化。同时，乡村振兴是远期战略，不能一蹴而就，不能遍地开花，不能搞"大跃进"，要服从规划、梯次推进、抓点示范、以点带线、以线促面。一方面，不能被动"等靠要"，当前补齐脱贫攻坚短板就是乡村振兴的中心工作。另一方面，更不能搞一哄而上，先要抓点连线，把基础打牢，再在示范片上创造出模式，变成可复制、可推广的经验，然后推进全域的基础设施建设、山水林田路综合治理、清洁家园和生态家园建设等。我们该做的事情多，能够做的必须要做，而且要坚决做好、做实、做出品味。

二、关于乡村振兴南部方案的思考

乡村振兴是一个全新的大战略，是一篇刚起笔的大文章，南部如何推进乡村振兴，南部方案怎样构思、怎样谋划至关重要，关键要回答好三个问题。

第一个问题：路在何方？

通过反复调研思考，县委政府认为，南部乡村振兴的"路"，就在于围绕"五个抓手"推进"五个振兴"。

第一，围绕"三个融合"，推进产业振兴。

一是产业链条融合。产业链条主要包括生产基地、加工园区和营销物流。实现产、加、销的融合，只有形成了链条，我们的产业才能抗拒风险、健康发展、由大变强。通过近几年的努力，目前，我们的产业规模变大，但效益不强、带动不强。生产基地方面，主要是"1+3"的特色产业基地，"1"是晚熟柑橘，"3"是道地药材、有机水产、生态养殖。特别是晚熟柑橘，要着力推广"果+药"的模式，建成后既是20万亩柑橘产业园，也是20万亩药材产业园。这里要特别强调的是，包括蚕桑以及猪、牛、禽等生态养殖，必须持续用力，抓紧抓好。在这个基础上，再发展"1+3"特色产业。特色产业的规划，重点是铁佛塘至八尔湖片区、定水至双峰片区、火峰至五灵片区，要由点连线、抓线扩面，带动三大片区同步发展，同时要增加嘉陵江、西河、宝马河"三大流域"。通过昨天的巡河，我们发现西河很美，湖面很宽、湖水很静，两边山峦起伏，有园林般的意境，还有成双成对的水鸟在空中飞翔，看到这些，那种幸福感是多么的强烈！所以昨天我们边巡河边讨论"流域规划、生态保护、生态利用"这个大课题如何完成。我的初步想法是，在西河先抓一个示范段，沿河两边选择环境最美、条件最好、群众积极性最高的地方，优先建设田园村庄、田园农庄，根据需要让公司经营水上旅游，既可以在河中游览，也可以停靠码头，上岸就是一个小村庄或独家小院。船上要设置二维码，把沿线村庄的信息都录入进去，游客上船时一扫描二维码，就知道沿线有哪些村庄、每个村庄有什么特点，从中选一个中意的地方，有多少人、哪只船、几点钟到，发一个信息对方就能收到，到点就给安排好。通过这种方式发展，西河就热闹起来了，到时巡河就不那么枯燥，由不想巡河变为想去巡河，再变成如痴如醉地巡河，实现情怀的演变。现在大家都把巡河当行政任务，是被动的，如果把生态保护和生态利用结合起来，我们就会充满激情地去保护。满福坝将来把嘉陵江的水引进来后，可以建设一个1—2公里的漫滩河道，里面再种上芦苇，摇着桨在芦苇间、小溪里游荡，那是何等的美妙啊！乡村像这样的河很多，如果把它们利用好，种上有价值、有生态、有观光意义的水生植物，河道就很漂亮，就可以发展旅游，有序利用。加工园区方面，主要是农产品的深加工，农业由大变强必须在加工上破题，如果农产品不搞深加工，附加值就起不来，农业就只大不强。我们的加工园区规划在火车站片区，希望相关部门抓紧时间推动。营销物流方面，冷藏配送物流园区必须要进入全国的物流网络。山东就是一个很好的例子，他是"买全国卖全国"，白天看，悄无一人、冷冷清清，

半夜1点开始热闹，1点到3、4点发货，两三个小时就散市，第二天早上就到了北京、上海、广州的餐桌上。我们必须要在这方面有所突破，抢先一步，抓出规模，抢占机遇。

二是产业主体融合。主要是农民合作社、家庭农场、新型业主三个主体的融合，就是要把农民群众加到产业链上。中央顶层设计特别强调农村合作社和家庭农场"两类经营主体"，我们的农民合作社组建了很多，但效果不好，有不少的同志就不信任甚至厌倦农民合作社。能不能把农民合作社办实办强，是水平问题。纯阳山村的农民合作社，两年来运行得非常良好，特别是种植双胞菇，合作社发挥了重要作用，先是与企业合作，又主动跟山东合作，产量增加了，成本降下来了，老百姓高兴得很啊！农民的力量真的是巨大的。历史告诉我们，人民群众是我们的衣食父母、是创造历史的动力。群众工作至关重要，领导干部要心中有人民群众，这是素质的表现、情怀的表现、境界的表现。

三是三产联通融合。我们的工业园区有食品药品产业，就是要实现工业带基地，转化升级提高附加值，实现一、二、三产业融合发展。

在产业振兴的过程中，一定要注意解决三个问题。一是政府规划与群众意愿的统一问题。如果政府的规划与群众的意愿不统一，那就叫包办、代替，凡是行政包办的无一例外都会"短命"。我们历史上发展产业的经验教训无不证明，政府的主导与群众的意愿只有高度统一才能形成合力。所以，在规划的过程中，一定要从上到下

宣传、从下到上决策，按照"三议五会"的程序，由群众自主决策。从上到下宣传就是解放思想的过程，从下到上决策就是群众自主的过程，把这两个程序走实、做到家，工作起来就会更加主动。行政包办是开头快，往后越推越难；"三议五会"机制是开头难，往后越推越顺。二是龙头企业与贫困群众的加法问题。产业振兴最终目的是让农民成为有吸引力的职业从业者，如果不把群众加到产业链上，他们就不能共享产业发展的成果，就等于是扶企不扶农、扶富不扶贫。因此，我们必须用好扶持政策，做好这个加法，这也是在脱贫攻坚中探索的成果。三是规模化与同质化的风险规避问题。没有规模就没有产业，但是规模大起来，面临的是同质化的市场风险。如何解决这个问题？一方面，优选品种。为什么选择晚熟柑橘？因为它12月份就成熟了，在树上可以保鲜挂果到第二年的5月份，这就意味着，市场空间拉长了半年，这是它的最大好处。二方面，适宜栽种。晚熟柑橘适宜生长的范围很窄，只是长江、嘉陵江流域的部分地方，其他地方栽了不能过冬，开春就会木质化、没有水分。三方面，搞好加工。晚熟柑橘产量高，亩产6000斤到8000斤，近几年行情好，每斤5元，减去每亩成本2000元，每亩利润至少可达2.8万元。省农业厅的专家讲到，晚熟柑橘要降到每斤3元左右才是正常价格，这样每亩效益也有1.6万元，即使降到每斤1元也能有4000元的利润，种任何粮食或其他经济作物能有4000元的利润吗？我们把加工跟上，可以最大程度地防范风险，形成价格优势、产量优势、产出比例优势。四方面，探索价格保险。五方面，成立营销协会，组织集约化的营销。万年镇有不少老乡在北京做水果生意，左右了北京、上海的水果市场。我们要把在外的营销大户、营销能人组织起来，请农牧业局牵头抓，要抓出效果。只有规避了市场风险，规模才能壮大，才能真正形成骨干产业。规模有多大，往往市场半径才能有多大，这是产业发展必须越过的陷阱。

第二，围绕"三个培养"，推进人才振兴。

一要培养一批"技术能人"。主要依托产业基地、农民夜校，村村培养实用技术人才、职业经理人、电商销售人才，锻炼新时代产业发展的行家里手。电商是我们未来最大的营销主渠道，特别是要注重电商销售人才的培养。

二要培养一批"乡村匠人"。主要是培养民俗工艺、民俗产品、民俗建筑"土匠人"和农村手艺传承人，锻造一批"土专家""田秀才""新农民"，为乡村振兴提供人才支撑。比如，马王皮影、双峰傩戏、店垭花灯、群龙剪纸"南部四绝"，这些都是南部最优秀的文化遗产，文化部门必须在保护与开发上下功夫，否则就是渎职，就是南部历史的罪人；乡镇党委书记要认真研究，分管同志要负起责任，今年必须把"南部四绝"搬上最美南部人的颁奖舞台，而且要举办培训班，培养传承人。其他乡镇也要深入研究，把当地文化塑造成为南部的独特资源、独特人才、独特品牌，把乡村的艺人挖掘好、培养好。

三要培养一批"归乡贤人"。要招贤引智，聘请规划团队、文创团队驻村指导，引进企业家、农艺专家、退休职工返乡创业，特别是支持城市工商资本带资金、带项目、带技术投身乡村建设，让更多资源、更多资本、更多技能流向农村。新津县在这方面做得很好，全省乃至全国都到那里去考察，使当地成了品牌策划、品牌研究、品牌推广的中心和发源地。

第三，围绕"三个传承"，推进文化振兴。

一要传承亲水文化。我们要把亲水文化作为地方特色文化进行培育，全面包装、深度开发，寓文于景、化文塑形，使其绽放新时代的艺术之光。

二要传承乡土文脉。我们有丰富的红色文化、状元文化、非物质遗产文化和农耕文化，这是我们最具特色、最有味道的底蕴。要坚定不移地传承农耕文明的精髓，加大对古场镇、古村落、古民居的保护力度，切实把乡土文化融入乡村规划建设、产业发展、景观设计和建筑风格，让每一个乡村望得见山、看得见水、记得住乡愁、留得住游人。

三要传承乡风文明。充分发挥文化对文明乡风的引领作用、对精神风貌的重塑作用、对乡村善治的撬动作用，持续推进"最美南部人""家风家训家规""四好新村"评选，全力培育良好家风、文明乡风、淳朴民风。

文化是乡村振兴的灵魂，乡村振兴不仅要实现生态文明、农村文明，更要实现国民文明。在具体过程中，要把握三个问题：

一要把握好文化振兴的"三个定位"。一是，政治定位。乡村文化千姿百态，但必须服从服务于新时代、新思想、新理念、新要求，必须倡导和践行社会主义的核心价值观，这是最基本的政治立场、政治态度，决不能含糊动摇。要通过乡村文化振兴的实践，让我们党更加牢牢地掌控农村意识形态领域的领导权和管理权，这是至关重要的。二是，方向定位。文化振兴的方向就是传承农耕文明，捍卫乡村记忆，留住乡村味道。独特的乡村风貌、乡村文脉、乡村特质及田园文物、乡野情趣，构成了与城市文化对比鲜明的乡村味道，这种让人陶醉、让人迷恋的乡村记忆，才能让我们乡村文化更加丰富、更加灿烂、更加悠久。广西、成都的一些村庄之所以能吸引人，特点就在于乡土气息特别浓，乡村味道特别浓，到了村里和农户家中，就能感受到与城里截然不同的享受和味道，这是乡村文化振兴的魅力所在。反观南部，随着"五改三建"的深入，看起来农房很现代化，实际上农村味变淡了，城市"垃圾"全部都到了农村，砖房式、火柴盒、军营式等到处都是，反而没有了乡村味。在乡村振兴过程中，党委书记、乡镇长、乡村干部要下最大决心保存农村的记忆，新建的房子可以不搞砖混结构，更不能搞成火柴盒，要建就建最土最有乡村味的院子，特别是要把古房子、古院落留存下来，这些都将是未来的宝贵财富。八尔湖镇的古街、酒店等，一栋栋建筑就是一个个艺术品。如果在乡村振兴上去追城市之风，在建筑上追城市之新，那就是最大失误、最大挫败、最大罪恶。当然，农村味绝不等于是原始的、破烂的与低俗的，他是通过加工后的艺术品，是最浓农村味的艺术品，更多的是符号、是记忆、是风格、是味道，是独具匠心的设计。在这方面，绝不能把路走歪了。三是，价值定位。要高度重视乡村物质文化特别是非物质文化遗产的保护，深度挖掘蕴含其中的精神价值、美学价值、人文价值和乡村味道的市场价值。只要有乡村味道，就绝对有市场价值，而市场价值体现在哪里？就体现在有游客、有观赏性，这是乡村振兴最根本的落脚点。

二要把握好文化振兴的"三条原则"。一是，传承性原则。必须把传承放在首位，传承农耕文明的精髓，传承乡贤名人的精神，传承古村古院的特色，传承地域文化的品牌。可以说，最足的乡村味就是最浓的乡情、乡愁，丢掉了乡村味就丢掉了乡村文化智慧。宏观乡就有个翰林院落，老百姓描绘出来的让人听了叹为观止，但现在已经被破坏了，没有传承下来。二是，相融性原则。乡村文化必须与乡村院落、乡村景观、乡村人文、乡村产业、乡村治理相生相融相通，以文育人、寓文于景、化文塑形，决不能搞成几张皮。最浓的乡村味就是时时处处皆乡愁。三是，群众性原则。乡村文化的挖掘、开发、利用，必须坚持从群众中来到群众中去的工作方法，只有群众认同，群众自己才有体会、才有感悟，脱离群众的乡村文化是孤芳自赏，只可能昙花一现，绝对没有生命力。最真的乡村味就是人民群众的创造，这是乡村文化振兴最深厚的土壤与源泉。

三要把握好文化振兴的"三个策略"。一是，要高度重视"一村一韵"的策划与规划。乡村文化振兴要千姿百态，绝不能千村一面。要按照乡村原有的脉络进行梳理，深度挖掘每个村的乡土文化资源和人文、生态的内核特质，用活本土元素，突显"一村一韵"，绝不能搞简单的复制和翻版，更不能搞"一刀切"。二是，要精心打造"文化+"综合体。包括"文化+山水""文化+产业""文化+民居""文化+人文""文化+景观""文化+价值观"等等，通过乡村文化，把"一户一景、一村一画"的大美元素串联起来，用最土最浓最鲜的乡村味，把乡愁的知名品牌高高的树起来、举起来、立起来。三是，要创新创造乡村文化的表现手法。既要有喜闻乐见的传统手法，又要有声光电等现代技术的巧妙运用；既要有巧夺天工的创意，更要有返璞归真的自然。自然的时光隧道，自然的情景再现，自然的意境感染，才是文化呈现的最高境界。

第四，围绕"三个家园"，推进生态振兴。

一要建设"清洁家园"。清洁家园主要开展"三场革命"。一是，污水革命。要坚持"两条规矩"。首先，农村临江临河临湖200米以内的农户，要通过三年努力实现污水一体化处理，达标排放；200米范围之外的必须建沼气池。其次，加快乡镇污水处理厂建设。近两年来，县水务局、水投公司千方百计克服投入、技术和人力上的困难，70个乡镇已建成28个污水处理厂，相当不容易，值得表扬；剩下的34个乡镇，有17个乡镇正在招投标，其余17个乡镇必须在春节前完成招投标，要作为明年国庆献礼工程，在明年之内实现全县供排水一体化。具体请仕友同志、杜彬同志牵头研究，各乡镇要当成自己的主业抓紧抓好。王家镇污水处理厂6个月时间基本建成，很值得大家学习。二是，垃圾革命。重点抓三件事：第一件事是生物发电，国能生物发电项目要加快进度，争取春节前投入使用，让农村的秸秆、生产废料变废为宝，为蓝天保卫战作出贡献。第二件事是生活垃圾，要加快进度建立焚烧发电循环产业园。第三件事是抓好农村的面源垃圾,"户分类、村收集、乡转运、县处理"的城乡垃圾处理一体化处理模式,说起容易做起难,在乡转运方面县上已下定决心,每年从县财政列支几千万元,但运行的质量不高。城管局要加强监管,主要是村这个层面要落地落实。纯阳山村的试点做法就值得学习,村上至少有1至2个垃圾管理员,工资主要靠公益性岗位、向群众收费和垃圾分类出售的收入"三个渠道"来解决。特别是向群众收费,要通过村规民约和"三议"程序,让群众举手通过,群众自己去收,形成自觉,坚持谁受益谁付费,群众才知道保洁的重要性。三是,厕所革命。纯阳山村探索的"六顺六净"机制值得在全县推广。按照"六顺六净"的标准,采取评星的办法,每季度评比、挂牌一次,评几颗星就挂几颗星,由老百姓敲锣打鼓送到家里去挂。二要建设"生态家园"。主要是"三个加强":一方面,沿江沿河沿路的生态绿化必须继续加强;二方面,河湖长制工作必须继续加强;三方面,生态保护必须继续加强。我们一定要有保护就是贡献、保护就是最大发展的意识,要把"严禁砍树"作为一条硬性纪律坚持下去。昨天巡河就发现,有些乡镇的河道两边被砍得遍体鳞伤,有些被沙石厂挖得一塌糊涂,真的让人非常痛心啊!那么好的山水被破坏得如此不堪,你们有没有负罪感啊?乡村振兴也要有"保护就是发展"的理念,推进到哪里,就让哪里"准入",而不是遍地开花"请入"。三要建设"宜居家园"。宜居家园建设要按照规划进行,体现村落形态、保持乡土风情,突出千姿百态、严防千村一面,绝不允许搞村村点火、户户冒烟,纳入试点的要把产业、农业、农村当景区来建设,农旅结合,做到一村一景、一村一韵。

第五,是围绕"三个工程",推进组织振兴。必须把健全党的基层组织体系作为重中之重。

一要实施"组织强村"工程。要切实创新思路加强村级党支部建设,加强农村党员队伍建设,不断增强基层组织的凝聚力、战斗力。要适应新型社区、产业园区、家庭农场、川北民居村落等带来的治理体系新变化,创新党组织设置方式,坚决确保党组织的覆盖面。

二要强化"能人治村"工程。管村治村最关键的是要选好村支部书记,有一个优秀的支部书记,就有一个战斗力强的班子,这个村绝对是民风淳、面貌好、发展后劲强的村。我们党委书记为官一任,对一个地方的贡献,主要是在支部书记的培养选拔上,有的在一个地方当了很多年,试问在你的任期内,培养了多少群众满意的支部书记?

三要深化"民主管村"工程。要坚持农民主体地位,全面推行"三议五会"工作法,充分发挥村规民约的积极作用,切自上而下宣传、自下而上决策,指导不拍板、群众说了算,实加强村民自治。同时,必须鲜明法治导向,扎实开展扫黑除恶专项斗争,坚决扫除村匪恶霸、宗族势力及其"保护伞",还群众以安宁、还乡村以和谐。

第二个问题:钱在哪里?

乡村振兴是一个庞大的系统性工程,全国性的推进,谁有智慧、谁拓宽了投入的渠道,谁就可以抢占先机、赢得主动。

第一，整合项目资金投入。涉农部门、交通部门等要加强项目储备，加大项目争取，力争更多资金、更大项目落地南部。同时要集中力量办大事，加强项目整合力度。今年要把项目整合的绩效纳入目标综合考核的范围，实行加分制。

第二，城乡融合带动投入。中央顶层设计就反复强调，要城乡融合，目的是建立城乡资源相互流动的体制机制，走城乡融合发展之路。比如，城市建设用地指标稀缺而且价格高，但农村可以通过增减挂钩项目进行指标流转。今年县国土局实施的增减挂钩项目，流转出去的用地指标，价格达到了每亩30多万元。只要我们把增减挂钩的政策争取好、实施好，何愁乡村振兴没钱？我们现在面临的现实是，城乡二元结构问题突出，农村与城镇同地不同价。城乡融合就是要打破二元结构的壁垒，让城乡的资源相互流动，让不值钱的农村资源到城市交易增值，让城市的过剩资源到农村用活，实现城乡互动、城乡互带、城乡共享。乡村振兴的发展方向就是城乡一体化，城乡融合必须要城乡统筹，这就需要制度、机制、政策的系统保障。

第三，改革盘活资源投入。改革会产生投入。比如，成都市郫都区战旗村就是集体土地入市，现在价格已经达到了每亩100多万元。我们千万不能"端着金饭碗叫穷"，要深化改革，向改革要投入。很多同志最大的问题就是思想不解放，不研究政策、不研究形势、不研究趋势，坐等政府投入。我们一定要勇于解放思想，只要有利于南部的事、有利于人民群众的事、有利于乡村振兴的事，都要大胆去闯、大胆去试，向改革要投入。

第四，全力招商引资投入。这是投入的主渠道。随着乡村振兴战略的实施，城市资本、社会资本进农村将越来越多。比如布拉格小镇，把河边的闲置资源利用起来，仅仅很小的一块土地，投资很小，收入却很可观，虽然建设的品质不高，但是认真研究了市场，研究了消费心理，搞体验型乡村旅游。南部在外的企业家很多，大家要八仙过海各显神通，引导他们回来投资、让他们赚钱，带动周边老百姓，带动乡村振兴。

第五，群众"一事一议"自主投入。这是投入的主体。乡村振兴一切为了农民，人民群众是最大的创造者，也是最大的受益者，群众的投入才是"大头"。要坚持政府主导、农民主体，最大限度地激发群众的参与热情，通过"一事一议"等方式，自主筹资投劳搞建设。

第三个问题，当前如何破题？

乡村振兴是长远战略，未来还将持续30多年，但绝不能忽视近期目标，要找准切入点，突破突围。我们的近期目标就是启动"实施乡村振兴、建设亲水南部"五年规划，重点实施"八项行动"。

第一，基地建设行动。培育壮大"1+3"特色产业基地是当前必须突破的重点难点，要创新思路突破，实现全域产业化。

第二，环境整治行动。要全面整治垃圾乱倒、污水乱排、柴草乱码、杂物乱放、粪土乱堆等行为，整洁庭院内外，共建秀美乡村。

第三，道路提升行动。以"打通断头路、加宽村道路"为重点，统筹推进农村路网提档升级。

第四，生态修复行动。要坚持生态林、产业林、景观林"三林共建"，实施生活水、生产水、生态水、观光水"四水共治",统筹推进山水田林路综合治理,夯实绿色生态基底。

第五,村庄示范行动。突出"一村一景、一村一韵"理念,规划建设特色亲水田园样板新村,推动试点变示范。

第六,人才培养行动。技术能人、乡村匠人、归乡贤人三支人才队伍的培养要全面发力,特别是实用技术人才、电商销售人员的培养,农业专家、农业科研人才的引进,要尽快破题突围。

第七,乡风文明行动。持续开展"四好新村"评选活动和先进人物选树活动,培育文明乡风、良好家风、淳朴民风。

第八,品牌创建行动。尽快出台农产品品牌创建方案,把"南部产"农产品打造成为享誉全国全省的"金字招牌"。

除村庄示范行动必须按规划稳步推进外,其余七项行动都必须在全县范围内全面普及、全面启动、全面推广。

三、关于乡村振兴干在实处的要求

乡村振兴一盘棋,既不能全面开花,也不能操之过急,必须步步为营、稳扎稳打,一步接着一步干,一届接着一届干,才能卓有成效、健康发展。

第一,要建立强而有力的组织体系。一是坚持县委总揽、挂帅出征。县上实行书记、县长"双组长"制,县级干部必须进村入户、研究工作、解决问题,切实发挥"一线指挥部"作用。二是坚持乡镇主导、挂图作战。乡镇要牵头抓总,细化产业培育、村庄建设、移风易俗、依法治理、助农增收等"工作清单",实行挂图作战,按图施工,全面发挥"一线生力军"作用。三要坚持支部引领、挂责问效。要把真正懂农业、爱农村、爱农民的干部派到一线锻炼,把那些头上顶着日月、心中装着群众、脚下沾满泥土的干部提拔重用起来,全力发挥"一线桥头堡"作用。

第二,建立强而有用的工作体系。一要坚持规划引领、从容建设。全县"1+5"工作方案和"1+6"规划体系,是指导全县乡村振兴的"战略图"和"施工图",要尽快完成"三大片区、三大流域"规划,要坚守"先规划后建设、不规划不建设"底线,绝不允许擅自作主、贪大求洋、盲目建设。二要坚持竞争立项、滚动调项。在规划范围内的,谁先建谁后建,一律竞争立项,从乡到村到社,层层都要竞争,竞争的过程中不仅看干部的积极性,更要看群众工作做得怎样。在推进过程中,一旦发现干部不努力,或者群众不支持不配合,要立刻撤出,撤出后五年不给项目投入。有压力才有动力,喷泉为什么美丽?是因为有压力;瀑布为什么壮观?是因为没有退路。三要坚持民主议事、自主决策。"三议五会"的程序,这是乡村治理、农村工作、稳定脱贫的金钥匙,也是底线要求。必须做到干部指导不拍板,群众自己说了算,绝不能搞行政命令、行政包办。

第三,建立强而有效的保障体系。一是要素保障到位。资金上要加大倾斜、金融信贷、资金打捆的力度,土地上要加大指标争取、占补平衡、存量调整的力度,其他方面要坚持应保尽保。二是督查保障到位。要全面建立工作报告、实绩考核、暗访督导"三大制度",扎实开展蹲点巡察、轨迹剖析、电视问政，对工作不力、进度不快、落实不好的，严肃追责问责。三是作风保障到位。坚决反对坐办公室、坐车子、坐会议室的"三坐干部"，坚决整顿下乡不进村、进村不入户、进户不问难的"三不行为"，真正做到干群一家亲、共建新农村。

同志们，新时代乡村振兴的集结号已经吹响，"三农"发展的新画卷即将展开。在未来的发展征程中，乡村不再是城市繁荣兴盛的"背景墙"，农民不再是分享发展红利的"旁观者"。让我们更加紧密地团结在以习近平同志为核心的党中央周围，在省委、市委的坚强领导下，真抓实干，埋头苦干，奋力书写南部乡村振兴的时代华章，为建设"亲水南部"、争当全市乡村振兴发展排头兵作出更大贡献！

政府工作报告

南部县人民政府代县长　黄波

2018年工作回顾

2018年是改革开放40周年，也是决胜全面小康的关键之年。一年来，我们坚持以习近平新时代中国特色社会主义思想为指引，在市委、市政府和县委的坚强领导下，在县人大、县政协监督支持下，按照亲水南部"一核四极多支点"发展定位，以争当"三个排头兵"、争创全市经济副中心为目标，以"十件大事"为支撑，坚决推进工业强、城市美、乡村兴"三场大会战"，全面完成各项目标任务，经济社会继续保持了良好的发展态势。全年实现地方生产总值350亿元（预计数，下同）、同比增长9.0%；一、二、三产业增加值60.6亿元、174.2亿元、115.2亿元，分别增长4.0%、10.8%、10.5%；地方一般公共预算收入10.08亿元、增长11.0%；全社会固定资产投资292亿元、增长15.0%；社会消费品零售总额115.2亿元、增长12.5%；城镇居民人均可支配收入35117元、增长9.0%，农村居民人均可支配收入14931元、增长9.9%。

一、脱贫攻坚连战连胜

绝对贫困基本消除。整合资金4.8亿元，新建村社道路、产业路、入户路163公里、"四好"农村路350公里，获评全国和全省"四好农村路示范县"；铺设供水管网137.5公里，新增集中供水村80个，"三源九厂九线+N"全域供水体系覆盖率升至81%；实施"五改三建"5300户，建设标准化村文化室、卫生室52个；改造农村电网358.5公里、县乡村广电网络光纤2500公里，建成宽带乡村200个。全年脱贫6490人，退出贫困村52个，贫困人口减至3户9人，198个贫困村全部出列。

群众收入稳定增加。新建脱贫奔康产业园68个、脱贫示范村30个，发展"四小工程"2.8万户。帮助贫困家庭培养大中专学生948人、技术明白人1.1万名，教育扶贫资助全覆盖；健康扶贫持续加强，因病致贫、因病返贫问题有效解决；开发公益性岗位1500个，开展就业创业培训2688人次，成建制转移就业贫困劳动力3.76万人次，贫困人口年人均纯收入超贫困线620元、达到4300元。

脱贫机制不断完善。廉洁扶贫扎实开展，ABC分类管理精准高效，"五个一"帮扶持续加强，"三议五会""四好"创建和"五大教育"深入推进，"五方联盟""三园共建"全面推广，群众内生动力进一步增强。

工信部、省委政研室等定点帮扶高效开展，洞（头）南（部）东西部扶贫协作创新推进。去年10月，荣获"全国脱贫攻坚组织创新奖"，先后有18个省、500个县前来考察学习。八尔湖镇纯阳山村作为全国6个基层单位之一，参加全国"决胜2020—脱贫攻坚展"，得到了中央领导充分肯定。

二、产业实力不断增强

工业经济积极向好。"工业强"大会战全面展开，浙江省玉环市25家汽配企业整体转移入驻，兰添晶体、英联达电子等5个项目快速推进，邦森电子、立腾机械等16个项目建成投产，三鑫南蕾、新龙源管业等10个技改项目全面完成。南工售电公司投入运营，来汇木业、新天下汽车等5户企业实现"腾笼换鸟"，盘活资产近3亿元。新增规上工业企业6户，规上工业企业实现销售收入405亿元、规上工业增加值增长11.0%。

现代农业加快发展。新建优质粮油基地35万亩、中药材和蔬菜标准化生产基地3.2万亩，定升路"百里百村"晚熟柑橘产业基地基本建成。建立"三品一标"生产基地15个、27万亩，省级农产品质量安全监管示范县通过资格复审。新培育农业龙头企业7户、农民专业合作社90个、家庭农场65家、新型职业农民315人。新建高标准农田5.1万亩、高效节水灌溉基地2.6万亩，全省农田水利基本建设现场会在我县召开。

第三产业繁荣活跃。新（改）建农贸市场7个，南部县物流仓储中心启动建设，成功创建全省商贸流通脱贫奔康示范县。30家企业参加国、省重点展会，交易金额达8000万元。商务大数据平台、县级农村电商服务中心和500个村级服务站启动建设，实现线上销售收入1.8亿元。新增规上服务业企业5户、限上商贸企业9户。金融机构新增信贷投放26亿元。成功举办第十届中国升钟湖钓鱼大赛和第七届莲花节，年接待游客700万人次，实现旅游总收入67.1亿元。

三、城乡面貌加快改善

城市建设快速推进。完成城市第五次总体规划修编方案。"一桥、两路、三园、四馆、五中心"等项目快速推进，思源学校、满福大道、琴台大道、康养中心、制水工程、县人民医院分院等项目建成落地，占地3000亩的满福岛公园基本建成。出让商住国有土地584亩，新开发楼盘8个，房地产销售面积90万平方米。新（改）建城市道路30公里，新（改）建城市公厕62座，火车站排污主管网全面完工，范家沟城市应急水厂投入运行，益民广场立体式停车场和城北临时停车场竣工投用，城市建设有序推进。

城市管理日趋规范。顺利完成城管综合体制改革。持续开展城区环境综合整治，清理违法建设1.5万平方米，拆除违法建筑2万平方米、违规广告3万平方米。处理城市建设领域遗留问题18宗，3000余户群众不动产证办理难题有效解决。以街代市、"坝坝舞"扰民、露天烧烤污染等问题得到有效整治。

乡村振兴示范先行。乡村振兴"1+6"规划加快编制，被确定为"全省乡村振兴规划试点县"。八尔湖特色风情小镇、竹苑、水韵花谷等乡村旅游项目如期竣工，建成生态湿地10平方公里。庙子山村入选全国"一村一品"示范村镇，升水镇、王家镇、八尔湖镇跻身四川省"百镇建设行动"扩面增量试点，八尔湖镇在全市唯一入选省特色小镇。纯阳山村成为全省"水美新村"，玉龙山村等18个村被评为省级"四好村"。

四、发展动能更加强劲

项目攻坚强势突围。编制储备项目527个，76个项目进入国省盘子，150个重点项目和"十件大事"分别完成投资280亿元、93亿元。嘉陵江三桥、南部水城满福岛、升钟湖基础设施建设等PPP项目加快推进，八尔湖互通、定升公路建成通车。新招引南环实业、浩嘉兴等项目52个，到位省外资金96亿元，创历史新高。

重点改革全面推进。"放管服"改革持续深化，优化招商引资服务环境10条措施严格执行，建成工业园区"一站式"服务中心，常态提供"保姆式""贴身式"服务。全面完成县农商银行改制组建，健全水投、经开、满投等国有企业法人治理结构，新组建城投、农投等5个国有实体公司。城区居民用水实行阶梯水价，完成30个村农村集体经营性资产股权量化改革，"增量配电业务改革试点"等国省重点改革稳步推进。

创新创造活力迸发。全社会研发投入1亿元，实施科技项目11项、军民融合项目5项，新增科技型中小企业45户、国家高新技术企业1家、专利申报325件，3家企业开展"两化融合"贯标试点。签约清华、川农等高校著名专家教授20人，引进硕士研究生以上高层次人才69人，吸引专业技术和高技能人才400人、各类高新创业团队12个。评选"南部工匠"5人，奖励优秀拔尖人才8人。

五、生态环境持续优化

污染治理成效明显。河东工业园区污水处理厂投入运营，14座乡镇污水处理站全面建成，弘燕广场、红岩子广场经营活动全面取缔，县城饮用水源地环保问题整治受到生态环境部通报表扬。整改达标"散乱污"企业676家、餐饮娱乐企业672家、砖厂40家、沙石场28家、汽修企业21家、商混站6家、规模养殖场360家，生活垃圾、医疗废物、弃土废料等固体废物进一步规范化处置。79件中省环保督察交办信访案件限时办结，中央生态环境保护督察"回头看"期间，南部信访量同比下降91%、全市最少。

生态保护有力有效。第二次全国污染源普查深入开展，完成1834个普查对象入户调查和96个工业源空间数据采集。严厉打击乱砍滥伐，实施退耕还林1万亩，创建绿色防控核心示范片5.2万亩。环境空气质量监测优良天数达标比例93.7%、居全市第一。严格落实河（湖）长制"五个三"工作机制，县域27条河流Ⅲ类水质达标率93%。完成环评审批事项60个、环境影响网上备案项目288个，立案查处环保案件96件、罚款414万元，全年未发生一例较大以上环境事故。

节能减排扎实推进。燃煤锅炉、餐饮油烟等专项整治深入开展，中盐银港VOC和烟气治理工程建成投用，完成10蒸吨以下燃煤锅炉"煤改气、煤改电"17家。开展"尾气清理行动"，淘汰黄标车186辆，完成301辆重型载货柴油车辆尾气路检。年削减化学需氧量 553 吨、氨氮 86 吨、二氧化硫 53 吨、氮氧化物 19 吨。

六、社会事业蓬勃发展

民生实事惠及于民。十项民生工程及 20 件民生实事完成投入 10.9 亿元。新（改）建幼儿园 8 所、小学 10 所，"三满意"评选活动顺利开展。新增日间照料中心 9 个、新增养老床位 1100 张。实施贫困重度残疾人家庭无障碍改造 600 户。新建保障性住房 931 套、安置还房 4000 套，完成棚户区改造 1913 户，发放租赁补贴 711 万元，4428 名回迁安置群众住上新房。新建乡村文化体育设施 152 处，县图书馆连续获评"国家一级图书馆"。

社会局面安定安全。集中接访和包案化解机制深入落实，办结中省市交办信访事项 1113 件、省委巡视组交办信访事项 852 件。"扫黑除恶"专项斗争有力推进，全年刑事案件发案率下降 21%，破案率上升 8%，打掉涉恶犯罪集团 4 个，实现连续 12 年命案全破。整改重大安全隐患 26 处，查处违法生产行为 438 起，安全生产形势持续向好。建成县级公共法律服务中心、乡镇公共法律服务工作站 11 个、村（居）规范化公共法律服务工作室 50 个，化解涉法矛盾纠纷 1104 件，办理法律援助案件 271 件，提供法律服务 2103 人次。严厉打击乱办金融、非法融资等行为，挽回群众经济损失 200 万元，人民群众安全感进一步增强。

幸福指数不断提升。全民参保登记顺利实施，城乡居民参保缴费下沉乡村，社会保障业务实现"一站式"办理。发放救济救助资金 2.7 亿元。全社会新增就业 12880 人，城镇失业人员再就业 2134 人，困难人员就业 703 人。城乡居民健康档案电子建档率 97.8%，医疗保险实现异地联网结算。我县荣获"全国生育状况抽样调查优秀单位"，县人民医院被国家卫健委评为"2018 年度进一步改善医疗服务行动计划—示范医院"，县妇幼保健院成功创建"省级儿童早期综合发展示范基地"。国防动员、人民防空、保密、民族宗教、双拥优扶、统计调查、妇女儿童、红十字、老龄、广电、邮政、气象、档案、修志等工作都取得新的成绩。

七、政府效能稳步提升

权力运行更加规范。大力实施依法治县，严格规范决策程序，法律顾问、法律服务团全面参与行政决策。自觉接受人大及其常委会法律监督、工作监督和政协民主监督，办理人大代表议案 1 件、建议 124 件，政协委员提案 154 件，办复率达 100%。主动公开和依申请公开政府信息 17390 条，36 个行权部门、5232 项行政权力、责任清单实现网上公开运行。

办事效能持续提高。开展"减证便民"专项活动，实行"并联一站"审批，480 项审批服务事项实现"最多跑一次"目标。一体化政务服务平台运行良好，"互联网+政务服务"初见成效。"双随机一公开"监管稳步推进。2436500 全天候服务中心解决群众诉求 12 万件，群众满意度达 98.7%。

作风建设得到加强。项目招标、政府采购、土地出让等重点领域和关键环节监管进一步加强，公共资源交易中心成交项目 204 宗，交易总额达 37.2 亿元，节约资金 1020 万元。强化财政评审和审计监督，审减核减工程造价 3.62 亿元。从严查处违纪违法案件 240 件，给予党纪政纪处分 234

人，移送司法机关11人。

各位代表，回顾一年来的奋斗历程，我们深切地体会到：办好南部的事，必须旗帜鲜明讲政治。只有坚决践行"两个维护"，坚决执行县委决议决定，坚决做到依法行政，才能始终保持政府工作的正确方向。办好南部的事，必须勇于创新敢担当。只有牢牢把握发展这个第一要务，不畏艰难、大胆实践，敢于担当、勇于尽责，才能推动形成干事创业的强大合力。办好南部的事，必须尽职尽责解民忧。只有牢固树立以人民为中心的发展思想，努力保障人民权益，切实解决民生难题，才能不断满足人民群众日益增长的美好生活需要。办好南部的事，必须真抓实干转作风。只有大力弘扬"四拼精神"，努力改善发展环境，切实提升服务水平，才能形成服务发展、推动振兴的良好氛围。

总结一年来的成绩，我们深深地感受到，一切成果的取得，是市委、市政府和县委坚强领导的结果，是县人大、县政协和社会各界大力支持、有效监督的结果，是全县人民辛勤努力、共同奋斗的结果。在此，我代表县人民政府，向全县人民，向人大代表、政协委员、各民主党派、工商联、无党派人士、各人民团体，向省市驻县单位，向所有关心支持南部改革发展的各界人士，表示衷心的感谢并致以崇高的敬意！

审视一年来的工作，我们也清醒地认识到，全县经济社会发展还面临诸多矛盾、困难和问题，主要表现在：经济结构不尽合理，质量效益不高，新型工业化水平还比较低；农业基础设施依然薄弱，城市配套设施不够完善，城市精细化管理有待提升；资金、土地、环境等要素制约明显；个别干部创新意识不强、进取精神不足，工作作风需要进一步改进。对此，我们将高度重视，认真研究，切实解决！

2019年工作安排

2019年是新中国成立70周年，也是决胜全面建成小康社会的冲刺之年。做好今年的各项工作，尤为关键、尤其重要。国家将出台宏观政策、结构性政策、社会政策"组合拳"，大幅增加地方政府专项债券规模，改革发展的红利将充分释放；随着省委"一干多支、五区协同"发展战略的深入实施，各类政策叠加效应将加速显现。只要我们坚定不移按照亲水南部"一核四极多支点"发展定位，不遗余力、一抓到底，就一定能够开创全县经济社会发展的新局面。

今年政府工作的总体要求是：坚定以习近平新时代中国特色社会主义思想为指导，认真落实省委十一届三次、四次全会、市委六届八次、九次全会、县委十三届六次、七次全会精神，坚持以人民为中心的发展思想，自觉践行新发展理念，统筹推进乡村振兴和"两化互动"，集中精力抓好"十件大事"，持续打好工业强、城市美、乡村兴"三场大会战"，努力争当"三个排头兵"，争创全市经济副中心和全省县域经济强县。

今年经济社会发展的预期目标是：力争全年实现地方生产总值增长8.6%以上，地方一般公共预算收入增长8.0%以上，全社会固定资产投资增长13.0%以上，规模以上工业增加值增长11.3%以上，社会消费品零售总额增长12.2%以上,城镇和农村居民人均可支配收入分别增长8.7%、9.6%以上。围绕上述目标,我们将统筹抓好以下6个方面的工作。

一、聚焦脱贫奔康,推动三农工作再创新业绩

始终以脱贫攻坚统揽"三农"工作,遏制新贫、防止返贫,深入巩固脱贫成效,扎实推进乡村振兴。

提升稳定脱贫能力。严格"三落实",保持再战再胜攻坚态势,健全返贫预警机制,扎实开展"回头看""回头帮",全力防止返贫。突出"四个优先",聚焦相对贫困乡村和"三边"地区,继续加大资金、项目、政策倾斜力度,补齐产业发展、基础设施、公共服务短板。坚持"五个不变",全面对标甄别、分类管理、靶向施策,深入推进廉洁扶贫,树立扶贫领域清风正气。

提升群众增收能力。聚焦产业增收,新建脱贫奔康产业示范园30个,巩固发展"四小工程"3万户,千方百计让贫困群众融入产业链。聚焦就业促进,大力实施"十百千万"扶贫培训工程,新增就业1000人,开发公益性岗位300个。深入推进脱贫攻坚三年行动方案,深化中、省国家机关定点帮扶,拓展"洞(头)南(部)"合作领域。建设高标准农田2万亩、高效节水灌溉基地3万亩,改造产业路300公里,升级农村电网200公里,夯实群众稳定增收基础。

提升乡村发展能力。完成全县乡村振兴战略"1+6"规划编制。巩固提升"定水—升钟湖乡村振兴示范基地"建设,加快推进建兴、伏虎、升钟"百强镇"建设,建成乡村振兴示范乡镇15个、示范村20个,建设风情小镇10个、特色田园新村50个。完善乡村治理体系,大力实施"五改三建"和"四化行动",全县80%的村创建为"四好新村"。

二、聚焦产业兴县,推动实体经济再上新台阶

坚持三产联动、融合发展,构建结构更优、动能更强的"亲水产业"体系。

推动工业提档升级。全面实施"四大百亿产业集群"提升工程,新拓展园区500亩,建成省级新型工业化示范基地,实现工信部定点帮扶开发区挂牌,完成省级经济开发区创建。建设洞(头)南(部)"东西部扶贫工业园",承接转移东部发达地区企业50家。促成英联达、兰添晶体等30个重大项目落地投产,实施"腾笼换鸟"5户、清理"僵尸"企业3家,完成技改扩能项目10个,规上工业企业销售收入突破450亿元。

推动农业提质增效。围绕"1+3"产业体系,按照"区域化布局、标准化生产、规模化建设、企业化管理"模式,以"三线三区"特色产业为示范,高标准建成5万亩晚熟柑橘和木本油料、50万亩优质粮油基地、2万亩中药材、8万亩有机水产、100万头生猪养殖基地。支持新型农业经营主体开展社会化服务,创建"三品一标"品牌5个,培育业主大户100户、家庭农场20家、专合组织30家,推广农机6000台(套),农业机械化水平达60%以上。

推动三产提质增量。加快推进南部县物流仓储中心建设,电子商务进农村综合示范项目通过国家验收。组织20家企业参加"川货全国行""西交会""广交会"等重点展会。新发展商贸服务业限（规）上企业10户。打造定升路农旅结合产业带，新建观光产业5000亩，培育特色民宿、田园客栈50家。启动升钟渔猎岛—凤凰琴瑟岛快捷通道和滨湖公路建设，开工建设升钟湖游客接待中心、伏羲演艺广场；开展禹迹山国家AAAA级旅游景区创建，打造八尔湖等特色旅游乡村5个，办好第十一届中国升钟湖钓鱼大赛和第八届莲花节，力争旅游收入突破70亿元。

三、聚焦建管并重，推动城市建设再展新面貌

同步推进新城建设与旧城改造，加快建设"山水相融、林水相映、城水相依、人水相亲"的现代城市。

着力打造现代水城。坚持"产城融合、水城共生"理念，全力推进南部水城建设，开工建设图书馆、文化馆（大剧院）、体育馆、博览馆、游乐中心、异国风情街、水韵天街等项目，加快推进嘉陵江三桥、满福岛建设。启动5个高端精品商住小区建设，整治嘉陵江岸线5公里，完成河湖连通及水生态修复工程，建成景观绿化1000亩，让"闻者向往"的未来之城建设更快。

持续配套现代设施。按照"展新颜、提档次、强配套"原则，按计划实施老城区修复工程。完成市政基础设施建设投资80亿元，启动建设6条城市道路、政府新区内涝治理项目，完成三岔河、城北片区、伏家垭等6处安置小区还房及配套设施工程，城东客运站投入运营。深入推进"厕所革命"，新（改）建标准化公厕100座，实施城市海绵化改造1.8万平方米，完成老城区排污管网一期、"两溪"雨污分流管网二期、河东镇污水管网改造等项目，让"居者自豪"的幸福之城功能更优。

逐步迈向现代管理。以"绣花"功夫推进城市精细化管理，着力构建现代化大城管模式，启动数字化城市管理平台建设，推进环卫作业规范化。持续开展"护蕾行动""零点行动"和"深夜降噪"三大行动，捍卫校园环境、清新空气、安静睡眠"三大底线"。铁腕整治占道经营、乱停乱放行为，建立城管交警联合执法机制，纵深推进"严管街"建设。新建立体停车场3个，建成新能源汽车充电末端15个，顺利通过"国家卫生县城"复审，让"来者依恋"的现代之城秩序更好。

四、聚焦开放创新，推动县域发展再谱新篇章

以深化供给侧结构性改革为主线，聚力项目攻坚、招商引资和对外开放，全面增强发展动能。

以项目为引擎，比拼攻坚。更新优化"三年滚动投资计划"项目库，谋划重点项目200个以上、投资额度超500亿元，力争年度到位各类项目资金260亿元以上。立足"四大主战场"，紧扣"十件大事"，全力实施153个重点项目，完成年度投资260亿元以上。绕城公路、盘龙大桥等71个新建项目如期开工，八尔湖八仙文化广场、冷大路二期等67个项目年内完工。

以招商为引擎，聚沙成塔。围绕"四大主导产业"，持续开展以商招商、补链招商，不断壮大产业集群。聚焦工业、农业、房地产三大领域开展专题招商活动10场次，加大"三安光电""好医生"等行业龙头企

业跟踪对接力度，力争全年签约亿元以上项目30个、到位省外资金90亿元以上。

以改革为引擎，放大红利。全面完成政府机构改革任务。大力推进农村产权确权颁证和集体资产清产核资，建立健全农村产权流转交易平台。深化国资国企改革，完成农投、城投等国有平台公司法人结构治理。启动沙石资源管理经营体制改革。提升金融服务质效，推动优质企业资产证券化融资，设立农业融资性担保公司和企业分险基金，推动经开公司发行企业债券。

五、聚焦民生需求，推动社会事业再创新局面

牢固树立以人民为中心的发展思想，集中精力办好民生大事、实事，让更多发展成果惠及于民。

维护民生权益。突出城建领域秩序整治和矛盾纠纷化解，重点做好不动产证办理等历史遗留问题处置，完成还房建设2500套、回迁安置群众2000户。加强农民工服务保障工作，深入开展农民工工资支付专项执法行动，加大对劳动用工突出违法行为的打击力度，建立健全重大劳动保障违法行为社会公布制度。持续开展"一卡通"专项治理，确保惠民惠农资金"每一分钱"都用在群众身上。

强化民生保障。扎实推进民生工程和民生实事。动态消除"零就业"家庭，城镇登记失业率控制在4.3%以下。培育省级示范公益社会组织1个，新增公办养老机构床位500张，发展民办养老机构2家，基层老年社会组织覆盖率达85%以上。采取"一人一策"服务办法，落实5万名残疾人民生保障方案。提高低保补差和特困人员供养标准，逐步形成布局合理、设施完善、服务便捷、保障有力的社会保障体系。

发展民生事业。新（改）建幼儿园6所、薄弱学校11所，扩建南部一小（幸福校区），新建红岩子小学，启动南部二中（德仁校区）扩建征地拆迁工作，全力化解"大班额""入学难"等问题。实施"健康南部"计划，开展名医生、名科室、名医院创建，完成县人民医院迁建项目内科楼等基础施工，县中医医院住院楼医技楼、县妇幼保健院业务楼竣工投用。升级改造乡镇文化站15个、广播网络光纤2500公里。做好全国第四次经济普查、第三次全国国土调查工作。推动国防动员、民兵预备役和民族宗教、红十字、统计、气象、档案、修志等各项事业协调发展。

六、聚焦环境优化，推动南部生态再上新境界

坚持把环境优化作为推动发展的基础保障，全力推进污染防治和风险防控，牢牢守住生态环保和社会稳定底线。

让生态环境更美。坚决打好打赢污染防治"八大战役"，实施控尘、控车、控烧、控排行动，开展砖瓦、沙石、建筑工地、柴油货车专项清理，环境空气质量优良天数比例达89%以上。深化河（湖）长制责任体系，加强嘉陵江南部段岸线管理和生态环境资源保护，加强农业面源污染防治，加快推进城镇污水处理设施提标，建成乡镇污水处理厂34个、铺设污水管网120公里，完成乡镇饮用水水源地规范化建设，实现嘉陵江（南部段）、升钟湖水质100%达标，地表优良水体比例达80%以上。快速推进垃圾焚烧发电项目，全面建成国能生物质发电项目。

让发展环境更优。持续开展营商环境专项整治和诚信社会治理，完善县级领导联系重点企业和定期听取企业意见建议制度，健全重点企业（项目）跟踪服务机制，吸引集聚更多企业落户南部、投资南部。坚持"人才强县"战略，大力实施"人才种子"工程，配套完善人才公寓、医疗服务等激励政策，引进高层次人才30名、培育乡土人才20名、评选"南部工匠"5名，实现人才向高端产业、产业高端聚集。

让平安环境更好。打好风险防控攻坚战，深入推进"扫黑除恶"专项斗争，推行"3+X"警务运行模式和"五个凡是"机制，坚决打击涉黑涉恶违法犯罪行为，全力实现"三降三升"目标。持续整治非法集资、乱办金融等行为，防范和化解金融风险。做好"七五"普法工作。扎实开展安全隐患排查整治和打非治违，积极推进智慧城市消防用电建设，建成省级安全示范社区1个、安全体验馆1个，坚决杜绝较大以上生产安全事故发生。

政府自身建设

各位代表，面对新形势、新任务，我们将全面落实党建和党风廉政建设主体责任，全面履行政府的法定职责，以提升战斗力、公信力、服务力、执行力、免疫力"为导向，从严整肃干部作风，努力建设"干实事、真干事、干成事"的人民满意政府。

坚决忠诚履职，切实增强战斗力。严守政治纪律和政治规矩，增强"四个意识"，铸造绝对忠诚的政治品格。始终保持奋发有为、奋勇争先的精神状态，矢志不渝推动"亲水南部"建设，全面争创各项工作新业绩。

坚持依法行政，切实增强公信力。坚决做到"法无授权不可为、法定职责必须为"。大力推行政务公开、政府信息公开，提高政府工作透明度。依法接受县人大及其常委会的法律监督和工作监督，自觉接受县政协的民主监督，主动接受公众监督和舆论监督。认真办好人大代表议案、建议和政协委员提案，及时回应社会关注热点，不断提升政府的公信力。

坚守为民理念，切实增强服务力。着力解决好广大群众在就业、教育、医疗、养老等方面的具体困难，让政府各项工作更加顺民意、暖民心。加快推动政府治理数字化转型，深入实施"互联网+政务服务"，全面推行"一站式"服务，坚决打通"中梗阻"，不断提高政务服务效能。

坚定干事决心，切实增强执行力。坚持重实干、讲实绩、求实效，实行重点工作项目化、考核管理清单化，做到政府各项工作有计划、有落实、有结果，确保定一件、干一件、成一件。

坚固廉政防线，切实增强免疫力。严控"三公"经费支出，持之以恒抓作风、整"四风"。严格落实党风廉政建设"一岗双责"，强化对财政资金分配、国有资产监管、政府投资采购、工程建设管理等重点领域监管，扎紧织密制度笼子，努力实现干部清正、政府清廉、政治清明。

同志们，目标鼓舞人心，奋斗成就未来。让我们更加紧密地团结在以习近平同志为核心的党中央周围，在市委、市政府和县委的坚强领导下，在县人大、县政协的监督支持下，戮力同心、苦干实干、锐意进取、攻坚克难，为推进"亲水南部"建设、争当"三个排头兵"、争创全市经济副中心和全省县域经济强县而努力奋斗！

名词解释

"一核四极多支点"：以县城红岩子湖为核心，以升钟湖、八尔湖、盘龙湖、观音湖为增长极，以嘉陵江流域风情小镇和江、湖、河生态湿地建设为支点，构建"一核四极多支点"城乡发展空间格局。

"三个排头兵"：争当全市县域经济发展、乡村振兴发展、生态绿色发展"三个排头兵"。

"十件大事"：脱贫摘帽全面小康工程、满福坝文旅新城建设工程、升钟湖国家级旅游度假区建设工程、八尔湖乡村旅游目的地创建工程、"四馆"建设工程、嘉陵江三桥建设工程、绕城公路及连接线建设工程、省级工业园区建设工程、南部县物流仓储中心建设工程、20万亩特色产业示范工程。

"四好"农村路：建设好、管理好、养护好、运营好的农村公路。

"三源九厂九线+N"：依托嘉陵江、西河和升钟湖"三大水源"，建成9个大型水厂，铺设9条供水主干线，以村为单位建设集中供水站，形成"三源九厂九线+N"城乡一体化供水网络。

"五改三建"："五改"指改危、改水、改厨、改厕、改圈；"三建"指建园（小庭院）、建场（小养殖）、建路（入户路）。

"四小工程"：小庭院、小养殖、小买卖、小作坊。

ABC分类管理：把脱贫户分为"稳定脱贫示范户"（A类）"稳定脱贫中间户"（B类）和"稳定脱贫风险户"（C类）3个类别。

"五个一"帮扶：每个贫困村都有1名县级领导挂联、1个县级部门（单位）帮扶、1名"第一书记"驻村帮扶、1个驻村工作队、1名驻村农技员。

"三议五会"：村两委提议、村民代表审议、全体村民决议"三议"民主决策，以及村社干部大会、党员会、村民代表会、联社会、院户会"五会"的群众工作法。

"四好"创建：以"住上好房子、过上好日子、养成好习惯、形成好风气"为主要内容的"四好"创建活动。

"五大教育"：习惯教育、风气教育、感恩教育、法纪教育、脱贫光荣的自尊教育。

"五方联盟"："龙头企业+专合组织+致富能人+贫困群众+金融保险"的产业发展机制。

"三园共建"：对有劳动力、有技术的贫困户，可向合作社返租土地自主经营，建成"创业园"；对无劳动力、无技术的贫困户，可将土地委托给合作社代为管理，建设"托管园"；对有一定劳动力但无技术的贫困户，优先到产业园务工，进入"就业园"。

"腾笼换鸟"：由于土地资源、环境资源及其他资源的限制，该区域迁出或淘汰区域内低端产业，引入并发展高端产业，从而完成区域内的产业置换、产业结构调整和产业升级。

"三品一标"：无公害农产品、绿色食品、有机农产品和地理标志登记保护农产品。

限上商贸企业：对纳入定期统计报表

范围的批发企业、零售企业以及住宿餐饮企业的销售（营业）额作出的明确规定，具体为：年商品销售总额在2000万元以上（含2000万元，下同）的批发业（包括外贸企业）；年商品销售总额在500万元以上的零售业；年主营业务收入在200万元以上的住宿业；年主营业务收入在200万元以上的餐饮业。

"一桥、两路、三园、四馆、五中心"："一桥"指嘉陵江三桥；"两路"指琴台大道、满福大道；"三园"指滨江公园、火峰山公园、杨家山公园；"四馆"指图书馆、文化馆（大剧院）、体育馆、博览馆；"五中心"指游客中心、康养中心、教育中心、医疗中心、游乐中心。

"1+6"规划编制："1"指乡村振兴总体规划；"6"指空间布局规划，产业发展规划、村庄建设规划、生态环境规划、旅游景观规划、基础设施规划。

"一村一品"：在一定区域范围内，以村为基本单位，充分发挥本地资源优势，通过大力推进规模化、标准化、品牌化和市场化建设，使一个村（或几个村）拥有一个（或几个）市场潜力大、区域特色明显、附加值高的主导产品和产业。

"百镇建设行动"：全省加快推进新型城镇化"百镇建设试点行动"所确定的100个试点示范小城镇。

"水美新村"：按照"以水兴业、以水富民、以水美村"的发展思路，围绕"水安全有保障、水资源有保证、水生态有保护、水文化有底蕴、水景观有特色"的建设目标，在创新水利支持幸福美丽新村建设的机制体制中，幸福美丽新村实现了因水而兴、因水而富、因水而强、因水而美，促进了经济社会发展和水资源环境相协调。

PPP：政府为增强公共产品和服务供给能力、提高供给效率，通过特许经营、购买服务、股权合作等方式，与社会资本建立起利益共享、风险分担及长期合作关系。

"增量配电业务改革试点"：按照有利于促进配电网建设发展和提高配电运营效率的要求，探索社会资本投资配电业务的有效途径，逐步向符合条件的市场主体放开增量配电投资业务，鼓励以混合所有制方式发展配电业务。

"放管服"：减证放权、放管结合、优化服务。

"两化融合"贯标试点：贯彻国家制定的工业化与信息化融合管理体系标准，覆盖企业全局，以管理体系的思维和方式推进信息化和工业化融合。

"散乱污"企业："散"指不符合当地产业布局规划，没有进驻工业园区的规模以下企业；"乱"指不符合产业政策的企业，应办而未办理相关审批手续的企业，存在于居民集中区的企业、工业摊点、工业小作坊；"污"指无污染防治设施或污染防治设施不完备、不能对产生的污染物进行有效收集、不能实现稳定达标排放的企业。

"五个三"工作机制：坚持"保护与开发同步、治标与治本结合、法治与自治并举"三条原则，压实"县级河长、乡级河长、村级河长"三级责任，加速"污水处理、生物发电、河岸修复"三大工程，落实"河面专人保洁、河岸专班保洁、河段专项监测"三项措施，推进"由运动式向常态化、由河长制向群众治、由人工管理向智能管理"

三大转变。

VOC：挥发性有机化合物。

"三满意"：最满意教师、最满意校长、最满意学校。

"减证便民"：依照"能减则减、方便群众"原则，依法依规全面清理不合法、不合理的证明，为群众办事提供便利。

"并联一站审批"：对涉及两个以上部门共同审批办理的事项，实行由一个中心（部门或窗口）协调、组织各责任部门同步审批办理的行政审批模式，做到"一窗受理、并联审批、统一收费、限时办结"。

"最多跑一次"：企业和群众到政府机关办理行政审批和政府公共服务等涉民涉企事项时，在申请材料齐全、符合法定要求的情况下，从受理申请到作出办理决定的全过程，企业和群众只需跑一次或零跑路。

"互联网+政务服务"：通过互联网，实现大数据互通共享，让居民和企业少跑腿、好办事、不添堵，变"被动服务"为"主动服务"，大力提升政府服务效能。

"双随机一公开"：在监管过程中随机抽取检查对象，随机选派执法人员，抽查情况及查处结果及时向社会公开。

"两个维护"：维护习近平总书记党中央的核心、全党的核心地位，维护党中央权威和集中统一领导。

"四拼精神"：争分夺秒的拼抢精神、挑战极限的拼命精神、不胜不休的拼搏精神、万众一心的拼合精神。

"一干多支、五区协同"："一干"指做强"主干"，支持成都加快建设全面体现新发展理念的国家中心城市；"多支"指发展打造各具特色的区域经济板块，推动环成都经济圈、川南经济区、川东北经济区、攀西经济区竞相发展，形成四川区域发展多个支点支撑的局面；"五区协同"指大力推动成都平原经济区、川南经济区、川东北经济区、攀西经济区、川西北生态示范区协同发展。

"两化互动"：新型工业化、新型城镇化。

"三落实"：工作落实、责任落实、政策落实。

"四个优先"：脱贫攻坚资金、项目、举措、政策优先投入。

"三边"：边沿乡镇、边角乡镇、边界乡镇。

"五个不变"：帮扶对象不变、帮扶力量不变、帮扶政策不变、帮扶措施不变、帮扶责任不变。

"十百千万"：利用十个月时间，开展一百期培训，覆盖一千个村（居），培训上万名贫困人员。

"四化行动"：实施入户路硬化、河渠沟塘净化、村容村貌美化、能源清洁化行动。

"四大百亿产业集群"：电子信息、机械制造、食品医药、新型材料"四大百亿产业集群"。

"僵尸"企业：已经停产或半停产以及连年亏损、资不抵债，主要依靠政府补贴和银行续贷维持经营的企业。

"1+3"产业体系：以晚熟柑橘产业为主导，同步发展道地药材、木本油料、生态养殖特色产业。

"三线三区"："三线"是指"铁佛塘—八尔湖""定水—升钟湖""火峰—长坪"三条产业示范线；"三区"是指升钟湖库区、西河沿线、嘉陵江以东三大片区。

"两溪"：金鱼溪、状元溪。

"四大主战场"：指满福坝、八尔湖、升钟湖、产业扶贫基地"四大主战场"。

"四大主导产业"：电子信息、机械制造、食品医药、新型材料"四大主导产业"。

"八大战役"：蓝天保卫战、城市黑臭水体治理、长江保护修复、水源地保护、农业农村污染治理、碧水保卫战、环保基础设施建设攻坚、"散乱污"企业整治攻坚。

"3+X"警务运行模式：以指挥决策中心、情指作战中心、执法监管中心为支撑，以若干个公安机关作战单位为基础的警务运行模式。

"五个凡是"：凡是涉黑恶警情一律严查、凡是娱乐场所一律严清、凡是重点利益领域一律严治、凡是高危区域一律严防、凡是黑恶犯罪线索一律严排的扫黑除恶工作机制。

"三降三升"：刑事案件发案总体明显下降，恶性案件发案明显下降，侵财案件发案明显下降；总体打击数明显上升，打击涉毒违法犯罪成效明显上升，打击涉黑恶犯罪成效明显上升。

"四个意识"：大局意识、核心意识、政治意识、看齐意识。

"三公经费"：政府部门人员因公出国（境）经费、公务车购置及运行费、公务招待费产生的消费。

"四风"：形式主义、官僚主义、享受主义、奢靡之风。

大事记

1月

1日 中央电视台综合频道《生活圈》栏目元旦特别节目播出四川南部篇，用50分钟向全国观众介绍南部的美景、美食。

3日 省委政法委机关委党委书记刘晓卫率省脱贫攻坚考核组，来南部县开展交叉考核。

5日—6日 市委书记宋朝华，市委副书记、市长吴群刚分组率领市委六届七次全会与会人员深入南部县，开展"三场攻坚战"项目实施情况现场拉练，现场点评满福坝新区建设、定升公路等6个重点项目。

同日 八尔湖旅游景区开园。

9日—14日 省第三方脱贫攻坚考核组赴南部县开展2017年减贫成效考核，深入25个乡镇、15个贫困村、10个非贫困村，就"村退出""户脱贫"情况及22个专项扶贫项目进行考核。

12日 南部县召开监察体制改革检察院转隶到监委的转隶干部职工大会。

14日 政协南部县第十四届委员会第二次会议开幕。

15日 南部县第十七届人民代表大会第三次会议开幕。

16日 川东北汽贸园首届汽车博览会在定水车众莱克汽贸城举行。

同日 新疆天业节水灌溉股份有限公司与南部县签署战略框架协议，在农业方面达成合作意向。

19日 召开南部县监察委员会成立大会，成为南充市首个挂牌成立的县级监察委员会。

22日 县城乡规划管理委员会第78次会议召开，审议中石油定水加油站（置换）选址方案、新区调蓄调压站从新选址方案。

26日 清代四川南部县衙门档案文献入选首批《四川省档案文献遗产名录》。

27日 中央统战部二局一处处长倪智全一行来南部县蹲点督导农村基督教工作。

2月

6日 南部县商会会长座谈会在八尔湖游客中心举行，现场签约项目7个，协议资金46.4亿元。

10日 举行四川南部农村商业银行股份有限公司开业大会暨政银企合作签约仪式，省联社南充办事处与南部县人民政府签署全面合作协议。

11日 南部县烈女坟村、封坎庙村、纯阳山村等18个村入列省级"四好村"榜单。

13日 撤销大堰乡设立八尔湖镇挂牌仪式在大堰乡人民政府举行,县领导袁剑柏、杜彬参加。

27日 市委书记宋朝华看望慰问南部县参加市六届人大三次会议的南部代表团并参加讨论会。市人大常委会主任袁险峰,市委常委、市委组织部部长贾德华,市政协原主席任德俭,副市长、县委书记张根生等参加讨论。

3月

月初 王家水厂建成供水。

9日 县委农村工作暨脱贫攻坚工作会议召开。

同日 东方卫视《东方新闻》以《四川南部县:产业就业两手抓 以长促短摘"穷帽"》为题,报道南部县脱贫摘帽的做法与成效。

同日 召开全县扫黑除恶专项斗争推进会,安排部署全县扫黑除恶工作重点。

14日 凤凰卫视中文台《凤凰大视野》栏目特别节目《摘帽了——中国扶贫纪实》南部篇,报道了南部县脱贫摘帽的做法与成效。

17日 南充市2018年"科技之春"科普宣传月大型广场集中宣传活动在八尔湖镇举行。

19日—23日 省委督导组组长省委政研室机关党委书记王孝平率专项督导组来南部县开展2018年第一轮脱贫攻坚全覆盖督导。

25日 国务院保障农民工工资支付工作考核实地核查组组长、湖北省人社厅二级巡视员刘铌一行赴南部县检查保障农民工工资支付。

28日 成都铁路局副局长荆世明一行到南部县考察调整往返成都至南部定制动车运行时间暨开通货运业务相关工作。

同日 全市房管系统房地产市场"三拉练—观摩"(南部点)活动在南部县城北新区举行。

30日 第六届"华北川"川东北象棋联赛在南部县开幕。

4月

4日 市委副书记、市长吴群刚深入南部县城乡督导河长制工作和污染防治攻坚战推进情况。

同日 "援柬埔寨减贫示范合作项目第一期来华培训班"成员来县考察脱贫攻坚工作。

9日 中国铁路成都局集团有限公司副总经理荆世明到县调研铁路运输。

13日 南充市建设"中国晚熟柑橘之乡和木本油料之乡"现场会在南部县召开,南部县以全市综合排名第一的成绩被充分肯定。

同日 玉镇乡正觉寺村村民王新出资拍摄的纪录片《川北旧事》在腾讯视频等网络平台上线。

19日　召开十三届县委常委会第66次会议，审定拟推荐全省贫困村帮扶单位和优秀驻村干部、第一书记表扬对象名单。

23日　乐山市峨边彝族自治县脱贫攻坚能力提升第二期专题培训班在南部县举行开班仪式并开展培训。

24日—25日　省政府副省长尧斯丹一行深入南部县调研脱贫攻坚、现代农业及乡村振兴等有关工作，要求坚持打好精准脱贫攻坚战，大力推进现代农业发展，实施乡村振兴战略。

26日　南部县2018年全民健身运动会开幕。

同日　举行南部县工会会员普惠性服务会员卡正式发放启动仪式。

5月

4日　召开省委第四巡视组巡视南部县工作动员会。

7日　召开全县脱贫攻坚春季攻势推进会，副市长、县委书记张根生要求必须把专项巡察、干群一家亲和现场验靶贯穿脱贫攻坚始终，保持清醒头脑，牢牢扛起脱贫攻坚这面大旗，确保决战全胜。

同日　吉林省委常委、延边州委书记姜治莹率延边州党政考察团来南部县考察脱贫攻坚和乡村振兴工作。

7日—9日　全国政协常委、省政协副主席、农工党四川省主委王正荣一行赴定水镇西河坝白芨种植基地、元安药业杜仲生产加工基地专题调研，倡导加快中医药产业发展，助推中医药强省建设。

9日　省政协副主席、农业厅党组书记祝春秀来县调研三次产业融合发展工作。

9日—10日　举办全县乡科级主要领导干部读书班。

11日　召开南部县领导干部见面会，宣布市委决定：钟源任中共南部县委常委，提名免去钟源县人民政府副县长职务。

同日　全市公安机关深化公安改革推进会在南部县召开。

14日　国务院扶贫办宣传教育中心主任黄承伟率调研组来县实地调研脱贫攻坚工作。

16日　出席全国深度贫困地区激发内生动力研讨班的与会人员深入南部县部分乡镇考察，国务院扶贫办全国扶贫宣传教育中心副主任刘晓山，省扶贫和移民工作局副局长唐义，副市长、县委书记张根生，副市长向贵瑜参加考察活动。

19日　副市长、县委书记张根生深入西河沿线和嘉陵江取水口履行河长制职责并强调，"亲水南部"必须有更强烈的河长制意识，要坚持"五个三"工作路径，实现由河长制向群众治转变，共同守护蓝天、碧水、净土。

20日　市委书记宋朝华深入南部县调研督导"三大活动"开展情况和脱贫攻坚"回头看""回头帮"工作。

21日　遭受强降雨天气袭击，24小时内全县大部分地区降雨量超过100毫米，部分地域降雨量207.8毫米；恶劣天气致城区部分街道发生严重内涝，15个乡镇严重受灾，受灾人口23040人。

23日　温州市洞头区委书记王蛟虎率

领党政代表考察团一行来县对接"东西部扶贫协作"工作，签署了新一轮东西部扶贫协作框架协议。

28日 南充市总河长办公室聘请的11名"记者河长"来西河南部县定水段集中巡河后，分成6个小分队分头巡访西河流域沿线32个乡镇。

同日 召开2018年度消防工作会暨电动自行车火灾防控综合治理动员会。

29日 开展集中巡河统一行动，对县域27条主要河流及支流进行全域踏勘、深度调研、现场督导。

31日 甘肃省委副书记、省长唐仁健率代表团来南部县考察交流脱贫攻坚相关工作。甘肃省委副书记孙伟，四川省委常委、省委农工委主任曲木史哈，南充市委书记宋朝华，四川省扶贫和移民工作局局长降初，副市长、县委书记张根生等陪同考察。

6月

4日 副市长、县委书记张根生深入各高考考点和考生食宿地等地方，调研检查相关准备工作。

6日 山西省大同市市委副书记刘振国率党政考察团来县考察脱贫攻坚工作。

7日—8日 国务院扶贫办、交通运输部、农业农村部、"四好农村路"全国示范县创建和命名审核考评工作组莅临南部县审核考评"四好农村路"创建工作，县领导袁剑柏、杜彬陪同。

7日 市委常委、市委宣传部部长何迎晓指导南部县2018年高考工作，看望慰问一线服务保障人员。

11日 召开南部县环保督察问题通报暨集体约谈会，县领导赵平、杨庆萍组织谈话。

14日 市政协副主席尹才勋率市政协调研组到南部县调研五大千亿产业集群和对外窗口建设工作。

15日 举办工业园区企业用工暨就业扶贫专场招聘会，38家工业企业提供3000余个就业岗位，吸引4000余名人员现场参与应聘。

同日 召开十七届县人民政府第35次常务会议，审议县人民政府与国网南充供电公司战略合作协议、四川省满福坝投资管理有限公司与四川公路桥梁建设集团有限公司组建南部县嘉陵江三桥工程项目公司等有关事项。

同日 县人民政府与四川发展国润环境投资有限公司举行合作协议签约仪式，双方就南部县水务环保开发及县城污水处理特许经营项目达成一致意见并签署《水务环保综合开发项目合作框架协议》《南部县城市生活污水处理特许经营项目一期提标及二期扩容工程补充协议》。

19日 召开南部县城市管理大会，出台城市管理"十条严禁"举措。

21日 开展南部县首届"亲水南部"万名职工技能大赛——重点工程项目建设"钢筋工"技能决赛活动。

同日 甘肃省委组织部副部长马振亚率考察团考察南部县脱贫攻坚工作。

22日 工信部规划司副司长陈克龙一行深入南部县工业园区和农村淘宝中心实

地调研。市委常委、副市长陈大纪，副市长、县委书记张根生等参加调研。

26日 甘孜州理塘县县委书记格勒多吉率党政考察团考察南部县脱贫攻坚工作。

27日 召开十三届县委常委会第74次会议，审定县纪委《关于全面落实县纪委向县一级党和国家机关派驻纪检机构的方案》的请示、《县纪委派驻纪检组筹备组组长人选名单》。

同日 召开南部县人民政府第十七届36次常务会议。宣读了关于提名朱大志任南部县人民政府党组成员、副县长的任职通知。

28日 南部县警方开展"震慑-1"集中清查整治行动。

29日 举办2018年南充市第二届"嘉英荟·南充双创大赛"南部选拔赛，三鑫南蕾、佳和电子、劲楷食品分别获南部县"创新项目""双创新秀""创新企业"一等奖。

30日 副市长、县委书记张根生慰问一线优秀共产党员。

7月

2日 甘肃省天水市人大常委会主任、市委秘书长蒋晓强率党政考察团，考察东坝镇和八尔湖镇脱贫攻坚工作。

5日 召开第十七届县人民政府37次常务会议。审议并原则通过激光晶体生产项目和新能源动力电池芯及智能终端产业两项招商引资事项。

6日 召开十三届县委常委会第77次（扩大）会议，专题调研招商引资工作，审定县政府党组关于激光晶体生产项目相关问题的请示、关于新能源动力电池电芯及智能终端产业项目相关问题的请示。

8日 吉林省洮南市市委常委、常务副市长王天昊率党政考察团来县考察脱贫攻坚工作。

9日 召开十七届县人民政府第38次常务会议，传达学习省委十一届三次全会精神，审议整治城市内涝等有关事项。

同日 召开县城乡规划管理委员会第80次会议，审定南部县思源学校建筑立面规划设计方案、南部县老城区两溪排污管网改造项目（二期）建设方案等13个城市建设规划议题。

10日 深圳市京凯达通讯设备有限公司、苍梧县添兰宝石厂等7户企业集中与南部县签订投资协议。

11日 副市长、县委书记张根生主持召开县委、县政府紧急防汛减灾视频调度会议、启动2级应急响应，安排部署迎峰度汛工作。

同日 市委副书记、市长、市防汛指挥部指挥长吴群刚深入南部县，检查调度防洪度汛工作，慰问一线防汛抢险人员，并主持召开全市防洪度汛视频会议。

同日 中南集团副总裁周兵一行来到南部县，考察PPP项目投资事宜。

同日 召开全县散乱污企业专项治理工作推进会。

12日 副市长、县委书记张根生赶赴嘉陵江沿江部分乡镇和县城区部分受淹地、内涝区，巡查灾情、调度指导抗洪救灾工作。

同日 启动四川省第九届文化旅游节

（夏季）分会场暨南部县第七届莲花节开幕式。

13日 召开全县重点项目和脱贫攻坚"现场验靶"推进会，副市长、县委书记张根生要求认真解决认识偏差、状态温差、推进落差问题，全力以赴推进重点项目建设和脱贫攻坚工作。

16日 副市长、县委书记张根生率队赴浙江省温州市洞头区考察扶贫协作相关工作，双方签订7个扶贫协作协议书。

17日 举办温州市南部县就业扶贫办公室成立仪式。

19日 副市长、县委书记张根生，县人大常委会主任胡修云，县政协主席时春英等会见中交一航局、光大国际公司、川交路桥公司考察团一行并召开座谈会。

同日 吉林省四平市委书记韩福春率党政考察团深入八尔湖镇、东坝镇等地，考察脱贫攻坚工作。

20日 中共中央宣传部部务会议成员、国务院新闻办副主任郭卫民一行来县调研指导和宣传脱贫攻坚工作。中宣部新闻协调小组副组长丁丁，省委外宣办副主任、省政府新闻办主任代光举，省扶贫和移民工作局副局长王善平参加调研。

同日 国家税务总局南部县税务局挂牌仪式举行，原南部县国家税务局、南部县地方税务局正式合并。

24日 市委常委、市委政法委书记单木真率队赴南部县宣讲省委十一届三次全会精神，指导贯彻落实工作。

26日 县委副书记、县长任爱民接受纪律审查和监察调查。

30日 省政府督导组副组长毛德忠一行来县开展大督查工作。

31日 省委巡视办副主任陈宗德主持召开巡视南部县情况反馈会议，并对抓好巡视整改工作提出要求。会议传达了中央和省委巡视工作精神，省委第四巡视组组长崔志国代表省委巡视组反馈了巡视情况。张根生主持反馈大会并就做好巡视整改工作作表态讲话。

同日 副市长、县委书记张根生出席南部县庆祝建军91周年座谈会并讲话。

8月

2日 召开全县生态环境保护大会暨县环境保护委员会2018年第四次扩大会议，专题对中央环保督察整改工作进行再安排、再部署。

7日 召开南部县扫黑除恶专项斗争推进会，专题安排纵深推进扫黑除恶专项斗争及省委巡视组反馈问题整改工作。

15日 召开落实省委第四巡视组反馈意见整改动员大会，会议要求全县各级党组织和党员领导干部务必保持坚若磐石的政治定力，增强巡视整改政治自觉、思想自觉、行动自觉。务必拿出刮骨疗伤的政治勇气，确保巡视整改标准从高、措施从细、推进从紧。

23日 "携手奔康，共赢未来"2018洞头区——南部县大型招聘活动在县城新世纪广场举行，125家用人单位现场提供4300余个岗位。

24日 在成都举办"亲水南部、百岛洞头"2018旅游扶贫协作专场推荐会。

28日 举办台州雄博汽车零部件有限公司、四川英联达电子科技有限公司等3户企业与南部县签订投资协议签约仪式。

同日 中共南部县第十三届委员会第六次全体（扩大）会议召开。会议提出，南部县争当"三个排头兵"、争创全市经济副中心目标定位。

31日 定升公路主线全线贯通。

9月

3日 县委副书记朱仕友组织县水务、环保、海事、路政等部门负责人，专题研究部署沙石料场整治工作。

同日 召开全县东西部扶贫协作推进会，总结前二季度工作成绩，分析当前东西部扶贫协作面临的形势，安排部署一阶段具体任务。

同日 县委常委、县委政法委书记邓彪率队深入老鸦、东坝等乡镇及部分公安派出所，督导调研扫黑除恶专项斗争工作开展情况；带队前往县公安局南城派出所、肖家乡等地，开展扫黑除恶专项斗争督导调研活动。

5日 副市长、县委书记张根生深入县经济开发区，调研工业经济发展情况，现场办公解决新招引企业落地和工业低效用地清理等问题。

同日 南部县入选四川省乡村振兴规划试点。

7日 南部县获评"四好农村路"全国示范县。

同日 召开全县第四次全国经济普查动员暨单位清查业务培训会。

8日 副市长、县委书记张根生率南部县党政考察组，赴成都市郫都区、崇州市、大邑县、蒲江县，考察学习乡村振兴战略推进方面的经验。

9日 举办南部县满福坝水城项目成都推介会。

11日 生态环境部专项督查组组长刘宝超一行莅临南部县督察集中式饮用水源地保护。

12日 省第五督查组组长李跃勤一行莅临南部县督导全省化工行业安全生产隐患大排查专项治理。

13日 举办南部县满福坝水城项目重庆推介会。

同日 举办省供销社投资集团与南部县物流仓储项目达成投资意向洽谈会。

15日 "发展中国家医疗与健康扶贫官员研修班"学员赴南部县考察脱贫攻坚。

16日 中国奥委会名誉主席、中华全国体育总会名誉会长刘鹏，南充市委副书记、市长吴群刚，国家体育总局社体中心主任范广升，省体育局副局长蒋显伦，中国钓鱼运动协会会长施泽华，南充市副市长李在伟，副市长、县委书记张根生等出席由国家体育总局社会体育指导中心和中国钓鱼运动协会主办的"福康供水杯"第十届中国升钟湖钓鱼大赛开幕式。

同日 中国升钟湖钓鱼文化高峰论坛在升钟湖举行，并发布《升钟湖宣言》。

17日 省脱贫攻坚领导小组组长陈福成一行来县开展2018年第二轮脱贫攻坚全

覆盖督导工作。

同日 省级农产品质量安全监管示范县复查评审专家组组长毛志康一行莅临南部县开展省级农产品质量安全监管示范县评审复查。

19日 省人大常委会副主任侯晓春，南充市委书记宋朝华、市人大常委会主任袁险峰、市政协主席吴小可、市委副书记古正举、副市长唐燕，副市长、县委书记张根生等省、市、县领导出席并见证在成都市环球中心举行的南充市"5+5"重点产业推介会暨项目合作协议签署仪式，南部县与江苏苏玉汽车散热器有限公司签订正式合作协议。

20日 大连海事大学校长孙玉清一行到东坝小学看望慰问该校研究生支教团成员，调研支教团工作。

同日 举行南部县人民政府与四川铁骑力士实业有限公司签订800万只肉鸡产业一体化项目签约仪式。

同日 第十届中国升钟湖钓鱼大赛闭幕。

同日 成都市洞头商会会长朱丰安一行18人来南部县进行商务投资与农产品经贸洽谈。

26日 召开全市乡村振兴大会南部现场会，与会人员参观了八尔湖镇纯阳山村、东坝镇打鼓山村等乡村振兴示范区。

27日 召开第十三届县委第90次常委会议，审定县委组织部关于成立邮政管理局等部门（人民团体）党组和县税务局等部门党委的请示，审议干部人事工作。

28日 举行南部县新的社会阶层人士联谊会成立大会，产生第一届理事会和领导班子。

同日 县委在县公安局召开干部大会，宣布市委、县委对县公安局主要负责人的人事任免决定。

30日 社会各界代表在长坪山红军纪念碑前举行敬献花篮仪式，缅怀革命先烈。

10月

9日 举办南部县2018年度扶贫对象数据采集工作培训会和2018年度第二次脱贫攻坚现场验靶暨贫困退出验收工作培训会。

10日 市人大常委会主任袁险峰率市人大执法检查组深入南部县饮用水水源地、乡镇污水处理厂等地，就《水污染防治法》贯彻实施情况开展执法检查。

11日 市委常委、市委组织部部长贾德华，市政协副主席朱家嫒专题调研南部县10件大事工作推进情况。

同日 全县离退休干部座谈会召开。

16日 大型纪录片《嘉陵江》文化旅游考察团来南部作摄制前采风准备工作。

17日 副市长、县委书记张根生在北京参加2018年全国脱贫攻坚奖表彰大会暨脱贫攻坚先进事迹报告会，并代表南部县领取全国"脱贫攻坚组织创新奖"。

同日 县四套班子领导参加南部县2018年全国"扶贫日"现场宣传募捐活动。

22日 四川省政府督察组来南部县专项督察第四次会议全国经济普查工作开展情况。

23日　召开南部县退役军人和其他优抚对象信息采集工作部署会。

25日　南部县八尔湖镇纯阳山村作为全国6个精准扶贫典型之一，参加在北京举行的"决胜2020脱贫攻坚展"，获全国政协主席汪洋高度评价。

同日　省工商局副巡视员朱达伟一行来县督导第四次全国经济普查。

30日　深圳市润林文旅发展有限公司董事长杨洲率考察团一行考察满福坝水城项目。

31日　副市长、县委书记张根生在满福坝现场办公，解决道路、绿化、水环境、要素保障等问题。

同日　全省2018年汽油管道在建工程应急救援演练活动在南部县举行。

11月

2日　副市长、县委书记张根生到金瑞食品、县城生活污水处理厂、盘龙沙石场等部分环境保护重点监测点，督导调研环境保护工作。张根生强调，环境保护是第一道门槛，必须高度重视，坚持环保先行，确保生产条件达到环评标准，符合环保要求，实现生态效益、经济效益双丰收。

3日—4日　四川省第十督导组组长杨敏一行来县开展东西部扶贫协作工作专项督导。

3日—5日　县委副书记朱仕友、副县长冯文强率南部县党政代表团参加在广州召开的2018中国国标中医药大健康博览会和第六届中药材基地共建共享交流大会。

5日　召开十三届县委常委会第94次（扩大）会议，审定南部县2018年第四季度经济指标冲刺月任务分解方案、《关于进一步加强统一战线工作的意见》、县政府党组关于《2018年县级部门（单位）目标绩效管理的实施意见》的请示、县政府党组《南部县物流仓储中心投资经营协议》的请示、县政府党组关于安置2018年符合政府安排工作条件退役士兵的请示、县委组织部关于《南部县县属国有企业领导人员管理办法》的请示、县委组织部关于终止任爱民县党代表资格的请示、县委监委关于给予柴永强、张斌留党查看一年并撤职处分的请示、县纪委监委关于给予冯夏撤销党内外职务处分的请示、县监委关于给予席传阳开除公职的处分的请示，并形成一致意见。

同日　召开南部县环境保护委员会2018年第六次（扩大）会议，会议通报了县级环保督察反馈情况，安排部署中央环保督察回头看"迎检"工作重点。

5日　召开重点项目、脱贫攻坚"现场验靶"暨"三场大会战"工作推进会。

6日　四川省第十督导组经过三天专项督导并向南部县反馈东西部扶贫协作工作意见，并就下一步工作提出要求。

7日　八尔湖互通立交正式通车。

8日　副市长、县委书记张根生深入西河参加集中巡河并强调，亲水南部必须有更强烈的河长制意识，把西河保护当景区、当事业、当展示自己人生价值的平台来推进，以生态保护带动经济效益、经济效益促进生态保护，实现河道一步一景、一户一景、一区一景，推动乡村振兴。

同日 致公党安徽省委副主委、安徽省政协常委、蚌埠市政协副主席陶仪声率考察团考察南部县脱贫攻坚工作，市委常委、副市长陈大纪，县政协主席时春英，县委常委、县委统战部部长钟源陪同考察。

13日 四川省中医药管理局等级中医医院评审专家组彭佑群，副市长、县委书记张根生，县人大常委会主任胡修云，县政协主席时春英等出席南部县中医院创建三级中医医院评审汇报会。

同日 南充军分区司令员蒋济南率队调研南部县民兵组织调整改革推进工作。

15日 市委副书记、市长吴群刚率领市水务、国土、环保等部门，深入南部县西河流域开展巡查，履行河长制工作职责。

同日 成巴高速八尔湖互通建成通车。

16日 浙江省温州市副市长苗伟伦率队来县考察东西部扶贫协作工作。

21日 在浙江省玉环市举行南部县（玉环）新能源汽车及零部件产业园投资推介暨项目合作协议签约仪式。

23日 召开非洲猪瘟防控工作紧急会议，安排当前非洲猪瘟防控具体工作。

同日 南部县全面启动第十三届县委第四轮巡查工作。

26日 国家集成电路产业投资基金股份公司总裁丁文武一行来县调研脱贫攻坚工作。

27日 副市长、县委书记张根生调研定水至升钟晚熟柑橘产业示范基地并强调，产业兴、乡村旺是沿线群众致富奔康的关键，各地各部门要明确任务、抢抓机遇，为实现乡村振兴打下坚实基础。

28日 国家统计局四川调查总队总队长张小军一行调研南部县脱贫攻坚和乡村振兴等有关工作。

29日 深圳润林文旅发展有限公司董事长杨洲一行考察南部县投资环境。

30日 2018年预防艾滋病公益宣传活动在新世纪广场举行。

12月

3日 全省农田水利基本建设现场会在南部县召开，与会人员视察了东坝镇、八尔湖镇农田水利建设现场，省委常委、省直机关工委书记曲木史哈出席并作重要讲话。

5日 市委常委、市委组织部部长贾德华出席南部县新任领导干部见面会，宣布市委关于黄波的任职决定。

7日 副市长、县委书记张根生，县委副书记、代县长黄波深入满福坝现场办公，研究解决道路、水环境、要素保障等问题。

同日 南部县首个监察委员会派出建兴镇监察室正式挂牌成立。

8日 省交通运输厅党组成员、总工程师陈乐生一行来县开展全省长江流域环境整改治理督查工作。

10日 县重点项目"现场验靶"工作推进会召开。

11日 召开全县"三场大会战"推进会，副市长、县委书记张根生要求上下务必坚定信心，再鼓冲刺活力，再创冲刺奇迹，全力以赴确保2018年各项工作赢得"满堂彩"。

12日 召开南部县嘉陵江三桥工程融资协商会议。

同日 南部县东西部扶贫协作工作领导小组第一次会议召开。

13日 召开十七届县人民政府第51次常务会议，传达全国非洲猪瘟防控工作电视电话会议精神，审议县城规划区部分新建街道命名、南部县嘉陵江三桥工程科研课题等有关事项。

14日 全市基础教育工作会议在南部县召开。

14日—15日 国家工信部规划司副司长陈克龙一行调研南部县工业企业发展有关工作。市委常委、副市长陈大纪，副市长、县委书记张根生，副市长沈一帆，县委副书记、代县长黄波，县人大常委会主任胡修云等陪同调研。

15日 县委副书记、代县长黄波，省供销投资集团董事长向伟益，省农业会战集团董事长刘昌德、副总裁刘文德，县委副书记朱仕友出席南部县物流仓储中心项目签约仪式。

16日 召开十三届县委常委会第99次会议，审定《南部县机构改革方案》，研究机构改革有关工作。

17日 县委常委、常务副县长袁剑柏组织召开南部县2018年度经济社会发展情况通报会。

同日 省人大常委会副主任侯晓春调研升钟湖、东坝镇、八尔湖等地水资源保护、乡村振兴和绿色产业发展工作。

同日 省妇联二级巡视员周晓俊率第三方评估组一行来县开展2018年县级党委和政府脱贫攻坚成效考核评估工作。

18日 金科地产集团股份有限公司董事长蒋思海一行考察满福坝产城融合发展核心区项目并就有关领域合作事宜举行座谈。

同日 四川广播电视大学系统建设暨招生工作会议在南部县召开。副市长李在伟，县委副书记、代县长黄波出席并为电视栏目《行走的书院》揭牌开机。

21日 四川好医生药业集团有限公司副董事长耿福昌一行来县考察项目建设投资事宜。

24日 副市长、县委书记张根生主持召开十三届县委常委会第101次（扩大）会议，审定县委组织部《关于进一步激励全县广大干部新时代担当新作为的实施意见》的请示，听取县政府党组关于全县第四次全国经济普查工作汇报，审定县政府党组关于南部县2018年财政预算调整方案（草案）的请示、关于南部县2018年地方债务限额的请示、关于南部县2019年财政预算编制方案的请示、关于南部县2018年财政预算执行情况和2019年财政预算（草案）的请示，研究干部人事工作。

同日 四川省供销社党组书记、主任任晓春率省供销社投资集团公司相关负责人调研南部县火车站物流仓储中心项目建设。

同日 召开首届"亲水南部"万名职工技能赛总结表彰暨"南部工匠"命名大会。

南部概况

| NANBU NIANJIAN |

位置与政区

南部县隶属四川省南充市，位于四川省东北部，川中盆地北缘、嘉陵江中游。全县总面积2229平方公里，2018年，确权耕地7.8万公顷，林地9.5万公顷。森林覆盖率达49.0%。

辖71个乡（镇）、2个街道办事处，1116个村（社区）。县行政中心位于县城金葫路8号。

南部县地处北纬31°04′~31°40′、东经105°27′~106°24′之间，县境东接仪陇县、蓬安县，南靠西充县、顺庆区，西邻盐亭县、梓潼县，北连阆中市、剑阁县。县城地处兰渝铁路、兰海高速、国道212线（兰州—重庆）和省道101线（成都—南江）、204线（南部—渠县）交汇处，与成都、重庆三点连线，略呈等边三角形。属亚热带湿润季风气候区，境内丘陵起伏，地势西北高、东南低，海拔298—826米。南部县境《尚书·禹贡》中地属梁州，东周末为秦国巴郡地。西汉初（前206年），南部县境属充国县。献帝初平四年（193年）分置南充国县。南朝宋元嘉八年（431年）改南充国县为南国县。梁武帝天监二年（503年）改南国县为南部县。中华人民共和国成立后，南部县隶属南充专（地）区。县境最东端为五灵乡岐山坝村东缘，东南端为龙庙乡园通庵村南边，最西端为桐坪乡分水岭村西缘，最北端为双峰乡龙马镇村北缘；东西长89.70公里，南北宽59.50公里。

县 名

充国县之名，始见于《汉书·地理志》，为巴郡十一县之一。县名由来和含义，史无记载。据今人考证，古充国本为賨人聚居区，后巴人南来，以"賨""充"协韵，称土著賨人曰"充"，故以充国名之，亦有羁縻之意。

南充国县，始见于《华阳国志》："和帝时置，有盐井，大姓侯、谯氏。"献帝初平四年（193年）分充国置南充国县（见《续汉书》及注）。分南充国后，充国在西，故后称西充国。蜀汉至晋皆有西南二充国（《蜀志》：谯周，西充国人；张嶷，南充国人。又见《晋志》）。李雄据蜀时期，因战乱，充国荒废（见《寰宇记》），西充国并于南充国，所以常璩撰《华阳国志》时只有南充国。刘宋改南充国县为南国县。梁武帝天监二年（503年）改南国县为南部县。

据此，县名由充国县—南充国县—南国县—南部县演变而成。另一说，以居阆中之南而得名。

县　城

兰（州）渝（重庆）铁路、兰（州）海（南）高速、成（都）巴（中）高速、国道212线和245线、省道206线、207线、208线、304线、305线在南部县内纵横交错，上至广元下至重庆的长江第一支流"嘉陵江"流经县内78公里。"半小时南充、两小时成渝、三小时西安"的南部快速融入成渝、成渝西经济区。

汉献帝初平四年（193年），分充国县置南充国县，治地在今南隆镇。南北朝西魏废帝二年（553年），改南梁北巴州为隆州，此地处隆州之南，故称南隆。梁武帝天监二年（503年），改南国县为南部县，梁大同中（535—546年）在南部县设置南部郡，领县一，郡、县治地均在今南隆镇；南宋理宗淳祐二年（1242年），蒙古军入境，县治徙跨鳌山。明洪武四年（1371年），县治迁还旧址（今滨江街道办事处文庙街）。

2009年，县城所在地南隆镇。2010年，南隆镇拆分为蜀北街道办事处、滨江街道办事处和南隆镇，县委、县人大、县政府驻滨江街道办事处文庙街8号，县政协驻滨江街道办事处后街50号。同年，位于蜀北街道办事处迎宾大道8号的行政中心建成。2011年1月1日，县委、县人大、县政府、县政协和部分县级部门（单位）入驻行政中心。2013年，实施创国卫重点项目24个，通过国家爱卫会验收。2018年，城市建成区30平方公里，常住人口31万人，城镇化率达44.59%。

建置沿革

南部县境《禹贡》属梁州，东周末为秦国巴郡地。西汉初（前206年）置充国县，为巴郡十一县之一，治地在今县城西大桥镇东北14公里，南部县域属充国县。东汉初并入阆中县，和帝永元二年（90年）复置；献帝初平四年（193年），又分充国县置南充国县，为巴郡所辖十五县之一，治地在今南隆镇。分置南充国县后，充国县在西，后称西充国县。建安六年（201年），刘璋改原巴郡为巴西郡，西、南二充国县均隶巴西郡。

南朝宋元嘉八年（431年），在原巴西郡地建立北巴西郡，又改南充国县为南国县、西充国县为西国县，同属北巴西郡。

梁武帝天监二年（503年）改南国县为南部县，仍属北巴西郡；天监八年（509年）于北巴西郡置南梁北巴州。梁大同中（535—546年）州、郡、县建置变革纷繁：在南部县设置南部郡（领县一，郡、县治地均在今南隆镇）；又分金迁戍地置金迁郡，并置郡辖金匮县（郡、县治地均在今升钟镇桥坝头村）；改掌天戍地为掌天郡及郡辖西水县（郡、县治地均在今西河乡高峰村）；复改西国县为西充国县，并于县置木兰郡。南部、金迁、掌天、木兰四郡皆隶南梁北巴州。

西魏废帝二年（553年），改南梁北巴州为隆州，改北巴西郡为盘龙郡（州、郡治阆中），改南部郡为新安郡，隆州新安郡仍领南部一县。又将木兰、掌天二郡并入金迁郡，改西充国县为晋城县，改金匮县为晋安县，晋城、晋安、西水三县皆属金迁郡。

北周孝闵帝元年（557年），南部县属盘龙郡。

隋开皇三年（583年），推行州县二级制，悉罢全国诸郡。罢金迁郡，以地属隆州（治阆中）；省晋安县入晋城县，移治晋安坝（今升钟镇桥坝头村）。其时，南部、晋城、西水三县皆隶隆州。大业元年（605年），西水县因水毁，治徙彭定故宅（今保城乡境内）。是年，罢隆州置巴西郡，南部、晋城、西水三县遂为巴西郡所辖。

唐武德元年（618年），改巴西郡为隆州，为避太子讳改晋城县为晋安县。同年又析南部、晋安二县地置新井县(治今大桥镇附近)；武德四年（621年），析南部、相如二县地置新城县，后避太子讳更名新政县（治今仪陇县新政镇）。其时，南部、晋安、新政、新井、西水五县均隶隆州。先天元年（712年），避玄宗讳改隆州为阆州，辖县不变。

宋真宗咸平四年（1001年），在今四川地区置益、梓、利、夔四路，利州路仍置阆州阆中郡，领南部、晋安、新政、新井、西水诸县。神宗熙宁四年（1071年），省晋安为镇入西水。南宋理宗淳祐二年（1242年），蒙古军南下，南部县治徙跨鳌山。

元至元二十年（1283年），新井、西水、新政三县并入南部，南部又成为多县合一的大县。至此，南部县四周邻县是：东界相如、营山两县，南界西充、南充两县，西邻普安（今剑阁，明洪武六年即1373年并入剑州），北邻阆中，东北与仪陇接壤，西南与盐亭相连。元末明玉珍据蜀建大夏政权，南部县隶属未变。

明洪武四年（1371年），南部县治迁还旧址；明洪武十年（1377年），南部县并入阆中，明洪武十三年(1380年)又复置,仍隶保宁府。

明嘉靖《保宁府志》："南部县去府（保宁府）七十里，四境之内，东西广二百三十里，南北宽一百一十五里。东至仪陇县界石头市八十里，南至南充县界大石口一百二十里，西至盐亭县寨垭铺一百五十里，北至阆中县银井铺三十五里。"

清代沿明朝旧制。

民国三年（1914年）南部县隶属嘉陵道；民国二十四年（1935年）隶属四川省第十一行政督察区（治今南充）。1933年至1935年，川陕苏区成立中共阆（中）南（部）县苏维埃和德丰县苏维埃政权。1935年4月下旬，红军离开南部县。

1949年12月至1969年1月，南部县隶属南充专区；1969年1月至1993年7月，南部县隶属南充地区；1993年7月后，南部县隶属南充市。

人　口

2018年年末，全县总人口124.8万人，其中，农业人口103.5万人，非农业人口21.3万人。女性59.4万人，男性65.4万人，男女性别比 110.1 ∶ 100.0。

全县已婚育龄妇女 235704 人，其中，无孩妇女 18447 人，一孩妇女 125508 人，二孩妇女 88631 人，多孩妇女 3118 人。育龄妇女中采取节育措施有 187979 人。

2018 年，全县出生 13078 人，出生率为 9.9‰；死亡 5649 人，死亡率为 4.3‰；人口自然增长率为 5.6‰。

地　貌

【地貌类型】 县域地貌类型可划分为平坝、台地、低丘、高丘、低山、水域 6 个基本类型。南部地形为川北丘陵地形，县域内丘陵起伏，西北高、东南低。嘉陵江东岸属大巴山余脉，西岸属剑门山余脉。地貌因受水系切割，多呈树枝状山形，受风化侵蚀较强的大坪—永红一线，山顶多呈台状方山地貌；花罐—宏观、碑院—五灵一线，山顶多呈圆锥状，台地呈条带状；伏虎—王家一线，山顶多呈馒头状或平顶山梁，这一线地形平缓，沟谷宽坦。嘉陵江、西河沿岸分布着少量的冲积坝和台地，地势低洼平坦。

【海拔】 县域最高点为西北端西河乡域内的龙尾山，主峰海拔 826 米；最低点是东南端西河口，海拔 298 米。县域西北部海拔高度一般在 500—650 米之间，相对高差 200—300 米；中部及东北部海拔高度一般在 400—550 米，相对高差 100—150 米。东南部海拔高度一般在 300—400 米之间，相对高差 50—100 米。

水　系

南部县域内有一江（嘉陵江）、两河（西河、宝马河）、五湖（红岩子湖、升钟湖、八尔湖、盘龙湖、观音湖），水资源总量 80576 万立方米。流域 50 平方公里以上干支流 23 条，50 平方公里以下小支流 42 条。多年平均过境水量 245.5 亿立方米。水能资源蕴藏量 27.6 万千瓦，可开发 15.84 万千瓦，目前装机 10.83 万千瓦。全县大中小型水库 167 座，总库容 18.24 亿立方米。西南最大的人工湖——升钟水库位于县西北部，库容 13.39 亿立方米，被誉为"中国人的水立方"。

【嘉陵江】 嘉陵江属长江支流之一，发源于陕西、甘肃的秦岭南麓，从南部县北面老鸦镇文家坝流入县内，流经老鸦、火峰、河东、滨江、谢河、盘龙、碾盘、楠木、富利、王家等乡镇街道后入蓬安县内，流程约 78 公里，流域面积 2232 平方公里，河床比降 0.42‰，有天然落差 32.50 米，多年平均流量 793.30 立方米/秒（河口）。县内嘉陵江的一级支流除西河外，流域面积在 50 平方公里以上的较大支流有长滩河、大回溪、小回溪等 3 条。

【西河】 西河是嘉陵江右岸较大的一级支流，发源于江油市五指山南麓，由北向南从南部县西北端的西河乡入县至东南的王家镇下游约 2 公里处汇入嘉陵江。上游主要支流柳河，发源于剑阁县盐店尖子山，河长 40.50 公里，在剑阁县开封附近汇入西河。西河全长 303 公里，流域面积 3500 平方公里，流经南部县 189 公里，其中升钟水库大坝以下 133 公里，沿途有菜子河、兴隆河、宝马河、紫岩河、东坝河、来龙井等 6 条较大支流汇入，多年平均流量（河口）29.66 立方米/秒，河床比降 0.86‰。升钟水库大坝以下段天然落差 62 米，梯级开发水能已基本完成，总装机容量 2.31 万千瓦。其中，盘龙一、二级站装机 1.50 万千瓦，黄石岩 450 千瓦，周家井 1260 千瓦，新民 730 千瓦，青岩子 495 千瓦，水磨河 800 千瓦，升钟水库渠首电站 4400 千瓦。

【主要支流】 南部县嘉陵江水系中，流域面积在 50 平方公里以上的支流，有 12 条。嘉陵江左岸一级支流：长滩河、大回溪、小回溪，右岸一级支流：西河；二级支流：菜子河、兴隆河、宝马河、紫岩河、东坝河、来龙井；三级支流：徐岸河、大桥河、柳树河。

自然资源

1958 年，第一次土壤普查，通过对代表性田块 191 块 35 个土纲分析，全县耕地中，重庆原中性紫色土占 80.30%，老冲积黄泥土占 11.47%，新冲积沙土占 8.03%。肥力甲等土占 20%，乙等土占 30%，丙等土占 30%，丁等土占 20%。土壤 pH 值，中性占 92.64%，微酸性占 7.36%。1982 年至 1984 年，第二次土壤普查。全县土壤有潮土、黄壤、紫色土、水稻土 4 个土类，6 个亚类，13 个土属，54 个土种。

县域属亚热带常绿阔叶林区。原始自然植被丰富，柏、松、樟、桤、竹以及黄荆、马桑、巴茅等生长繁茂。1985 年重庆师范学院地理系师生一行到保城乡对全乡范围内的植物进行全面调查，按乔木、灌木、草本、蕨类及藤本 5 类统计，计有乔木 33 科 75 种；灌木 22 科 44 种；草本 40 科 122 种；蕨类植物 10 科 14 种；藤本植物 7 科 10 种。

新中国成立初期，升钟、双峰一带，时有虎、豹、熊、鹿出没。但到 20 世纪 60 年代，自然环境发生很大变化，林地面积缩减，林木破坏，环境污染，兼之肆意捕杀及声光干扰等，野生动物数量锐减，野兽基本绝迹。20 世纪 70 年代末以后，随着森林植被恢复，野兔、野鸡等逐渐增多。

石油、天然气分布在玉镇、双佛、万年、老鸦、东坝、窑场等地，20 世纪 70 年代开始钻探，有 40 余个井位产油产气。盐分布在盘龙、楠木、碑院、建兴、黄金一带，藏量丰富。南部县早在东汉时期即已凿井取卤制盐，故在历史上以产盐著称。20 世纪 40 年代，有盐井 1.40 万余眼，年产食盐 2 万余吨。1962 年停止食盐生产。近年来，县水务局在上述地区打井提取地下水，含盐 4.7 度左右，含盐层深 120 米左右。县内沙金分布于嘉陵江沿河两岸河道转弯处的一、二级阶地，卵石的下部与基层的顶部，与沙交织在一起，富集程度不等。沿嘉陵江的滨江、盘龙、楠木、石河、王家等 10 余个乡镇（街道）均有蕴藏。河沙、卵石是现代建筑中混泥土和粉刷墙壁的重要原料，南部县有丰富的河沙、卵石等自然资源。嘉陵江流经县境 78 公里，西河贯穿南部县全境，每涨一次大水，沿河两岸便沉积大量沙石，估算积蓄量约 4000 万立方米。

气　候

南部县位于四川盆地东北部、嘉陵江中游，属中亚热带季风湿润气候区，气候温和，具有冬暖、春旱、夏长、秋短、无霜期长、风速小、云雾较多、四季分明、雨热同季的气候特点，作物四季均能生长。

年平均气温16.9℃，最热月平均气温26.8℃，最冷月平均气温6.0℃，历年极端最高气温42.4℃，极端最低气温-4.3℃。年平均降水量966.3毫米，总雨量充沛，但分布不均，其中5—10月降水量795.0毫米，占全年降水量的82%。年平均相对湿度占比为81%。年平均无霜期253天。全年日照时数1208.8小时。年平均蒸发量为1129.1毫米，年雷暴日数为23.1天。主要气象灾害有干旱、高温、暴雨洪涝、寒潮、低温阴雨、大风、雷暴、冰雹。

环境质量

大气质量　完成10蒸吨以下燃煤锅炉"煤改气、煤改电"17家，中盐银港VOC和烟气治理工程建成投用。淘汰黄标车186辆，完成301辆重型载货柴油车辆尾气路检。年削减化学需氧量553吨、氨氮86吨、二氧化硫53吨、氮氧化物19吨。2018年，空气质量达标比例为93.7%，同比提升5.3个百分点，较基准年（2015年）提高7个百分点；PM_{10}平均浓度为66.8微克/立方米，同比下降3.5%，较基准年下降21.4%；$PM_{2.5}$平均浓度为37.5微克/立方米，同比下降15.9%，较基准年下降8.5%；二氧化硫、二氧化氮、臭氧、一氧化碳年平均浓度同比分别下降42.1%、37.4%、24.0%、21.0%。居南充市第一。

水体质量　2018年，县域一江（嘉陵江）、两河（西河、宝马河）、五湖（红岩子湖、升钟湖、八尔湖、盘龙湖、观音湖）水质趋好，其中升钟湖达Ⅱ类水质，嘉陵江（南部段）达Ⅲ类水质；县城集中式饮用水水源地水质达标率达100%（水质Ⅱ类）；27条县级河长制河流达到或优于Ⅲ类水质的河流有25条，达标率为93%。

土壤质量　饮用水水源地、蔬菜种植基地、畜禽养殖基地周边土壤环境质量总体良好，基本农田保护区域和重点企业周边土壤环境质量保持稳定。

中国共产党南部县委员会

县委工作综述

【基本情况】 2018年实现地方生产总值350亿元，同比增长9.2%；一、二、三产业增加值60.6亿元、174.2亿元、115.2亿元，分别增长4%、10.8%、10.5%；地方一般公共预算收入10.08亿元，增长11%；社会固定资产投资297亿元，增长17%；社会消费品零售总额115.2亿元，增长12.5%；城镇居民人均可支配收入35117元，增长9%，农村居民人均可支配收入14931元，增长9.9%。

【打好转型升级"组合拳"】 GDP突破350亿、固定资产投资突破300亿、一般公共预算收入突破10亿，工业贡献率超过55%，全县经济运行实现更高质量、更有效率、更可持续。成功创建省级园区，推进工业强县示范县建设和2018—2025园区规划，成功创建省级经济开发区，正式入列全国第三批增量配电业务改革试点，南工售电公司投入运营，园区企业要素成本大幅降低。培育壮大百亿产业，电子信息、食品医药、机械制造、新型材料"四大主导产业"新增企业32户，规上企业达60户。与温州洞头区深化"山海合作"，以南环集团为龙头，建设总投资100亿元、占地1000亩的新能源汽车汽配产业园，启动仅2个月时间，落地注册企业20户、转移安装设备16户、投产12户；新材料产业园8月份开工，一期入住通讯卫星、智能制造、5G通讯等基础材料生产企业3户。激活实体企业，支持民营经济发展，新增市场主体4452户，引进佳兴电子等企业13户，对8户低效或僵尸企业"腾笼换鸟"，盘活厂房6万平方米、资产5亿元。

【决胜项目建设"突围战"】 编制储备项目527个，76个项目进入国省盘子，150个重点项目和"十件大事"完成投资268亿元、93亿元。嘉陵江三桥、南部水城满福岛、升钟湖基础设施建设等PPP项目加快推进，八尔湖互通、定升公路建成通车。新招引南环实业、浩嘉兴等项目52个，到位省外资金96亿元。

【绝对贫困基本消除】 整合资金4.5亿元，新建村社道路、产业路、入户路163公里；铺设供水管网137.5公里，新增集中供水村80个，"三源九厂九线+N"全域供水体系覆盖率达81%；实施"五改三建"5300户，建设标准化村文化室、卫生室52个；改造农村电网358.5公里、县乡村广电网络光纤2500公里，建成宽带乡村200个。

新建脱贫奔康产业园68个、脱贫示范

村30个，发展"四小工程"2.8万户。帮助贫困家庭培养大中专学生948人、技术明白人1.1万名，教育扶贫资助全覆盖；因病致贫、返贫问题有效解决；开发公益性岗位1500个，开展就业创业培训2688人次，成建制转移贫困劳动力就业3.76万人次。

2018年，脱贫6490人、退出贫困村52个，贫困人口减至3户9人，198个贫困村全部出列。

2018年10月，获全国脱贫攻坚组织创新奖；18个省、500个县来考察学习。八尔湖镇纯阳山村作为全国六个基层单位之一，参加全国"决胜2020——脱贫攻坚展"，受到了中央领导肯定。

【下好乡村振兴"先手棋"】聘请川农大团队编制乡村振兴战略规划，研究"五大振兴方案"，编制"六大专项规划"，在全市率先搭建起"以亲水南部建设为统揽，以'一核四极多支点'为框架，以'1+5'实施方案和'1+6'规划体系为抓手"的乡村振兴规划总蓝图。乡村振兴试点引领，启动实施"八项行动"，打造"三线三区"乡村振兴示范样板，八尔湖乡村振兴示范区、铁佛塘——八尔湖百里百村农旅融合园初步成型。乡村振兴亮点纷呈，现代农业示范基地、农业主体公园等新型农业园区梯次呈现，水肥一体化生产水、供排一体化生活水、管护一体化生态水、文旅一体化观光水"四水共建"全面深化，"四好农村路"建设全域推进，八尔湖镇、升水镇、王家镇成功跻身全省"百镇建设行动"扩面增量试点镇，八尔湖镇成为全市唯一入选全省第二批特色小城镇。

【纵深推进重点领域改革】28项专项改革、7项自主改革、15项"微改革"落地落实，扩权强镇、供销社双线运作体制等3项国省改革试点全面完成，国资国企改革、农业土地股份合作改革、审批服务事项"最多跑一次"改革成效显著，脱贫攻坚"六大机制"广泛推广。全面创新驱动突破突围，超级马特列入省级众创空间，聚力机械获批省级企业技术中心，新龙源管业IPO上市稳步推进，成功培育"小巨人""专精特新"等企业27户，争创省级工业品牌16个，争取工业专利215件，高新技术总产值45亿元，企业活力进一步迸发。对外开放合作力度空前，"工业年""招商年"活动深入开展，投促、园区、经信、农牧、工商联"五驾马车"并驾齐驱，谈判、监督、兑现"三个小组"协同作战，登门请商、蹲点招商、商会引商层层发力，北京、新疆、温州等系列招商推介会接二连三，全年签约引进项目30个，协议总额359.4亿元，新开工22个、竣工15个，尤其是南环集团实现了投资总额、发展模式、建设进度"三个破纪录"。

【画好民生福祉"同心圆"】创新河湖"五个三"长效机制，通过专项执法与群众自治并举、人工监测与智能监测配套，河湖管理实现运动式向常态化、河长制向群众治、人工抓向智能管"三大转变"；深化落实污染防治"八大战役"，深入推进环保督察"回头看"，标本兼治、开门整改，中央环保督察期间信访件同比下降了94%，为全市最少；28个乡镇污水处理厂、垃圾焚烧发电等"补短"项目加快推进，全县环境空气质量优良天数达93.4%。风险防控高质高效，建立并推行打击非法集资联动机制、保险代理机构定期检查和约谈机制，严厉打击乱办金融、非法集资、恶意逃废债等危害金融生态行为，通过置换化解债务12亿元，提前防控扶贫小额信贷违约风险，积极化解企业到逾期贷款违约风险，组建专班集中处理农民工欠薪、购房和回迁安置、社会保障等涉众突出问题，风险实现可控目标。民生事业提速提效，十大民生工程、20件民生实事如期完成，以化解"大班额"为方向，同步实施城镇学校"扩容增位"和农村学校"全面改薄"，幸福幼儿园按时招生，中医院创建三级医院通过验收，轿子山养老服务中心全面竣工，医疗共同体建设、普职融通改革等加快落地。

【构建社会治理"新格局"】推进自治法治德治相结合、共治共建共享相促进。治理体系持续健全，凡重大决策、重大事项都由"两个团队"进行法律把关，持续深化法律惠民、推进法治改革；推行"三议五会"群众工作法，自上而下宣传、自下而上决策；继续深化"干群一家亲"活动，持续开展"五大教育""家训家规家风"评选、"地道南部人"演讲、"最美南部人"评选等，在"三治并举"中创新了现代治理体系。平安大局持续稳固，深化扫黑除恶专项斗争，加大对沙石料场开采、国有资产出让等重点领域黑恶势力打击，开展打击村霸乡霸、强行阻工等"十大行动"，扎实推进"雪亮工程"和安全生产"百日整治"，构建群防群治、联防联治、专防专治的纠纷调处机制，集中处置民工欠薪问题，打掉恶势力犯罪集团12个，坚决在重点项目建设、企业营商环境等方面扫清障碍、拔掉钉子，筑牢维护稳定的"压舱石"。团结合力持续凝聚，切实推进民主政治建设制度化、规范化、程序化，加强党对人大、政协、群团工作的领导，人大依法履职、政协参政议政作用充分发挥，统战、工商联、民主党派、侨台、工会、共青团、妇联、残联、老干部、关工委等各条战线团结一心、和衷共济，凝聚了全县上下建设"亲水南部"的合力。

【扎紧从严治党"铁笼子"】聚焦主责主业，坚持打好"三场持久战"，驰而不息、不胜不休。管党治吏从严从实，始终把政治建设摆在首位，出台纵深推进全面从严治党27条"铁律"，从严管党治吏、激励干事创业的导向更加鲜明；研究出台乡镇、部门、企业三个层面纪检组织负责人提名考察办法，"三个一线"选拔任用优秀干部102人，清清爽爽的干事创业氛围更加浓厚；深入开展"好书记"选育计划，整治软弱涣散党组织56个，建立青年人才党支部73个、园区行业党总支5个。正风肃纪高举高打，以肃清拉票贿选余毒为重点，深入推进工程建设项目专项整改、单位现金管理专项检查、"一卡通"专项治理和"庸拖浮"专项整治，常态开展落实中央八项规定、执行党章党规情况专项检查，直查直办问责169人；围绕脱贫攻坚、环保督察、政务环境监督执纪问责，查处问责219人；以高度政治责任感全面完成省委巡视问题整改，上下联动完成对29个乡镇和部门的政治巡察，处置问题线索155条。惩贪治腐利剑高悬，完成县级部门派驻纪检组织改革，围绕"五个盯准盯紧"严查腐败，处置问题线索631件、立案238件，党纪政纪处分20人。

（县委党史研究室）

纪检 监察

【基本情况】 2018年，处置违纪违法问题线索636件，立案240件，结案236件，党纪政务处分234人，其中，给予开除党籍或公职处分23人（含"双开"）；查处职务犯罪案件并移送检察机关11人。立案查处涉黑涉恶问题5件，党纪政务处分5人。

【体制改革】 在全市率先成立县级监察委员会，转隶干部19人，监察对象1.18万人，较改革前增加4.2倍；在全市率先完成县监委派出乡镇（街道）监察室挂牌工作；推进派驻机构改革，成立派驻纪检组（筹备组）17个，实现县一级党和国家机关派驻纪检机构全覆盖。

【纪检监察】 党风廉政建设专题研究 县委常委会听取县纪委工作汇报16次，专题研究党风廉政建设工作26次。县委主要领导切实履行"第一责任人"职责，批办督办问题线索45件次，开展廉政谈心谈话629人次；深入分管联系单位讲廉政党课101场次。分层签订差异化目标责任书，印发落实"两个责任"提醒单8批次208份，组织5名乡镇（部门）党组织负责人在纪委全会上述责述廉。

乡镇、县级部门巡察 修订十三届县委巡察工作规划，对15个乡镇、14个县级部门进行了巡察，发现反馈问题322个、移交问题线索78条。办结中央和省委巡视组移交问题线索87件，立案36件，处分50人，推动6类18项47个省委巡视反馈问题取得阶段性整改成效。12个乡镇、17个部门的53名领导干部因重视不够、履责不力、督查反馈问题整改不到位被约谈，31个乡镇、26个部门被点名通报批评。

脱贫攻坚专项巡察 实施"3+X"专项整治，推动乡镇自查、行业检查、审计抽查，发现纠正资金使用不规范等问题1032个，涉及金额4.9亿元。以实施专项巡察为重点，30个组3轮发现并督促整改问题3800个。查处扶贫领域案件72件，党纪政务处分73人。

环保督查 会同县环委会成员单位开展落实河长制工作、秸秆禁烧治理、污水处理厂建设、畜禽养殖场整治等专项督查35场次。对2017年中央环保督察组交办问题整改情况进行拉网式检查，召开集体约谈会9次，追责问责160人次，环保问题整改取得实效，中央环保督察组接受的问题反映大幅减少。

项目督查 紧盯重点项目，开展督促检查8次，对建设进度滞后单位负责人进行约谈。跟进满福坝开发常态监督，查处、纠正拆迁中的违纪违规行为5起，节约财政资金200万元。

案件查办 对2013年以来的2046件信访件进行全面清理、规范处置。全年处置违纪违法问题线索636件，立案240件，结案236件，党纪政务处分234人，其中给予开除党籍或公职处分23人(含"双开")；查处职务犯罪案件并移送检察机关11人。立案查处涉黑涉恶问题5件，党纪政务处分5人。

【内部管理】 警示教育 梳理各类违纪违法案例，编发典型案例通报15期60件。印发《党纪法规简明学习读本》《国家公职人员不能逾越的 120 条底线》等 2 万册。开展乡村干部廉洁履职专题培训，培训党员干部 6000 人。

廉政提醒 法定节假日，面向全县公职人员发送廉政提醒短信 18 万条，开展联合监督检查 6 次，督促整改问题 27 个，19 个单位被通报批评。分层分类开展"升学宴"专题提醒谈话 63 场次，签订《承诺书》4000 份。

专项整治 开展"庸拖浮"专项整治，对贯彻上级决策部署等情况开展明察暗访，查处违纪违规问题 21 件，处分 21 人。开展"一卡通"专项整治，会同财政部门对 36 项惠农补贴资金进行清理，361 名党员干部主动说清问题，查处违纪违规案件 36 件，处分 36 人。开展"微腐败"专项整治，查处与民争利、优亲厚友、贪污侵占等问题 159 件，处分 161 人。开展"10+X"专项整治，整改突出问题 708 个，党纪政务处分 13 人。

职能提升管理 选派机关干部到省市纪委挂职锻炼 14 人次；集中抽调乡镇纪委书记、副书记到县纪委跟班学习；受理反映纪检监察干部问题线索 17 件，立案查处 9 人。

【**重要会议**】 2018 年 1 月 19 日，南部县召开县监察委员会成立大会，成为南充市首个挂牌成立的县级监察委员会。市纪委副书记、市监察委员会副主任马文林到会指导；市政府副市长、南部县委书记张根生参加大会并讲话。

【**附录**】（1）2018 年 5 月，在南充市纪检监察系统学习贯彻党的十九大精神征文竞赛活动中，赵岩的《创造新作为 树立新形象》一文获二等奖。

2018 年 9 月，县政府对秦中、董保平记三等功。

（2）县纪委监察委内设办公室、组织部、宣传部、信访室、党风政风监督室（挂"南部县纠正行业不正之风办公室"牌子）、第一至第八纪检监察室（第六纪检监察室挂"南部县优化经济发展环境领导小组办公室"牌子）、案件审理室、案件监督管理室、纪检监察干部监督室。

【**名录**】 县委常委、县纪委书记、县监委主任：赵平　县纪委副书记、县监委副主任：尤朝晖、庞辉政　县纪委常委、县监委委员：任重　县纪委常委、县人大常委会委员：张长斌　县纪委常委、县监委委员：李翼宏　县监委委员：张良　县纪委监委机关党委书记：郭力榕。

（县纪委监察委）

组织工作

【**基本情况**】 2018 年，新发展党员 550 名。调整干部 123 人。其中，提拔 16 人，交流转任 25 人，兼职 5 人，免职 19 人，企业任职 4 人，机构改革职务任免 6 人，晋升非领导职务 48 人。

【**党建工作**】 先后召开 15 次常委会、3 次党建领导小组会专题研究党建工作，印发《南部县乡（镇）党委书记抓党建工作述职评议考核问责实施办法》《南部县党委（党组）书记履行抓党建第一责任人职责细则（试行）》。结合"两学一做"学习教育，举办道德、法纪、经济"三大讲堂"10 场次。依托"遵党章、学党章、讲党章"活动，各地开展学习3000场次，送党章4万本。以习近平新时代中国特色社会主义思想、党的十九大和习近平总书记对四川工作重要指示精神、省委十一届三次全会精神为主要内容，教育培训县、乡、村三级党员干部2.5万人。出台《严格党内监督巩固发展良好政治生态的决定》，组织全县各级党组织和党员干部深入学习《县以上党和国家党员领导干部民主生活会若干规定》，动真碰硬落实"双重组织生活会"制度、"三会一课"制度，从学习计划、学习内容、请销假等十个方面严格把关，防止随意化、平淡化、娱乐化。

坚持把优秀、能打硬仗的干部派到脱贫攻坚一线，轮换第一书记90人，调整驻村工作队成员200人，全覆盖选派2万名帮扶干部结对帮扶。深入推进198个党员精准扶贫示范项目建设。建立柑橘产业脱贫奔康产业党委，下设产业党总支4个、产业党支部31个，带动13000多户群众（2500余户贫困户）进入合作社，集中流转土地10万亩，完成"春见""不知火"等优质晚熟杂柑栽植，户均年收入5000元以上。2018年10月，获全国脱贫攻坚创新奖组织奖。

投入130多万元改造升级村级活动阵地50多个；分层分类制定各类工作纪实手册9000本、指导手册5000本。整顿转化软弱涣散村（社区）党组织56个。帮扶困难党员800名，落实慰问资金40万元。结合扫黑除恶专项斗争对全县1116个村（社区）"两委"班子开展换届"回头看"，清除不合格村（社区）"两委"成员29名。

【干部工作】 新提拔的16名干部，民主测评政治表现情况"好"和"较好"两项得票合计比例为100%。晋升副处职级35人、正科职级101人，套改晋升警长职务614人。

选派各级领导干部到市委党校和省直部门培训50期200人次，举办各类主体培训班30班次2000人次。选派10名干部到温州市洞头区挂职学习，29名干部到凉山州担任脱贫攻坚综合帮扶工作队队员。2018年，80后干部提拔8人、晋升非领导23人，分别占比50%、48%；30名年轻干部到经济发达地区和中央、省、市机关挂职学习。

轮岗交流调整县级部门中层干部98人，督促整改突出问题155个。2018年9月，调整的42名干部中，28名干部被表扬为脱贫摘帽先进个人，7个获得脱贫摘帽特殊贡献团队称号的乡镇党政正职均得到提拔。约谈提醒出现苗头性、倾向性问题干部10余人。规范认定干部档案200余份。开展"干部在企业兼职"问题专项清理活动，3名公职人员按照《南部县县属国有企业领导人员管理办法》规定，辞去公职转为企业人员。

【人才工作】 县委常委会专题听取人才工作汇报2次，全年召开全县人才发展大会1次，成员单位研究人才工作8次。分行业分类别建立中共南部县委掌握联系服务专家（人才）名单，确定联系服务对象30名。制定了《南部县推动乡村人才振兴工作方案（2018—2022年）》，引进研究生以上学历20余人次；通过公开招聘，教育、卫生系统引进人才150名。

落实人才专项经费130万元，安排落实职业介绍、培训补贴、创业扶持等各项补贴资金240万元，发放人才创业扶持经费100余万元，帮助30多名大学生成功创业。依托"南部精英大讲堂""工匠杯"技能大赛，累计培训创新型企业家100余名，培养高技能人才30余名。开展晋职培训、网络研修、岗位培训等培训教师6000余名。培训新型职业农民270名。开展"弘扬爱国奉献精神、建功立业新时代"活动，分10个类别评选南部优秀拔尖人才10名，8人被评选为县优秀拔尖人才。依托省、市、县媒体，宣传优秀人才52次。出台《南部县人民医院人才引进方案》《南部县高层次子女入学实施细则（试行）》保障性文件，完成《南部县人才公寓建设工作实施方案》，着力解决引进人才住房问题。

探索实施"名师工作室"创建活动，创建南部县首批中小学名师工作室5个。出台《关于南部县激励科技人员支持创新创业十二条政策措施》，创建省级众创空间1个。创新开办"人才超市·智汇南部"网络平台，开设专家支招、政务大厅、人才政策、人才市场栏目，提供网上人才工作服务；探索协调建设南部县中药材种植研发基地1个、南部县晚熟柑橘产业建设技术服务专家大院1个，推进科技人员智力服务基层一线。推进产学研协同创新平台建设，县政府与四川农业大学、中国中药有限公司签订战略合作协议，为产业发展提供技术支持。继续实施校企联合培育模式，建立实践基地1个。

【附录】 县委组织部内设人秘股、组织股、干部股、综干股、干部监督股、信息调研股、档案管理股、电教股。2018年，有在编在岗男职工15人，女职工5人。

【名录】 县委常委、组织部部长：袁剑柏（2018年5月止） 县委常委、组织部部长：杨庆萍（2018年5月起） 常务副部长：徐驰骋（2018年7月止） 副部长、党建办主任：利明海 副部长：王朝金 副部长、老干部局局长：杜秋 副部长、人社局长：李懿。

（县委组织部）

机构编制

【基本情况】 2018年，承办编委会议2次，办理全县机关事业单位入编444人次、出编578人次，调整更新业务139人次。出文明确559个单位类别，占总数94.4%。

【机构编制改革】 起草《关于成立南部县深化机构改革领导小组的通知》，印发《关于机构改革期间暂停机构编制事项的通知》。清理各类议事协调机构245个，保留县级议事协调机构162个（含更名议事协调机构3个，整合议事协调机构12个），优化精简组成人员37个，撤销议事协调机构83个（含整合议事协调机构21个）。

纪检监察体制改革 撤销南部县监察局，撤销县检察院反贪污贿赂局、反渎职侵权局、职务犯罪预防科，组建南部县监察委员会。完成县检察院涉改20名政法专项编制、19名工作人员转隶，实现监察职能、机构、人员融合。确定纪检派驻机构（筹备组）18个，按每个派驻纪检组编制不少于3人的要求，结合派驻情况和南部县行政编制实际，核定纪检派驻编制63人（含政法专项编制9人）。明确县监察委员会向各乡镇（街道）派出监察室机构设置、人员组成、职责权限：与乡镇（街道）纪（工）委合署办公，实行一套机构、两块牌子，不新增机构，承担纪检、监察两项职能。

行政审批制度改革 成立南部县行政审批制度改革领导小组办公室（简称县审改办），设在县委编办，挂县审改办牌子。制定南部县权责清单动态管理办法，8月对外公布县级行政许可事项清单。会同县监委、县政府法制办、县政务中心促进各部门行政审批高效运行，"最多跑一次"梳理公布480项，占比92%；"四办"清单梳理公布814项。下放县级行政权力102项。

城管执法体制改革 按照《关于深入推进城市执法体制改革改进城市管理工作的实施意见》，就深化城市综合执法体制改革有关机构编制事项出文明确。将县住建局行使的市政公用职能、住房城乡规划建设领域法律法规规章规定的全部行政处罚权，县林业局行使的园林绿化职能，县住建局管理的县房地产管理局行使的行政处罚权划给县城市管理和综合执法局；将县住建局管理的县城乡建设管理大队、县路灯管理所，县林业局管理的县园林局整体划入县城市管理和综合执法局。

【机构编制保障】 年初下达2018年行政和事业编制用编计划797名，涉及环保、安监、市场监管等多个重点民生领域，专业技术人员用编需求占比89.3%。为网格化中心等3个单位增核事业编制6名，划转了乡镇学校176名教职工编制到城区及中心镇学校，完成107所中小学及幼儿园教职工编制动态调整。

完成八尔湖镇及相关事业单位更名；为县委组织部增设1个档案管理内设机构；新设立2个交警中队、1个公立幼儿园，向市委编办申请成立3个社区卫生服务中心；合理确定中医医院员额总数。助力县工业集中区申报省级园区，率先完成省级对口部门审核备案。

制定了《南部县机构编制事项调研评估暂行办法》，开展了机构编制申请事项评估9次，相关部门申请成立机构8个，批准成立5个；申请核定增加编制33名，实际核定增加15名，机构编制总量控制在红线以内。

【机构编制督查】 对应省机构编制"1+8"政策体系，出台管总文件《关于进一步加强和改进机构编制工作的意见》（南委办〔2018〕47号）；出台细化办法《关于县级机构编制动态管理的办法》《人才专项事业编制管理办法》《关于在部分行业实行岗位与编制适度分离管理办法》，开展机构编制监督检查。

【名录】 县委组织部副部长、县委编办主任：陈杰 副主任：蒲兴安 纪检员：刘洪辉。

（县委编办）

事业单位登记管理

【基本情况】 2018年，登记事业单位563家，提交年检报告563家，公示561家。

办理设立登记3个，变更登记99个、注销登记4个。开展对教育、卫生、水利和畜牧等15个事业单位和乡镇事业单位法人公示信息抽查，形成专题研究报告，实现了对全县事业单位动态管理；完成142家单位统一社会信用代码赋码，其中，机关131家、群团8家、垂管机关3家。2018年换领统一社会信用代码证96家。推进中文域名注册管理，实现域名注册和网站挂标两个"全覆盖"，全县党政群机关和事业单位完成域名续费346个。

【名录】 县事业单位登记管理局局长：程荐　副局长：汪明福。

（县事业单位登记管理局）

宣传工作

【基本情况】 2018年，在主流媒体发播新闻、通讯530多篇，展示了上下团结一心、携手共进、蓬勃向上的"南部形象"。

【理论工作】 邀请四川师范大学副校长高中伟、市委党校党史党建教研室主任郭迪润等专家学者举办专题讲座讲解习近平新时代中国特色社会主义思想5次；开展县委中心组学习活动12次；举办领导干部理论考试1次，考试成绩记入个人档案；征订《习近平谈治国理政》《习近平新时代中国特色社会主义思想三十讲》，以中央、省委、市委、县委重要会议、热门词汇为重点编印《党员干部政治理论学习词典》，为全县党组织和党员干部提供理论学习教材。习总书记来川视察、党的十九届三中全会、省委十一届三次全会、市委六届八次全会后，成立县委领导任团长的29个县委宣传团，到乡镇、社区开展宣讲活动210场次。党员干部带着问题下基层调研，撰写调研报告36篇。

【文化活动】 举办全民健身、广场舞大赛、赠书、篮球足球联赛、文学笔会等群众性文化活动；举办"最美南部人"选树活动；发掘"红军守墓人"马全民父女、"身残志不短"赵清武等全县、全省乃至全国典型；创作金钱板、小品、相声等本土文化节目23个，创编《在南部天空下》《把小康带回家》《遇见八尔湖》等歌曲15首；开展《我骄傲，我是地道南部人》演讲比赛。

【对外宣传】 央视《新闻联播》头条播发南部"国贫县"摘帽新闻，元旦央视一套第一个节目《挑战新滋味——无鱼不成宴》宣传南部54分钟，凤凰卫视《凤凰大视野》播出时长30分钟特别节目《摘帽了——中国扶贫纪实三》，中国国际电视台拍摄并播出《县委书记的一天》《中国日报》推出全英文整版报道，《四川日报》先后以《用高质量发展守护一江清水》《致富增绿，造林合作社如何做到双赢？》等为题，报道实施产业振兴与加强环境保护的南部模式。《南充日报》以《打牢立稳五大亲水支柱，开创亲水南部建设新篇章》《亲水南部建设再发力》《推动亲水南部美好蓝图变为现实》为题，报道了全县如何贯彻落实党的十九大精神以及习近平总书记来四川的重要讲话精神，展示了南部变化、南部路径、南部经验。

【文明创建】 创建全国文明村2个，省级"四好村"33个，省级文明校园7所，省级文明家庭25户，市级"四好"村95个，市级社会主义核心价值观示范点1个，县级

"四好"村173个。在八尔湖镇纯阳山村试点举行"五星级农户"评选活动，评选"五星级农户"13户。志愿公益服务成效明显。组建志愿服务队25支，注册志愿者1.5万人，建立城市志愿服务站10个、文明交通劝导站20个、岗位志愿服务站12个，建设便民服务点50个。向省文明办推荐四川好人候选人16人，市级各类最美人物20人，培养"全国劳模"李勇、"全国敬老爱老助老模范人物"王新、"第四代守墓人新青年"冯炼等本土公益明星和模范人物。

【舆情管控】 落实《网络意识形态工作责任制》《网络安全法》，依法管网治网办网，遏制了色情、暴力、敲诈等网络乱象，维护了网络空间干净清爽。出台《南部县网络新媒体考核管理办法（试行）》《南部县互联网舆情限时办结制度》等7个管理制度，网络管理有章可循。引进"鹰眼""鹰击"监测手段，确保重大网络舆情能第一时间发现、第一时间介入、第一时间引导。建立网络舆情报送快捷通道，重大网络舆情2小时内直达县主要领导和分管领导。4次召开新媒体负责人恳谈会，常态开展"清网""净网"专题行动，编报网络舆情1200余条（次），处置回应上级网信部门通报的重大舆情5件（次），向上级网信部门和县网安大队举报涉政治类、涉民族宗教类、涉军类、涉黄赌毒类有害信息共24条（次），协助删除违规和有害信息500条（次）。

【附录】 县委宣传部内设人秘股、理论股、宣传股、网络舆情中心、新闻中心以及县精神文明建设办公室。2018年，县委宣传部在编在岗男职工22人，女职工8人。

【名录】 县委常委、宣传部部长：刘卫颖 常务副部长：王正伟（2018年1月—2018年10月） 副部长、外宣办、网信办主任：袁兴远 副部长：钟伟 机关支部书记：陈小勇 新闻中心主任：张枥

（县委宣传部）

统战工作

【基本情况】 有合法宗教活动场所50处。其中，佛教活动场所30处，基督教活动场所17处，天主教活动场所3处。2018年，有佛教教职人员25名、基督教教职人员5名。有少数民族2300人，集中在城区和中心乡镇，以藏族、彝族、苗族居多，因婚嫁、务工、经商等原因流入。

【制度建设】 召开党风廉政建设和反腐败工作情况通报会1次，建言献策会2次；调整、完善了县委常委联系民主党派成员、工商联负责人和无党派人士，出台"五有""四要""双评价""一公开"特约人员监督机制。

【党外干部工作】 明确乡镇、部门物色1~2名党外人才供县委使用；推荐10名县委优秀党外干部供决策参考。新增补党外代表人士8名为政协委员。2018年，新增120人进入后备人才库，新纳入30名党外干部为重点关注和培养对象。

【非公经济工作】 与青羊区工商联结成友好商会，促成30名成都商家来县商务考察；推动12家驻外商会完成"招商办""就业办"挂牌，新成立1个商会党支部。促成

成都、南部商会副会长名下企业围绕"亲水南部·渔乐无限"主题举办升钟湖首届鱼文化美食节。

【民族宗教工作】 县委先后召开2次常委会，研究宗教领域重点、难点问题；举办乡镇（街道）统战（民宗）委员培训班2期；举办宗教教职人员培训班3期。印发《宗教事务条例》《民族宗教工作手册》3000册。在乡镇（街道）设立统战（民宗）委员，在1115个村（社区）分别明确1名宗教工作联络员。

【名录】 县委常委、统战部部长：钟源 统战部常务副部长：何悦 统战部副部长兼工商联党组书记：谢光荣。

（县委统战部）

民族宗教工作

【基本情况】 2018年1月，中央统战部、中央组织部、国家宗教局在南部县蹲点调研农村基督教工作，就南部县把宗教政策法律法规纳入"农民夜校"做法，中央政治局常委、全国政协主席汪洋给予了充分肯定。

【宗教事务管理】 制定节期、会期宗教活动应急预案，明确职能部门工作职责。

打造了建浩寺、梵音寺、大佛寺法律进宗教场所示范点；印发新修订《宗教事务条例》3000册；制作标语、横幅350幅；组织宗教政策法律法规专题宣讲10次。组织专业人员100人到乡镇、村开展宗教政策法律法规教学活动；组织开展农村宗教政策法律法规宣传900场次；编写、印发《南部县"农民夜校"宗教政策法律法规读本》3000册。

【名录】 县民族宗教事务局局长：陈燕妮 副局长：敬潇。

（县民族宗教事务局）

机要工作

【基本情况】 2018年，审核、更新南充市电子政务内网（南部栏）信息693条，南部县电子政务内网南部要闻信息599条。320个部门用户公文网和4443个个人终端每年在平台上收发公文100万份，实现了内网在省党政部门之间的互联互通、资源共享。

【内网建设】 成立了涉密工程建设推进小组，明确了工作职责。完成了应急密码通信车辆的购置和改装；完成了专用车库、密码通信屏蔽机房、远程视频监控系统、防雷接地设施、消防系统、机房环境监控、门禁系统、网络传输机房、电源配电及UPS机房、电子政务内网工程屏蔽室建设。10月，通过了省、市机要部门对工程的初验。

【内部管理】 制度建设 完善了《保密制度》《学习制度》《值班管理制度》《密码电报领取管理办法》等20余个制度。

业务能力提升 每周开展1次"岗位练兵"活动；邀请专业技术人员来局里开展专题讲座。

隐患消除 建立了隐患排查台账和隐

患整改台账，落实整改措施10条，消除隐患6处。

【帮扶工作】 开展新一轮"走基层，解难题、办实事，惠民生"及"干群一家亲"活动，慰问村社贫困户和单位退休干部家庭10户，送去慰问金5000元，为扶贫事业捐款4000元。

【名录】 县委机要局书记、局长：陈永福 副局长：魏玮。

（县委机要局）

目标督查

【基本情况】 2018年，现场督查78次，挂牌通报16次，呈报领导《督查专报》15期。

【目标考核】 以"推动目标完成"为己任，建立了县级部门（单位）以"个性目标＋共性目标＋定性评价"、乡镇（街道）以"重点工作＋保障工作＋定性评价"的综合目标考核体系。将"三场攻坚战""三场突围战""三场持久战"等工作列入评分目标，事关经济发展和社会稳定大局的基础性工作列入扣分目标，将"精准脱贫攻坚战""项目突围战"通过"现场验靶"方式列入加扣分目标。省、市、县重点项目建设进度每两月进行"现场验靶"考核；10件大事、10项民生工程及20件民生实事等按月通报，年终汇总，对未完成目标的扣分。

【项目督查】 制定了《2018年"挂图作战"现场验靶重点项目实施方案》，按照县委、县政府领导挂联项目制度规定，会同纪委监委、发改局等有关部门，定期不定期对"10件大事"重点项目、33个市级重点项目、150个重点项目建设进展情况督办落实。全年制发《目标管理通报》10期、《督办通知》41期、《督查通报》38期。

【专项督查】 2018年是精准扶贫关键期，要确保52个贫困村退出贫困序列，7788名贫困人口脱贫，县委目标绩效管理办公室会同县脱贫办深入基层，对村集体收入、产业发展、住房安全保障、社会兜底、贫困群众内生动力等督查督办，要求乡镇（街道）紧盯贫困户及贫困村脱贫出列对标补短。

【附录】（1）县委目标绩效管理办公室被县委、县政府评为迎接中央生态环境保护督察"回头看"工作先进集体。

（2）县委目标绩效管理办公室内设综合股、目标管理股、督查督办股。核定行政编制9名、工勤人员1名，其中主任1名、副主任2名。2018年，有在职男职工7人，女职工2人。

【名录】 县委目标绩效管理办公室主任：罗铭（2018年10月起） 副主任：杨东荣。

（县委目督办）

老干部工作

【基本情况】 2018年，以老干部为主要成员的县扶贫协会募集慈善资金500万元，资助因病致贫、因病返贫贫困户100人，为50名贫困大学生发放栋梁工程圆梦助学金，为185名白内障患者手术付费；为12个贫困村助付产业扶贫资金。

【关心老干部活动】 财政拨付20万元改造县老干部活动中心;决定在满福坝康养中心新建老干部活动中心。春节、重阳节召开老干部座谈会,县四大家领导到会与老干部座谈交流,向老干部通报政治、经济发展情况。8月,组织老干部赴彭州市小鱼洞镇健康疗养;9月,组织老干部赴贵州、新疆、内蒙古学习考察。

【老干部正能量发挥】 组建老干部助力脱贫攻坚,结对楠木镇金垭村18名党员、45户贫困户,发放种养殖资料200册,帮扶该村新栽脆李200亩,新建蓄水池1个,安装路灯80盏,修建产业路0.8公里,维修办公室保坎150米。

【名录】 县委老干部局局长:王华芬 杜秋(2018年8月起) 副局长:敬正树。

(县委老干部局)

县委党校

【基本情况】 2018年,举办干部培训班6期;组织15人到各省、市参加专题学习;宣讲省委十一届三次全会、市委八届六次全会、县委十三届六次全会精神160场;主办"脱贫攻坚对外培训班"18期;举办创业就业、扶贫开发培训班8期。

【科研工作】 完成省委党校课题1项;市委党校系统招标课题1项;年度课题9项,其中两项被评为优秀;"十九大"征文获奖4项;"改革开放四十年"征文获奖5项;南充市直机关党建征文获奖2项;南充市党校系统第九届科研工作组织奖、优秀科研奖2项。

【培训工作】 筹办党员发展对象、科级领导干部学习贯彻习近平新思想和习近平来川讲话重要指示精神读书班、南部县2018年浙川扶贫协作贫困村"第一书记"培训班6期,1047人参培;主办"脱贫攻坚对外培训班"18期,参培1062人。上缴财政盈利10万元。组织15人到中央党校、青海省委党校、四川省委党校、省就业训练中心、市委党校参加专题学习。举办"南部县创业培训班"4期、参培人450人;"南部县返乡农民工创业培训班"4期、培训300人。配合组织部协办2018年"精英人才"大讲堂1期。

【扶贫工作】 自筹3万元(含物资折合)用于永红乡凤仪村扶贫,4户预脱贫困难户脱贫。协助凤仪村争取整合资金100万元修建3个堰塘;争取30万元资金修建5口蓄水池;争取20万元资金修建1个污水处理池。完成了66户定升路产业沿线风貌整治,建成221亩晚熟柑橘长效产业园。

【名录】 县委党校常务副校长:李开军 副校长:敬功德、梁峰。

(县委党校)

党史研究

【基本情况】 2018年,坚持以史鉴今、资政育人工作主线开展党史研究;脱贫攻坚活动中,下村包联贫困户8户。

【党史研究】 完成了《中国共产党南部县历史》第三卷(1978—2002年)的编辑;

完成了《县委工作大事记》《县委党史研究室工作综述》《县委办公室年鉴》的编写；组织编写了《中共南部县委执政实录（2017年）》。

【专题研究】 为《南充改革开放四十周年要事纪略》提供《总书记来到咱小山村》《南部县三十年扶贫历程》《一切为了乡亲》专题；上报、刊发党史工作信息3条；撰写《党史文化在南部文化建设中的地位和作用》及《实施乡村振兴战略的几点思考》资政报告，受到分管领导好评。

【名录】 县委党史研究室主任：王首清　副主任：王建国、程小波。

（县委党史研究室）

南部县人民代表大会

人大工作综述

【基本情况】 2018年，县人民代表大会常委会以习近平新时代中国特色社会主义思想为指导，围绕中心、服务大局，依法履职、主动作为，全年举行常委会会议12次，召开主任会议17次，作出决议决定9项，听取和审议专项工作报告14项；对《安全生产法》进行了执法检查，对县司法局开展了工作评议；专题视察调研20余次，完成了县十七届人大三次会议确定的目标任务，为"推进绿色发展、建设亲水南部"作出了贡献。

人民代表会议

1月14日—18日，县十七届人民代表大会举行第三次会议，332名县人大代表出席会议。在职的县四大机构领导干部及退职未退休的县级领导干部，曾担任四大机构主要领导的退休干部，老八路及离休干部代表，驻军部队负责人，县人大常委会办事机构负责人，县法院检察院负责人，省、市主管单位负责人，不是县人大代表的市人大代表以及县人民政府和县级机关负责人，县政协各工作机构主要负责人，县属事业单位负责人列席会议。

这次会议举行全体会议（包括预备会议）4次，主席团会议3次。会议听取审议政府工作报告、计划报告、预算报告、人大常委会工作报告、人民法院工作报告、人民检察院工作报告，选举了县监察委员会主任，补选了县人大常委会委员，通过有关报告的决议。会议确立1件议案，95件建议。

会议闭幕式上，副市长、县委书记张根生作了题为《勇担时代责任 加快南部发展》的重要讲话。

县人大常委会会议

【第十次会议】 1月10日，南部县第十七届人大常委会举行第十次会议。会议学习了《南充市城市园林绿化条例》，审议通过了县人大常委会2018年工作要点、关于代表变动情况的报告，进行了人事任免，研究讨论了县十七届人大三次会议有关事项。

【第十一次会议】 1月18日,南部县第十七届人大常委会举行第十一次会议。会议审议通过了《关于撤销大堰乡设立八尔湖镇有关问题的决定》,通过了县监察委员会主任赵平提请的人事任命事项。

【第十二次会议】 3月26日,南部县第十七届人大常委会举行第十二次会议。会议学习传达了习近平总书记在十三届全国人大一次会议和来川视察讲话及有关会议精神,对被任命人员进行了供职承诺检查,审议通过了《关于审计查出问题整改情况报告》满意度测评办法,进行了人事任免事项。

【第十三次会议】 4月23日,南部县第十七届人大常委会举行第十三次会议。会议学习贯彻了宪法修正案有关精神,听取和审议了2016—2017年度扶贫政策措施贯彻落实、工业经济发展、县城地区学校规划建设、刑事案件立案同步监督等4个专项工作报告,听取了办理安全生产法执法检查报告审议意见的情况报告,并进行满意度测评。

【第十四次会议】 6月29日,南部县第十七届人大常委会举行第十四次会议。会议学习了省委彭清华书记南充调研重要指示精神、川东北经济区工作座谈会精神;听取和审议《中华人民共和国中小企业促进法》执法检查报告、残疾人量服工作专项工作报告;听取了办理公立医院综合改革情况、刑事案件立案同步监督等2个专项工作报告审议意见的情况报告,并进行满意度测评;审议通过了南部县宪法宣誓制度实施办法;会议还进行了人事任免。

【第十五次会议】 8月2日,南部县第十七届人大常委会举行第十五次会议。会议通过了关于接受任爱民辞去南充市第六届人民代表大会代表职务的决定和接受任爱民辞去南部县第十七届人民代表大会代表职务的决定。

【第十六次会议】 8月31日,南部县第十七届人大常委会举行第十六次会议。会议学习传达了《中共中央办公厅印发〈关于人大预算审查监督重点向支出预算和政策拓展的指导意见〉》、市六届人大常委会第十三次会议、全市优秀人大代表履职交流暨全市人大人事代表工作座谈会、市委六届八次全会、县委十三届六次全会精神;听取和审议了对县城管执法局工作评议的调查报告、2017年度预算执行和财政其他收支的审计工作报告、2018年上半年国民经济和社会发展计划执行情况的报告;通过批准2017年财政决算的决议。

【第十七次会议】 10月29日,南部县第十七届人大常委会举行第十七次会议。会议听取和审议县十七届人大二次、三次会议代表议案及建议办理,县十七届人大代表变动情况报告;听取办理《中华人民共和国中小企业促进法》执法检查报告审议意见、扶贫资金审计情况专项工作报告审议意见、城地区学校规划建设专项工作报告审议意见情况报告;通过批准南部县2018年统筹整合使用财政涉农资金预算科目调整的决议。

【第十八次会议】 12月6日,南部县第十七届人大常委会举行第十八次会议。会议进行了人事任免。

【第十九次会议】 12月7日,南部县第十七届人大常委会举行第十九次会议。

会议进行了人事任免。

【第二十次会议】 12月21日，南部县第十七届人大常委会举行第二十次会议。会议通过了召开县十七届人大四次会议的决定、补选县十七届人大代表的决定。

【第二十一次会议】 12月28日，南部县第十七届人大常委会举行第二十一次会议。会议听取和审议了审计查出问题整改、环境状况和环境保护目标完成报告；听取了办理代表议案建议、残疾人量服、工业经济发展、对县城管执法局评议意见整改等报告审议意见的报告，以及再次办理中小企业促进法执法检查报告审议意见的情况报告，并进行满意度测评；通过了2018年财政预算调整、批准南部县国民经济和社会发展第十三个五年规划纲要部分指标调整方案等决议。

县人大常委会主任会议

【第十二次主任会议】 1月17日，县十七届人大常委会召开第十二次主任会议，讨论监察委员会副主任任命议案，八尔湖有关问题的决定草案。

【第十三次主任会议】 2月12日，县十七届人大常委会召开第十三次主任会议，听取县十七届人大三次会议代表所提议案办理方案（草案）和重点督办建议安排（草案）等汇报。

【第十四次主任会议】 3月14日，县十七届人大常委会召开第十四次主任会议，传达十九届三中全会、省市人代会及南委办〔2018〕2号文件精神；讨论审计查出问题整改情况报告满意度测评办法（草案），乡镇街道人大工作会议召开有关事宜，县十七届人大二次、三次会议重点督办意见建议，召开县十七届人大常委会第十一次会议有关事项。

【第十五次主任会议】 3月26日，县十七届人大常委会召开第十五次主任会议，讨论县人民政府人事任命议案。

【第十六次主任会议】 4月10日，县十七届人大常委会召开第十六次主任会议，讨论确定县十七届人大常委会第十三次会议有关事宜，研究常委会其他工作，安排机关迎接省委巡视组巡视有关工作。

【第十七次主任会议】 5月18日，县十七届人大常委会召开第十七次主任会议，听取县人民政府关于城乡安全供水建设及管理的情况、县人民法院关于化解执行难的情况等汇报；讨论县人大常委会关于开展《中华人民共和国中小企业促进法》执法检查的方案和县十七届人大常委会第十四次会议有关事宜。

【第十八次主任会议】 6月28日，县十七届人大常委会召开第十八次主任会议，传达学习彭清华书记来南充调研重要指示精神，听取县监察委员会2018年上半年工作情况汇报，讨论人事任免事项、执法检查组关于《中华人民共和国中小企业促进法》执法检查报告（征求意见稿）、对县城管执法局开展工作评议的评议方案、任命人员供职承诺检查及满意度测评办法（草案）、南部县宪法宣誓制度实施办法（草案）、完善审计工作和审计查出突出问题整改情况向县人大常委会报告机制的意见（征求意见稿)和常委会第十四次会议有关事宜。

【第十九次主任会议】 8月1日,县十七届人大常委会召开第十九次主任会议,传达贯彻市委六届八次全会精神,听取县人民政府关于食品药品监管工作的情况汇报、关于国有资产经营管理的情况汇报,讨论关于接受任爱民辞去市县人大代表职务的议案,县人大常委会各评议调查组汇报对县城管执法局工作评议调查情况,讨论县十七届人大常委会第十五次会议有关事宜。

【第二十次主任会议】 8月29日,县十七届人大常委会召开第二十次主任会议,听取2017年度县级预算执行和财政其他收支的审计工作报告、县人民检察院关于开展公益诉讼工作情况的报告;讨论县人大常委会对县城管执法局工作评议调查报告和县十七届人大常委会第十六次会议有关事宜。

【第二十一次主任会议】 9月10日,县十七届人大常委会召开第二十一次主任会议,讨论县人民政府关于将南部县满福坝新区水环境综合治理PPP工程项目政府跨年度财政支出责任纳入县财政的议案,决定将议案提交县十七届人大常委会第二十二次主任会议讨论。

【第二十二次主任会议】 9月21日,县十七届人大常委会召开第二十二次主任会议,听取县人民政府关于巩固提升脱贫攻坚成果有关情况的报告和关于将南部县满福坝新区水环境综合治理PPP工程项目政府跨年度财政支出责任纳入县财政预算的报告;讨论县十七届人大常委会第十七次会议有关事项。

【第二十三次主任会议】 10月26日,县十七届人大常委会召开第二十三次主任会议,听取县人民政府关于巩固提升脱贫攻坚成果有关情况的报告和关于土地经营管理情况的报告;讨论县十七届人大常委会第十七次会议有关事项。

【第二十四次主任会议】 12月5日,县十七届人大常委会召开第二十四次主任会议,讨论县人大常委会主任会议人事任免议案和县十七届人大常委会第十八次会议有关事项。

【第二十五次主任会议】 12月6日,县十七届人大常委会召开第二十五次主任会议,讨论提请任命黄波为县人民政府代理县长的议案。

【第二十六次主任会议】 12月6日,县十七届人大常委会召开第二十六次主任会议,讨论县人民政府人事任免议案、县人民法院人事任免报告和县十七届人大常委会第十九次会议有关事项。

【第二十七次主任会议】 12月21日,县十七届人大常委会召开第二十七次主任会议,讨论县人大常委会关于召开县十七届人大四次会议的决定(草案)、县人大常委会关于补选县十七届人大代表的决定(草案)和县十七届人大常委会第二十次会议有关事项。

【第二十八次主任会议】 12月27日,县十七届人大常委会召开第二十八次主任会议,讨论县人大各专委会2018年工作总结及2019年工作要点、县人大常委会工作报告(讨论稿)、县十七届人大四次会议有关事项和县十七届人大常委会第二十一次会议有关事宜。

监督工作

【听取和审议专项工作报告】 3月，听取县人民检察院刑事案件立案同步监督、县人民政府扶贫资金审计情况的报告；4月，听取和审议县人民政府关于县城地区学校规划建设、工业经济发展的专项工作报告和县人民政府关于第五次城市总体规划修编的报告；6月，听取和审议县人民政府关于乡村振兴战略规划编制、县人民检察院办理刑事案件立案同步监督专项工作报告审议意见、县人民政府关于办理县级公立医院综合改革情况专项工作报告审议意见的情况报告以及残疾人量服工作的专项工作报告；8月，听取县人民政府关于办理县城地区学校规划建设的专项工作报告审议意见的情况报告；10月，听取和审议县人民政府关于代表议案建议办理的专项工作报告和县人民政府关于办理扶贫资金审计情况专项工作报告审议意见、办理工业经济发展专项工作报告审议意见的情况报告；12月，听取和审议县人民政府关于审计查出问题整改、办理代表议案建议专项工作报告审议意见的情况和"十三五"规划纲要实施情况中期评估的报告。

【批准财政决算，审议财政、计划、审计报告】 8月，审查和批准2017年财政决算草案报告，听取和审议2017年预算执行和财政其他收支审计报告、2018年上半年国民经济和社会发展计划执行情况报告、2018年上半年财政预算执行情况报告。

【执法检查】 5月，召开《中华人民共和国中小企业促进法》执法检查动员会，安排了执法检查具体事项；5月—6月，组成4个检查小组，深入相关部门及部分乡镇（街道），采取听取汇报、实地察看、重点抽查、个别走访、征集意见等方式对中小企业促进法的贯彻实施情况进行检查；6月，听取和审议了县人大常委会执法检查组关于《中华人民共和国中小企业促进法》的执法检查报告，会后形成审议意见与执法检查报告一并交由县政府及相关部门办理；10月，听取县人民政府关于办理《中华人民共和国中小企业促进法》的执法检查报告审议意见的情况报告，并进行满意度测评。

【工作评议】 6月，召开2018年工作评议动员会，启动对县城管执法局的工作评议。8月，听取了被评议部门的工作评议调查报告及工作报告；12月，听取了被评议部门评议意见整改落实情况的报告，并进行满意度测评。

【督察督办】 3月，对县人民医院迁建进展情况、《南充市城市园林绿化条例》执行情况进行督察督办；4月，对种子农药市场管理、执法和《南充市城镇环境卫生管理条例》执行情况进行督察督办；5月，对县十七届人民代表大会第二、第三次会议代表议案和建议办理落实情况进行督察督办；7月，召开全县经济形势通报分析会。

专题调研及代表视察

【专题调研】 3月，调研地方国有企业管理及资本运营情况、宗教场所规范管理情况;7月,调研脱贫奔康产业园运行管理、科普及科技"三费"落实、小区物业管理及城区车位建设管理情况;10月,调研土地整治及中心场镇土地开发管理、公安警务规范化建设和健康中国、健康南部活动开展情况。

【代表视察】 4月,组织县人大代表视察八尔湖乡村旅游及美丽新村建设;5月,组织县人大代表视察"河长制"落实情况;6月,组织部分县人大代表视察交通项目重点工程建设;9月,组织部分县人大代表视察法律"七进"工作及司法所规范化建设;10月,组织部分县人大代表视察代表议案、建议办理情况和全县水污染治理工作情况;11月,组织部分省、市、县人大代表视察重点项目建设。

人事任免及基层人大工作

【人事任免】 出台《南部县宪法宣誓制度实施办法》,对人员范围、仪式组织、基本规程等予以明确规定。严格执行任前调查了解、法律知识考试、供职发言、宪法宣誓、颁发任命书等程序,依法任免国家机关工作人员43人次。完善"年初承诺、年中检查、年末考核"供职承诺检查制度,对县人民政府组成部门主要负责人、县人民法院副院长、县人民检察院副检察长2018年工作进行满意度测评,并开展履职点评。

【基层人大工作】 1月,指导乡镇街道人大总结2017年工作,制定2018年工作要点;2月,组织乡镇人大主席团、街道人大工委成员学习党的十九大精神和县委十三届四次全会精神、县十七届人大三次会议精神;3月,对乡镇、街道人大负责人进行人大业务培训,召开全县乡镇、街道人大工作会议,指导乡镇开好人民代表大会;4月,检查乡镇人民代表大会召开及乡镇人大工作开展情况;6月,对乡镇人大开展执法检查、评议、视察活动进行指导;7月,指导乡镇人大协助县人大常委会搞好评议调查;12月,对乡镇人大工作进行检查。

制度建设及宣传工作

【制度建设】 出台《审计查出问题整改情况报告满意度测评办法》《南部县宪法宣誓制度实施办法》,代拟《关于健全和落实人大讨论决定重大事项制度、县乡(镇)政府重大决策出台前向本级人大报告的实施意见》,促进人大工作。

【宣传工作】 承办全市人大新闻宣传工作会,并在会上交流发言。96篇稿件被市级以上媒体采用,其中,42篇被《人民权利报》《民主法制建设》等媒体采用,3篇稿件获市人大好新闻等级奖,南部人大也被评为全市人大宣传工作先进单位。

【名录】 县人大常委会办公室主任:刘天纯 副主任:尚潇、罗云勇。

(县人大常委会办公室)

南部县人民政府

NANBU NIANJIAN

政府工作综述

【基本情况】 2018年，县域面积2230平方千米，其中耕地94535公顷；辖71个乡镇、2个街道办事处。年末户籍人口125.6万人。其中，农业人口104.9万，非农业人口20.7万人。人口出生率达7.7‰，死亡率达4.5‰，自然增长率达2.2‰。森林覆盖率达48.7%。

实现地方生产总值350亿元（预计数，下同），同比增长9.0%；一、二、三产业增加值60.6亿元、174.2亿元、115.2亿元，分别增长4.0%、10.8%、10.5%；地方一般公共预算收入10.08亿元，增长11.0%；全社会固定资产投资292亿元，增长15.0%；社会消费品零售总额115.2亿元，增长12.5%；城镇居民人均可支配收入35117元，增长9.0%，农村居民人均可支配收入14931元，增长9.9%。

【脱贫攻坚连战连捷，农业农村面貌一新】 基础保障不断强化 新建脱贫示范村30个，新修道路163公里。建成的"三源九厂九线+N"城乡一体的全域供水体系覆盖73个乡镇860个村82万农村群众，农村用上了与城里一样的自来水。易地搬迁和危房改造全面实施完成。全县15477名贫

南部县2018年经济社会发展主要指标

项目	单位	实绩	比2017年增长（%）
地区生产总值	亿元	319.9	7.9
第一产业增加值	亿元	58.8	3.9
第二产业增加值	亿元	159.1	8.5
工业增加值	亿元	127.0	11.38
第三产业增加值	亿元	102.0	9.5
民营经济增加值	亿元	205.1	8.0
城镇化率	%	52.44	0.51
工业化率	%	8.91	8.2
全社会固定资产完成投资	亿元	326	12.9
社会消费品零售总额	亿元	110	16.5
地方一般公共财政预算收入	亿元	9	2.2
一般公共财政预算支出	亿元	50.8438	18.38
税收收入	万元	51260	8.39
城镇居民人均可支配收入	元	32217	9.0
农民人均可支配收入	元	13586	9.9

困学生无一人因贫辍学。贫困患者医疗费用补偿率为98%。100%的村、80%的社、60%的农户通了硬化路。从严监管扶贫项目资金，组建联合复审小组12个，检查贫困村173个，抽查项目1302个，涉及资金4.9亿元，抽查农户1299户，发现问题398个，查处扶贫领域案件29件36人。

脱贫质效持续提升 持续壮大增收产业，安排到户产业补助资金7681.5万元，完成2.8万户"四小工程"填槽补栏，实现贫困群众短期增收有门路。全面巩固提升脱贫奔康产业园，优化提升八尔湖—盘龙晚熟柑橘产业示范线，加快建设定水—升钟湖8.5万亩晚熟柑橘产业基地。开展贫困群众专项招聘会26场，实施技能培训1750人，通过公益性岗位新增解决贫困群众就业52人，贫困劳动力转移就业达3.8万余人。

贫困现象普遍消除 将贫困户精准划分为A、B、C类进行管理，对452户返贫风险户个性制定攻坚方案、对标补短，杜绝"错退、返贫"现象发生。年计划退出的52个贫困村全部达到了"一低五有"标准，拟脱贫2467户6490人全部实现"一超六有"目标，全县高质量完成既定脱贫任务。脱贫攻坚的南部做法得到了中央领导批示，并获得全国脱贫攻坚组织创新奖。

【**项目攻坚突破突围，发展动力明显提升**】"南部水城"满福坝建设 满福坝新区城市设计和片区景观规划编制完成。征地安置无缝衔接推进，完成满福坝文化旅游产业园综合开发项目内41个社土地征收778.5亩，安置人口8996人。101线改道工程火峰山隧道全线贯通；嘉陵江三桥全面开工；琴台大道、满福大道基本建成；安置还房建设、思源职业技术学校、防洪堤、康养中心、水厂等工程建设多线推进。

"水韵古乡"八尔湖亮点纷呈 八尔湖总体规划及修建性详细规划编制全面完成。八尔湖13.6公里的环湖公路和26.5公里的骑游道建设全面完工；成巴高速八尔湖互通连接线并正式通车；八尔湖乡村旅游景区、青龙嘴大桥、旅游厕所等项目竣工投用。八尔湖游客服务中心商业圈初具规模，古文化商业购物街、旅游码头、乡客驿站、停车场建设快速推进；纯阳山村湿地公园、八尔湖游客中心、现代农业滴灌示范展示厅等景点建成迎客，接纳游客10余万人次，实现旅游增收4000多万元。

"运动康养"升钟湖蓄势待发 升钟湖总体规划及修建性详细规划编制完成。连续十年成功举办中国升钟湖钓鱼大赛，高质量举行升钟湖首届鱼文化美食节、升钟湖第三届有机脆桃采摘节等活动。定水至升钟湖国家级旅游度假区的一级公路正式通车；景区景观大门、生态停车场、游客中心、鱼文化演艺广场、钓鱼文化博物馆改扩建等一大批项目通过PPP项目招商，"中国升钟湖·世界钓鱼城"正向全世界开足"南部音量"。

【**三次产业竞相发展，经济实力不断壮大**】工业经济持续壮大 修订《四川南部经济开发区发展规划（2018—2025）》和《南部县工业经济发展规划（2018—2025）》。园区功能日臻完善，河东工业园区土地整治项目全面进入施工设计阶段，污水处理建设项目建成投用。新招引项目32个，入住企业26户，其中，南环实业、恒诺电子等10户企业抱团入住；新开工项目27个，新竣工项目16个，实际到位省外资金96亿元，100亿元以上项目实现零突破。国能生物、恒诺电子等项目建成投产，三鑫南蕾、金泰纺织、新龙源管业、宏昊铸造、广天实业等10个技改项目竣工投产。清理来汇木业、鑫豪摩托等低效企业5户，成功嫁接浩嘉电子等13户优质企业"腾笼换鸟"，盘活资产近3亿元。聚力机械成功创建省级企业技术中心，县工业集中区入列全国第三批增量配电业务改革试点。新增规模以上工业企业5户，规模以上企业实现销售收入452亿元、同比增长16.1%，工业增加值增长10.5%，成功创建省级经济开发区。

现代农业势头强劲　招引实力企业6户，扶持培育专合社、家庭农场等新型经营主体69个。全力打造"晚熟柑橘之乡""中国白芨之乡"，建设中药材、蔬菜标准化生产面积3.2万亩，蔬菜"三品一标"认证品种12个，培育农产品品牌5个。发展休闲度假、旅游观光、农耕体验等休闲农业项目25个，成功举办莲花节、菜花节、微电影节等十余次乡村旅游节会活动，接纳游客120余万人次，实现收入2000多万元。

第三产业成绩喜人　新建和改造乡镇农贸市场7个，成功举办第十届升钟湖地方特色商品展、亿联中国南部五金建材城地方特色产品博览会暨国际美食节等本地特色商品展。国家级电子商务进农村示范县项目加速推进。新增规上服务业企业7户、商贸限上企业6户，实现社会消费品零售总额115.5亿元。

【城乡建管多点发力，人居环境明显改善】城乡建设换档提速　完成城市第五次城市总体规划修编方案、满福坝新区城市设计编制工作。益民广场立体式停车场和城北临时停车场竣工投用。维修城市道路1.5万平方米。出让土地584亩，新开工项目8个，预计销售面积90万平方米。大堰乡撤乡建八尔湖镇顺利完成，八尔湖镇、升水镇、王家镇成功入选四川省"百镇建设行动"扩面增量试点镇名单，八尔湖镇获评四川省第二批特色小城镇。争取资金1.4亿元，完成全县农村河道、池塘、沟渠清理200余公里。

城乡管理规范有序　城市"网格化"管理纵深推进，健全联勤联动、分类处置机制，采取延时执法与错时执勤相结合模式，城南市场、乐群路以街代市现象基本消除，制定县城区广场舞管理规定，"坝坝舞"扰民现象得到了有效遏制；规范广告牌位和露天烧烤摊设置，拆除违法、到期广告3万平方米。持续开展"三超两乱"专项整治；常态开展"打排治违"工作，拆除违法建筑物1.5万平方米。

生态环境持续向好　全力打好污染防治"三大战役"，规范整治县城垃圾填埋场，医疗和弃土废料实现集中处理。整改环保达标砖厂40家、沙石厂27家；煤改气电完成17家，中盐银港VOC和烟气治理工程完成投用。日处理能力达1.5万吨的河东工业园污水处理厂一期工程建成投用，建成乡镇污水处理厂14座，配套建设污水管网30公里；完成两溪管网一期改造、两溪排污箱涵和火车站排污主干道15公里。农作物化学农药使用量减至30%以上。全面完成县城集中式饮用水水源地环境问题整治，关停养殖场27个，打捞水葫芦、漂浮物5000余吨。办理中央、省环保督察交办信访案件65件，限时办结的46件已全部完成。

【**改革创新释放动能，发展活力加速激发**】 **重点改革扎实推进** 县级机构改革有序推进。借势"互联网+"，建成"24小时出入境自助服务区"。全面推行"多证合一"；推广线上全程电子化登记、线下窗口登记"双轨融合"模式，登记变更实现全程电子化。新增市场主体4452户，其中农民专业合作社及各类分支机构206户。国有企业法人治理结构、业绩考核和薪酬制度改革扎实推进。新整合组建县城乡建设投资公司、县现代农业发展投资公司、文化旅游发展公司，县经开集团完成实体转型。

争资引项卓有成效 编制中央预算内投资项目3个，到位资金1700万元；获国家和省上支持项目19个，争取中央预算内资金575万元，政府基金收入10亿元，有力保障150个重点项目完成投资247亿元。10件大事完成投资44.7亿元，完成年度计划的67.4%。举办大型招商推介活动9场次，招引项目32个，其中亿元项目21个，到位资金86亿元。

科技创新持续突破 到位科技计划项目资金220万元，完成全社会研发投入1亿元；完成高新技术总产值45亿元；完成技术合同登记1500万元，实施协同创新项目3项；实施重点科技成果转化项目3项、新增专利申请量325件，其中发明专利申请量65件。申报省级创客空间1家、国家高新技术企业3家；3家企业开展"两化融合"贯标试点；新增科技型中小企业45户，实施社会公益性科技项目5项。

【**真情实意普惠民生，群众获得感持续增强**】 **民生保障坚实有力** "十大民生工程"、20件民生实事完成投入7.8亿元。新一轮东西部就业扶贫深入开展，新增就业12880人，"五大保险"新增扩面6580人，城乡居民参保缴费和异地报账结算工作全面下沉，社会保障业务实现一站式办理，城乡居民健康档案电子建档率达97.8%，医疗保险全面实现异地联网结算。成功被评为全国生育状况抽样调查优秀单位。发放救济救助资金2.7亿元，新增养老床位1100张、日间照料中心9个、保障性住房931套、安置房4000套，改造棚户区1913户，发放租赁补贴711万元，4428名回迁安置群众住上新房。

社会大局和谐稳定 扎实开展"扫黑除恶""百日平安会战"等行动，"平安南部"建设稳步推进。完成"七五"普法中期预定目标任务，建成7个公共法律服务工作站、50个村（居）公共法律服务工作室，受理法律援助案件280件。扎实开展信访矛盾化解攻坚行动，化解信访突出问题46件，办结中央巡视组交办件213件、省委巡视组交办件835件，实现全国两会、省党代会、省委巡视组进驻期间"三零"目标。借势"互联网+"，深化"放管服"改革。强力开展安全生产、道路交通、社会治安整治行动，组建5个安全生产监查执法中队，"双随机"开展监查执法，整治安全隐患26处，警务工作触觉全方位延伸，侦破刑事案件676件，打掉犯罪团伙12个，成功抗击2次暴雨袭击，人民群众安全感进一步增强。

社会事业蓬勃发展 新建幼儿园7所，改造薄弱学校15所，新建80套教师周转房宿舍，推进义务教育标准化、普通高中建设。推广教育联盟办学模式，化解城区学校大班额难题。2018年，南部县荣获南充市初中教育质量检测一等奖、高中教育质量综合评估一等奖。县人民医院获全国医疗改善医疗服务先进单位，县中医院成功创建三级乙等医院。完成县级应急广播平台建设和电视户户通建设5000户。完成36个村的农民体育健身工程和县城区健身路径维修以及新布点建设。建成省级校园足球学校示范校18所，市级体育传统项目学校2所，地道南部人、升钟湖钓鱼节等群众文化活动蓬勃开展。

（县政府办公室）

县政府办公室

【基本情况】 2018年，围绕"参与政务、管理事务、搞好服务、协调联系"的工作职责，认真贯彻执行县委、县政府各项决定和决议，创新工作思路、完善工作机制、强化工作措施、改进工作作风，完成了各项工作任务。

【政务调研与督查】 政务调研 围绕全县工作重点、领导关注焦点和群众关心热点，深入一线，开展调研，撰写了《坚守绿色跨越的梦想》《充分就业：撑起民生的保护伞》《对优先发展南部城市公共交通的调查与思考》《规范运行机制做深项目前期》等调研文章16篇，其中，关于江苏省泗阳县36年杨树产业的调查与思考的调研文章《坚守绿色跨越的梦想》得到县委张书记重要批示，要求全县各级各部门学习。

政务信息 上报政府信息720条，省市采用131条，完成县《政务信息》32期、《政府工作通报》18期、《政府工作大事记》4期。

政务督查 围绕"国卫"创建、城市管理、产业发展、民族宗教等方面工作和政府会议议定、领导交办工作，印发《政务督办情况反馈》12期，办理人大代表议案2件、建议和意见86件，政协委员重点提案件2件、提案103件，事事有着落，件件有回音。

【公文处理与会务管理】 公文处理坚持从细节入手，层层把关，做好公文签收、传阅、审核、发文、立卷、归档。编发县政府文件（函）233份、办公室文件185份，处理各类传真484份、请示报告1658份，签收机要文件288份，无一疏漏、误时、误事。

会务管理 承办政府全体会议1次、政府常务会议7次、其他工作会议300余次；完成了中国升钟湖首届国际钓鱼精英赛暨第三届升钟湖钓鱼大奖赛、全省农村公路工作现场会、全市公路机械化养护暨路容路貌整治工作现场会等重大活动和会议的接待工作。

事务办理 接到县政府分配的城北片区拆迁任务，及时与拆迁帮扶户沟通衔接，帮助拆迁帮扶户解决生产、生活中的困难，确保了在县党代会召开前完成4户拆迁任务。

公务用车管理 组织开展公务用车清理、自查，清查单位740个，公务用车401辆。

【其他工作】 为贫困村老鸦镇碾垭村、柏林村联系项目资金25万元，为村活动室配备了办公设备，完成了居民聚居点建设规划，组织村、组干部到四龙、建兴、大王等乡镇参观学习。人民防空、法制监督、金融管理、志鉴修编、应急管理、外事侨务均稳步推进，运行良好。

【内部管理】 年初，以文件形式对全年的政务调研、政务信息上报和县《政务信息》编辑工作作了安排部署，明确了政务调研、县《政务信息》的出刊时间和责任人员及每位干部政务信息上报和采用条数。

建立了财经领导小组，重大经济事务及大额开支集体会审并做好记录；严格执行上下班签到制度、24小时政务值班制度和领导带班制度，做到上传下达及时快捷，对突发事件第一时间上报；严格执行24小时定人、定岗、定责，完善门卫值班制度和巡查制度；加强对驾驶员的教育和公务车辆统一管理，严格车辆检修保养，确保车辆运行安全。

【名录】 县政府办公室主任：钟源（2018年6月止）、李阳（2018年8月起）副主任：何会（2018年10月止）、涂小军（2018年10月止）、罗俊锋（2018年10月止）。

（县政府办公室）

民　政

【基本情况】 2018年，争取到位民生项目建设资金3.8亿元；完成十大民生工程、20件民生实事；轿子山养老服务中心、民政福利中心（老年公寓）建设项目完成投资2.7亿元。

【社会保障资金管理】 2018年1月起，对农村低保保障标准按310元/月标准执行，其中建档贫困户中的低保兜底对象按每月310元打卡直发，建档贫困户中的一般低保对象按每月160元打卡直发。全县建档立卡贫困户低保对象16879人（低保兜底3020人）。

摸清62所敬老院在院人员原农村五保基本情况，开展专题培训，各乡、村自查自审自报，县上甄别认定、逐人审核审查；农村散居特困供养对象月补助400元/人、集中供养对象500元/人，城市散居特困供养对象月补助500元/人、集中供养对象600元/人。救助特困供养对象12703人，供养资金打卡直发。

贫困人员养老保险代缴 按川人社办发〔2017〕984号文件规定，为建档立卡未标注脱贫的贫困人口、低保对象、特困人员2.35万人，严格按100元/人的标准，代缴城乡居民基本养老保险费235万元，代缴资金按规定计入个人账户。

残疾人两项补贴 在国家两项补贴发放改革后，及时与县残联和各乡镇联系，对残疾对象重新核对统计，对14494名低保残疾人按每人每月80元标准发放残疾人生活补贴，年补助资金1300万元；对20789名重度残疾人按一级80元/月、二级50元/月发放护理补贴，年补助资金1476万元。

【社会救助体系建设】 建立了以低保救助为主、特困供养、灾害救助、临时救助等为补充的社会救助体系。救助低保对象80039户91154人（农村低保66773户69860人，城市低保13266户21294人），城市低保对象累计月人均补差261元，农村低保对象累计月人均补差155元；支持城乡特困供养人员、孤儿等购买医疗保险

844.73万元；救助特困供养对象12800人。

【救助对象管理】 开展低保对象与房管、车管、社保、工商税务系统比对，对城乡低保进行了全面清理和重新认定，采购高拍仪76台，指导各乡镇开展民政供养对象年审，取消低保对象1230户1693人，县、乡（镇、街道）民政干部和低保经办人员及村（居）四职干部4614人全部签订《不违规享受低保承诺书》。重新评定特困供养人员，取消原五保对象500余人。

【社会福利体系建设】 对500名患尿毒症需长期透析的患者给予每人5000元困难补助；开展"敬老月"走访慰问困难老人活动，发放生活困难资金20万元；资助困难家庭大学生124人、高中生12人，资助资金40.8万元；救助白血病等大病患者10余人，救助资金4.6万元。

按"两随机一公开"方式对全县养老机构进行了两次质量检查，随机安全检查6次，排查整改养老机构安全隐患20余处，对永红乡敬老院进行了规范管理解剖，对1名工作人员进行了组织处理。争取省养老服务发展专项补助资金1093万元，新增公办养老机构床位700张，其中农村敬老院适老化改造床位240张、民办养老床位400张，新建城乡社区日间照料中心9个。为失能老人和80岁以上老人购买居家养老服务17000人次500万元；办理老年人优待证4200个，发放高龄补贴30451人1298万元。表彰"南部最美孝星"9人、"南部最美老人"1人、敬老工作先进集体13个。

【双拥与优抚】 做好了2017年度退役士兵报到接收工作，发放地方补助资金1368.69万元，对2017年度自主就业退役士兵中的216人进行职业教育和技能培训，拨付资金41.47万元；将符合政府安排工作条件的34名退役军人安置到公路一局、南部中学、乡镇社会事业（农业）服务中心等县乡机关事业单位工作岗位。为部分重点优抚对象发放解"三难"资金229万元、医疗救助补助资金210万元。启动退役军人和重点优抚对象信息采集，开展为烈属、军属和退役军人家庭悬挂光荣牌活动。划拨资金31万元；继续开展长坪山烈士纪念园建设。组织各单位召开拥军优属座谈会120场次；向重点优抚对象等发放慰问金和慰问物资335万元，印送慰问信4万封。

【社区服务建设】 争取社区建设专项资金200多万元，完善社区基础设施；新登记社会组织25个，年检合格率达95%；鼓励社会组织参与扶贫志愿服务，帮助贫困对象2000人，帮扶资金物资折价20万元。全县1038个村、78个社区均推出了村（居）政务公开专栏。

【专项社会事务管理】 新命名街道41条，完成南（部）阆（中）、南（部）蓬（安）边界联检，第二次全国地名普查成果通过国家验收。大堰乡建制调整完成，八尔湖镇挂牌。撤县设市工作已按国家新标准补充相关资料并报民政部。

开展殡葬服务专项治理，落实困难群众惠民殡葬政策131人次。

开展流浪乞讨救助接待，劝导救助人员1766人（次）（其中，精神病人62人，危重病人、残疾人43人，流浪未成年人23人）。对100余名麻风病人进行了普查、治疗，住院收治13人。

办理结婚8838对、离婚2927对、补

领结(离)婚证件 6900 对,办理收养登记 2 人,婚姻登记和收养登记合格率均为 100%。

对全县孤儿基本情况进行了清理,申报新供养 4 人,对不再符合条件的 21 人进行了减员,对无法联系的 18 人进行了暂停,对年满 18 周岁尚在上学阶段的 20 余人继续增发救助资金,提高全县 541 名孤儿供养标准,其中散居孤儿提高到 810 元/月、集中供养孤儿提高到 1300 元/月。

制定《南部县春节期间开展关爱留守人员活动实施方案》,会同团县委向留守儿童赠送价值 10 万元的温暖包和微心愿礼物 301 套。

【救灾与救济】 针对 5·21 特大暴雨等自然灾害,派出 3 个工作组与县应急办、防汛办等相关部门和有关乡镇转移安置受灾群众 1467 人,下拨救灾救济资金 1170 万元。

【帮扶工作】 深入结对帮扶的 4 个贫困村、34 个城乡党建结对共建农村党支部,因村因户完善帮扶规划,落实帮扶资金 30 万元。

【附录】 (1)退役军人和其他优抚对象信息采集受到市委、市政府信息采集联席办通报表扬;获年度全市安全生产工作绩效考核一等奖、年度全市"三留守"关爱保护工作一等奖、年度全市信访维稳工作特等奖、年度全市退役军人安置工作一等奖、年度全市地名普查成果转化工作一等奖、年度全市老龄工作一等奖。获第二季度全县重点项目现场验靶"流动红旗"、2018 年全市民政系统综合考核一等奖。

(2)县民政局内设人秘股、救灾救济股(减灾办)、社会事务股(行政审批股)、财务审计统计股、信访股、老龄股、优抚股、区划地名股;挂牌机构 3 个:南部县双拥工作领导小组办公室、南部县老龄工作委员会办公室、南部县军队离退休干部和退役士兵安置工作领导小组办公室;下属 11 个事业单位:救助管理站、低保局、婚姻登记中心、军干所、殡葬管理所、康复医院、社会福利院、农村敬老院、救灾物资储备中心、慈善会办公室、光荣院。2018 年,有编在岗男职工 44 人,女职工 19 人。

【名录】 县民政局党组书记、局长:苟连云 副局长:马金滔、张毅、任江 工会主席:周革中 党组成员、低保局长:尤朝圣 婚姻登记中心主任:杨长松。

(县民政局)

政务服务

【基本情况】 2018 年,政务服务大厅各窗口受理行政许可事项 8171 件、公共服务事项 170117 件,按时办结率达 100%。公共资源交易服务中心受理、成交各类公共资源交易项目 118 宗,预算总额 250586.89 万元(含 PPP 项目),实际成交额 246803.78 万元,节约资金 3783.11 万元,节约率达 2%。

【政务服务体系】 政务服务大厅占地 4000 平方米,入驻 43 个单位、188 名窗口工作人员、254 项行政许可事项、124 项公共服务事项;交易中心提供"一站式交易服务",规范纳入政府投资工程建设、政府采购、土地交易、产权交易等项目;乡村提供"一站式终端服务",73 个乡镇(街道)便民服务中心、1115 个村(社区)便民服务代办点均达到建设标准，实现群众办事"大事不出镇、小事不出村"。

【政务服务方式】 推进"一网办"，一体化政务服务平台，将6620项政务服务事项全部纳入网上办理，办事群众、企业可不受时间和地域限制，通过一体化政务服务平台享受到网上预约、网上申请、网上查询、咨询、投诉；四川省政务服务网推出了移动客户端、微信公众号和支付宝小程序，群众通过移动设备不受使用场合的限制体验到随时随地的政务服务；2018年6月，经县委政府同意县政务服务大厅实行"朝九晚五"作息，并在节假日、高峰期实行延时服务。

【内部管理】 召开支部党员大会6次、专题学法12次、支委（扩大）会议12次、中心主任带头讲党课4次、主体党日活动12次；主动查找政务大厅及便民服务中心存在的问题7条，形成整改措施12条，召开专题工作推进会6次，工作通报12次；对窗口巡查428次，对乡镇（街道）便民服务中心视频巡查428次，处理群众投诉件5件，政务通报12期。

【政务服务公开】 政务大厅内设置政府信息公开查阅处，配置4台电脑和3台政务公开电子查阅自助触摸屏。政务服务大厅公示中央、省相关政策，以及办事指南、事项办理流程及时限、大厅作息时间、"三项制度"和投诉举报电话。

【帮扶工作】 帮联马王乡任家岩村，下派村"第一书记"和驻村工作队，按照"一超、两不愁、三保障、三有"标准对标补短，扎实开展脱贫攻坚。2018年，该村剩下的7户贫困户实现脱贫，任家岩村通过市级贫困村退出验收，实现脱贫摘帽。

【名录】 政务服务中心主任、县公共资源交易服务中心主任：梁鸿 政务服务中心副主任：李玉珍。

（县行政审批局）

信访工作

【基本情况】 2018年，受理群众信访2072件，其中来县到市赴省进京上访受理1252件，群众向中央、省、市、县写信（含网上投诉、领导信箱、人民网）受理820件。

建立、实施三级督办制度：行业分管领导首次督办，信访工作分管领导再次督办，县委县政府主要领导督办。将信访工作纳入巡察范围，对盘龙镇、老鸦镇进行了巡察。

【附录】 （1）被省委办公厅、省政府办公厅表彰为2018年度信访工作先进集体、被省信访局授予人民满意窗口、被人民日报社人民网授予人民网网名留言办理工作先进单位称号。

（2）县信访局内设综合股、接访股、办信股、督查督办股，下属一个事业单位南部县人民群众来访接待中心。核定行政编制12人、行政工勤岗1人、事业编12人。2018年，有在职在编男性15人、女性5人，借用男性1人、女性1人。

【名录】 县信访局局长：赵生泉（2018年9月止）、李旭（2018年10月起） 副局长：蒲庆明（2018年5月止） 纪检员：任丛庶 接访中心主任：梁贸彬。

（县信访局）

机关事务管理

【基本情况】 2018年，行政中心水、电、气、电梯、中央空调、地下车库、职工食堂、周转房、市民公园、绿化、亮化、美化、日常维护维修、保洁等各项工作受到了领导、部门的肯定和好评。

【机关事务管理】 后勤保障 确保了行政中心水、电、气、电梯、中央空调、地下车库、职工食堂、日常维护维修、保洁。

消防监控 坚持24小时值班制，每小时配合消防联动巡查，轮回查看149个监控视频，每天检查设施设备是否正常运行，并填写好运行记录，每晚对重点部位监控及出入口布防。

会务服务 会议中心为省、市、县和部门提供会务服务400余场。

公务用车管理 全年平台调派26220车次。公务用车维修、加油、保险实行政府采购。

【扶贫工作】 帮扶的五灵乡石城寨村和太华乡宋家庙村，于11月完成了贫困村退出，贫困人口脱贫。

【附录】 (1) 何勇军被县政府记三等功；县机关事务管理局被县、委县府评为县迎接中央生态环境保护督察"回头看"工作先进集体。

(2) 县机关事务管理局内设车辆服务中心、综合股、会务服务股、安全保卫股、后勤保障股、消防监控股。2018年，有干部职工130人。工作职能：负责县行政中心、会议中心安全、保卫、综治、会务服务、清洁卫生管理；负责县行政中心水、电、气、电梯、中央空调、消防监控、后勤保障及公用设施设备维护；负责周转房、小餐厅、职工食堂、地下车库管理；负责公务车辆调度及驾驶人员考勤；负责行政中心市民公园管理管护及完成县委、县政府交办的其他工作。

【名录】 县机关事务管理局书记、局长：何勇军 副局长：邓珏、王亚。

（县机关事务管理局）

政协南部县委员会

政协工作综述

【基本情况】 2018年，县政协以习近平新时代中国特色社会主义思想为指导，围绕团结、民主两大主题，聚焦全县中心工作，发挥专门协商机构作用，在建言资政和凝聚共识上双向发力，为推进"亲水南部"建设、争当"三个排头兵"、争创全市经济副中心作出了贡献。

【建言资政行动】 政治协商 组织召开全体会议1次、常委会议5次、主席会议12次、专委会对口协商会议16次。县政协十四届二次会议委员提出各类意见建议200余条。主席会议、对口协商会议围绕扶贫项目资金使用、乡村公路管护、脱贫攻坚成效巩固提升、房地产市场监管、城乡建设用地增减挂钩工作、"双创"工作等提出对策建议90余条，受到相关部门重视和采纳。

民主监督 全年交办督办提案158件，主席会议牵头督办3件，办复率达100%。组织委员围绕武引二期工程建设、学前教育发展、安全隐患排查治理等开展视察监督活动14次，提出意见建议65条。召开县政协常委会议、主席会议，邀请县政府、县纪委监委、县法院、县检察院领导以及县级相关部门，通报工作13次。

社情民意反馈 围绕推进乡村产业发展、加强税收征管，组织委员深入调研，调研报告得到了县委主要领导肯定。发挥社情民意"直通车"作用，全年有反映社情民意信息42条；《关于扎实做好我市重大项目前期工作的建议》《关于加强脱贫奔康产业园后续管护的建议》被市政协采用；《关于对火峰山公园危岩处理的建议》《优化城市地下管网打赢防汛减灾保卫战》等社情民意，县委政府领导作出批示，委员意见建议得到了采纳。

协商交流 各党派团体在政协会议上协商交流100余人次，参加视察调研70余人次，提交提案23件，反映社情民意信息25条。开展界别活动30余次。

【凝聚共识行动】 "三帮"行动 开展企业帮村、界别帮点、委员帮户"三帮"行动，县政协班子成员深入联系贫困村督促指导230余人次，解决群众实际困难100余件次，所联系的22个贫困村通过省、市督察考核退出贫困村序列。各党派、团体、界别、委员发挥优势，倾情扶贫济困，全年开展帮扶活动2000余人次，捐款捐物300余万元。

助力生态保护 聚焦中央环保督察"回头看"，把污染防治和环境保护作为工作重点，开展河长制工作推进情况专题调研和乡镇污水处理厂及配套管网建设专题视察，报送的调研视察报告得到了县委主要领导的批示。

项目建设参与 根据县委统一安排，县政协党组和主席会议成员以及政协机关干部参与的升钟湖国家级旅游度假区创建项目和南部水城建设项目加快推进；产路融合、景路一体的定升公路全线通车；双向八车道的嘉陵江三桥开工建设；第十届中国升钟湖钓鱼大赛成功举行。

联谊活动 配合省、市政协来南部开展"以三区三园建设为载体、促进现代农业产业发展引领乡村振兴""学前教育发展"等调研视察11次；协助市政协完成全市经济软环境社会满意度调查、"河长制"督查、脱贫攻坚专项督导；接待吉林省镇来县、甘肃省礼县等地方政协来南部考察交流，并就共同关心的课题开展经验交流30余次；县政协领导联系走访外地南部商会、南部籍知名人士100余人次。

文宣工作 在《四川政协报》《南充日报》《南充政协》上刊登理论文章、通讯报道60余篇；编辑出版了《南部方言集成》《南部文史资料》(29辑)；为《南充文史》《市政协理论与实践》供稿35篇；推荐作品参加第十四届中国（深圳）国际文化产业博览交易会；结集出版了《致敬改革开放四十年》画册。

政协党组活动 召开民主生活会2次，讲党课15次；针对省委巡视整改反馈意见，召开了专题民主生活会，逐一认领，举一反三，认真学习，努力整改。

委员服务管理 实施委员动态管理，依章程按程序增补委员20名，接受3名委员因工作调动辞去委员职务。

政协常务委员会议

【**县政协十四届六次常委会议**】1月14日，县政协召开十四届六次常委会议。会议审议了《县政协十四届二次会议决议》(草案)和《县政协十四届二次会议提案审查情况报告》(草案)。

【**县政协十四届七次常委会议**】4月2日，县政协召开十四届七次常委会议。会议听取了县政府关于县政协十四届二次会议重点提案办理方案的情况通报、县纪委关于2017年度党风廉政建设的情况通报，审议通过了《关于全县河长制工作推进情况的调研报告》。会议还传达学习了全国"两会"和市政协六届八次常委会议精神。

【**县政协十四届八次常委会议**】7月27日，县政协召开十四届八次常委会议。会议听取了县政府关于全县上半年经济和社会运行情况的通报和关于南部县2017年财政预算执行及2018年预算安排情况的通报，审议通过了《关于推进南部县乡村产业发展的调研报告》，传达学习了省委十一届三次全会精神，审议通过了有关人事事项。

【**县政协十四届九次常委会议**】11月16日，县政协召开十四届九次常委会议。会议听取了县政府关于县政协十四届二次会议以来提案办理情况的通报、县人民法院工作情况通报、县人民检察院工作情况通报、县审计局关于南部县重大项目审计的情况通报，审议通过了《关于全县税收征管工作的调研报告》和有关人事事项。

【县政协十四届十次常委会议】 12月28日，县政协召开十四届十次常委会议。会议讨论了《政府工作报告》(征求意见稿)，听取了县发改局关于南部县重点项目建设情况的通报，审议通过了《县政协常委会工作报告》《县政协提案工作报告》、关于召开县政协十四届二次会议有关事宜、县政协办公室和各专委会2018年工作总结及2019年工作打算(书面)。会议还审议通过了有关人事事项。

政协主席会议

【县政协十四届九次主席会议】 1月10日，县政协召开十四届九次主席会议。会议传达学习了市委六届七次全会等会议精神，审议通过了关于召开县政协十四届二次会议的有关事宜。

【县政协十四届十次主席会议】 1月16日，县政协召开十四届二次主席会议。会议审议了提交县政协十四届六次常委会议审议的议题。

【县政协十四届十一次主席会议】 2月6日，县政协召开十四届十一次主席会议。会议学习党的十九大和省政协十二届一次全体会议精神，审定了县政协十四届二次会议重点提案，审议通过了《南部县政协反映社情民意信息工作管理办法》。

【县政协十四届十二次主席会议】 3月30日，县政协召开十四届十二次主席会议。会议传达学习了全国政协十三届一次会议和市政协六届八次常委会议精神，审议了《关于全县河长制工作推进情况的调研报告》和关于召开县政协十四届七次常委会议的有关事宜。

【县政协十四届十三次主席会议】 4月27日，县政协召开十四届十三次主席会议。会议专题协商了2016—2017年度扶贫政策措施贯彻落实审计情况。

【县政协十四届十四次主席会议】 6月1日，县政协召开十四届十四次主席会议。副县长杨波应邀莅临会议。会议专题协商了体育工作。

【县政协十四届十五次主席会议】 7月19日，县政协召开十四届十五次主席会议。会议传达学习了习近平总书记关于加强和改进人民政协工作的重要思想（书面）和省委十一届三次全会精神（书面），审议了《南部县政协反映社情民意信息工作管理办法》《政协南部县委员会关于进一步加强和改进界别工作的通知》《关于推进南部县乡村产业发展的调研报告》、关于召开县政协十四届八次常委会议有关事宜以及有关人事事项。

【县政协十四届十六次主席会议】 7月30日，县政协召开十四届十六次主席会议。会议专题协商讨论了公路管护工作，传达学习了川陕革命老区政协协作交流活动和市政协六届九次常委会议精神。

【县政协十四届十七次主席会议】 8月31日，县政协召开十四届十七次主席会议。会议专题协商讨论了脱贫攻坚成效巩固提升工作，传达学习了县委十三届六次全会精神。

【县政协十四届十八次主席会议】 9月26日，县政协召开十四届十八次主席会议。会议组织学习了党委（党组）讨论决定干部任免事项议事规则和决策程序有关文件及新修订的政协章程，审议了《关于全县税收征管工作情况的调研报告》和关于召开县政协十四届九次常委会议有关事宜。

【县政协十四届十九次主席会议】 10月25日，县政协召开十四届十九次主席会议。会议专题协商讨论了房地产市场监管工作，审议了《关于全县税收征管工作情况的调研报告》、关于召开县政协十四届九次常委会议有关事宜以及有关人事事项。

【县政协十四届二十次主席会议】 12月21日，县政协召开十四届二十次主席会议。会议专题协商讨论了医疗保险工作。

【县政协十四届二十一次主席会议】 12月28日，县政协召开十四届二十一次主席会议。会议审议了县政协《常委会工作报告》《提案工作报告》和关于召开县政协十四届三次会议有关事宜、有关人事事项以及关于召开县政协十四届十次常委会议的有关事宜。

视察与调研

【专题调研】 3月，调研全县河长制工作推进情况。6月，调研全县乡村产业发展工作。9月，调研全县税收征管工作。

【委员视察】 4月，组织社法委委员视察政务服务工作；组织城经委委员视察重点工业企业工作。5月，组织学习文史委委员视察村（社区）残疾人康复站建设工作；组织农经委委员视察"武引"工程建设工作。6月，组织教科文卫体委委员视察学前教育工作。7月，组织社法委委员视察110指挥中心运行工作；组织城环委委员视察乡镇污水处理厂及配套管网建设工作。8月，组织提案委委员视察重点提案办理工作；组织教科文卫体委委员视察"双创"推进工作；9月，组织学习文史委委员视察群众文化工作；10月，组织农经委委员视察森林管护工作；组织提案委委员视察安全生产隐患排查治理工作。11月，组织城经委委员视察重点工程建设工作；组织城环委委员视察城乡建设用地增减挂钩项目工作。12月，组织驻县市政协委员视察重点项目建设。

政协委员工作

持续推进企业帮村、界别帮点、委员帮户行动，广泛动员县政协各参加单位和广大政协委员投身精准脱贫攻坚主战场。全县286名市县政协委员以"三帮"行动为载体，帮扶贫困户450余户，开展各项帮扶活动2000人次，捐款捐物计300万元。搭建委员知情明政平台，邀请委员参加政协常委会议、主席会议和专题协商会议，推荐委员参加县政府相关部门工作会议。组织开展第二期委员集中学习培训，提升委员履职能力。加强委员动态管理，依章程按程序增补了委员20名，接受3名委员因工作调动辞去委员职务。

政协办公室

【基本情况】 2018年，做好了县政协5次常委会议、13次主席会议、15次专题视察、3次专题调研和1次重点提案督办会议等的文秘、会务和后勤服务保障等工作。

【职责履行】 组织力量参与县政协各次有关议题的调研活动，确保每次会议按时召开。围绕常委会议上协商讨论的河长制工作推进、乡村产业发展、税收征管等内容，形成有情况、有分析、有对策的调研报告。对主席会议协商时讨论的升钟湖湿地环境整治及配套工程建设、旅游规划管理、城区广场的规划、金融助推县域经济发展、敬老模范县创建等议题，配合相关专委会，组织力量展开了调研。

协助、配合各专委会组织委员就政务服务、重点工业企业、村（社区）残疾人康复站建设、"武引"工程建设、学前教育、110指挥中心运行、乡镇污水处理厂及配套管网建设、"双创"推进、森林管护、安全生产隐患排查治理和城乡建设用地增减挂钩项目等10多个议题开展视察。

起草了《县政协2018年度工作要点》《县政协2018年主要工作计划安排》，以及各类文件、调研报告、建言献策、社情民意、领导讲话、总结、简报、函件、通知及外宣报道等200件。在《四川政协报》《南充日报》《南充政协》上刊登理论文章、通讯报道60篇；通过"南部政协"微信公众号，定期发布工作动态40篇次。

【脱贫攻坚专项行动】 调整两个贫困村第一书记，充实住村工作队力量，加大机关干部职工结对帮扶力度，协调资金30万元支持村脱贫奔康产业园建设。

【附录】 政协南部委员会被南充市政协评为2018年全市政协系统新闻宣传工作先进单位；被南充市政协评为2018年度全市政协系统"三帮"工作先进单位；被南充市政协评为全市"100件大事"调研监督工作先进单位。

【名录】 县政协办公室主任：罗铭　副主任：李小东。

（县政协办公室）

人民团体

南部县总工会

【基本情况】 2018年，新签或续签工资集体合同152份、女职工权益保护集体合同150份，评选出劳动和谐关系企事业单位5家，新建职工法律援助站2个、城际维权联动机构26个，城际维权3次，追回农民工欠薪18万元。

【劳动竞赛活动】 3月下旬，开展了首届"亲水南部"万名职工技能大赛，大赛围绕县委提出的"亲水南部"建设主题，在重点工程项目、重点行业、重点企业、规模以上非公有制企业、战略性新兴产业等领域开展主题劳动竞赛活动；创新"双赛制"劳动竞赛形式：各基层单位组织初赛，全县选择其中5个工种决赛；486家工会组织和23000多名会员参加了这次大赛。4月，开展了首届"南部工匠"推荐、评比和选树活动，推选出150名"南部工匠预备人选"进入人才库，优中选优首批评选、命名5名"南部工匠"。

【职工维权活动】 先后在永生化工、中盐银港等12户企业开展了工资集体协商；在南隆镇、工业集中区等开展了区域性企业工资集体协商；在出租车行业、餐饮行业等推行了行业性企业工资集体协商。

【困难职工帮扶活动】 6月，省总工会困难职工档案动态管理工作视频会议和全国总工会进一步落实城市困难职工解困脱困责任制电视电话会议召开后，讨论制定了《南部县困难职工解困脱困实施办法（试行）》，新收集城镇困难职工637人，对核实无误的困难对象将按照省上要求逐一建立困难档案，用3年时间实施帮扶措施，直到这些困难职工解困脱困为止。

【普惠性服务活动】 会同邮政储蓄银行南部支行、邮政集团公司南部分公司和部分签约商家，就如何准确定位工会会员服务卡功能，多次研讨协商，争取到城区内雅戈尔男装、卡索女装、桂湖名人酒店、森林雨火锅、百山和金品利等3家超市，金晖旅行社、金华、锦城洗车店、遵妮美发、圣华时代太平洋影院等商家加盟，涉及衣食住行等9类15个服务项目。收集工会会员信息42000份，办理发放工会会员服务卡5000张。

在10个中心乡镇、2个街道办事处、6个重点企业和30个县城社区建立惠民帮扶工作站（点）的基础上，继续推进惠民服务站（点）进街道社区、进园区企业、进工程项目；在职工聚集度高的街道社区、产业园区、重大工程项目建设现场设立职工服务工作站（点），形成与职工零距离工作服务体系。参与完成县工业集中区、振兴街南段社区等地"大群团"工作平台试点建设，与共青团、妇联等群团组织在服务站点建设和平台运作中协作配合，实现资源优化配置。联合县总商会驻外机构建立了18个工会城际维权联动站点。联合县安全生产监管局健全夯实工会四级群众安全生产监督网络，维护职工安全健康合法权益。和县纪委联合发出《关于加强基层工会经费收支管理的通知》，明确工会经费使用过程中的纪律红线和法律政策底线。筹建县职工文体活动中心，已完成立项。成立网约送餐员工会联合会，吸纳会员122人。

【名录】 县委常委、总工会主席：张晓波　党组书记、常务副主席：黄发纪　党组成员、副主席：周明荣　党组成员：杨大奎。

（县总工会）

共青团南部县委员会

【基本情况】 2018年，新发展团员2200人；新配备基层团（工）委书记23名；批复成立县税务局团委、县教育局团工委等基层团组织6个。

【服务青年体系建设】 出台《共青团南部县委改革方案》。建成群团组织社会服务中心。在南部二中、东坝中学等4所学校创建青年之家、星级留守学生之家。完善"共青团南部县委"微信公众号、南部青年网站、智慧团建等平台，引导、凝聚团员青年奋发有为。

开展"清明祭英烈""不忘初心跟党走·青春建功新时代"、暑期青少年夏令营等活动，筑牢团员青年理想信念基础。

联合县关工委、政法委、教育局等部门，先后到14所中小学开展青少年法治知识专题讲座，覆盖学生2万名。

开展"新青年"评选活动，评选出的20名优秀青年中，6名被表彰为2018年度"南充新青年"。开展"两红两优"、优秀少先队辅导员、优秀少先队员、"助人为乐最美南部人"等评选表扬活动，激励青年向身边人学习。

【创业就业活动】 组织青年创业者40人到浙江开展电子商务、果树和中药材种植培训；组织电商从业青年70人参加农村电商培训。开展"逐梦计划"，为在校大学生提供实习岗位108个；推荐创业青年参加"嘉英荟——南充青年创客汇"活动。

开展"亲水南部、爱在七夕"单身青年交友联谊活动，促进青年在南部安居乐业。

【资助贫困学生活动】 共青团洞头区委筹集3万元资助10名大学新生，6000元资助6名贫困中小学生；共青团洞头区委收集黄金小学、兴盛小学、永红小学100名学生"微心愿"，送去100套心愿包。

开展"圆梦大学"爱心助学活动，资助17名大学新生，发放助学金10余万元；开展"1+1"结对帮扶助学行动，资助中小学生31人2.1万元。

筹集价值11万余元的"温暖包"，关爱7所学校、1个村留守学生300名。

【扶贫工作】 帮扶贫困村新修水渠2000米，硬化道路700米，流转土地500亩，发展白芨等中药材及晚熟柑橘；发展聚鑫源养殖、种植专业合作社，年出栏生猪5000头，入股贫困户户均分红2500元。

【名录】 共青团南部县委员会书记：马毅（2018年1月—9月）、程懿（2018年9月起） 副书记：朱尧。

（共青团南部县委员会）

南部县妇女联合会

【基本情况】 2018年，评选、表彰"最美农家""清洁家庭"20户，"好媳妇、好公婆、好儿女"10名，"四好"星级示范户25户。表彰县级"最美农家"7户，其中3户家庭被表彰为南充市"最美农家"，1户家庭被评为四川省"五好家庭"。

【关爱妇女儿童活动】 三八前夕，在帮扶村盘龙镇窑坝寺村开展了"巾帼建功新时代·乡村振兴展风采"——庆三八走基层慰问活动暨"最美农家"表彰活动，现场表彰"最美农家"21户。携手巾帼志愿者到八尔湖镇纯阳山村开展"妇女儿童之家"开放仪式暨庆六一儿童关爱活动，为该村50名儿童送去祝福。

2018年，参保妇女中患病15人，协助理赔15人，理赔130万元；登记录入"两癌"患病妇女22人，申请网上救助"两癌"贫困妇女9人，救助资金9万元。

开展妇女儿童权益维护法制宣传咨询活动20场次；办理涉及家庭暴力、婚姻纠纷及困难救助等案件32件。

【就业创业培训活动】 组织100名乡镇妇联干部和农村创业致富女能人代表开展了"巾帼建功新时代·乡村振兴展风采"全县乡村产业奔康座谈会暨巾帼创业致富讲堂，现场展示"妇"字号特色农产品50件，本土专家彭本来讲授了农业产业发展前景趋势、市场风险防控、农产品品牌打造及产品推介营销。

依托新媒体平台，建立了"南部县巾帼创业群英荟"微信群，为农村创业妇女搭建政策、推介、资源共享平台。

培育县级巾帼脱贫示范基地3个、妇女居家灵活就业示范基地5个，其中南部县常青种植及养殖业专业合作社、四川杜妈味业有限公司分别被评为南充市巾帼脱贫示范基地、南充市妇女居家灵活就业示范基地。

创建脱贫奔康（食用菌）产业就业园1个，手工面条小作坊1家，解决当地妇女50人就业。

【帮扶工作】 帮扶盘龙镇窑坝寺村。依托南部县荣成种养殖专业合作社建成了以林下种养殖业为主的脱贫奔康产业园，吸纳该村131户贫困户入股，带动30名贫困人员就业。2018年10月，窑坝寺村退出贫困村序列。

【附录】 （1）2018年3月，南部县24365市民生活全天候服务中心、南部县工业集中区管理委员会、南部县农商银行金都微贷部、南部县幸福幼儿园被南充市妇女联合会表彰为南充市三八红旗集体；5月，县妇联被南充市委农工委、南充市精神文明办、南充市妇联评为南充市"最美农家"优秀组织奖；12月，县妇联被南充市妇女联合会评为南充市基层组织建设示范县；大河镇、双峰乡被南充市妇女联合会评为南充市基层组织建设示范乡镇；八尔湖镇纯阳山村被南充市妇女联合会评为南充市基层组织建设示范村；南部县中医院妇产科、南部县农商银行营业部被南充市妇女联合会评为南充市巾帼文明岗；南部县常青种植及养殖专业合作社被南充市妇女联合会评为南充市巾帼脱贫示范基地；四川杜妈味业有限公司被南充市妇女联合会评为南充市妇女居家灵活就业示范基地。

2018年3月，崔静、张鸿、何良辉、王琳被南充市妇女联合会评为南充市三八红旗手；鲁小娟被四川省妇女联合会评为四川省三八红旗手；4月，敬国周家庭被四川省妇女联合会评为四川省五好家庭；5月，敬国周家庭、杜文瑜家庭、何小华家庭被南充市委农工委、南充市精神文明办、南充市妇联评为南充市"最美农家"。

（2）县妇联内设妇女发展部、县人民政府妇女儿童工作委员会办公室。2018年，有在编在岗干部5人。

【名录】 县妇联主席：何晓兰 副主席：王琳、赵琴。

（县妇女联合会）

南部县工商业联合会

【基本情况】 2018年，完成《非公有制经济人士有序政治参与问题调查研究》《关于全面提升县工商联工作的思考》等3篇调研文章。县房产建筑业商会、婚庆演艺行业商会、深圳四川南部商会成立了商会党支部。

【商会活动】 3月15日，在县城华新国际酒店召开第十三届二次执行委员会会议，传达学习近平总书记来川视察重要讲话精神。此次会议，赵毅、陈忠标、敬涛、蔡元平、何小康、覃南宣、赵洪、胡永刚被聘为名誉副会长，付艳生、郑小平、姚蓉当选为县总商会副秘书长。3月16日，印发《南部县总商会会费收支管理办法》，配套成立会费管理委员会、监督委员会，何周旋、谢光荣担任主任，推行民主理财。

6月15日，组织开展2018年度南部县投资软环境调查，回收有效问卷342份，收集相关问题建议37条。

11月15日，在县房产建筑业商会召开十三届二次主席会议，传达习近平总书记在民营企业座谈会上的重要讲话精神以及习近平总书记给"万企帮万村"行动中受表彰的民营企业家的回信。

与成都市青羊区工商联结成友好商会，协力促成30名成都企业家来县进行商务考察。

12月，县委办公室、县人民政府办公室印发《关于全面实行县级领导联系商会工作制度的通知》，实现县级领导对县内8家行业商会及县委18家驻外南部商会（含5家驻外商会建设筹备组）的全面联系。

【附录】 （1）南部县工商业联合会被南充市工商业联合会表彰为全市工商联系统综合先进单位；县房产建筑业商会被市工商联确定为"四好"商会建设示范单位。12月，县工商业联合会被县委表彰为全县金融工作先进单位。县家居建材行业商会被全国工商联认定为2018年度全国"四好"商会。

（2）县工商联内设综合办公室、会员联络部。2018年，有在编在岗男职工5人、女职工1人。

【名录】 县工商联主席、总商会会长：何周旋　工会主席：付艳生　会员联络部副部长：艾萍。

（县工商联）

法 治

综 述

【基本情况】 2018年，全县涉恶案件立案52件，破案49件，抓获涉恶犯罪嫌疑人236人，刑事拘留211人，上网追逃21人，逮捕123人，移送起诉140人。

【扫黑除恶专项斗争】 1月23日，中央政法委召开全国扫黑除恶专项斗争电视电话会议后，南部县坚持宣传发动、线索排查、严打严惩同步，遵照"有黑扫黑、无黑除恶、无恶治乱"要求，制定了实施方案，形成了全县上下扫黑除恶责任体系。收集线索197条，其中，中央督导组交办89条，市扫黑办交办3条，部门移交29条，乡镇上报8条，群众来信来访49条，电话举报11条，网格员上报7条，邮箱举报1条。打掉了"4·6"白鹤香洲工地恶势力团伙18人；铲除了"8·25"持枪械聚众斗殴恶势力团伙36人。全县涉恶案件立案52件，破案49件，抓获涉恶犯罪嫌疑人236人，刑事拘留211人，上网追逃21人，逮捕123人，移送起诉140人。其中，侦办恶势力犯罪集团3个，抓获嫌疑人58人，刑事拘留53人，逮捕35人，破获涉恶案件9件，移送起诉9案41人，移送纪委监委1人；打掉恶势力犯罪团伙9个，刑事拘留45人，移送纪委监委1人。

【社会治安综合治理】 2018年，市委下达南部县村（社区）"雪亮工程"县级综治中心1个，乡镇（街道）综治中心73个，社区综治中心54个，村综治中心311个。已完成41个乡镇、166个村综治建设任务；已安装监控点位930个，实现与110指挥中心、县应急指挥中心互联互通，并与天网对接。已纳入网格化服务管理县级机关部门18个、派出所21个、司法所15个、卫生院82个，资金预算执行率达100%。

矛盾调解 排查各类矛盾纠纷3115件，调处2959件，成功率达95%。防止群体性上访10件240人，防止群体性械斗9件135人。

劳动人事争议调解 县仲裁院受理案件121件，调解结案85件，进入诉讼28件；劳动监察大队调解处理劳动争议256件；企业、工会等调解人事争议62件。

行政复议 受理案件7件，办结6件。

诉非衔接 下发了《关于进一步加强诉非衔接工作的实施意见（试行）》，72名调解员进驻各法庭调解室，协助法官调解矛盾纠纷。县法院直接调解成功761件，以县大调解中心名义，向各乡镇（街道办）、县级部门及企事业单位委托、委派调解案件

345件，调解成功282件，成功率达82％，其中司法效力确认25件。2名法官在县交警大队设立交通事故巡回法庭，公示赔偿法律依据、赔偿标准、处理程序。

公调对接 2017年，街道人民调解委员会率先进驻城关东、西、南、北四所；2018年9月，县政法委向县公安局、司法局发出〔2018〕15号《关于推进17个乡镇公安派出所驻所人民调解室建设的通知》，督促11月前17个乡镇公安派出所实现人民调解组织进驻，实现公调对接。

项目矛盾调解 制定《"调解跟着项目走"活动实施方案》，148个重点项目均建有矛盾纠纷调解机构，建设、国土、环保等部门和所在地乡镇（街道）、村（社区）相关人员担任调解员。排查调处项目矛盾纠纷239件，保证重大项目正常推进。针对天津亿联五金建材城前两年拆迁农户阻工挡工、数百名业主集体上访、租金拖欠严重、资金兑付困难问题，开展了"调解跟着项目走"活动，多元处理，清收租金500余万元，推进了市场稳定发展。长安网、南充新闻网刊载了调解工作服务项目建设经验。

着力构建铁路治安联防体系，其护路工作经验被中央护路办杂志刊登2篇，并在7月份全省护路联防工作会上作了经验交流。

【政法队伍管理】 开展"五型政法机关"建设和"大学习、大讨论、大调研"专题教育活动，教育引导干警增强"四个意识"、坚定"四个自信"，筑牢高举旗帜、忠诚使命思想根基。开展廉政警示教育，做到事前预防与事后查处双管齐下。开展业务培训，提高执法办案能力。2018年，开展基层庭、所作风巡查6次，发出督办、整改通知3次，现场指导整改单位7个。打造了12个市级规范化司法所、2个规范化法律援助工作站和3个乡级法律服务工作站。

【名录】 县委常委、政法委书记：邓彪 常务副书记：斯勤 副书记：宋涛、蒲军 政治处主任：陈光 派驻县委政法委纪检监察组组长：王茂文。

（县委政法委员会）

公 安

【基本情况】 2018年，破获各类刑事案件1043件、逮捕359人、移送起诉646人。其中，破获食药环案件12件14人、黄赌案件10件18人、涉枪案件11件11人。

【案件侦查】 侦破了涉及全国31个省46万人的"11·30"博旅理财传销案，查封、冻结、扣押资产价值4.5亿余元，抓获犯罪嫌疑人89人，起诉59人；破获了部督"1·16"特大跨国电信网络诈骗团伙，抓获44名犯罪嫌疑人；打掉有组织犯罪1个、恶势力犯罪集团案件6个、恶势力团伙8个，刑拘九类涉黑恶人员300人。侦破的"11·29"恶势力集团案件为全市涉黑组织案件，侦破的"8·25"聚众斗殴案为全市首例已判决的恶势力犯罪集团案。

开展了打击邪教违法犯罪活动，立省督专案8件，破案8件，抓获4人、刑事拘留2人、逮捕2人、起诉2人，治安拘留3人；查处境外宗教渗透组织案件3起，查处非法宗教活动30起；通过4个月蹲点守候，在全省范围内，率先破获1起利用"真相服务器"进行法轮功反宣活动省督专案。

【治安管理】 强化民爆监管，防止了涉枪涉爆物品"流失、被盗、炸响"发生；吸取达州火灾事故教训，整改了一批火灾隐患；强化道路交通安全管理和不间断交通整治，道路交通秩序改善；强化监所安全管理，连续14年监所安全无事故。

【警务服务】 5月21日、6月30日，县城遭遇两次暴雨，李涛、李明、全红亮、谢长宜等民辅警于洪流中冒死救援被困群众，视频被新华网、人民公安报、新浪微博等多家媒体报道。

在交警队旁边新增"24小时出入境自助服务区"，10月17日对外开放。11月1日，推出南部公安"互联网+公安微户政"平台，同步上线出生入户登记、户口迁移等24项户籍业务，群众"足不出户"可上网申请。

延伸警务工作触角至满福坝综合开发、八尔湖乡村旅游、升钟湖旅游度假区、产业扶贫基地等150个项目建设中，确保了项目建设顺利推进。

【附录】 县公安局内设科室35个。2018年，有在编在岗男民警404人，女民警59人。

【名录】 县人民政府副县长、县公安局长：吴宗学　政委：黄在伦　副局长：赵仁新、张育远、杨继奎、李友源、张君龙　党委委员：官平　政治处主任：朱华东　纪委书记：张祥仲　工会主席：何冰　指挥中心主任：赵晟　国保大队大队长：敬秋毫　交警大队大队长：范瑞卿。

（县公安局）

检 察

【基本情况】 2018年，批捕267件395人，起诉388件651人，同比上升9%。监督公安机关立案7件8人，监督撤案8件10人，追捕漏犯11人，追诉漏犯27人，书面纠正违法26件，以10件10人的抗诉成功数领跑全市。

【案件办理】 依法对"8·25"聚众斗殴案等5件70人涉恶犯罪案件提前介入，批捕起诉涉嫌聚众斗殴、寻衅滋事等危害社会稳定犯罪50件94人。办理羁押必要性审查38件38人，罪犯又犯罪案件7件8人，监督纠正财产刑执行违法案件2件2人，督促罪犯上缴罚金5.5万元。办理民事行政生效裁判监督案件7件，行政违法行为申诉案件5件，执行活动申诉案件6件，支持起诉案件1件。严惩涉农盗、抢、骗案件28件49人，批捕张某贩卖病死猪。办理公益诉讼案件20件。受理来信来访78件，办理中央、省委巡视组交办信访案件6件。

【工作机制创新】 在全省率先制定《疑难复杂影响性案件审查逮捕听证办法》，被省检察院确定为试点院；制定《检察建议公开宣告送达实施办法》，并依法向楠木镇、教育局等公开宣告检察建议3次；与住建局、房管局等部门联合制定《加强城乡规划执法监督办法》，对白鹤香洲等6宗用地规划进行专项监督；建立醉驾犯罪嫌疑人参与社会服务管理机制，对11名犯罪嫌疑人作出有罪不诉决定，醉驾案件同比下降46%；组建"虹姐姐"法治关爱团队，开展妇女维权和法治关爱活动16次；组建"彩虹桥"未检关爱团队，对25名涉罪未成年人开展心灵洗涤，深入柳树、建兴等多所中小学开展"防性侵"专题巡讲。

开展检察长接待日活动23次，对12名贫困刑事被害人发放司法救助金6.1万元。推进"群众家门口的检察院"和12309检察服务中心建设，在乡镇便民服务中心设置电子公示终端。在全国、全省作脱贫攻坚经验交流发言。

获市级最佳文明单位、市政法新媒体宣传舆论先进集体等多项荣誉，法警工作成效被高检院转发，14项创新机制被省、市院肯定推广，10项业务考评排名全市第一，9项工作经验被《检察日报》报道，刑事立案同步监督工作被市委评为全市改革典型案例，公诉科被市院记集体三等功，25人次被省、市、县表彰。

【附录】1月12日，县检察院配合国家监察体制改革，19位检察干警转隶至南部县监察委员会。1月15日，县委办公室县政府办公室联合印发《南部县深入推进公益诉讼工作的实施办法》，支持检察机关依法开展公益诉讼。1月16日，敬永国检察长在南部县第十七届人民代表大会第三次会议上向大会报告工作。4月26日，敬永国检察长在全省检察机关脱贫攻坚推进会上分享南部县扶贫先进经验与战果。5月31日，四川省检察院国家司法救助金发放仪式暨座谈会在县警察院举行。6月4日，成立南部县人民检察院"彩虹桥"未检团队，建立280人的"彩虹桥"团队成员人才储备库。9月18日，最高人民检察院政治部警务部副部长张玉亮一行来南部县人民检察院调研司法警察工作。9月20日，向县教育局公开送达《检察建议书》，县关工委、妇联、团委、民政局及城乡学校代表30余人参加。10月16日，四川省部分检察机关妇女权益保护座谈会在南部县人民检察院召开。10月31日，南充市检察机关审查逮捕听证制度调研座谈会在南部县人民检察院召开。11月27日，在县工业园区召开检察机关服务民营经济健康发展座谈会，县委常委、副县长朱大志应邀出席。11月30日，对首批4起适用认罪认罚速裁案件提起公诉，县人民法院采纳了检察机关量刑建议并当庭宣判。

【名录】南部县人民检察院检察长：敬永国　副检察长：袁晓、春何波、陈永菊　政治处主任：何林勇　检委会专职委员：王君　工会主席：蒙长虹。

（县检察院）

法　院

【基本情况】2018年，受理各类案件12940件，结案12032件，结案率达92.98%。

【刑事审判】审理故意杀人、故意伤害、强奸、抢劫等暴力犯罪案件176件247人；审结交通肇事、危险驾驶、非法持枪等案件104件；审结涉毒犯罪案件59件90人，贩卖毒品248.77克的罗某被判处15年有期徒刑；审结寻衅滋事、聚众斗殴等扰乱公共秩序案件38件，对利用微信开设赌场、组织考试作弊等案件的104人判处有期徒刑。对贪污、受贿等职务犯罪的11名被告人判处有期徒刑。

【民事审判】 审结婚姻、赡养、扶养、抚养等纠纷1835件；为农民工等弱势群体兑现执行案款321.5万元。向84名困难当事人发放司法救助金22.7万元，依法缓减免诉讼费13.5万元；化解劳务、医疗、交通、劳动争议等矛盾纠纷506件；审结申新泰富248件售后返租案。

【行政审判】 审理行政诉讼案件和审查非诉行政执行案件中，发现适用法律错误、认定事实不清、执法方法不当等问题34个，向行政机关发出司法建议17件、建议意见36条；依法解决"告官不见官"问题，行政机关负责人出庭应诉率达80%。

【案件执行】 开展冬季攻势等专项执行7次，执行到位3541万元。与纪委、监委、公安、人社等部门建立打击拒执、惩戒失信联动机制，曝光失信被执行人846人，司法拘留、罚款、限制消费7412人，判处拒执罪2人，351人迫于惩戒压力自动履行951万元义务；运用"点对点""总对总"网络查控系统，提起财产查询18210次，冻结资金6782.2万元。执结案件5359件，执行到位标的额7.04亿元。

【司法服务】 化解新源公司拆迁还房等10余起陈年涉众涉稳"锁链式"纠纷。审理社会治安、交通秩序等案件376件。为贫困户免诉讼费5.8万元。在结对帮扶的2个贫困村，坚持人员、措施、问题"三个全覆盖"。对拒不支付劳动报酬的6名被告人依法追究刑事责任，为93名当事人挽回100.2万元损失。为97名经济困难当事人缓减免诉讼费31万元，向106名困难当事人发放司法救助金70万元。邀请调解、委托调解、司法确认案件377件。

【附录】 （1）县人民法院被最高人民法院评为2018年全国"两会"社会舆论工作先进集体；被四川省政法委、人社厅评为四川省政法系统先进集体；被四川省高级人民法院评为全省法院第七次"司法大拜年"专项执行活动先进集体、全省法院思想政治建设工作先进集体；被南充市中级人民法院评为全市基层法院2018年度综合工作优秀奖、全市基层法院党风廉政建设先进单位。南隆人民法庭被四川省高级人民法院记集体二等功、全省家事审判工作先进集体；执行局被南充市中级人民法院记集体三等功。办公室山红霞被最高人民法院评为2018年全国"两会"新闻宣传工作先进个人；办公室副主任敬志鹏被四川省高级人民法院评为2018年度全省法院信息工作先进个人；执行局盛先泽获得四川法学会第五届"治蜀兴川"法治论文征文活动优秀奖；办公室何苏弋被南充市政委评为新媒体宣传舆论工作突出人员；执行局副局长黄达、被南充市中级人民法院记个人嘉奖；监察室副主任刘时光被南充市中级人民法院评为全市基层法院党风廉政建设先进个人；法庭长文涵、执行局局长敬雪松分别被南充市中级人民法院记个人三等功；执行局长敬雪松警大队大队长王彬被南充市中级人民法院评为全市基层法院岗位标兵。

（2）县人民法院内设政治处、监察室、办公室、审管办、立案庭、刑庭、行政庭、民一庭、民二庭、执行局、审监庭、法警大队；设南隆、大坪、升钟、建兴、伏虎、大桥、定水、东坝、王家、楠木、盘龙派出法庭。

2018年，有政法编制135人，工勤编制8人，聘用57人。

【名录】 南部县人民法院院长：黄海燕　副院长：刘斌、何力　纪检组长：斯文　党组成员：郭建威、伏波　执行局局长：敬雪松　审判委员会专职委员：马文洪、汪海英、任思璇。

（县人民法院）

司法行政

【基本情况】 2018年，排查、指导、参与矛盾纠纷处理1129件，成功1104件。

【调解活动】 完成人民调解与城区派出所公调对接；在龙正、义立等律师事务所设立律师调解室5个；开展调解员业务知识培训2100人次。

【社区矫正活动】 社区矫正在册549人，新入374人，解矫264人。向在矫人员发放《扫黑除恶相关政策告知书》，签订《个人无涉黑涉恶问题承诺书》《遵守监管制度保证书》；完成对510名社区服刑人员摸排、管控。排查、确定校园周边环境监管有价值线索3条。社区矫正接受省厅调研、市政协巡视和市检察院执法检查，工作成效受到了上级领导肯定。

【法律援助】 南隆、大桥司法所通过验收；完成东坝、窑场、八尔湖等14个司法所建设。在县法院、看守所设立了法律援助值班律师室；与县劳动监察大队建立劳动争议协作机制。受理援助案件280件，接受法律咨询2103人次，提供法律服务2663人次。

【附录】 (1) 县司法局职工冯丽萍获省社区矫正大比武三等奖；张小桐、祝磊获南部县政法系统《我是地道南部人》演讲竞赛三等奖；赵强梅获第十三届中国法学青年论坛征文比赛二等奖。

(2) 8月26日，南部县公共法律服务中心建成并投入使用；9月11日，扫黑除恶工作接受中央第十一巡视组督查，受到巡视组好评。

(3) 县司法局内设人秘股、政治处、公律股、宣教股、社区矫正股、基层股、法律援助中心。下设事业单位公证处。2018年，有在编在岗男职工35人，女职工25人。

【名录】 县司法局局长：雍超　副局长：杨林、鲜泽。

（县司法局）

军事

南部县人民武装部

【基本情况】 2018年，兵役登记率100%，为部队输送兵员368名，其中，男兵362名，女兵3名，直招士官3名。

【思想政治建设】 贯彻学习十九大及习近平主席强军思想，采取考勤登记、检查学习笔记、考核讲评等措施，增强学习效果。清明节和烈士纪念日组织党员干部到长坪山红军革命纪念碑祭扫，重温入党誓词。

党委班子建设 坚持从维护整体团结做起，小事讲风格，大事讲原则。人民武装部建设、各项重大工作任务，都充分发扬民主，党委统揽全局。

涉军维稳工作 会同地方有关领导召开了3次涉军维稳工作会议，解决了老上访户罗玉瑛维权、姚先武档案遗失、周勇全父亲邻里纠纷等问题12件。

战备建设 2017年7月，正式执行"部库合一"值班系统，8月，投入12万余元改造升级营区监控系统。2017年以来，对各种预案进行了两次修订完善，结合工作任务组织干部职工对部分科目进行了拉动演练。

民兵整组 完成了对5000多名民兵的组织调整；承办了南充军分区民兵调整改革迎检情况现场会。

军事训练 组织了警棍盾牌操训练；选派了25人参加军分区专武；3人参加省军区专武干部集训，专业培训覆盖率达39%；在军分区组织的两次民兵大比武中，获团体第一名和多项个人单项第一。

党风廉政建设 成立了廉洁征兵领导小组，对各类征兵工作人员进行了专题培训教育，公布了监督电话；以"廉洁征兵反馈卡""致应征青年家长的一封信""征兵调查问卷"等形式，提高征兵工作透明度和监察力度。

安全稳定管理 开展"条令条例学习月""安全检查教育周""学法规用法规守法规""百日安全活动"等安全稳定管理活动，对营区、人、车、弹、密、财务的管理进行了多次安全分析与整改。

军民融合建设 协调海尔集团举办了扶贫帮困捐赠活动，为40名退役军人困难家庭赠送了洗衣机；为立功受奖现役军人家庭送去了立功喜报，为5000多退伍军人家庭悬挂了光荣牌。出动1次灭火救灾、3次维稳巡逻；出动民兵2300人次，完成了春运期间火车站执勤、升钟湖国际钓鱼大赛维稳、洪水期间被困群众转移安置任务。

脱贫攻坚主动作为，政委徐小斌被市委、市政府表彰为脱贫攻坚先进个人，荣立二等功1次，人民武装部获县委、县政府脱贫摘帽优秀奖，8名职工被表彰为南部县脱贫摘帽标兵和优秀人物。

【防灾救灾演练】 5月11日，县委政府组织人民武装部、公安、海事等部门在红岩子广场出动运输车30台、应急救援车3台、船舶3艘、冲锋舟6艘，民兵应急综合大队、供水保障分队、工程抢险分队、医疗救护分队、消防灭火分队300余人参加3个多小时12个防灾救灾科目演练。

【抗洪抢险】 7月12日，洪峰过南部，人民武装部出动民兵65人，车辆5台、冲锋舟2艘参与抗洪救援，疏散转移群众120人，转移物资价值130多万元。

【附录】 （1）县武装部被市军分区表彰为2018年训练先进单位；被省军区表彰为2018年规范化建设先进单位。

（2）1月12日，县武装部干部职工到永红乡三合村、永庆乡水垭村走访贫困户。1月25日，召开乡镇武装部长会议，传达省市两级党委会精神、南充军分区第十八次党代会精神。2月8日，政委徐小斌带领部分职工到水垭村开展春节走访慰问活动。2月9日，部长王涛带领部分干部职工到永红乡三合村开展"暖冬行动"，为贫困户送去大米、粮油等生活物资。2月13日，县委书记张根生带领县四大班子主要领导看望慰问人民武装部机关干部职工。3月8日，组织干部职工参加永庆乡脱贫攻坚春季攻势大会，并走访贫困户。3月20日，成立南部县民兵应急连，并召开训练动员大会。3月20日，召开全县民兵组织调整暨兵役登记推进会。3月22日，徐小斌到水垭村研究落实无花果产业园建设。4月3日，王涛到县城管执法大队检查民兵应急器材库。4月11日，王涛到福康供水保障分队检查民兵应急器材库。4月16日，副部长刘其才到升钟镇点验民兵应急排。4月28日，组织乡镇武装部部长进行了为期一周的集训。5月15日—17日，干部职工到水垭村帮助贫困户收割麦子。5月25日，组织民兵应急连进行为期三天的盾牌操训练。6月6日，徐小斌到大坪镇开展扶贫调研，指导、督查问题整改落实。6月7日，徐小斌到伏虎镇指导脱贫攻坚，并参加"三大活动"会议。6月8日，干部职工到街头进行征兵宣传，发放宣传资料。6月22日，培训冲锋舟操作手。7月12日—14日，组织民兵38人，冲锋舟2艘、车辆3台参加抗洪抢险。7月19日，组织武装部长召开了征兵工作推进会。7月27日，组织武装部部长及相关单位领导，分管县级领导参加全国征兵工作电视会议。7月30日，张根生带领四大班子领导看望慰问机关干部职工。8月2日—8日，组织全县应征青年上站体检。8月9日，召开2018年征兵政治考核培训会。9月2日，召开2018年夏秋季征兵定兵会。9月3日—9日，役前集训2018年新兵。9月18日，召开欢送新兵会。9月30日，部长、政委及部分干部职工到长坪山革命烈士纪念园参加烈士纪念日活动。10月10日，干部职工到水垭村召开无花果产业园建设协调会。10月15日，部长、政委到三合村看望贫困户，并和村社干部座谈。11月15日，检查考评部分乡镇民兵装备库室。11月18日，市扶贫协会到人民武装部帮扶的水垭村检查无花果产业园建设情况。12月10日，组织乡镇民兵开展年终军事技能比赛。12月26日，召开元旦座谈会。

（3）1950年成立南部县武装科，1951年4月改为县人民武装部，首任部长李绍华，政委由县委书记兼任，隶属南充军分区。1954年10月，改为兵役局。1959年，恢复县人民武装部。1986年4月，划归地方建制，隶属南充地区行署和南充军分区。1996年4月，归属军队编制，称中国人民解放军南部县人民武装部，隶属南充市和南充军分区。

【名录】 县人民武装部部长：王涛 政治委员：徐小斌 副部长：刘其才 工会主席：王跃 军事科科长：谭俊 保障科科长：杨乔。

（县人民武装部）

武警南部县中队

【基本情况】 2018年，完成武装押解勤务16次，出动兵力64人次。

【政治思想建设】 组织观看《永远在路上》《平语近人》《初心》等纪录片，掀起学习习主席系列讲话精神热潮。开展"三帮一带""四心工程""五解"（思想解惑、心理解压、学习解疑、娱乐解闷、生活解难）活动，做好一人一事思想工作。2月份，中队战士李统成母亲患宫颈癌，中队干部为其协调民政局慰问款3000元。鼓励战士参加考学、自考。8月份，史亮亮以支队第一的成绩考取警官学院并被支队评为学习标兵。开展"三好"活动（读好书、听好歌、赏好电影）；开展篮球比赛、烧烤晚会等活动。

【战斗力建设】 开展"三兵"（每日好哨兵、每周先进哨兵、每月优秀哨兵）评选活动；做到"六查"（查思想、查能力、查军容、查枪弹、查设施、查报警器）、应急小组"三考"（考应知应会、考情况处置、考反应能力）；针对执勤"常见病"，规范"八个细节"（叫哨方法、起床时间、着装携带、来回队列、行进路线、交接程序、登记讲评和下哨报告）；按照"二查一拉一考一登记"（"二查"：细查哨兵着装，看是否达到"帽子正、腰带平、衣服挺、佩戴全"标准；查执勤登记，看是否达到正楷字一笔一画的标准；"一拉"：每天对应急小组进行拉动，利用情况诱导，每周对应急班进行紧急出动训练，提高应急出动速度；"一考"：检查哨兵应知应会常识及部队近期下发的通知、指示，自身职责、纪律要求掌握情况；"一登记"：对检查情况特别是理论抽查进行登记）抓执勤；开展练兵活动，坚持支部议训雷打不动，坚持每周有会操、每月有考核，将个人训练成绩与成长进步挂钩。

【从严治警活动】 每日做到"三练三看"（练叠被子、练整秩序、练写哨表；看物品摆放是否整齐、看着装鞋子是否干净、看个人养成是否严谨），每周坚持"三评一讲"（评选优秀被子、评比内务标兵、评出先进班级，讲评一周情况）。突出士官探亲、节假日、8小时以外管理。严格枪弹车辆管理，擦拭武器必须由中队主官在场负责。

【后勤装备建设】 严格落实伙食"1126""6211"保障模式，开发菜肴新品种10余个、特色面条等主食4种。推进新营房建设，230万元"智慧磐石"建设已完成招标。

【名录】 武警南部县中队中队长：程正瑞 指导员：代笠。

（武警南部县中队）

武警南部县公安消防大队

【基本情况】 2018年，火警出警96次，抢险救援52次，社会求助81次（其中取蜂窝53次），出动1225人次，抢救财产620万元。

【执勤备战】 组织开展消防熟悉演练65次，制作更新预案30份，开展综合训练80次。每周开展车辆、随车器材及个人防护装备检查。5月、6月、7月南部连降暴雨，主城区普遍内涝，大队党委提前部署，解救被困人员160人。指导乡镇、消防安全重点单位建立志愿消防队73个。

【隐患监管】 军政主官积极向县委、县政府领导汇报消防工作动态及火灾形势，组织召开4次消防工作会议（含联席会议），与乡镇、部门签订目标责任书，部署火灾防控活动。采取执法干部分片包干方式，对消防重点单位落实到人头；结合《消防责任制实施办法》，推动乡镇政府、联合各职能部门、指导各派出所开展高层建筑、商场市场、电动自行车等专项整治。多次联合相关职能部门开展园区企业集中排查整治火灾隐患，报请县政府并责令其停产停业。完成了"升钟湖钓鱼节""莲花节"等大型活动消防安保任务。将申新泰富商业综合体、圣桦时代商业综合体、永生化工有限公司列入重点监管对象，控制重点区域、重点部位火灾隐患。从1月1日至12月31日，检查单位3294家，整改隐患3266处，处罚43家，查封12家，责令"三停"22家。派出所检查单位3966家，整改隐患1211处，处罚53家。网格排查单位2064家，发现隐患753起，整改隐患534起。

【消防安全教育活动】 从6月开始，深入中、小学讲解消防知识，80000余人接受消防宣传教育；联系天使幼儿园等学校联手开展以"我是小小消防员"为主题的消防绘画作品竞赛活动；悬挂消防安全宣传标语200条，发放宣传材料50000份、围裙2400条、购物袋2600个，接受群众咨询2000人次，张贴海报2000份。

【名录】 武警南部县公安消防大队大队长：周仁杰 代职教导员：罗成军 参谋：陈青松、王凯。

（武警南部县公安消防大队）

经济管理

国民经济与社会发展计划

【基本情况】 2018年,按照亲水南部"一核四极多支点"发展定位,以争当"三个排头兵"、争创全市经济副中心和全省县域经济强县为目标,以"十件大事"为支撑,推进"工业强、城市美、乡村兴"会战,国民经济运行向好。

【项目建设】 项目推进 实施重点项目150个,总投资730亿元、年度投资247亿元。其中,实施省重点项目4个,总投资53亿元、年度投资22亿元;市重点项目33个,总投资408亿元、年度投资132.7亿元;市重点推进项目10个,总投资224.6亿元、年度投资62.9亿元。1月—11月,八尔湖互通立交及连接线工程、城镇供水体系智慧化管理工程、城区河湖连通及水生态修复工程等150个重点项目完成投资253.7亿元,占年度计划的102.7%,其中,定升旅游公路建设、八尔湖乡村旅游建设等4个省重点项目完成投资32.97亿元,占年度计划的165.7%;满福坝琴台大道建设工程、国能南部生物发电项目等33个市重点项目完成投资202.33亿元,占年度计划的152.47%,拉动社会固定资产投资完成260.44亿元,同比增长12.4%。

十件大事 拟订2018—2021年"十件大事",总投资504亿元,分4年实施。其中,2018年计划投资66.35亿元,2019年计划投资166.25亿元,2020年计划投资154.4亿元,2021年计划投资117亿元。2018年大事已完成投资44.7亿元,完成年度计划67.4%。

项目储备 组织部门编制储备5000亿集群项目25个,年度计划投资30.2亿元;五大板块重大项目63个,项目总投资231亿元;川陕革命老区项目168个,项目总投资1866亿元;2018年中央预算内投资项目76个,项目总投资652亿元;基础设施领域补短板项目102个,总投资567亿元。

争资引项 编制上报了2018年农村饮水安全巩固提升工程、南部县坡耕地水土流失综合治理工程、2018年退耕还林项目等中央预算内投资项目3个,到位中央预算内资金1700万元;编制上报了2019年政法基础设施项目19个、棚户区改造项目2个、贷款贴息项目1个,获国家、省级支持项目19个,争取中央预算内资金575万元。

项目管理 转报省发改委审批项目1个,股室审批项目58个,项目总投资258687万元。

【脱贫攻坚】 扶贫搬迁 截至2016年

年底，完成搬迁 2335 户 7822 人。到位资金 44229 万元，支付建房补助 11499.58 万元，下达易地扶贫搬迁配套项目资金 5729 万元。

审计监督　印发了《关于廉洁扶贫监督检查的行动方案》和《南部县电力建设廉洁扶贫专项检查工作方案》。5月，四川省财政厅审计组对南部县 2016、2017 年度以工代赈项目资金进行了专项审计，以工代赈股梳理了近两年项目档案资料、资金拨付资料，对审计发现的问题，已整改到位。

"回头看"督察　3月5日—3月25日，组建4个督察组16人，开展了易地扶贫搬迁"回头看"专项督察，对6个"问题乡镇"进行电视问政，并大会曝光。

电力扶贫　印发了《关于做好 2018 年度电力建设扶贫专项工作的通知》《南部县电力建设扶贫专项 2018 年实施方案》等文件，组织供电公司开展了电力扶贫入户调查，2809 户脱贫户全部通电。农网升级完成 4430 万元，完成 10 千伏线路 47 公里，0.4 千伏线路 311.5 公里，新增配变台区 89 台。

【发展规划】　**乡村振兴**　规划编制了南部县 2018—2022 年乡村振兴战略项目 269 个，计划总投资 1690.5 亿元。

油气输送管道安全保护　协调处理伏虎镇孙家坝道路与油气输送管道交叉、谢河镇刘家井村发展产业园、寒坡乡柏树包村等遗留隐患8处。召开了阆中—南充输气管道南部段工程建设启动会议、全县油气输送管道保护和安全监管工作会议。对在建管道建设青苗及附着物补偿、借用道路和占地恢复作出了专门规定，签订了目标责任书。

成本监审　完成县城自来水定价成本监审，核减不合理成本费用 632 万元；对县城天然气、污水处理等成本进行了监审，为政府定价提供了依据。

【生态文明建设】　**节能降碳**　6月13日，牵头组织环保、经信、住建、交通等13个单位在新世纪广场开展了"节能降耗，保卫蓝天"节能宣传周和低碳日咨询宣传活动。实施节能审查项目60个，其中，综合能耗在 1000 吨标准煤（年用电 500 万千瓦时）以上的项目3个，通过在线审批监管平台留存备案项目57个。

河长制联络　5月，参加集中巡河，现场交办水资源保护6大类10个问题。

电能替代　确定定水挂面厂作为 2018 年电能替代项目进行改造，已完成变压器安装和线路铺设。

【民生改善】　**居民用水阶梯价格制度建立**　经对县福康供水有限责任公司 2015—2017 年经营成本监审后，拟订《南部县建立城区居民用水阶梯价格制度暨水价格调整方案》，于10月26日召开了听证会，并上报县政府审核。

非居民用气价格改革　按照省发改委公布的《四川省定价目录（2018 版）》规定，放开非居民用气价格。参照毗邻市县非居民用气配气价格水平，并结合本县实际，出台了非居民用气配气价格。

民生热点问题　依法处罚县人民医院价格违法行为，没收违法所得 59 万余元，并处罚款8万元；依法对14家民营医院作出了行政处罚，没收违法所得 51.2 万元，罚款 7.8 万元。接受"12358"价格政策咨询 283 人次，接待群众来访 46 人次，办理价格信访件 10 件。

【名录】 县发展和改革局局长：谢瑛
副局长：何周伦、李全洲。

（县发展和改革局）

国土资源管理

【基本情况】 2018年，为重点项目建设征收集体土地2800亩，落实社会养老保险资金2.2亿元，完成用地预审50件；编制满福坝片区和城北片区项目建议书，上报土储债券11.5亿元。

【国土资源管理】 政府性基金收入任务13亿元，完成土地收入13.73亿元，其中土地出让金收入11.73亿元，挂钩项目节余指标流转收入2亿元。10月中旬，与眉山市彭山区政府签订城乡建设用地增减挂钩节余指标（南部县约900亩）流转协议，已缴纳500万元保证金，创收2.7亿元（30万元/亩）。

争取碾垭乡等6个县级投资土地整理项目立项入库，建设规模5.6万亩，预计新增耕地4250亩，投入资金5600万元；争取保城乡等4个省投资土地整理项目入库，建设规模5.35万亩，预计新增耕地4200亩，可争取省财政资金5800万元。完成碾盘等5个省投资土地整理项目的验收核查，年底前终验，项目新增耕地6500亩。与南充顺投公司签订永庆等3个挂钩项目投资协议，招引投资1.6亿元，到位资金6000万元。争取地质灾害资金2023.32万元。

完成宏观、碾盘、丘垭、花罐、万年、建兴、升钟、盘龙等省投项目审计；完成长坪、三清、兴盛等省投项目建设任务；启动了定水、伏虎、花罐、永红、玉镇占补平衡项目施工，已完成建设任务的60%；南隆、长坪、流马、大桥4个省投项目已开工建设，完成建设任务的40%；完成楠木、柳驿、中心社会投资项目验收。开工地灾治理项目3个，排危13处，避险搬迁安置150户。1月，通过验收的大河、小元、万年3个挂钩项目，获得节余周转指标927亩，流转至乐山市市中区678亩，获得指标交易金额2亿元；正在实施的6个挂钩项目，涉及24个乡镇95个行政村，其中，涉及贫困村27个，规划拆除危旧房4895户，预计投入资金3.3亿元。针对定升公路产业环线已包装9个挂钩项目，上报省自然资源厅入库，涉及8个乡镇60个行政村；正在包装挂钩项目5个，市国土资源局已审查通过，涉及3个乡镇29个行政村。

【内部管理】 观看警示教育专题片，剖析国土资源领域违纪违法案件。开展廉政提醒集体谈心谈话5次200人次，提醒谈话80人次，"一对一"廉政关爱提醒谈话50人次。5名职工因庸、拖、浮问题受到驻局纪检组诫勉谈话和警告处分。查办问题线索及群众信访举报30件，违纪人员立案3人、政务处分2人、诫勉谈话11人。

【环境保护】 在火烽乡川通机砖厂召开推进砖瓦企业环保整治现场会，停产关闭砖瓦企业19家。建立"一河一档"信息台账，查找出具体问题6类12项20个；组织乡镇开展河道清淤，打捞西河（含升钟湖）水葫芦、垃圾等漂浮物13000吨。

【帮扶工作】 定点帮扶三清乡罗寂村、双佛镇昌国寺村、大桥镇方金村。组织帮扶干部为无劳力贫困户抢种抢收，帮助贫困户注册社会扶贫网，确保脱贫奔康不落下1户1人。

【名录】 县国土局局长：蒋明胜 副局长：吴洪鉴、蔡成林、李绍国、何芬 纪委书记：李开旭 机关党支部书：何绍敏 总规划师：何晨曦。

（县国土资源局）

国有资产管理

【基本情况】 2018年，资产清查盘点，政府各类资产总计251.7亿元，包括行政事业单位资产51.5亿元。其中，流动资产15.6亿元，固定资产25.4亿元，在建工程8.7亿元，无形资产1.4亿元，对外投资0.4亿元。经管资产123.3亿元。其中，政府储备物资0.3亿元、公共基础设施104.8亿元、文物资产5.4亿元、保障性住房3.2亿元、受托代理资产9.6亿元。企业国有资产76.9亿元。

【国有资产监督管理】 8月1日，向县人大常委会第十九次主任会议专题报告了全县国有资产经营管理，针对主任会议上提出的意见、建议，立即着手清理、核实、整改；将375个行政事业单位国有资产纳入信息系统实行动态监管，对各行政事业单位会计人员（资产管理员）开展了5天业务培训，要求各单位对账内账外各类资产进行清查，提供准确、完整的资产数据；将西河小学、建兴中学等9宗鉴定为D级危房的资产做拆除处理，排除了安全隐患；将公安局、民政局闲置旧办公房调剂使用；将县人民医院迁建收回的机械设备设施、县环卫局临幸福小区办公场地有关设备设施纳入资产处置，资产拍卖成交28万元纳入财政预算管理。

【帮扶工作】 帮扶五灵乡何家沟村完成2018年9户贫困户退出验收；协助有效管理120亩果树产业园；确保已脱贫的160余户农户不返贫。

【附录】 （1）将南部县国有资产经营公司持有的吴忠市新南天然气有限责任公司26.4%、吴忠市新南建设投资有限责任公司30%、灵武新南天然气有限责任公司30%的股权在宁夏自治区产权交易机构对外公开转让，实现收益3000万元，解决了追诉期10年的遗留问题。被南充市国资委表彰为2018年度国有资产监管先进单位。

（2）县国有资产管理中心内设人秘股、计财股、资产管理股、投融资经营股。2018年，有男职工8人，女职工3人。

【名录】 县国有资产管理中心主任：何家春 副主任：杨向阳、赵小明。

（县国有资产管理中心）

市场监督管理

【基本情况】 2018年，发展个体工商户3451户，私营企业795户，农民专业合作社及分支机构206户。查处违法违规案件500件。

【企业登记管理】 压缩审批时限，将原承诺的10个工作日，再缩减为1—5个工作日。一次办、马上办、就近办、网上办

400余项，清理行政权力946项。电子化登记企业196户，变更登记64件。随机抽查、公开抽检行政执法案件等信息20条，随机抽查市场主体年报281户，推送涉及后置许可登记信息3361条，办理企业简易注销117户。推进永生化工等15家企业建立现代企业制度。盘活资本要素，为14户企业办理股权质押登记，质押金2亿多元，落实质押贷款5亿多元，办理动产抵押登记11件，注销1件，落实抵押贷款5444.72万元。

【商标品牌管理】 新注册商标800件，"西河山羊"地理标志证明商标成功注册；"元安"正在申报国家驰名商标；新增帮农示范站2家；新培育三鑫南蕾、聚力机械、福康供水作为第十三届四川名牌备选企业；帮助新龙源管业公司开展质量对标提升活动。

【市场监管】 引导25家食品生产企业建立食品安全电子追溯体系；支持473家药品批发零售企业安装药品管理软件；督促132家医药公司在省医疗器械监管平台上录入企业信息；组织大润发等37家超市开展"放心肉菜示范超市"创建；开展滨江街道办等10个市级食品安全示范乡镇（街道）创建；取缔学校食堂对外承包经营；督促整改散、乱、污企业45起；落实"河长制"联络员职责，组织巡河65次。

查处商业贿赂案4件、发布虚假广告案39件、销售不合格地砖等家居行业案33件、商标侵权案16件、查处盘龙镇某饭店骗取旅游消费者价款案。

检查特种设备1300台（部），查处事故隐患140处，立案查处7起，查封设备30台（部）；查处销售不合格烟花爆竹34件、查处不合格地砖、化肥等违法案件16件；

完成流通领域商品质量抽检任务111个批次、成品油41个批次、农资抽检51批次，不合格批次商品抽检立案38件，处罚没收17.2万元。

查扣假冒伪劣和不合格食品237公斤，货值7.3万元；没收、销毁不合格"五毛食品"7.5吨；开展民营医疗机构专项整治，制作执法文书33份，抽样检验14批次，立案5家；检查药品生产及经营企业132家，责令限期改正24家，立案处理16件；查获劣质中药饮片30公斤、违法医疗器械4个品种、过期化妆品5个品种。

录入行政执法案件39件，移送销售假药假酒等涉刑案件2件。

受理、调处消费者投诉253件，为消费者换回经济损失6.5万元，上报市局典型案例3件。分批次抽检食品5500批次（快速检测4930批次）、药品抽样36批次、医疗器械抽样6批次、化妆品抽样30批次。报告药品不良反应584例，医疗器械不良反应192例，化妆品不良反应57例。

防控非洲猪瘟疫情，杜绝疫情猪肉及肉制品流入市场。

【帮扶工作】 帮扶大堰乡纯阳山村、建兴镇卫家坪村、五灵乡大李沟村。支持15户贫困户办起了农家乐；做好了纯阳山村脱贫攻坚现场会准备工作。

【附录】 2018年，县市场监管局、稽查大队分别被省市工商局表彰为"红盾春雷"行动先进集体；4人分别被省市工商局表彰为"红盾春雷"行动先进个人。

【名录】 县市场监管局局长：王宁 副局长：敬晓卿、郑学才、蒲波、郭华锋、梁兴胜 纪检组长：黄小军、杜杰（纪检监察体制改革调整）　食药总监：伏应全　党组成员：佘全林。

（县市场监管局）

审　计

【基本情况】　2018年，完成年度项目审计47个、计划外项目审计9个、临时交办任务19项；查出违纪违规金额122175万元，归还原资金渠道993万元；审计核减政府投资工程造价11433.47万元，审减率16.39%；提出审计整改建议并被采纳32条。

【财政审计】　开展财政预算执行、地税局税收征管，县农工委、县水管局等部门预算执行审计；开展永定镇财政决算审计，查处问题资金119090万元。按照政务信息公开要求，在相关规定媒体公告了审计结果。

【固定资产投资审计】　完成政府投资审计（核）项目49个，审计工程投资69758.8万元，审（核）减工程价款11433.47万元。

【行政事业审计】　牵头抽调50多名人员对全县近三年扶贫情况全覆盖审计，涉及资金近5亿元，抽查农户1300户，抽查项目1302个，形成了报告及问题台账。参与巡察、纪检、财政、扶贫、发改部门组织的各项扶贫检查。县委、县政府、人大、政协聚力抓扶贫审计整改，整改率达100%。

【经济责任审计】　首次开展了碾盘乡党委书记王小明自然资源资产任中审计，发现场镇污水直排、村民集中点污水直排罗米河；发现未建立常态化打捞机制，嘉陵江沿岸有垃圾污染，有侵占河道、非法采沙现象；发现农村生活垃圾无害化处理率低，禁养区养殖场未全部关闭、基本农田用于发展林果业等问题。同时对县农工委、永定镇、碾盘乡等3名党委书记和乡(镇)长实施了任期经济责任审计。

【社保金融审计】　开展医疗保险基金审计，摸清医保基金家底和运行状况，揭示了基金管理和使用中存在的一些问题。

【帮扶工作】　帮扶中心乡莲花寺村、龙庙乡尖山子村。2018年，莲花寺村脱贫7户22人，尖山子村脱贫4户18人。续派2人分别担任驻村第一书记，4人为驻村工作队队员。莲花寺村59户、尖山子村53户，2014年至2018年脱贫无返贫现象，人均收入稳定在5000元以上。

【附录】　县审计局内设人秘股、法制综合股、财政审计股、固定资产投资审计股、行政事业审计股、社保金融审计股、经济责任审计分局、政府投资审计中心。有行政编制25个，参公事业编制5个，事业编制6个，行政工人编制2个。2018年，有在职男职工21人，女职工12人。

【名录】　县审计局局长：杨应雄　副局长：陈小俐、罗小川　纪检组长：何琼　工会主席：董纹君　总审计师：杜晓玫　经责局长：周刚。

（县审计局）

统　计

【基本情况】　2018年，编印了《经济

预警专报》8期及《2018年统计年鉴》，发布了《南部县2017年国民经济和社会发展情况统计公报》，按月出刊了《县情速递》。

【经济运行情况】 2018年前三季度，全县完成GDP264.1亿元，增长8.9%；规上工业增加值增长11.0%；社会固定资产投资185.7亿元，增长7.2%；社会消费品零售总额83.2亿元，增长12.4%；财政一般公共预算收入6.8亿元，增长4.0%；农村居民可支配收入8758元，增长9.9%；城镇居民可支配收入24207元，增长9.0%。前三季度，完成第一产业增加值42.6亿元，增长3.8%；第二产业增加值136.7亿元，增长10.1%；服务业增加值84.8亿元，增长9.6%；建筑业总产值215.8亿元，增长29.6%；财政八项支出42.1亿元，增长25.4%；房地产开发投资17.1亿元，增长46.8%；商品房销售49.6万平方米，增长78.2%。1月至8月，完成人民币存款余额358.5亿元，增长0.7%；人民币贷款余额159.0亿元，增长16.4%；其他营利性服务业营业收入增长56.0%。

【常规统计】 年初，工业、商贸、建筑、房地产、服务业、劳资等专业分别召开了年报业务培训会，安排布置了年报任务和2018年定期报表任务。集中业务培训了工业、商贸、服务业、投资、农业统计人员，在"一套表"平台上都做到了无一家报表单位迟报、漏报和拒报，数据未出现大起大落、逻辑性错误等失误。

【第四次全国经济普查】 3月，县政府出台南府办〔2018〕3号《关于开展第四次全国经济普查的通知》，成立了南部县第四次全国经济普查领导小组，督促乡镇（街道办）成立了经济普查机构。各乡镇签订了《目标责任书》，经普工作作为政府重点工作纳入了年度目标考核。县经普办出台了《南部县第四次全国经济普查工作方案》，细化了普查工作总体安排。5月，县经普办印发了《南部县第四次全国经济普查指导员普查员选调、招聘和管理办法》，抽调普查工作人员到岗到位。9月7日，南部县召开第四次全国经济普查动员暨单位清查业务培训会，普查员接受了单位清查、PAD操作业务培训。10月22日，四经普督查组一行到南部县督察第四次全国经济普查工作推进情况，赞扬了南部县第四次经济普查工作的进度及成效。

【名录】 县统计局局长：黎兆勃　纪检组长：罗小华　副局长：李金　普查中心主任：何文俊　总统计师：蒙禹坤。

（县统计局）

农 业

农村经济综述

【基本情况】 2018年,深入推进农业供给侧结构性改革,实施乡村振兴战略,主导产业加速形成、新型业态不断拓展、乡村振兴有序推进。盘龙—八尔湖、定水—升钟湖两大脱贫奔康产业示范基地建设完成;农林牧渔业增加值完成60.6亿元,较上一年增长4.0%;农村居民人均可支配收入14931元、较上一年增长9.9%。

【农业产业】 农作物播种233.5万亩,划定粮食生产功能区和重要农产品生产保护区74万亩,新建优质粮油基地35万亩。粮食总产53.1万吨,油料总产7.5万吨;年出栏生猪110.5万头、肉羊25.7万只、肉牛6.1万头、家禽1016.5万只;水产品总产2万吨,蚕茧203万公斤,产量同比稳定增长。全年机耕120万亩,机播49万亩,机防81万亩,机械化脱粒5亿公斤,农副产品加工2亿公斤,提水灌溉1亿方。

【特色产业】 在定水、万年、升钟等乡镇新建晚熟柑橘基地8.5万亩,建设白芨、白芷等名贵中药材生产基地2万亩,提档升级水果基地3.5万亩,拓展有机水产基地2.5万亩,创建万亩现代农业示范基地3个。在定水、兴盛等乡镇建设道地中药材标准化生产示范片1.5万亩,推广中药材新品种6个,面积2.5万亩;建设中药材、蔬菜标准化生产基地3.2万亩、"三网"配套标准化柑橘产业园3万亩。新栽标准化桑园900亩,新建智能化共育室2处、大蚕房(棚)9960平方米、省力化蚕台24480平方米。

【主体培育】 招引农业产业化龙头企业6家,新发展农民专业合作社90个、家庭农场65家、农机大户120户。培训新型职业农民315人,妇女创业能人80人、农村致富带头人250人、电子商务41人。发展、新建农业主体公园1个,建成运营益农信息社833个,新建现代农业产业融合示范园区2个、农村创业创新基地1个。编报中央、省农业项目50个,完成固定资产入库8亿元。

【执法监管】 关闭县城农贸市场家禽宰杀点28处,查处野外焚烧120多处,检验拖拉机、联合收割机345台,注销拖拉机、联合收割机124台,农机操作证335本,抽检农产品样品1500个,定量分析检测200个,快速检测1300个。查处种子、农药、兽药等方面的违规违法案件32件,关闭不合格经营点3个,收缴不合格饲料0.42吨、兽药5公斤,无害化处理畜产品6吨,查处带柑橘溃疡病种苗27起,销毁带病柑橘苗木153150余株。查获违禁船只8艘，收缴胶丝网60张、地龙网300个、电鱼器2台，没收非法鱼获物170公斤。建立了无公害农产品、绿色食品、有机食品生产基地15个27万亩，扶持培育"三品一标"品牌18个。通过了四川省农产品质量安全监管示范县资格复审，县质检站通过了"双认证"。

【附录】（1）4月13日，中国晚熟柑桔之乡和木本油料之乡建设现场推进会在南部召开分会；10月24日，全市乡村振兴大会南部分会召开；12月3日，全省农田水利基本建设现场会召开。

（2）县农牧业局内设事业单位81个：农技中心、科教中心、疫控中心、农检中心、果树站、植保站、种子站、经作站、土肥站、水产渔政局和71个乡镇基层畜牧站。参公单位5个：农经站、农能办、农机监理站、农业执法大队、动物卫生监督执法大队。股室14个：人秘股、计财股、审计股、安全股、信访股、信息站、科教股、畜经股、农经股、基层管理股、农机管理股、政策法规股、工会、妇委会。2018年，有在编在岗男职工369人、女职工109人。

【名录】县农牧业局局长：梁德华 副局长：高万森、李全茂、王继全、肖征荣 纪检组长：陈翼挺（2018年6月止）总农艺师：王胜 农技中心主任：周光胜 科教中心主任：梁斌 工会主席：李天升 党组成员：陈朝先。

（县农牧业局）

脱贫攻坚综述

【基本情况】 2018年，脱贫6490人、退出贫困村52个，贫困人口减至3户9人，198个贫困村全部出列。

【脱贫攻坚】 整合资金4.5亿元，新建村社道路、产业路、入户路163公里；铺设供水管网137.5公里，新增集中供水村80个，"三源九厂九线+N"全域供水体系覆盖率达81%；实施"五改三建"5300户，建设标准化村文化室、卫生室52个；改造农村电网358.5公里、县乡村广电网络光纤2500公里，建成宽带乡村200个。

新建脱贫奔康产业园68个、脱贫示范村30个，发展"四小工程"2.8万户。帮助贫困家庭培养大中专学生948人、技术明白人1.1万名，教育扶贫资助全覆盖；因病致贫、返贫问题有效解决；开发公益性岗位1500个，开展就业创业培训2688人次，成建制转移就业贫困劳动力3.76万人次，贫困人口年人均收入超贫困线620元。

2018年10月，获全国脱贫攻坚组织创新奖；18个省的500个县来县考察学习。八尔湖镇纯阳山村作为全国六个基层单位之一，参加全国"决胜2020—脱贫攻坚展"，受到中央领导肯定。

【减贫成效】 南部县总面积2229平方公里，辖73个乡镇（街道）1116个村（居），总人口125.6万人，其中农业人口104.9万人，是国家工信部定点联系县、国家扶贫开发工作重点县和川陕革命老区县。

2014年全县建档立卡贫困村198个，

贫困人口32390户102059人，贫困发生率达9.6%，主要分布在嘉陵江以东、西河沿岸和升钟湖库区"三大片区"。

2014年，全县脱贫10615户34687人。2015年，全县脱贫4896户14924人。2016年，全县脱贫8524户27569人。2017年，全县脱贫5819户18206人。

2017年10月，以"漏评率0.05%、错退率0.06%、满意度97.82%"全国领先，顺利通过贫困县退出国家第三方评估检查，成为全省首批摘帽的两个贫困县之一。

【名录】 县扶贫和移民工作局局长：谭必武　副局长：高吉文、蒙宏　副局长、纪检组长：赵江云　总工程师：李承周　移民中心主任：邓安春。

（县扶贫开发局）

水利建设

【基本情况】 2018年，县水务工作立足"服务乡村振兴、推动高质量发展"新要求，以建设"亲水南部"为主线，以生活、生产、生态、观光"四水共建"为抓手，推进重点水利项目建设。

【污染防治】 办理、完成了中央环保督察反馈意见7件、中央环保督察组转交群众来电来信举报件14件。完成县城集中式饮用水水源地（嘉陵江五面山、燕子窝）规范化建设。升钟水库水质达到地表水Ⅱ类，八尔滩水库年均水质达到地表水Ⅲ类。开展沙石堆码及加工场地整治，通过关、停、并、转，将原有的65家沙石场规范为45家，其中27家完成达标整治并恢复生产，另18家正加快整治。治理坡耕地水土流失2500亩。建成乡镇污水处理厂28个，在建设8个。推进村庄污染治理试点，在八尔湖镇纯阳山村、定水镇谢家垭村建成生活污水一体化处理设施47台套。推行河长制宣传教育专项行动8次。

【项目推进】 城区河湖连通及水生态修复完成投资33000万元，隧洞二次衬砌模注砼完成560米；八尔湖游客中心建设完成投资10000万元；伏羲演艺广场建设、八尔湖风情古镇打造、酒店升级项目、游客接待中心及生态停车场建设全面完工；完成王家水厂主体建设，建成22个调节池、9个加压泵站；改造城镇混凝土供水干管330千米；污泥脱水车间、二沉池、纤维滤池建设和配水井、鼓风机房、配电房、生化池抗浮锚杆施工正有序进行。乡镇污水治理项目建成并投入运行15座。武引二期南部灌区示范工程，开工完成投资5700万元，完成斗渠10.7公里；完成建兴镇新区宝马河、定水镇西河、永定镇长滩河3.3公里防洪治理，新建堤防10.4公里；完成长滩河改道，新建堤防2.5公里。

【环保督察整改】 完成水源地五面山、燕子窝饮用水水源地一级保护区146个标志标牌设置，设置隔离设施和防护网2512平方米，新增保护区内绿化3300平方米，取缔经营商户32家、农家乐20家，拆除钢棚25000平方米、临河垃圾池15个，取缔农业种植活动。

【帮扶工作】 完成了对口帮扶的长坪镇双沟村、三清乡檬树村、黄金镇盐井湾村、皂角乡长岭山村驻村的帮扶工作。发挥行业作用,实施饮水安全、产水配套、骨干水源工程、水生态治理、人才支撑"水利扶贫五大行动",破解了"因水不稳、因水不兴、因水致贫"难题,改善了贫困村水利基础设施条件。帮扶贫困村全部退出贫困村序列。

【附录】 县水务局被省水利厅评为全省农村水利工作先进集体;被省人社厅、省农建办评为"四川省农田水利基本建设'李冰杯'竞赛先进集体;被省农建指挥部通报表彰为四川省2016—2018年县级农田水利基本建设绩效考核先进单位;举办全省农田水利基本建设现场会,南部县在会上作经验交流发言;被南充市委、市政府表彰为迎接中央、省环保督察工作先进集体;被省水利厅评为2018年度水行政执法工作先进集体;2018年度被市水务局评为综合工作第一名。

【名录】 县水务局局长:何会 副局长:雍文刚、何东、伏云国 副局长、县武引中心主任:雍兴龙 县升管局局长:叶东远 县水土保持局局长:杨晓林 县堤防工程管理局局长:周杰。

(县水务局)

蚕 桑

【基本情况】 2018年,新栽桑园2000亩、改良桑园1000亩;新建大蚕棚5000平方米、小蚕共育室2处400平方米,配套添置管桑、养蚕机具100套,蚕台12000平方米,簇具20000片。

【产业效益】 发放蚕种5.2万张,产茧208万公斤,售茧收入8736万元。僵蚕发种2300张,生产僵蚕60吨,实现产值1000万元。生产桑果2000吨,实现效益1000万元;生产桑叶茶5吨,销售收入200万元。蚕桑收入10936万元。

【产业脱贫】 引导贫困户发展短、平、快蚕桑产业,带动2480户贫困户实现户平养蚕8张,户均养蚕收入12000元。

【业主培育】 引进业主8个,自筹资金600万元,新建标准化桑园2000亩,新建大蚕房5000平方米,小蚕共育室2处。庆祝南部县首届农民丰收节,三清乡黄烈、中心乡王本俊、流马镇杨联民被表彰为种养大户。

【科技培训】 组织养蚕大户参观学习南部县雨顺蚕业合作社,武胜县安泰蚕业桑树资源共育设施、大蚕饲养、收烘设施和综合开发建设;收看省蚕研所、南充职业技术学院专家、教授就小蚕共育、现代养蚕技术、优质茧生产技术、蚕丝综合开发技术、蚕病综合防治技术多媒体系统教学,40个蚕桑乡镇500名规模化养蚕大户参加学习。

【果桑产业】 楠木镇、碑院镇、永定镇、碧龙乡、兴盛乡、黄金镇共有果桑园5000亩,其中,投产果桑园2200亩。全县生产桑果2000吨,亩均收入3600元。兴盛乡、永定镇采取鲜果采摘和乡村旅游相结合方式举办果桑节,受到游客青睐,鲜桑果售价每公斤15元。

【桑茶产业】 依托尚好茶业、四川兴然科技有限公司等龙头企业引领,改接塔桑、川826等品种1000亩,生产桑叶茶5吨,销售收入 200 万元。

【僵蚕产业】 联合 159 户社员注册成立了南部传弘农业合作社，在寒坡乡、中心乡、保城乡、双峰乡，依托西南大学、西华师范大学等科研院校开展科技攻关，探索出成熟僵蚕生产技术。蚕桑种植农民专业合作社饲养普种 10 批 2300 张，生产僵蚕 60 吨，产值 1000 万元，带动农户 500 户，户平均增收 6000 元。

【林下产业】 南部县雨顺蚕业合作社建成鸡苗孵化室、鸡苗养殖温室，建桑园养鸡围栏 35 亩，搭建鸡棚 3 个 500 平方米，出鸡苗 30000 只，养殖桑园鸡 2400 只，桑园林下产值 56 万元。

【帮扶工作】 为帮扶村筹集资金改造土坯房户 4 户；集中安置无房户 6 户；改建卫生室 3 间 60 平方米，改建会议室 1 间、文化室 1 间，新建 300 平方米村活动广场 1 座。协调自来水公司安装自来水 15 户。发展了以蚕桑、红心猕猴桃、青脆李、翠冠梨、脐橙等为主的长效产业。7 户贫困户 24 人达到"一超、两不愁、三保障"脱贫目标如期脱贫。

【名录】 县蚕桑局局长：袁勋　副局长：赵成元。

（县蚕桑局）

工 业

工业经济综述

【基本情况】 2018年，新增规上工业企业6户，规模以上工业企业实现销售收入405亿元，规模以上工业增加值增长11.0%。

【工业经济】 浙江省玉环市25家汽配企业整体转移入驻，兰添晶体、英联达电子等5个项目快速推进，邦森电子、立腾机械等16个项目建成投产，三鑫南蕾、新龙源管业等10个技改项目完成。南工售电公司投入运营，来汇木业、新天下汽车等5户企业实现"腾笼换鸟"，盘活资产3亿元。全年工业增加值143.7亿元、同比增长10.5%；工业增值税1.47亿元、同比增长11.4%；工业投资同比增长12%，技改投资同比增长11%；工业用电量3.87亿千瓦时，同比增长2.38%。

【政策保障】 制定出台《南部县大力推进工业强县示范县建设实施意见》《南部县促进招商引资若干政策措施》等政策文件，将工业强县建设纳入全市"100件大事"和南部县"10件大事"，分年度制定了按图施工时间表，实行一周一调度、半月一督查、一月一通报、两月一验靶。

通过政策引导，全县工业企业初步形成以机械制造、电子信息、食品医药、新能源新材料为主导产业，主导产业规模以上企业有60家，吸纳就业人员3.5万名，员工年均收入4.5万元。

【项目建设】 列入市级重点项目的新龙源管业节能灌溉示范及玻璃增强夹砂管扩能项目、国能南部生物质发电项目，按目标进度加快建设；三鑫南蕾配套吉利新能源纯电动轻卡悬挂件技术改造、金泰纺织公司纺纱生产线技改等项目相继竣工投产；5月，兰渝铁路南部站正式开通货运业务，为园区企业货运提供了新通道。

【工业集中区建设】 工业集中区规划面积26平方公里，目前已建成12平方公里，入驻企业95户（含生产性服务业），其中，规上企业75户（河西园区43户、河东园区32户），储备工业用地1500亩，建成道路63.53公里、管网159公里，绿化面积120万平方米。变电站、供气站、供水站、污水处理全覆盖。

【创新能力提升】 截至2018年，建立各类技术中心8家，其中省级企业技术中心2个、市级企业技术中心6个；国家级高新技术企业2家；认定"小巨人"企业4户，"成长型"企业10户，纳入全省"专精特新"企业12户；省级以上工业企业品牌16个，其中四川著名商标9个、四川名牌产品7件；发明专利4件、新型实用专利50件。

【引资引智推进】 招引国能生物、恒诺电子、英联达电子、兰添晶体、南环实业等主导产业企业27户，招引投资100亿元以上的新能源汽车配套零部件生产项目1个，建成投产项目20个，完成投资53亿元。

【促发展服务】 帮助企业招工2000人次；协调解决企业办证、融资等问题152个；撬动金融部门支持企业融资2.5亿元。

【名录】 县经济商务和科技信息局局长：王正伟 副局长：何光勇、敬国强、陈黎、李敬。

（县经济商务和科技信息局）

工业集中区

【基本情况】 入驻企业125户，其中，规上企业98户。2018年，实现工业产值402亿元，工业增加值130亿元，增幅10.6%，工业税收1.1亿元，解决就业3万人。

【园区建设】 土地整治项目 总投资32000万元，已完成土地面积测绘和房屋拆迁、地勘、设计等前期工作，完成土石方挖填10万立方米，完成投资7000万元。

排污管网续建项目 完成主管网铺设3000米，完成投资3000万元。

污水处理厂工程建设项目 已完成土建和设备安装、调试并投入运行，完成投资4000万元。

【招商引资】 招引入驻企业26户，协议投资约50亿元。其中，以恒诺电子、邦森电子、浩嘉兴电子为龙头的电子生产企业11户；以南环实业为龙头的汽车零部件生产企业11户；以兰添晶体、英联达电子为龙头的新材料生产企业4户。来汇木业、鑫豪摩托、联创电子等5户低效企业实现"腾笼换鸟"，优化资源配置。

【技改创新】 园区增量配售电改革试点工作进入实施阶段，全年完成资金拨付1.3亿元，实现融资4200万元，争取省级资金1050万元，经营性收入400万元。

【要素保障】 与县人力资源市场合署办公，建立园区人才信息数据库，以乡镇推荐就业、赶场招聘等方式，发布招工信息100万条以上，召开大型企业用工招聘会2场。为恒诺电子、卓煜翔电子、旭美鞋业等40户企业招工300人。为有职工技能培训需求的38户企业申报了就业培训。

【帮扶工作】 对口帮扶长坪镇天井村及碾盘乡上柏庙村贫困摘帽退出后，持续推进"乡村振兴"战略，加强"五个一"帮扶力量，第一书记、驻村工作小组、工作组长严格落实县委、县政府工作要求。

【党建工作】 完善园区企业（综合）党委和五大产业总支组织建设，选配11个产业联合支部成员，推动基层党建工作开展。纳新非公企业党员6名，编制发放企业"大学习、大讨论、大调研"学习资料1000份，常态化开展非公企业党建工作培训10次。

【名录】 县工业集中区主任：郑鹏溱；副主任：鲜晋鳌、何小康 纪委书记：蒲凌峰 工会主席：何逦。

（县工业集中区）

投资促进

【基本情况】 2018年，招商引资新签约项目30个，协议总额319.4亿元，新开工项目22个，新竣工项目15个，工业项目到位资金36亿元。

【新签约项目】 目标任务21个，完成30个，协议总额319.4亿元，10亿元以上项目8个，1亿元以上项目27个。包括江苏苏玉散热器有限公司投资115亿元的新能源汽车配套零部件产业园项目、北京东方园林环境股份有限公司投资30亿元的满福坝新区水环境综合治理项目、深圳市京凯达通讯设备有限公司投资20亿元的新能源动力电池电芯及职能终端产业项目、苍梧县旺甫镇添兰宝石厂投资15亿元的激光晶体生产项目、重庆筑弘机械设备租赁中心投资12亿元的高精铜箔生产项目、四川宜隆品成旅游开发有限公司投资10亿元的八尔湖乡村旅游建设项目、新希望六和股份有限公司投资10亿元的50万头生猪养殖及深加工项目和四川农业会展集团有限公司投资10亿元的南部县物流仓储中心建设项目。

【新开工项目】 目标任务17个，完成22个。包括新疆禾田教育设备有限公司的教学器材制造项目、珠海市恒诺科技有限公司的网络变压器及网诺电子线圈生产项目、深圳市鑫东玮盛科技有限公司的电子电容等产品生产项目、江苏利升软磁器件有限公司的软磁铁氧体器件生产项目、深圳浩嘉兴实业有限公司的高精密电路板制造项目、四川宜隆品成旅游开发有限公司的八尔湖古镇商业街建设项目、昆山泽通电子科技有限公司的数码电子元器件生产项目、森泉环境治理股份有限公司的筒体内装水泵生产项目、常熟市无线电器件有限公司的磁芯及软磁铁氧体材料生产项目、南部县成雷电子科技有限公司的电子元器件配件生产项目、重庆新机源农业发展有限公司的600万只肉鸭一体化项目、四川翱宇农业科技发展有限公司的中药材种植及深加工项目、北京东方园林环境股份有限公司的满福坝新区水环境综合治理工程项目、四川兰添晶体科技有限公司的激光晶体生产项目、南充新好农牧有限公司的50万头生猪养殖及深加工项目、成都市美铄鑫晨铝业有限公司的年产5万吨铝制品精加工项目、重庆天行健实业有限公司的SMT智能制造及应用电源生产项目、江苏苏玉散热器有限公司的新能源汽车及配套零部件产业园项目、南部县友信电子有限公司的网络变压器生产项目、四川贝恩贝汽车配件有限公司的汽车控制臂生产项目、四川博耀汽车零配件有限公司的汽车水泵生产项目、四川迈京邦光电科技有限公司的光线系统通信生产项目和四川贝恩贝汽车配件有限公司的汽车摇臂生产项目。

【新竣工项目】 目标任务11个，完成15个。包括广州塔拉卡电子有限公司的LED发光体及数码产品生产项目、格尔木柴宝盆种养殖有限公司的青海格尔木锦豪体验式旅游度假园项目、珠海市恒诺科技有限公司的网诺变压器及网诺电子线圈生产项目、深圳市鑫东玮盛科技有限公司的电子电容等产品生产项目、江苏利升软磁器件有限公司的软磁铁氧体器件生产项目、江门市鼎康农业科技有限公司的广东鼎康观光农业及农产品深加工项目、新疆禾田教育设备有限公司的教学器材制造项目、森泉环境治理股份有限公司的筒体内装水泵生产项目、四川李琼芳电子有限公司的电子元器件配件生产项目、深圳浩嘉兴实业有限公司的高精密电路板制造项目、招远市鲁川光通讯有限公司的光纤系统通信生产项目、重庆天行健实业有限公司的SMT智能制造及应用电源生产项目、昆山泽通电子科技有限公司的数码电子元器件生产项目、江苏利升软磁器件有限公司的软磁铁氧体器件生产项目和国家电网（国能生物）发电集团有限公司的国家电网国能生物发电项目。

【附录】 县投资促进合作局内设人秘股、综合一股、综合二股、项目服务中心。2018年，有在编在岗男职工12人，女职工5人。

【名录】 县投资促进合作局局长：祝雄跃 副局长：胡永刚、赵加勇 纪检组长：周树林。

（县投资促进合作局）

石 油

【基本情况】 2018年，销售汽柴油36151吨，同比增加329吨；非油销售收入596万元，同比增加342万元；批发直销5574吨，同比增加2250吨。

【销售管理】 开展点对点竞争。四季度，新华、大垭站汽油限时优惠加油，为零售增量提供支撑。

严格执行卸油操作流程和超损耗签认规定，商品损耗率同比下降0.1个百分点。加强加油卡业务监管，防控虚开发票、倒卖发票、违规开票。

安排18人参加安全生产培训，落实节假日、夏防、冬防、升级严管期间等时段安全生产。

完善店销为主、外销为辅非油发展模式，强化开口营销、主动推销，一体化促销，超额完成非油销售任务。

【名录】 石油公司南部县片区经理：袁银生 副经理：蒋磊。

（石油公司南部县片区）

天然气

【基本情况】 2018年，县城天然气用户新安装6965户、乡镇新安装4717户，比2017年增加2029户，安装收入4868万元，同比增加1021万元。

【经营状况】 完成产值收入1.9亿元，同比增加2317万元；天然气销售6121万立方米，同比增加862万立方米，销售金额12498万元，同比增加1744万元。上缴国税1046万元，地税580万元，同比增加551万元；上缴国有资本经营收益153万元；贷款余额5800万元，实现利润742万元。

【经营管理】 基础设施建设 为实现工业园区"煤改气"，满足企业用气需求，同时解决满福坝新区供气，与西南油气田分公司协商,在中石油永定阀室开口搭气,投资1000万元建设9.3公里高压管线和6.5公里低压管线。金星配气站值班中转房竣工并通过验收;迁建东坝配气站完工;盘龙配气站主体工程完工;建兴配气站流程改扩建完成场地平整。

城市管网建设 投资600万元,完成满福坝新区内中压管线建设和青年城、城北片区管网铺设。

乡镇管网建设 投资100万元,完成东坝镇片区新铺设中压管线10公里、升钟镇片区新铺设中压管线8公里。

老旧管网改造 投资200万元,完成晓霞路片区中压管网改造2公里,配合城东片区道路升级完成次高压和中压管网改造4公里,金洞路主管网改造3公里,状元桥沿线管网改造1公里。

【安全管理】 发放安全用气宣传资料3万份,张贴安全宣传温馨提示牌4000张,发放燃气宣传围裙6000个,进社区宣传5次、进乡镇宣传12次、进学校7次。入户安全检查53401户。安全生产检查5次,专项安全检查3次,安全责任考核4次。检查乡镇管理站16次、施工现场及输配气站120次。发现一般安全隐患61处,完成整改48处,监管使用15处,向上级主管部门紧急报告隐患7次。安全事故应急演练1次,部门应急演练2次。

【业务培训】 组织职工参加特种作业、九大员、安全生产AB证、从业资格证等继续教育学习培训,取得二级建造师5名、燃气经营企业从业人资格证6名、注册计量师1名、安全生产AB证复训3名、建筑电工3名、注册安全工程师1名、人力资源管理师1名。

【服务管理】 为用户免费更换超年限气表、坏表600只,老旧户表300户。减免工业用户平均安装费15万元。开通微信缴费、微信抄表业务,建立了微信公众号,用户可以通过微信公众号缴费、投诉、隐患报修、学习燃气安全知识、知晓停供气时间。

【帮扶工作】 为帮扶对象三家沟村新建社道2公里,贯通了2社、11社与村主干道的连接。投资30万元新建了村民活动室、灯光球场、娱乐室,添置了系列运动设施器材,改建了村活动阵地300平方米。将460亩血橙改良为春见大芽;流转承包栽植中药材白芨100亩;流转承包稻田养虾350亩;新建产业路1.2公里;发展各类果树200亩。为孤寡老人、慢性病人生病住院申请民政救助、协助医疗报销,给予资金支持1.5万元;支持贫困大学生4000元;支持村内环境卫生整治6000元;支持"四小工程"小养殖以奖代补1.5万元;支持开展节假日送温暖活动价值1.2万元;元旦、春节开展暖冬行动安慰问米、面、油价值4万元。

帮扶对象菩提垭村投入100万元建成230亩脱贫奔康产业园,其中稻田养鱼90亩、黄瓜梨60亩、核桃树80亩;新建山坪塘4口、蓄水池1口。"四小工程"小养殖以奖代补资金支持5万元;节日慰问,购买米、面、油价值3万元。

【名录】 县天然气公司经理:杨进。

(县天然气公司)

信息业

邮 政

【基本情况】 2018年，完成收入10270.89万元，差收入缺口60万元，新增收入贡献绝对值462.57万元，完成收入排列全省第12名，劳动生产率保持全市第1名。

【经营状况】 储蓄业务 储蓄余额新增21996万元，其中一年期以下存款新增1.87亿元，新增有效存款占比85.3%。

保险业务 新增保费31849.75万元，其中中邮期交完成5616万元，完成年计划3170万元的177.16%。

理财业务 新增理财6581万元。

手机银行 新增激活24989户，完成年计划进度141.98%。

短信业务 完成短信收入350万元，完成年计划的100.68%。

聚合支付 发展聚合支付4158户，其中活跃商户132户，交易金额10247万元。

快递业务 快递包裹收入333万元，国内标快收入177万元，增幅40%；速递专业收入315万元，同比增长6%。

渠道业务 电商专业收入168.26万元；分销专业收入613.37万元。电商专业：代收代缴业务收入71.28万元；票务类业务收入12.38万元；代办电信业务2.43万元；车险业务1129单保费358万元，收入33.87万元；简易险业务2119单保费61.22万元，收入24.28万元；代收水、电、气费1165万元。分销专业：销售肥料414吨，实现销售额99.36万元；种子销售6.35万元；地布完成销售590万元，实现利润195万元；酒水销售54.33万元；月饼、粽子销售136万元；6月20日举办长虹电器活动，现场到访客户300余人，实现销售60万元。

农村电商 全县掌柜429个（含自营、手机掌柜），实现批销1001万元，其中自营批销514.79万元。919电商节活动中，邮乐小店下单1万多单；引进商家在邮乐小店销售2万订单。

集邮与文化传媒业务 集邮、文化传媒实现收入753.49万元。其中函件完成208.54万元，集邮完成218.14万元，报刊征订完成326.81万元。

【附录】 县邮政分公司内设综合办公室（安全保卫部）、市场营销部、金融业务部、渠道平台部、集邮与文化传媒中心、寄递事业部。有11个支局：南隆支局、东坝支局、王家支局、盘龙支局、定水支局、黄金支局、升钟支局、大桥支局、大坪支局、伏虎支局、楠木支局。有48个邮政储蓄营业所，29个邮政代办所，3个邮务网点。开办邮政储蓄业务网点48个，邮政信箱（筒）80个；设有ATM自动取款机14台、CRS63台；配备运递邮件汽车5辆，外包运递邮件汽车4辆，业务检查车2辆，运钞专用车4辆。2018年，在岗职工336人，内部退养1人。其中，在岗A类合同用工97人，B类合同用工128人，劳务用工82人，劳务承揽29人。

【名录】 县邮政分公司总经理：徐涌。

（县邮政分公司）

电　信

【基本情况】 2018年，收入完成计划102%，连续6年超额完成收入目标，保持两位数增幅。

【经营管理】 光纤网络建设　新建FTTH光网箱2428个，新增端口21544个；完成所有行政村光纤网络建设。

基站建设　以C+800M建设为主，建站203个，并提前为5G基站做好了储备站址勘察。

中继网及光纤物理网建设　建设光缆110段，265皮长公里，约1560纤芯，改善了南部光网品质，支撑了IPRAN、波分、模块局成环，提升了网络稳定性、安全性。

机房、杆线路整治　完成了56个模块局的资源清理和48个机房标准化整治；完成了世纪金花光缆下地、盘龙至石河中继光缆重大隐患整治。

应急保障　独家完成高考网络保障、防洪应急保障、重点区域风貌整治。

【文化管理】 开展各类劳动竞赛、合理化建议活动，1项营销工作法被全省推广，3项员工提案被省公司采纳，4名员工被省、市公司评为创新能手，5名员工被评为全市十佳荣誉员工，27名员工获市级优秀员工称号，1名党务干事获省级优秀党务工作者称号，城区装维班获全省优秀装维班组称号，两名装维人员获全省装维能手称号。

【帮扶工作】 继续开展对定点帮扶的宏观乡樊家沟村和楠木镇大书村的扶贫。成立了专职驻村工作队，组织党员600余人次下村，修建了村文化室、卫生室、党员活动室，安装了路灯，修建了入户公路，引进老板流转70亩土地种植药材。樊家沟村建起了种植园。公司被县委、县政府推荐参评全省扶贫先进单位。

【附录】 电信南部分公司内设一部、二中心、八分局、十二支局。其中西区营销中心为内部独立核算单位，辖上五区7个支局，机构设在建兴镇，负责当地电信业务发展、客户服务。2018年，有合同制男员工69人、女员工25人，劳务派遣制员工男性10人、女性4人。

【名录】 中国电信股份有限公司南部分公司总经理：阳波　副总经理：杨洪、古江涛　工会主席：古江涛　西区营销中心总经理兼南部分公司副总经理：吴永钢。

（电信南部分公司）

移　动

2018年，收入完成计划的113%；渠道窗口185家。内设综合部、市场部、网络部、政企部。有1个城区分局和10个农村分局（定水分局、建兴分局、大桥分局、伏虎分局、升钟分局、大坪分局、楠木分局、盘龙分局、王家分局、东坝分局）。2018年，在岗员工88人，平均年龄35岁，硕士学历2人，本科学历47人。

【名录】 移动南部分公司总经理：付陶。

（移动南部分公司）

207线4G网络覆盖率达90%，潆新路覆盖率85%，广南高速南部段、南巴高速南部路段覆盖率100%。加大对贫困村4G网络基站建设投入，确保贫困村都有4G网络覆盖。在升钟湖淹没区旅游景点、八尔湖景区完成21个4G网络基站建设。

业务开拓　与20家党政单位、30家企业签订集团组网协议，将4G网络、4G产品、固网宽带、专线广泛服务社会。

服务质量提升　践行"一切为了客户、一切为了一线、一切为了市场"的经营管理理念，市场部坚定"融合＋权益"战略思路；政企部坚持基础业务和创新业务并进；营业厅持续落实"三声服务""微笑服务"；建维部以NPS为导向，严格执行装、维3个"限时"要求。

【附录】 联通南部分公司内设政企营销中心、城区综合网格、乡镇综合网格、建维支撑中心、综合支撑中心。2018年，在岗男职工8人，女职工8人；有劳务员工男性11人，女性17人。

【名录】 联通南部分公司总经理：陈泽　副总经理：斯洪群。

（联通南部分公司）

联　通

【基本情况】 2018年，继续经营移动电话、宽带、固定电话、国际互联网、基于移动通信和国际互联网的增值业务以及基于云、大数据、移动互联网、物联网、人工智能等新技术的创新ICT业务。移动网络计费收入4700万元，数固网络计费收入600万元。截至2018年12月，在网移动电话用户11万户，固定电话及宽带固用户1万户。

【经营管理】 网络覆盖　截至2018年12月，建成LTE移动通信物理基站460站。交通干线国道212线、省道101线、省道

交通

交通运输

【基本情况】 2018年，南部县被交通运输部、农业农村部、国务院扶贫办联合授予全国"四好"农村路示范县，同时被省政府授予全省"四好"农村路示范县。

【交通运输建设】 县内有铁路39.8公里，高速公路49公里，普通公路6000公里（其中，干线公路400公里，农村公路5600公里），水路448公里；客货运输车辆3000余辆（其中，出租车270辆、公交车74辆），船舶800余艘。

兰（州）渝（重庆）铁路，广（元）南（充）高速，成（都）巴（中）高速，国道212线和245线，省道206线、207线、208线、304线、305线在南部县内纵横交错，上至广元下至重庆的长江第一支流嘉陵江流经县内78公里。"半小时南充、两小时成渝、三小时西安"的南部快速融入成渝、成渝西经济区。

【附录】 县交通运输局内设人秘股（党建办）、政策法规股（铁路运输协调办公室）、规划统计股、工程建设管理股、安全监督管理股、交通战备股、财务股、公路管理股。下属道路运输管理局、公路管理一局、公路管理二局、路政管理大队、地方海事处、交通工程试验检测站。

【名录】 县交通运输局局长：邱文启副局长：周小宁、杜大成。

（县交通运输局）

航道管理

【基本情况】 2018年，维护航标36364标天，更新航标3000座。

【航道管理】 巡航检查 采用执法船舶对辖区78公里航道全程巡航执法检查65艘次，巡航总里程9284公里；采用执法车辆巡航执法检查145次，行驶里程2.5万公里，巡航检查人员462人次。督促沙石业主对航道内遗留废弃物清障6250立方米；对航政24、11、39、9号轮进行了机械设备维修及部分工属具添置。按时统计上报航道整治维护、航标维护、水深报表；完成4000平方米航道应急中心及航标站房土地征用、划拨、初设；配合做好了嘉陵江牛滚凼、琵琶滩、油房滩航道整治工程协调服务和嘉陵江三桥前期施工期间航标设置及管理。6月，船闸调度室成立，半年通过船舶443艘次，107189总吨。聘请8名行政执法义务监督员，制定《行政执法社会义务监督员管理制度》，监督本段执法人员的行政执法行为。

安全管理 召开安全生产专题会议14次，书写安全宣传标语横幅3条，制作安全生产展板4期，发放安全生产宣传资料6000份。更换灭火器30具、更换老化电线电路5处，排查、整改安全隐患20起，立案调查8起，给予侵占、破坏航道和航标等违法行为行政处罚8起，罚款1.46万元。

应急管理 值班人员坚持24小时防汛值班；针对水情及航道、航标变化及时发布《航道通告》9期，发布水情信息及安全信息8.5万条次。

（南充市嘉陵江航道管理局南部管理段）

海事管理

【基本情况】 2018年，完成客运132万人次，完成客运周转量931万人公里；完成货运341万吨，完成货运周转量5012万吨公里。

【海事管理】 基础设施建设 完成了对泸溪、谢河、盘龙上下渡等7个渡口水毁码头的修复；投资500万元860马力的防洪抢险船，投资130万元的升钟湖海巡艇建成并投入使用；投资37万元的海事安全锚地、中高洪水位防洪系缆设施完工并投入使用。

运输管理 将总吨位600总吨以上船舶业主及客运船舶纳入公司化管理。完成429艘营运船舶年审换证。检验船舶432艘、32119总吨、12439千瓦、3365客座。

安全管理 派出安全检查组128组次，参加检查377人次，出动车艇195艘次，检查渡口172处，检查各类船舶787艘，查出安全隐患57起，现场整改7起，限期整改7起；查处夜间冒险航行4起，超载1起；查出船舶证书不齐或失效18起，超载1起；船员无证或失效6起，整改安全隐患43起，补配救生衣150件、救生圈65个，更换失效灭火器82个。解割报废客船4艘。

7月12日，嘉陵江流域出现20年一遇洪水，多个市、县、区发生跑船、撞桥事故，南部县汛期无跑船、无水上交通事故。

【帮扶工作】 做好建档立卡贫困村第一书记到村任职轮换工作，选派李文担任华光村第一书记，选派唐康担任书房垭村第一书记。投入帮扶资金5万元。督促华光村建成光伏产业、书房垭村建成生态环保养殖场。

【名录】 县地方海事处处长：伏勇 副处长：汪小兵、樊云。

（县地方海事处）

路政管理

【基本情况】 2018年，上路巡查1500人次，清除路障173处，拆除牌幌、广告120处,配合相关部门拆除非交通标志标牌20个，制止违法建房3处，整治以路代街、以路代市4处，清理摆摊设点、打场晒粮45处。

【路政管理】 制度建设 制定了《南部县公路路政管理大队执法公示制度》《南

部县公路路政管理大队行政执法全过程记录制度》，在县政府门户网公示了权力清单、责任清单和工作程序，将行政执法依据、程序等内容向社会公开，确保执法公正、规范。

网上办案 办理行政许可8件、行政处罚4起、公路赔补偿28件。

护路宣传 悬挂横幅10条，制作标牌2块，书写标语2幅，发放宣传资料2000份，向媒体供稿3篇，采用3篇。

运输管理 检查车辆11080台次，治理超载5100人次，卸载700吨、转运700吨，查处恶意冲站拒检车辆4起。7月，连续强降雨，两次洪峰过境，公路边坡时有落石，组织检查组30个，出动人员300人次，召开安全会议2次，排查整治安全隐患53处。督促运输车辆驾驶员加盖棚布、杜绝冒装、多装、沿路抛洒，查处、纠正未密闭运输车辆1300车次。

启用不停车超限运输检测系统，实现对212国道超限运输车辆精确定位。

【帮扶工作】 为帮扶对象光中乡大营村发展注资6万元。组织村民参与公路建设；引进丑柑种植100亩；给予贫困家庭产业发展资金帮助，促进贫困家庭增收。

【名录】 县公路路政管理大队大队长：杨伟 副大队长：王强、王永强。

（县公路路政管理大队）

公路管理一局

【基本情况】 2018年，完成固定资产投资入库8亿元。完成定升公路产业环线20余公里改扩建；完成定升公路产业环线乡道公路8公里白改黑升级改造；完成桐坪乡分水村7公里道路升级改造；完成国道212线定升路口至定水场1.5公里公路升级改造；完成定升路二标段公路绿化建设；完成G212线、S101线、XR09线6处危岩整治及20处水毁恢复，完成土石方5万立方米；完成国省干线公路路面病害应急处置及预防性养护；完成城市道路整治年度目标任务；完成212线金星收费站至大垭现场入口烂路面整治；完成金星、五里、烈女坟等6处村道与国、省道接道硬化整治；完成肖家至群龙道路升级改造；完成县城母猪滩、二中、北环路等河渠分流整治；完成满福坝文旅新城道路建设。

【公路养护】 清理路肩杂物2000立方米、疏通边沟1600公里、清除杂草42000平方米。修补坑槽3000平方米、清洗刷新标志标牌800块。管养G212线优等路10.56公里、良等路40.87公里，G245线优等路30.28公里、良等路17.86公里、中等路9.58公里，S204线良等路10.12公里。PQI值84.8。开展机械化养护，日均投入机械设备10余台套、人员80人次。

【文化建设】 树立公路人荣辱观；创建了11个共产党员示范岗、1个共产党员示范团队。

【安全管理】 举行安全教育4次、培训3次，隐患排查30次，整治道路隐患120处、新增标志标牌90块，维修G245线、G212线、S204线、XR09线28处700米护栏，新增地面标线3000平方米，签订安全目标责任书20份。突发事件应急演练1次。

【帮扶工作】 组织技术人员提升、优化帮扶的王家镇顶子山村、中心乡四面山村村道通行能力；新建村道3公里、社道6.5公里，入户路1公里。干部职工到村4000人次，捐资4万余元。

【附录】 县公路管理一局内设8个股室和8个养护管理站、2个绿化站、1个公路养护与应急保通中心暨G212线公路服务区。负责辖区G212线、G245线、S204线、XR09线128公里道路和17座桥梁、1座隧道管理养护。2018年，有在编在职人员142人，合同工80人。

【名录】 县公路管理一局局长：邱文启 支部书记：王登位 副局长：余建林、贾海亮、谢志勇。

（县公路管理一局）

【安全管理】 修理上边坡15500平方米，路面面层修复14600平方米，沉降段整治480平方米。安装道路警示标志牌287块、景区指路牌6块、路用反光镜11块、限速标志牌6块，维修波型护栏752米，重新施画标线5668平方米、人行道325平方米、减速震荡标线386平方米、安全岛标线214平方米。

【帮扶工作】 持续加强与帮扶村沟通联系，合理制订发展规划、方案。向楠木镇通柏村和寒坡乡八庙村投入扶贫资金20万元，用于基础设施建设、"四小工程"发展。

【名录】 县公路管理二局局长：邓国语 支部书记：张中林 副局长：尤显文、王成。

（县公路管理二局）

公路管理二局

【基本情况】 2018年，公路PQI值89.4。6月至7月，承担了流马至四龙、四龙至太华、升水至双峰、双峰至保城道23公里"四好"农村公路建设任务；8月至11月，完成了河坝、楠木场镇道路整治2.2公里；S204线凉棚山"厕所革命"主体建设完工；11月，完成G245线嘉陵江一桥至响岩子桥2公里路面改造。

【公路养护】 清理边沟350公里，疏通涵洞313个，修剪公路沿线花草树木172公里；补栽行道树730株，补植草皮350平方米，清洗公路波形护栏42公里，排除险情10余次。

运政管理

【基本情况】 2018年，全县有客运企业8家，车辆1022辆。其中，农村客运车570辆，城市出租车270辆，城市公交车70辆，中长线及超长线运输车122辆。客运班线172条；一、二级站各1个，其他等级客运站23个。有货运企业19家，其中危货1家；货运车辆800余辆。二类以上维修企业21家，三类维修企业120家。有驾驶培训校6所。

【运政管理】 春运管理 2018年春运，投放运力570辆。其中，县内运力561辆，外调运力9辆。日均发班1300班次，日加班8个班次，日均输送旅客1.6万人次，累计输送旅客90万人次，其中输送农民工30万人次。

城市客运管理　和出租汽车公司处理投诉227起（无效投诉110起），处罚款21200元，教育服务态度差者19人次，完成行政处罚文书98份，完成12328卷宗227份；公交公司上报新增公交优惠卡2630张。扣分处理105人次。

非法营运监管　查处非法营运车辆126台次，其中外籍"打野车"4辆，处罚款71万余元。

驾校监管　组织行业检查、驾校自查12次，实地检查车辆322辆，查处无道路运输证教练车、教练员不具备从教资格从教、异地教学、乱跑线路、不在规定的本单位训练场内施教4起，处罚款5000元。

安全监管　检查客运企业10家150余次，检查客运车辆500余辆；限期整改客运企业3家次，下发书面整改通知书1份、约谈企业2家，处罚款1.6万元；检查危运企业20余次，排查危运车辆50余台，检查普货企业17家300余次；货运企业限期整改20家次，下发书面整改通知书3份、约谈企业2家，处罚款0.4万元。

行业污染监管　规范"散、乱、污"维修业户26户，关闭12户，整治中20户；推广新能源汽车44辆；处罚维修业户环保不规范6户，罚款5000元。

【附录】　县运管局内设综合、维修、驾培、城市客运、客货运输、安全、行政许可、稽查等11个股室。核定编制55人，2018年有在职职工48人。

【名录】　县运管局局长：汪晓兵　副局长：敬涛。

（县运管局）

城乡建设

城乡规划与建设

【基本情况】 2018年，城镇基础设施建设完成投资3.69亿元，村镇基础设施建设完成投资4.2亿元。建筑业总产值237.95亿元。

【城乡建设】 城市基础设施建设 完成益民广场立体式停车场、城北临时停车场、两溪管网一期改造、两溪排污箱涵、火车站排污主干道建设；完成妇幼保健院配套道路、规划五路项目、城区人行道大面积修补；启动了老城区排污管网（雨污分流）一期工程、河东镇污水管网、中央奥城配套道路建设；启动了两溪管网二期改造、满福坝水环境综合治理。

村镇建设 八尔湖镇、升水镇、王家镇入选四川省"百镇建设行动"扩面增量试点镇名单；八尔湖镇成为全市唯一入选四川省第二批特色小城镇。

【城乡建设管理】 完成竣工验收备案64件，施工许可证115件，新培育三级总承包建筑企业16家，劳务公司7家。安全管理：召开了建筑领域安全例会3次，联合检查3次，常规检查工地120次，发现安全隐患40处，下发整改通知书37份，督查通报2期；环境管理：下发扬尘治理整改通知书30份，现场处罚33起，立案处罚4起；拆除违法违规搅拌站51家；完善、达到环保要求搅拌站23家。

【帮扶工作】 完成危房改造5565户，争取到省级危房改造资金8401.5万元。帮扶的王家镇红庙子村实现整村脱贫，长坪镇三邑村脱贫成效得到巩固，稳定脱贫。

【附录】 县住房和城乡建设局被县委、县政府评为南部县迎接中央生态环境保护督察"回头看"工作先进集体，周小宁被评为环保督察"回头看"先进个人；牵头参与的满福坝满福岛项目入选感动南充"十大新闻项目"，并获2018年南充市项目建设先进集体称号；李宏伟获南充市项目建设先进个人称号、任旭勇获四川省加快推进新型城镇化工作先进个人称号。

【名录】 县住房和城乡规划建设局局长：任旭勇 副局长：杨杰明、李宏伟、凌波 纪委书记：黄武（2018年5月止）驻局纪检组组长：何文联（2018年5月起）总工程师、工会主席：周小宁 质安站站长：张尚富。

（县住房和城乡建设局）

城市管理

【基本情况】 2018年，拆除违法建构

筑物2万平方米；规范占道经营1.8万起、乱停放车辆1.5万辆；管护公厕26座、新(改)建3座；城市机扫率76%，路灯亮灯率、绿化成活率达95%。

【城市管理】 按照县委、县政府《关于深入推进城市执法体制改革改进城市管理工作的实施意见》要求，3月，县城乡建设管理大队、园林局、路灯管理所人员、编制、装备整体移交县城市管理和综合执法局；6月，完成《南部县城市管理和综合执法局主要职责内设机构和人员编制规定》修订送审，权责清单上网公示。

市容市貌管理 整治占道促销1.5万起，发放《责令限期改正通知书》1000份，设置规范就业摊点4处，处罚占道经营104起，取缔沿街占道露天烧烤70处，处理12319投诉件480起。规范乱停乱放机动车辆1万辆次、非机动车及共享单车2000辆次，拖离乱停乱放机动车、共享单车300辆，罚款8300元，新增临时停车栏50个。拆除违规、破损墙体广告800处3万平方米。拆除破损店招店牌50处。投入资金48.125万元添置保洁手推车240辆、果皮箱506个；开展"垃圾分类"试点，查处乱倒生活垃圾不文明商家10户，调整不合理垃圾收集点10个。日均清运垃圾400吨，全年处置垃圾14.6万吨。

设施管护 疏通"两溪"箱涵，PVC管更换3.6公里,疏通泥沙沉积箱涵490米，疏通堵点56处；安装修复PVC污水收集管1600米。受理路灯故障电话321次，维修1816盏次；更换光源电器863套，维修电缆107处，更换电缆1600米，安装路灯83盏。

绿化建设 办理绿化竣工备案项目15处61902.62平方米。完成火车站货运场地绿化建设，栽植桂花树70株，造型植物1400株，藤条花卉1370平方米，铺设草皮1100平方米；指导完成八尔湖绿化建设，补植3公里绿化带植物，更换花海景点鲜花200万盆；完成成巴高速公路八尔湖出口绿化、青龙嘴大桥绿化3万平方米；在定升公路入口打造景观摆放鲜花4万盆，在升钟湖入口新建绿化3000平方米；春节、国庆期间摆放鲜花5万盆（株），悬挂灯笼、满天星等灯饰挂件2万件，设置灯光景观造型8组，安插国旗、彩旗1万面。

【帮扶工作】 帮扶对象马鞍村整体脱贫。到村调研、指导脱贫22次。

【附录】 (1)承办南部县校园周边环境整治动员会；承办省军区视察调研南部县武装部国防动员和民兵预备役工作现场会。

获市委、市政府迎接中央、省环保督察先进集体表彰；获县委、县政府金融工作先进集体表彰。

(2)县城市管理和综合执法局内设5个股室。2018年，有在编在岗男职工10人、女职工1人。

【名录】 县城市管理和综合执法局局长：刘崇重 副局长：范建春 城管执法大队大队长：唐国春 园林局局长：周成 环卫局局长：任鲲 路灯管理所所长：贾小国。

（县城市管理和综合执法局）

房地产管理

【基本情况】 2018年，房地产开发企业36家，在建在售商品房项目22个。其中，新开工项目 8 个，规划新建 85.6 万平方米，同比增长 9.4%。新开工 43.8 万平方米，同比增长 11.3%；商品房竣工 62.5 万平方米，同比增长 9.8%；完成房地产固定资产投资 25.22 亿元，同比增长 40.9%。网签商品房 8719 套（间）、销售 89.70 万平方米，其中，住宅 7510 套、80.18 万平方米，同比增幅 40.36%、37.55%。销售金额 39.28 亿元，同比增长 43.17%。

【房地产管理】 保障性住房建设 完成续建项目 931 套，并完成水、电、气安装及附属配套基础设施建设，完成工程投资 7000 万元。发放租赁补贴 3299 户、711.4060 万元。完成 1557 套公租房分配和预分配。其中，中心村农民工公租房 140 套，公路一局配建公租房 75 套，中心村第二期 970 套，建兴中学 72 套，南部三中 72 套，南部二中 90 套，东坝中学 60 套，升钟职中 54 套，店垭乡政府 24 套。

棚户区项目改造 完成改造 4036 套。其中，满福坝棚户区（城中村）968 套、白云火车站及城东城南城中村棚户区 945 套、文庙街社区等危旧房棚户区 2123 套。完成棚户区改造银行贷款 21 亿元。建设棚户区改造配套道路 6500 米，雨污管网 13000 米。续建棚改安置房 7600 套，完成竣工分配 7600 套。

房地产市场销售 存量房（二手房）交易市场保持适度活跃。2018 年，有房地产经纪机构、中介信息部 32 家，从业人员 200 多人，交易 10.5 万平方米，销售金额 4.6 亿元。

房屋面积管理 受理房屋面积测绘申请 268 件 100 万平方米。

【物业管理】 物业准入机制规范 上半年，通过招投标，确定 3 个小区的前期物业服务企业。配合蜀北、滨江街道办事处成立业主委员会 4 个，改选业主委员会 2 个。组织物业公司参加消防、特种设备管理培训、学习 4 次。

【帮扶工作】 继续定点帮扶大桥镇庄子村、中心乡三清沟村。协调、筹集帮扶水泥 100 余吨，帮扶资金 6 万元，募捐资金 2 万元。

【名录】 县房地产管理局局长：陈永建 副局长：李杰容、赵炳君 纪检组长：王仕超。

（县房地产管理局）

供 水

【基本情况】 2018 年，总收入 7308 万元。其中，水费收入 5029 万元，安装收入 2279 万元。新增用户 7724 户，新开通预存水费业务 6804 户。

【经营管理】 管网升级 完成塔子山水厂取水、制水、配水泵房变压器升级改造和配水泵房高低压配电设备、自动化控制系统升级改造，更换了故障阀门和老旧电机，清理取水头部；改扩建凌云山调压站泵房，整治塔子山水厂排污沟和卧室泵房通风设施；完成水质检测中心"42+6"项标准化建设。

项目建设 范家沟应急水厂。完成工程主体、设备安装、配套设施、绿化招标。供水设施改扩建二期。完成一标段城北片区、市政新区供水管道改造招标范围内可实施地段全部工程量；完成二标段水质检测中心设备采购及配套装饰建设；完成三标段续建水质检测大楼、河东周家山调蓄调压站及配套管道、凌云山调蓄调压站建设。

【供水服务】 供水服务社会行风监督员由11名增至23名；标准化装修前街、振兴街收费厅；完成公司"人人福康"文字、图形商标注册；开通微信钱包支付水费、窗口微信扫码支付功能。调整欠费停水周期，催欠水费18230次。清理不规范用水151起，追缴水费17万元，补收水费、户表安装费40万元。

【帮扶工作】 调整选任两个村驻村第一书记、工作队成员，完成年度贫困户退出验收、季度验靶考核，再次获脱贫攻坚流动红旗。

【名录】 南部福康供水有限责任公司董事长兼总经理：熊太平　副总经理：敬刚、段炼、曹云强　工会主席：罗加良　纪检员：刘颖　总会计师：何小红　副总工程师：杨晓东　总经理助理：郑伟。

（南部福康供水公司）

园林管理

【基本情况】 2018年，启动《南部县县城绿地系统规划》修编；绿化项目投资48万元，争取到省住建厅专项资金30万元。

【园林管理】 办理绿化竣工备案项目15处61902.62平方米，其中，龙腾万里1622平方米、楠峰城市花园2892.5平方米、博园世家8413平方米、紫荆广场1359平方米、滨江阳光美地小区1756平方米、豪轩苑2411.9平方米、御景南庭AB区4604平方米、幸福广场AB区11691平方米、五金建材城4400.22平方米、天地源7326平方米、天玺尊城一期4975平方米、嘉伦医院524平方米、金御园一期9928平方米。城区绿地率为33.26%，增加0.21个百分点；绿化覆盖率为38.07%，增加0.21个百分点；人均绿地11.58平方米，增加0.2个百分点。

【桂花树移植】 按县政府定点培育方案，大部分桂花树苗已用于县城和乡镇绿化建设，尚有3000株需从培育基地移出，已做经费概算和移植方案。

【火车站货运场地绿化建设】 4月，按县政府安排，开展对火车站货运场绿化建设，投资24万元，栽植大型桂花树70株、造型植物1400株、藤条花卉植物1370平方米，铺设草皮1100平方米。

【城西区街道绿化】 5月至6月，根据县政府安排，改造行政中心周边人行道绿化带，栽植观叶观花小植物9000平方米。

【养护管理】 补植公园、广场5000平方米，排危修剪行道树800余株；清洗道路花箱20次，修补撞烂花箱6次。查处损毁园林设施行为15起。定期卫生维护火峰山公园、灵云山公园、滨江路和红岩子广场、柳林广场、大垭迎宾广场、桂花博览园，保持公园广场无暴露垃圾，无卫生死角。维修整改公厕12座，标准化建设公厕3座，安排公厕保洁3人。

【帮扶工作】 帮扶贫困村硬化1000米入户路，新修水池3口；技能培训外出务工人员；开展大春助收、助耕。帮扶2户贫困户脱贫。41户贫困户脱贫。

【名录】 县林业局局长：周成　副局长：敬瑞泉、赵瑜、刘伟。

（县林业局）

经济

商贸

商贸综述

【基本情况】 四川省商贸流通脱贫奔康示范县。30家企业参加国家级、省级重点展会，交易金额8000万元。商务大数据平台、县级农村电商服务中心和500个村级服务站启动建设。2018年，实现线上销售收入1.8亿元。新增规上服务业企业5户、商贸限上企业9户。金融机构新增信贷投放26亿元。外贸进出口7500万元。

【商品贸易】 全县全年实现社会消费品零售总额115.0亿元，增长12.2%。按销售所在地分，城镇消费品市场实现零售额82.7亿元，增长12.4%；乡村消费品市场实现零售额32.3亿元，增长12.0%。按消费类型分，批发业实现零售额23.2亿元，增长11.6%；零售业实现零售额68.8亿元，增长12.4%；住宿业实现消费额2.5亿元，增长12.4%；餐饮业实现消费额20.5亿元，增长12.3%。

【项目建设】 2000万国家级电子商务进农村示范性项目落地南部，招投标第一包合同已签订，第二包中针对73个乡镇、街道办的电子商务培训班铺开，已培训4000人次；600万省级商贸流通脱贫奔康示范项目落地，黄金镇、大桥镇、楠木镇等7个农贸市场建设稳步推进。

【商贸活动】 举办2018年第十届升钟湖地方特色商品展、2018年亿联 中国南部五金建材城地方特色产品博览会暨国际美食节等本地特色商品展，组织本土企业参加第十七届中国西部国际博览会、第二十七届中国西部商品交易会和首届中国国际进口博览会。开展"诚信宣传月"活动，印发《2018年南部县商务执法领域市场秩序专项整治实施方案》《建立对接"多规合一"的流通设施规划保障机制的实施方案》和《2018年"暑期经济"实施方案》，营造营商营业环境。利用18家驻外南部商会，开展延链招商、以商招商。

【名录】 县经济商务和科技信息局局长：王正伟　副局长：何光勇、敬国强、陈黎、李敬。

（县经济商务和科技信息局）

供销合作

【基本情况】 2018年，商品购进总额5.58亿元；实现商品销售总额5.81亿元，其中，连锁经营4.5亿元，电商销售额0.55

亿元。实现利润58万元。

【新建服务项目】 新建基层社2个，新建农村社区综合服务社3个，领办农民专业合作社3个，新建电子商务服务点8个。牵头实施物流仓储中心建设。12月25日，与省农业会展集团签订了投资协议，已经启动征地拆迁。

【重组机构设置】 东坝、伏虎镇惠农供销合作社正式成立，东坝镇供销社新建的2000多平方米日用消费品、农产品产销对接旗舰店开业经营。伏虎镇供销社下涉6个乡镇成立了分社。领办、创办种养殖、加工、乡村旅游、农机服务、资金互助以及土地托管等各类专业合作社25个、联合社1个。

【重组项目开发】 控股企业金源农资公司开展农业新技术推广培训3期130人次；庄稼医院测土配方施肥2100亩，防虫治病1800亩，农技咨询服务28600人次，印发科普资料及农资简报30000份。4月，引导快乐川娃众康专合社开展农村合作金融服务，试点组建了全市首个农村资金互助社，经县政府批准，被省农工委列为全省五个重点资金互助社试点社之一。目前，该社有基础会员16人，一般会员326户，已筹集互助金240万元，运行正常。

利用电脑、手机网络终端，开展农产品、农资商品、日用消费等网销网购，建成电商营运中心2个、体验店3个、服务站（点）5个、农村电商惠农服务中心5个。引导蜀昇源菌药农民专合社、宏波种养殖农民专合社、檬垭农机专合社开展土地托管、农机服务试点，完成托管土地8000亩，农机作业5000亩。

【名录】 县供销社主任：李毅　副主任：罗建、唐若飞。

（县供销社）

经济

旅游业

NANBU NIANJIAN

旅游管理

【基本情况】 截至2018年,从事文化旅游经营的企业、个体1739家,从业人员3.5万人;吸引国内外游客699.3万人次,实现旅游收入67.1亿元。

【景区建设】 建成了旅游扶贫典范八尔湖。2018年10月,八尔湖镇纯阳山村作为脱贫攻坚全国6个参展单位之一,进入全国决战2020脱贫攻坚展。建成4A级旅游景区升钟湖。升钟湖是西南地区最大的人工湖,总库容13.39亿立方米,被誉为"中国人的水立方"。2009年9月,南部县启动以举办钓鱼赛事为核心的升钟湖旅游开发,已连续举办国际钓鱼赛事十届。创建了嘉陵江上山水地标满福水城、省级生态旅游示范区禹迹山等旅游景区。创建了桂博园、凌云山、莲博园、袁家寨、宝马寺等城乡文化公园,培育了寺外桃园、花舞四季、梦幻森林、南泥湾等乡村旅游新业态。

【旅游管理】 旅游规划 完成八尔湖、升钟湖总体规划及修建性详细规划编制,并通过县委常委会、政府常务会、专委会、规委会评审。招标浙江麟德、上海经纬设计研究院完成《禹迹山景区提升规划》《状元故里旅游规划》《升钟湖渔猎岛提升设计》初稿编制,确定了禹迹山、状元故里景区目标定位、发展方向、空间布局和产品体系规划。

项目创建 升钟湖国家级旅游度假区定升公路主体工程完工,景区钓鱼文化博物馆改扩建、景区景观大门、游客中心、生态停车场、鱼文化演艺广场等项目通过PPP项目对外招商;八尔湖乡村旅游景区高速互通立交、青龙嘴大桥、旅游厕所等项目竣工,购物街、旅游码头、乡客驿站、停车场建设正全力推进;满福坝文旅新城已完成景观设计,正实施嘉陵江三桥、琴台大道、游客中心设施建设;布拉格小镇已新修建游客中心1处、旅游厕所3座,改建生态停车场1500平方米,新安装标志标牌180块。

旅游活动 举办正觉寺村村晚、第三届油菜花节、大力寨牛王节、碧龙乡张家山村第五届桑葚采摘节、第三届微电影节、第七届莲花节、升钟镇农民丰收节、孝亲节、升钟湖首届鱼文化美食节、升钟湖第三届有机脆桃采摘节、升钟湖第十届钓鱼大赛等活动。

第七届莲花节 由四川省旅发委、农工委、农业厅、旅游协会主办,南充市旅游局、南部人民政府承办的四川省第九届乡村文化旅游节(夏季)分会场暨南部县第七届莲花节于7月12日在国家2A级旅游景区黑龙观莲博园开幕,7月14日落幕。

响应"大众创新、万众创业"活动，推选出4名来自旅行社、酒店企业的创新人物；参与市旅游局组织的"伟人故里、灵秀南充"西安专场营销会及重庆、乐山旅博会。完成在成都举办的以"亲水南部、百岛洞头"为主题的2018旅游扶贫协作专场推介会，组织全县涉旅企事业单位代表到洞头区学习考察旅游产品打造、特色商品开发、新业态培育、旅游目的地建设运营管理经验，落实了1个花园厕所、3个民俗文化村规划、设计及项目建设资金。

安全管理　查出安全隐患8处，整改7处，转交1处；受理投诉2起，处理1起，转交1起。开展旅游法规、安全培训3期，培训297人次；举办八尔湖、升钟湖农（渔）家乐服务礼仪培训3次，培训542人次。

【名录】　县旅游局局长：雍晓东　副局长：杨泽飞　纪检组长：刘文洪。

（县旅游局）

升钟湖风景区管理

【基本情况】　开放式景区，无门票收入。2018年，接待游客154.7万人次，其中入境游客0.03万人次，经营收入2751.7万元。

【经营管理】　《升钟湖风景名胜区总体规划》编制有序推进。被立项为四川省重点项目的定（水）升（水）旅游快速通道已全线贯通，实施景观绿化；完成升钟湖蓝港酒店升级改造。

5月，在西安参加由市政府主办的以"伟人故里、灵秀南充"为主题的旅游推介活动；利用网站、微信公众号网络平台宣传景区风貌。

4月29日—5月1日，举办首届鱼文化美食节。9月17日—9月20日，举办第十届中国升钟湖钓鱼大奖赛及系列钓鱼赛事活动。

【附录】　升钟湖风景区管理局为全额拨款事业单位，负责升钟湖风景区建筑物、公共设施等国有资产、环境卫生管理，负责对外宣传。内设人秘股、建设维护股、经营管理股。2018年，有男职工5人、女职工4人。

【名录】　升钟湖风景区管理局副局长：樊丽明。

（升钟湖风景区管理局）

财　政　金　融

财　政

【基本情况】 2018年，持续加大民生投入，保民生支出占一般公共预算支出的66.5%。十项民生工程、20件民生大事，使用财政资金109029万元。

【预算执行情况】 一般公共预算执行情况　地方一般公共预算收入预计完成100000万元，为预算的104.2%，同口径增长10.1%。其中，税收收入59021万元，增长13.1%；非税收入40979万元，增长6.2%。地方一般公共预算收入100000万元，加上返还性收入14973万元、一般性转移支付209886万元、专项转移支付156353万元、地方政府一般债券收入61681万元、调入预算稳定调节基金4000万元、调入资金591万元、2017年结转3294万元。2018年，全县一般公共预算收入总量预计完成553778万元。全县一般公共预算支出预计完成464568万元，加上上解支出23531万元、债务还本支出61681万元、补充预算稳定调节金3998万元，2018年，全县一般公共预算支出总量预计完成553778万元。一般公共预算实现收支平衡。

政府性基金预算执行情况　县本级政府性基金预算收入预计完成120000万元，为调整预算的103.5%，加上上级补助收入13562万元、地方政府专项债券收入20827万元、2017年结转209万元，全县政府性基金收入总量达154598万元。政府性基金预算支出预计完成126218万元，加上债务还本支出28380万元，全县政府性基金支出总量预计达154598万元。政府性基金预算实现收支平衡。

社会保险基金预算执行情况　城乡居民基本养老保险基金预算收入预计完成37800万元，为预算的111.6%；加上2017年滚存结余后，可供安排的收入总量为114824万元。城乡居民基本养老保险基金预算支出预计完成29900万元，主要用于养老待遇发放。收入总量减去支出后，年终滚存结余84924万元。

国有资本经营预算执行情况　全县国有资本经营预算收入预计完成591万元，为预算的100%。其中，利润收入241万元（天然气公司153万元，供排水公司88万元），四川帅华路业有限公司上缴股利收入350万元。

【财政管理】 落实《预算法》，按规定及时报告预算、预算调整和决算。挖掘收入增长点，收入完成好于预期，地方一般公共预算收入增长10.1%。控制一般性支出，财政拨款"三公"经费支出持续下降。

脱贫攻坚资金管理 优先保障扶贫投入，2018年投入农业扶贫资金48109万元，精准投入到贫困村基础设施建设，发展贫困户"四小工程"产业，改善人居环境；统筹安排22个行业部门专项资金33000万元，用于农村危房改造、土地综合治理、环境卫生整治、困难群体救助、贫困学生帮扶。县三大融投资公司融资贷款48500万元，用于农业产业规模化发展、乡村旅游扶贫、危旧房屋改造。通过扶贫小额信贷风险基金，贫困户获得扶贫小额贷款24000万元，为贫困群众稳定、持续脱贫致富提保障。

优化支出结构资金管理 投入87700万元支持城乡居民医疗保险、最低生活保障、就业再就业帮扶、城镇居民养老保险。投入51800万元加快推进农村危房改造、异地扶贫搬迁、小城镇建设、卫生基础设施、土地整理、地质灾害综合防治体系建设。投入19800万元支持县、乡、村交通项目建设，促进县、乡道路提档升级。投入3178万元支持农业保险、农村金融发展。投入2880万元发放大中型水库移民后扶直发直补资金。投入5983万元用于库区和移民安置区基础设施和产业发展。投入29400万元支持城乡义务教育经费、普通高中经费保障，实现生均公用经费综合定额目标，实施公办中、高职生均拨款制度，继续加大农村义务教育薄弱学校改善办学条件，实施义务教育阶段农村学生营养改善计划。投入2700万元丰富群众文体生活。投入3700万元用于农业综合开发、土地治理、高标准农田建设。投入35800万元发展现代农业产业，改善、保护农村生态环境，带动农民持续稳定增收，建设和谐美丽乡村。投入42135万元支持改造棚户区，建设保障性住房，改善低收入群众住房条件。

【内部管理】 组织开展扶贫资金、政府采购执行情况、非税收入收缴、大额现金管理、党风廉政建设专项检查，财政信息化、会计管理、票据管理、投资评审取得新成效。严格事前防范、事中控制、事后监督；严格控制债务规模，2018年未新增政府性债务。

【名录】 县财政局局长：曹齐麟 纪检组长：张陶鸿 副局长：李传榕、高光勇、邓晓斌 国资中心主任：何家春 支付中心主任：张爱民 评审中心主任：邢河川。

（县财政局）

税 务

【基本情况】 2018年，组织各项收入124852万元，同比增长18.3%。其中，税收收入120861万元，同比增长18%；非税收入4095万元，同比增长25.9%。县本级税收收入61243万元，同比增长19.7%。

【机构改革】 7月6日，县政府发文成立了全县国税地税征管体制改革专项小组；7月13日，县政府召开了常务会议专题研究国税地税征管体制改革；7月13日，原国税地税领导班子成员和四个综合部门集中办公；7月16日，南部县税务局联合党委成立；7月20日，国家税务总局南部县税务局正式挂牌。7月31日，县委常委、常务副县长袁剑柏在南部税务简报第一期

《扬帆起航新征程　南部税务勇争先》一文中批示："税务机构改革前期工作周密细致,取得了阶段性成效,值得充分肯定。希望县税务局一手抓改革,一手抓税收,做到两不误、两促进。"10月19日,按"三个全覆盖""三个重点谈"要求,完成干部职工谈心谈话;10月26日,召开"三定"宣布会,宣布内设机构、派出机构和事业单位工作人员安排。"三定"后,有干部职工270人,局领导14人,中层正职30人,中层副职36人。10月30日,17个派出机构挂牌。

【**税收征管**】　**数据质量管理**　开展数据质量清理、工单系统漏征漏管户核查工商信息交换、单管户数据清理、重复户核查、征管基础问题事项核查。

税收风险管理　采集涉税信息30000多条,在数据采集、分析、整合、应用等方面主动出击,织密税收风险防控网,应对风险任务48户次,入库查补收入4950万元。

税收减免　落实税收优惠政策,减免各项税费21999万元。

税收服务　机构合并后,统一了标识标志、窗口设置、业务流程、导税服务、网上办税平台、宣传资料更新、资料报送标准;发布了《办税事项"最多跑一次"清单》,清理共同业务清单5类18项,实现纳税人同一资料只报送1套、同一涉税事项只需申请1次。实现了"实名办税"互认,纳税人实名信息采集"只要办一次"。动态调整窗口数量和职能,推进非接触式办税,成立导税团队,缩短纳税人办税时间。

【**帮扶工作**】　继续承接原国地税对口的楠木镇楠新村、太霞乡前进村、火峰乡玄真观村、楠木镇衡山村帮扶工作。机构改革后,投入帮扶资金37.3万,购买种苗4000余株,帮助贫困村建立了脱贫连片产业园。2018年10月,楠木镇楠新村通过市级验收,标志对口帮扶贫困村255户808人全部脱贫。

【**附录**】　2018年,根据中央、国务院关于推进国税地税征管体制改革部署,原四川省南部县国家税务局和原四川省南部县地方税务局合并成国家税务总局南部县税务局。内设机构有办公室、法制股、税政一股、税政二股、社会保险费和非税收入股、收入核算股、纳税服务股、征收管理股、税收风险管理股、财务管理股、人事教育股;派出机构有第一税务分局、第二税务分局、老鸦税务分局、河东税务分局、谢河税务分局、定水税务分局、黄金税务分局、建兴税务分局、伏虎税务分局、大桥税务分局、升钟税务分局、大坪税务分局、楠木税务分局、碑院税务分局、盘龙税务分局、东坝税务分局、王家税务分局。事业单位有信息中心。派出机构为副科级,内设机构和事业单位为正股级。有党员209人,全年预备党员转正1人,吸收预备党员7人,培训入党积极分子6人,经县直机关工委批准,设立23个基层党支部。

【**名录**】　国家税务总局南部县税务局党委书记、局长:黄万胜　副书记、副局长:曾拥军　机关党委书记:赵洪　副局长:贾全立、梁洪、覃南宣、赵晓光、敬一宾、杜勇、朱赛华、杨瑜、廖天明　总会计师:高斌　纪检组长:何佳。

（县税务局）

中国人民银行南部支行

【基本情况】 2018 年,有营业网点 172 个,从业人员 957 人,其中乡镇网点 142 个。各项存款余额 348.38 亿元,比年初减少 4.18 亿元,下降 1.18%;各项贷款余额 164.76 亿元,比年初增加 26.86 亿元,增长 19.48%。

【经营管理】 账户处理 开设账户 1161 户,变更 618 户,撤销 410 户。开展对农商行账户批量迁移,迁移账户 3193 户。开展"关于优化企业开户服务工作",现场督导开展情况。

IC 卡应用 推进 IC 卡多行业运用,实现 IC 卡在社会保障、小额快速支付、门禁、公共交通、医疗卫生服务等领域的应用。

电子缴税 持续推进电子缴税,电子缴税笔数占比 99.54%。

征信查询服务 办理个人信用报告查询 17941 人次,企业信用报告查询 230 笔。

风险管理 对建行、工行、邮储银行开展了征信执法检查,配合中支对中成村镇银行开展了金融统计专项执法检查,对邮储银行、农商银行开展了国库经收业务、国库集中支付业务和国债业务现场检查。与地方政府有关部门沟通协作,化解 2 家企业不良贷款 8966 万元。配合地方政府,处置民间金融 4 家、停业整顿 6 家、约谈 9 家。组织辖内银行开展存款保险知识宣传;配合中支开展对法人银行机构的存款保险机构评级。

金融服务 发放扶贫再贷款 3.7 亿元,开展助农取款 EPOS 交易竞赛活动,开展移动支付便民示范工程创建。

【帮扶工作】 帮扶长坪镇龙滩村。建立、完善软件资料,争取项目、资金,开展技术培训,龙滩村顺利通过脱贫验收。

【名录】 中国人民银行南部支行行长:何克全 副行长、纪检组长:邓太勤 副行长:安玲。

(中国人民银行南部支行)

中国工商银行南部支行

【基本情况】 2018 年,调整经营策略,加大市场拓展力度,提升金融服务能力,支持地方经济发展,核心竞争力有效提升。

【经营状况】 存款情况 各项存款时点余额 29.85 亿元,比年初净增 3.03 亿元。其中,个人存款余额 24.48 亿元,较年初增加 3.69 亿元。公司存款余额 5.09 亿元,较年初下降 3583 万元;同业存款余额 2738 万元。

贷款情况 贷款余额 15.65 亿元,较年初净增 3.19 亿元。其中,个人贷款余额 9.84 亿元,较年初净增 9573 万元;对公贷款余额 5.81 亿元,较年初净增 2.24 亿元。

【附录】 工商银行南部支行内设综合管理部、法人金融业务部、个人金融业务部。2018 年,有物理网点 4 个,离行式自助银行 8 个,ATM 机 28 台。有从业人员 54 人,其中党员职工 24 人。

【名录】 中国工商银行南部支行行长:李波 副行长:邓东海、蒲学彦。

(工商银行南部支行)

中国建设银行南部支行

【基本情况】 2018年，以创新为动力，加快转型，攻坚破难，取得了较好的经营成绩。

【经营管理】 管理人员逢会必讲合规，切实履行"一岗双责"责任，全年处理违规问题39人次，问题整改率达100%。

2018年，负债规模36亿元，贷款规模15亿元，较年初新增近3亿元。

【附录】 建设银行南部支行内设4个营业网点，3个离行式服务区，4个自助银行。2018年，有在岗男职工24人，女职工24人，本科以上学历22人。

【名录】 建设银行南部支行行长：李春涛　副行长：李德富、刘斌。

（建设银行南部支行）

南部县农商银行

【基本情况】 2018年2月10日，南部农商银行正式挂牌开业。至年末，存款余额113.91亿元，较年初净增6.33亿元；贷款余额77.65亿元，较年初新增加9.73亿元；实现利润14833万元。

【经营管理】 开发上线教育缴费系统、四川农信"手机银行生存认证"功能；推广营销"就医通""小区通""乘车通"，行业应用7项。支持县域经济发展：发放个体工商户、小微企业、小微企业主等生产经营贷款和城镇居民、公职人员个人综合消费贷款5137户16.35亿元；以应收账款质押方式向3家企业发放贷款9150万元。

【金融扶贫与对口帮扶】 建立村级金融服务联络点和村级信贷工作室1069个，打造乡村金融综合服务站2个、乡村金融综合服务点3个。全县17166户建档立卡贫困农户评级面达100%，授信14599户，总额4.63亿元；精准扶贫贷款余额4.66亿元，带动5.2万建档立卡贫困人口脱贫。深入对口帮扶的三清乡庞家村、丘垭乡勇敢村开展扶贫工作，到村500人次，两村顺利退出贫困村行列。

【名录】 南部农商银行董事长：张伟　行长：张新华　监事长：胡华兰　副行长：胡晏斌、谌骅、熊劲刚。

（南部农商银行）

中国邮政储蓄银行南部支行

【基本情况】 2018年，存款余额75.34亿元，其中，个人存款68.45亿元，公司存款6.94元；贷款余额7.4亿元。有53个营业网点，其中，自营5个，代理网点48个。

【经营管理】 信贷业务　储蓄新增4.45亿元，列全市第一位；新增保费3.32亿元，列全市第一位；新增手机银行3.58万户，列全市第二位；新增信用卡4698张，列全市第二位。

智能设备投入　有ATM取款机、CRS存取款一体机77台、智慧柜员机19台，STM超级柜员机1台，实现发卡、卡激活、挂失、密码修改、密码重置、转账、账户查询、存折补登、电子银行签约等20多项功能。

内控管理 对一类网点及储汇会计、出纳、金库出检28次，发现、整改问题90个，处罚违规人员5人。与分管领导、网点负责人签订《案件防控责任书》《安全保卫责任书》；与干部员工签订《营业场所安全管理规范履职承诺书》《三年合规文化建设行动承诺书》《合规承诺书》《中国邮政储蓄银行四川省分行合规管理办法（修订版）员工知晓书》，保持案防高压态势。

【名录】 中国邮政储蓄银行南部支行行长：何宏 副行长：范松涛、郭丹。

（中国邮政储蓄银行南部支行）

人寿保险

【基本情况】 2018年，保费收入10970万元，其中，新单期险交保1919万元，10年期以上险交保900万元；续期险交保7915万元，短期险交保1101万元。赔款2680件980万元，满期给付2100件5479万元。提供保单借款546万元。有员工26人，其中女员工12人。

【名录】 人寿保险股份有限公司南部支公司经理：汪军宇 副经理：敬春梅

经理助理：孙蓉。

（人寿保险股份有限公司南部支公司）

财产保险

【基本情况】 2018年，保费收入9941万元（含税、不含大病保险），其中，车险收入4888万元，非车险收入1533万元，政策性农业保险保费收入3520万元。已决赔款6961万元，未决赔款1152万元，缴纳税金950万元。

【经营管理】 确定销售目标、制定销售策略、组织销售布局，上下协调开展销售；密切与农办、财政、农业、林业、扶贫等政府部门合作，争取支持；拓宽农业保险广度，新开展养蚕、生猪价格指数、柑橘等地方特色农险。

【帮扶工作】 帮扶工作组数次深入贫困户家中，吃住在村上，工作在村上，逐家逐户摸情况、寻项目、添措施，以产业帮扶为支撑，以项目帮扶为重点，确保每个贫困户经济收入稳定增长。帮扶贫困村退出了贫困村序列。

【名录】 财产保险股份有限公司南部支公司经理：何川 副经理：何德猛、马涛。

（财产保险股份有限公司南部支公司）

教 育

教育工作综述

【基本情况】 2018年,全县有公办中小学106所,幼儿园3所,教职工7567人(男3818人、女3749人);有民办教育学校62所,教职工1188人(男职工203人、女职工985人)。

【基础设施建设】 推进城镇学校"扩容增位",城区新建的幸福幼儿园2018年春季开始招生,新建思源实验学校竣工;推进乡镇标准化中心校建设,完成枣儿、西河等8所乡镇幼儿园改扩建,完成铁鞭小学、老鸦小学等10所义务教育学校"全面改薄"工程,完成东坝中学、建兴中学教学用房建设。

【教育管理】 义务教育 "1+x"特教模式,确保了残疾儿童全面接受义务教育。中考质量再获南充市一等奖。

高中教育 8所学校达到普通高中办学标准。高考评估获全市一等奖,南部中学、南部二中、南部三中、建兴中学、东坝中学等多所学校获全市高中教育质量等级奖。

素质教育 开展禁毒防艾专题知识讲座;开展青少年校园足球联赛、艺术人才大赛;开办中小学运动会、中小学艺术节。11月上旬,柳林幼儿园开展了马王皮影进校园活动。第五小学、永红九年一贯制学校被评为全国青少年校园足球特色学校,南部中学被评为全国青少年校园足球示范学校;南部中学皮划艇队代表南充市参加省运会获得2枚金牌、2枚银牌、5枚铜牌,并代表四川省参加全国运动会;建兴小学《俏妞闹春》通过层层筛选,被确定为教育部弘扬中华传统优秀文化成果展示节目(全国9个节目入选,四川省仅此1个),于2019年2月5日下午17:30在《中国教育》电视台一频道播出。

职业教育 2018年,职教本科上线169人,连续11年居全省第一名。

民办教育 2018年,新审批7所民办幼儿园、21所校外教育培训学校。阻止、取缔非法办园3个。

师资建设 开展"南部县人民满意教师、校长、学校评议活动,县委发文予以表扬;成立5个县级"名师工作室",倡导优秀人才引领示范;对师德缺失个人评职"一票否决"。

【帮扶工作】 7000余名教职工深入帮扶一线,了解贫困学生需求,建立帮扶台账。春季开始,所有贫困学生教育资助金都通过银行直接打卡发放本人,打卡直发教育资助金3826万元,惠及58396名学生;向特困学生发放教育救助金 300 多万元。全县无 1 名贫困生因贫辍学。

【附录】（1）2018 年 8 月，县教育局获教育部主题教育先进集体称号；9 月，获四川省教育工作先进集体称号；12 月，获四川省教育宣传工作先进集体称号；12 月，获全市禁毒严打整治行动成绩突出集体称号；12 月，获南充市初中教育质量一等奖、南充市 2018 年高中教育质量一等奖。

2018 年 12 月 14 日，承办南充市基础教育工作现场推进会；12 月 17 日，承办全省广播电视大学工作现场推进会。

（2）县教育局内设秘书股、人事股、监察室、教育股、财统股、监审股、基建股、督导股、信安股、民成股。

【名录】 县教育局局长：刘坚 副局长：张晓彬、涂杰、徐世龙 县纪委派驻纪检组长：敬承洲。

（县教育局）

南部县第一中学

【基本情况】 2018 年，有 184 个教学班，教职工 644 人，高考本科上线 1900 人，其中一本上线 601 人，居全市第二。中考 600 分以上 341 人。

【行政管理】 行政领导听课 1000 多节次，约谈 100 余人次。保证教职工对学校重大事项的知情权、参与权、监督权和民主管理权；组织教职员工身体健康检查；开展春游秋游、篮球赛、趣味运动会、长跑运动会活动；看望慰问生病、困难教职工 184 人，发送慰问金 13.34 万元。

【德育管理】 利用升旗仪式、集会、黑板报、宣传栏宣传文明礼仪，倡导文明行为；开展文明劝导活动；开展校园欺凌、违规使用手机、仪容仪表不规范、携带管制刀具专项治理活动。开展演讲、经典诵读、"以案说法"法制讲座活动。实行高年级团干部管理低年级团干部层级式管理办法；评选优秀共青团员、团干部，树立榜样；举办"讲文明，促和谐，做文明南中人""节水节电节粮"、清明节讲座、"弘扬传统文化""做守法小公民"等主题教育活动；搭建学生、家长、学校对话互动平台。

【教学管理】 教研工作 促进教师落实日常教学"四个原则""五个统一""六个落实"，做好期中"三查""三评""一测"，期末"一考""三结"工作。初中年级侧重实行月过关制度，高中年级实行周检测、月小结制度；建立学生发展性评价档案，建立重点学生学情跟踪档案，研究学情，改变教法。

毕业班管理 落实行政领导包班、包学科组制度，校长及分管领导坚持每天巡视，行政会坚持毕业班工作每周一汇报，每月一诊断。年级组坚持每周例会小结制度，定期开展师生对话与交流活动；对备课、周练批改、重点生培养和备课组工作落实专人管理；实行班主任进班制和科任教师培优补差责任制；强化学生目标意识，印发《成长档案》，落实学习环节指导、监控；构建宽严有度高三文化。统一选编、使用复习资料；选派多位教师参加各类研讨培训会、信息交流会，邀请成都市、绵阳市教科所专家到校举办高三备考策略讲座；承办市、县高三复习备考研讨会；引进先进阅卷系统，利用大数据分析，增强教学有效性。

业务培训 为教师订购《教师工作的细节》《挖掘学生潜能》等教育理论书刊；组织青年教师校内集中培训4次；开展35岁以下教师竞教活动；组织教师参加省"一师一优课、一课一名师"活动和各级各类教学竞赛活动，9人获省"一师一优课、一课一名师"晒课活动等级奖，16人在省、市、县教学竞赛中载誉而归；选派80多人参加研讨会和培训学习，聘请多位省内外知名教育专家到校作学术报告。2人晋升为特级教师，1人获四川省优秀教师称号，2人在省级教学研讨会上交流发言，3人入选市、县名师工作室主持人，32人获市级以上表彰，31人被授予县人民最满意教师、优秀教育工作者、师德师风标兵称号。1篇教研论文获全国三等奖，2项科研课题获市一等奖。课题《中学生和谐发展的内容与活动结构优化方案》获市普教科研成果一等奖；课题《中学历史"活用"图片的策略》获市微型课题成果一等奖。承办国培、省培活动；承办县初中英语送教下乡活动；配合县教研室，开展了南部县第八届初中课堂教学竞赛决赛活动。

学科活动 指导学生参加数、理、化、信息技术奥赛；开展科技创新、生物科技园等课外兴趣活动。8名学生在省33届青少年科技创新大赛上获得一、二、三等奖；100余名学生获全国征文比赛等级奖和科技创新省、市、县等级奖。

文体活动 举办了校园文化艺术节、元旦文艺汇演；在市、县第九届中小学生艺术节活动中，3项艺术教育案例获一等奖、36件作品获中学组一等奖；14人被评为优秀指导教师。皮划艇队在全国中学生赛艇锦标赛中获金牌1枚、银牌2枚、铜牌4枚；田径队在市中学生田径锦标赛中获团体二等奖，在省第十三届运动会中获女子4×100米接力赛第七名；女篮获市中学生篮球锦标赛初中组第二名、高中组第三名；跆拳道队获市中学生跆拳道锦标赛团体第二名，夺得省第十三届运动会3枚铜牌；初、高中男子足球队获市青少年校园足球联赛三等奖。

【后勤管理】 每周检查水、电、气设施设备和食品饮水安全，排查60次，应急处理30次。做好办公用品、教学用品采购与分发；完成运动会、文艺汇演、各类考试活动后勤保障；检查、维修门窗、桌凳、水电设施；完成和平楼、科技楼、东西区实验楼、学生公寓、校园围墙维修与排危；完善校园绿化，丰富植物品种，防治树木花草病虫害。

【附录】 获南充市省级示范高中教育质量一等奖、高考特殊贡献奖，南部县初中教育质量一等奖；获全国青少年校园篮球特色学校、四川省第一批教育信息化试点学校、南部县"人民最满意学校"称号；承办了市县高三备考研讨现场会、县德育工作现场会、县中小学田径、篮球、足球运动会。复旦大学、浙江大学、南京大学、同济大学、华东师范大学、天津大学、电子科计大学、省考试院、省教科所等领导和专家10多批次来校参观考察。

【名录】 县第一中学校长：廖茂杰 党委书记：张晓彬 副校长：李培明、徐惠、邓肖 工会主席：廖敏。

（南部中学）

南部县第二中学

【基本情况】 2018年,高考本科上线778人,其中一本上线136人;中考700余人被省级示范高中录取,学生郭子涵以676.15分名列全县第二。

【德育管理】 1月,举办了"迎新年师生书画展";2月,开展了"我为祖国点赞"主题教育活动;3月,开展了"学习雷锋,文明相伴"养成教育活动;4月,召开了法纪教育大会;5月,开展了"我成人,我担当"高中生成人宣誓仪式;6月,开展了"感恩母校,诚实应考"教育活动;9月,举办了新生军事训练、体操比赛;10月,举办了国庆文艺汇演;11月,开展了"法律进校园"知识竞赛活动;12月,举办了践行社会主义核心价值观暨纪念一二·九学生爱国运动歌咏比赛。

【教学管理】 人人讲课,人人听课,人人评课,优化课堂教学;将常规教学量化到人,通过《教学简报》公示于众。加大中、高考命题研究力度,科学制定复习策略。重视教师能力培养,用于教师各级各类培训费438468元。常态开展汇报课、研究课、竞教课、公开课、示范课等课堂研讨,在县高中教学竞教中获一等奖8人,二等奖5人;科研课题获市级奖励4项,县级奖励16项。

【后勤管理】 振兴街校区改建了5间学生功能室,金葫路校区新建标准化运动场。后勤收支一支笔,大宗物品实行招投标,各处室购物先申报经审批再购买,每月张榜公示开支。5月、10月,两校区加强了对违纪学生的教育,举办了法纪培训班。添置了消防器材,添置了防雷防电设施。门岗、学生公寓、教学楼24小时值班。关心教职工工作、生活,走访了困难教师,开展了送温暖活动。

【附录】 南部县第二中学创建于1981年,前身是南隆镇初级中学,1998年,升格为高完中,2000年,创建成南充市示范性普通高中,2006年2月,升格为四川省示范高中。2010年,收购德仁中学。学校分为振兴街校区和金葫路校区,占地430亩。2018年,有高中班95个、初中班72个,在校学生11000人;在编在职教职工567人。

【名录】 南部县第二中学校长:王伦君 副校长:姚珠国、代兵、蔡旭、敬勇。

(南部二中)

南部县第三中学

【基本情况】 2018年,高考本科上线194人,其中,职教本科上线171人,660分以上学生10人;中考600分以上学生2人,500分以上学生26人。

【行政管理】 编印了《南部三中2018年暑期教职工学习资料汇编》;坚持行政领导包班制;召开了6次毕业班学生成绩诊断会、教学指导会;内审小组每季度审计1次财务;春、秋两季,举办了教师趣味运动会;看望慰问生病、困难教职工及离退休人员40多人次。

【德育管理】 举办"女生教育"专题

讲座4次；召开校风整治会2次；举办法制讲座2次。整治学生衣着不得体、吸烟、男女生早恋等不良现象；开展争创文明班集体、文明寝室活动；举办心理健康专题讲座3场。

【教学管理】 开展校内第十四届青年教师竞教活动，杜婷、杜元庆、张林敏、罗彬、张霞分获文科组、理科组和专业组一等奖。在南部县第八届初中教师课堂教学竞赛中，杜雪梅（数学）、周学知（历史）、文晓辉（物理）、杜艳华（生物）获一等奖，王茜（英语）、孙玉玉（化学）获二等奖。在南部县第八届高中教师课堂教学竞赛中，向涵、向奕静、岳彩萍、文芳、任宸、叶志宏、孙玉玉、邱媚、汪孜、卢临阳、杨增萍进入决赛。文晓辉代表南部县参加南充市初中物理教学竞赛获二等奖。杜艳华、周学知代表南部县参加南充市初中生物和历史教学竞赛获一等奖。王学刚参加成都农业科技职业技术学院组织的全省农学专业教师技能竞赛，获三等奖。在南充市中等职业学校技能大赛活动中，获团体二等奖，其中，工程测量获团体三等奖，鲜国勇、陈娇的单片机控制装置安装与应用获个人一等奖，曾凤英的电子电路装调与应用获个人二等奖，付锐的服装设计与工艺获个人三等奖。

5月10日—11日，中职生代表队参加了市第二届中职学生田径运动会，获团体三等奖。5月26日，在南部县2018年中学生足球比赛中，获团体赛冠军、体育道德风尚奖。在全县初中教学质量评比中获二等奖；在全县年度目标考核中获一等奖。全年为398名学生发放奖学金65800元。

【帮扶工作】 对口帮扶碑院镇土垭村、西河乡高峰村，投入扶贫资金20万元。10月16日，土垭村村委会举行落成典礼，谭仕立、刘杰等人参加典礼。10月17日，参加了全县扶贫捐款活动，现场捐款1万元。完成了县就业局下达的劳务品牌培训任务；联系建行南部支行向省行为5名特困学生争取资助，每名学生受助资金3000元。

【附录】 占地175亩，建筑面积64621平方米。2018年，在校普高学生2400人、职高学生1300人、初中学生600人，有81个教学班。在编在岗男教职员工156人、女教职员工144人。被县教育局表彰为中职招生先进集体、教育宣传先进单位、高考先进单位。

【名录】 南部县第三中学校长：谭仕立 副校长：刘杰、谢兴唐、邹发安、徐仕莉。

（南部县第三中学）

南部县第一小学

【基本情况】 2018年，有小学生8209人，100个教学班；入园幼儿496人，8个教学班。有教职工335人。

【北街校区】 教学教研活动 3月—5月，举办了以"读千古美文、做君子少年"为主题的第三届"书韵留香"读书节。4月和10月，校团队工作室范敏、何迎春等老师分别到皂角乡小学、寒坡乡小学开展了送课下乡活动，为两校送去了语文、数学、科学、音乐、美术和幼儿教育优质课。9月28日，南部县小学数学唐睿名师工作室在校挂牌成立。9月—10月，举办了第二届"数学文化节"。9月,获南部县多媒体教学软件制作大赛组织奖。

艺体卫教育 4月,参加南充市教体局第九届中小学生艺术节,选送节目《守株待兔》获二等奖、校歌联唱《放飞希望》获三等奖。5月,获南部县青少年男子、女子足球联赛一等奖、南充市中小学生乒乓球比赛丙组男子团体第四名。11月,获南充市青少年足球联赛男子组二等奖、女子组三等奖、优秀组织奖。11月,获县教体局"中国人民保险杯"青少年足球联赛男子乙组冠军、女子组亚军。

学前教育 9月,参加南充市第七届幼儿园自制玩具展,获组织奖;熊倩、王英、朱丹制作的《神秘太空系列》获市级二等奖、县级一等奖;黎燕平、马鑫、刘芸制作的《跳跳乐》获市级三等奖、县级二等奖;满婷、何靓、程舒制作的《生活污水处理系统》获县级三等奖。9月,熊倩、王英编写的教育案例获南部县第九届中小学艺术节教育案例县级一等奖。

帮扶工作 在完成帮扶对象寒坡乡棒子湾村、群龙乡石佛沟村退出贫困村基础上,继续帮扶两个贫困村,调整了个别结对帮扶干部,落实了责任,帮扶工作更具针对性、实效性。3月28日,为石佛沟村一社贫困户张文沛捐款31100元,救助其患重病的儿子张志城。

【幸福校区】 **发展简述** 位于县城蜀北办事处黄家坝社区幸福村4组、5组。2018年,有46个班级,学生3499人,教职工128人。为满足新区适龄儿童上学,县政府正筹备扩建24.4亩,新修综合教学楼一栋,可使用教室24间。

教学教研活动 教师多人参加片区、县、市教学竞赛且获奖;学生在各类竞赛活动中获奖1000人次;年度考核获一等奖。承担研究课题12个;承办市音乐教师技能大赛。

艺体卫教育 开展"书韵留香"读书节活动;举办以"体验数学,感受快乐;热爱数学,畅想未来"为主题的"数学文化节";每周三下午开展大课活动,艺术方面有舞蹈、合唱、器乐、书法、绘画、剪纸;体育方面有足球、排球、篮球、羽毛球、乒乓球。

【德育教育】 编制了《家传选集》《师导选集》《生行选集》《家风选集》《学生说孝选集》《家长的心声》校本教材;展出了学生创作的"孝文化"系列作品。12月14日,承办了南部县中小学德育工作推进会。

【附录】 10月,被县人民政府表彰评为敬老工作先进集体;12月,获四川省文明校园称号、南部县2018年度教学质量一等奖;年度综合评估中获一等奖。

【名录】 南部县第一小学校长:汪小伟 副校长:姚健勇、徐培春、李峰、余定辉(温州市洞头区城关一小副校长挂职幸福校区)。

(南部一小)

南部县第二小学

【基本情况】 2018年,有小学生3999人,50个教学班;入园幼儿647人,8个教学班。编制内教职工181人,有编外幼儿教师21人。

【行政管理】 新增4名教师进入学校管理团队，调配1名管理人员到枣儿校区联系工作。每周召开1次行政工作会议，每月召开1次支部委员会，每月开展1次对各科室党风廉洁建设的督查。针对乱办班、乱订资料、乱收费现象，以及职称评聘、绩效考核量化、物资采购、基建管理等重难点工作，多次召开教代会征集教职工意见，完善了制度，解决了相关问题。

【教学管理】 编印校本教材《我们爱国学》《我们爱阅读》；出版校刊《我们是二小人》2期。

教研活动 参加市县竞教活动，1人获省级二等奖、16人获市级一等奖、6人获得市级二等奖。在"王晓妹名师工作坊"下乡献课活动中，8人参与下乡献课27堂次。安排蒲宗秋、何继济到温州市学习交流；组织13人参加部颁小学语文新教材学习，44人参加南充市小学骨干教师第三期培训班学习，88人参加"南部县小学骨干教师培训班（第三期）"培训；组织32名青年教师参加南充市青年教师培训（养）计划实施暨师德培训大会（第五批），44人到成都、重庆及市、县部分小学参加培训、交流、教研活动。202人参与互联网线上学习，考核全部合格。在南充市小学教师素质提升暨教师大比武中，9人参加比赛，5人获特等奖，3人获得一等奖，1人获二等奖；在南充市举办的第二届嘉陵江杯教学大比武中，14人组团参赛，获小学组团体成绩一等奖，张丽、范丽、赵玉清获个人一等奖；3名教师参加省教师基本功大赛，帅爱全获一等奖，何晓春、李智益获二等奖。

课题研究 完成市级课题《小学高段语文家庭作业有效性研究》《小学中段数学知识"网络建构"及过关》；国家级子课题《农村小学数学有效教学实践与高效课堂实验研究》《小学数学课堂教学中小组合作学习的实验与研究》、省级课题《小学综合实践活动常态化研究》、市级课题《综合实践活动课程资源的开发与利用》处于研究第三阶段。11人担任课题主持人，103人参与课题研究。

艺体教学 制订了诸如《二小艺术教育发展远景规划》《二小艺术教育五年发展规划》《二小艺术教育年工作计划》《二小艺术教育特色发展计划》等规划、计划，因材施教，分层教学，组成56个社团，每周三开展社团活动，涉及国学朗诵、科技教育、英语诵读、小制作。学生参加书法展获奖100多人次；舞蹈、器乐、声乐获奖830多人次，向专业学校输送艺术人才180余人。

【帮扶工作】 继续帮扶铁边乡团结村、富利镇大树垭村。投入36000元，为大树垭村安装路灯27盏，为团结村安装36盏；投入2.2万元，维修村道堡坎2处、水渠30米；投入4万元，修建自来水蓄水池2处，解决300多人次饮水问题；投入2300元，组织村民代表到黄连树村、大仓村考察学习丑柑、橘梗、火鸭种养技术，两村新发展丑柑320亩、火鸭养殖基地1个、橘梗8亩。

【幼教管理】 投资16万元，改造幼儿园围墙，添置教学设施设备；开展安全检查12次，常规检查23次，排危2次，召开园长会议8次；组织园长参加省幼儿园园长第三期培训1次、南充市《3~6岁儿童学习与发展指南》培训4次；组织园长和13名幼儿教师参加省教育科学院组织的园长培训、骨干教师培训4次。幼升小幼儿园登记2次。

【附录】 南部县第二小学内设图书室、微机室、档案室、多媒体室、科学实验室、音乐室、美术室、多功能教室。获全国艺术教育先进单位、全国首批篮球特色学校、四川省文明单位、四川省艺术教育特色学校、四川省首批文明校园、南充市示范学校、南充市阳光体育示范学校、南充市基础教育质量考核先进单位、南部县人民满意学校、南部县基层党建示范学校等称号。

【名录】 南部县第二小学校长：杨仕斌 副校长：刘平、高琳娟。

（南部二小）

南部县第三小学

【基本情况】 2018年，兴教研教改之风，提升教师专业能力；立足核心素养，强学生综合向上，力推学校工作上新台阶。

【教学管理】 教学教研活动 领导随堂听课243节次；开展名师工作坊献课活动；16个教研组开展了磨课活动，打磨出16堂优质课例。张小丽、叶小平参加南充市小学班主任风采大赛、课堂教学竞赛活动获二等奖。对全县老师进行了新教材语文学科培训。参加省、市培训46人次，主持工作坊数学、美术培训4次，80人次参与。王春梅、杜小丽、孙云虎、周梅、王淑华、严小菊到大河镇小学、柳树乡小学送教下乡10多课次。

课题研究 市级课题《"一日六站"家校共育实践研究》6月结题、申奖。县级课题《五年级每天十分钟读写结合策略》《教师深度参与课堂研修模式实践研究》完成结题。另有十多个微型课题进入中期研究阶段。

艺体教学 组织学生参加省、市、县第九届中小学生艺术节，制作出41件艺术品，完成5个艺术节目、1个艺术实践工作坊、3个美育创新案例。杜正雄、滕文婷、周梅、赵跃的合唱校歌，李志凤、王小荣、徐林林合著的美育创新案例参加展评。本次艺术节获得省、市、县奖励30多项次。以本校艺术测评为模式的测评经验在全省交流。兰天宝、黄春林带领田径队参加南充市中小学生田径锦标赛获小学组第三名；兰天宝、刘德宝带领羽毛球队参加南充市中小学生羽毛球比赛获一等奖；王珏、谭伟带领男女足球队参加南部县青少年校园足球联赛列第三名、第四名。

【后勤管理】 减免建档立卡贫困学生书费、杂费104人次1.01万元；发放幼儿园一补资金95人次4.75万元。召开安全工作广播会4次、法制讲座1次、交通安全讲座1次，班级观看安全视频2次、电影1次，组织师生应急疏散演练1次。迎接市安全检查1次，县教育局安全检查2次，国土局地质安全检查3次，督导组工作检查3次，县卫生局、疾控中心卫生检查1次，滨江办事处、东城派出所、晓霞居委会安全检查20余次。排查整改幼儿园围栏、教师宿舍楼供水、教师老宿舍排水管道、化粪池排水沟、女厕所漏水十多处。向县教育局报告地质灾害1次；向移动、电信公司递交隐患报告2次。

【名录】 南部县第三小学校长：刘小宁 副校长：何祥勇、赖启华、郑义。

（南部三小）

南部县第四小学

【基本情况】 2018年,以提高教学质量为核心,加大教改力度,提升教学质量,实现了年度工作目标。

【德育教育】 坚持周一开展升旗仪式,坚持"红领巾"广播站按时广播。量化考核班级清洁卫生、班主任工作。组织教职工参加市、县、镇演讲比赛,李旭敏、黄黎、邓淼、张洁在演讲中分别获市三等奖、县二等奖、镇一等奖。

【教学管理】 严格执行一年级招生政策,做好转学工作,控制超大班额;四、六年级教学质量在市、县统一监测中,名列前茅。以研兴校,以研促教。侯小红、李霞的语文微型课获市级二、三等奖;敬碧玉的英语课获市"一师一优课"小学组三等奖;柴小祎等7人分别获市微课大赛一、二等奖;100余篇教学论文发表,且多篇获奖;两个微型课题结题并申奖。赵花、崔鑫、孙小静、曲中琼、陈思圆、何青、蒲希萍、李秋兰、程金凤的示范课获师生的广泛好评。

艺体教育 成功创建省级特色艺术学校;顺利通过县阳光体育示范校、全国足球特色学校复查验收。

【帮扶工作】 帮扶贫困村铁鞭乡广福村、雄狮乡西安村。2018年,两村脱贫12户32人,广福村退出贫困村序列。

【名录】 南部县第四小学校长:杨小云 副校长:唐兴松、谢锋、何俊秀 工会主席:宋安元。

(南部四小)

南部县第五小学

【基本情况】 2018年,新校区幼儿园招收300人、一年级5个班,每班60人;转校生80多人;有在编男职工24人,女职工50人。

【教学管理】 少先队大队部成立了监督岗,由10名学生组成,监督内容为红领巾佩戴、文明用语使用、课间活动、公物爱护;组织学生学习新的《小学生守则》《小学生日常行为规范》;表彰了"优秀学生干部""美德少年""三好学生",并将学生名单、照片公示在荣誉墙上。坚持周周、月月评选出文明班级、学生明星。定期召开家长座谈会,实现了家校互动、社会参与的网络化管理。每月检查教学"六认真",评出成绩,与绩效工资挂钩;六年级学生参加初中微机分校,大部分学生分到了南部中学和南部二中。承办了南部县中小学生校园足球联赛。采取"走出去,请进来"等多种形式提升教师业务能力,激发了职工教学研究热情。

【后勤管理】 完成了校门、塑胶操场改建,促成了校园绿化亮化。层层签订《安全目标责任书》,将安全工作作为对教职工考评的重要内容,常抓不懈。邀请法制副校长到校授课,开展了疏散演练、灭火器使用现场培训活动。

【名录】 南部县第五小学校长:李长虹 副校长:黄绍明、郭太益、谢仕禄。

(南部五小)

科学技术

科学普及与创新

【基本情况】 创办科学技术学(协)会54个。2018年,公民具备科学素质比例为7.0%,与全县经济社会发展水平相适应。

【科学普及活动】 科普宣传 开展科普宣传4场,举办实用技术培训4场(次),各学(协)会开展各类技术交流、咨询服务、讲座80场(次),发放宣传资料5.5万份(册),受益群众10余万人。

惠农活动 新建科普e站5个,发展农村专业技术协会9个,实施科普益民行动2个。

科技扶贫 引导100余户贫困群众加入科技协会,运用科技成果转化助推产业脱贫:县玉睿林果业协会新发展玉睿柚1000亩,带动了水果产业发展;县兴然农业科技协会,自主研发的桑芽茶、桂花茶、枇杷茶,带动了蚕桑产业发展。

【科技创新活动】 举办了南部县第五届中小学生科技创新大赛,收到参赛作品228件,评出一、二、三等奖,并报省、市参选,获省一等奖2件、二等奖5件、三等奖3件。举办南部县第三届农村乡土人才创新创业大赛,8名参赛人员获奖,并推荐参加省、市大赛,5名参赛人员分别获市第三届乡土人才创新创业大赛一、二、三等奖,其余获优胜奖。

【党建工作】 以"三会一课"为载体,提升党员素质,召开支委会12次、党员会6次、民主生活会2次,城乡党建结对建支部6个,开展党员"双报到"和义工服务4次。

【附录】 (1)6月28日至29日,与中国天文学会在县城红岩子广场举办了"科普天文行,联想星空夜"科普宣传活动。

(2)县科协内设办公室、学会部、科普部。2018年,有在编在岗职工5人(含工勤1人),领导2人,工作人员3人。

【名录】 县科协主席:李荣耀 副主席:赵健。

(县科协)

传媒

新闻出版

【基本情况】 2018年，开展文化市场专项整治行动立案、结案17件，责令整改71家，暂扣物品120件，收缴、罚款5万元；办结2436500件。

【文化建设】 基础设施建设 投入资金1000万元，完成20个乡镇综合文化站改造升级和30个村文化广场、2个社区文化活动中心建设；为2017年、2018年132个脱贫村文化室补充采购配送相关设施设备，2018年脱贫的52个贫困村文化室标准化建设；投入专项资金60万元，完成大桥镇三陈文化陈列馆装修；县图书馆开通自助图书借还、办证功能，开展延时服务。

群众文化活动 投入资金260万元，采购420场文艺节目在71个乡镇198个建档立卡贫困村及部分非贫困村开展送演出下乡活动；开展了20场马王皮影进校园、社区巡演活动；开展系列群众广场文艺演出、川剧专场演出、庆祝改革开放40周年演出、南部好歌曲演唱会100余场；会同宣传部、农工委、旅游局在玉镇乡举办南部县第三届微电影节。

传统文化保护 挖掘打造八尔湖八仙文化、升钟湖伏羲文化、满福坝大禹文化，完成相关文史资料搜集整理；投入70万元，完成省级文物保护单位永安庙排危；投入200万元，完成国家文物保护单位醴峰观消防建设；投入120万元，启动省级文物保护单位南部文庙维修；投入20万元，完成文物库房维修改造；加强民间文化传承保护，完成《南部民间音乐集成》的编辑出版。

广电传播建设 投入3000万元，改造升级乡村广电网络光纤2500千米，升级改造乡级广电机房20个、村广播室200个，完成电视户户通建设5000户；投入210万元，按照每个村每月放映一场电影要求完成12468场农村公益电影放映任务；实施"百场电影进广场活动"，采购500场电影，开展了电影进广场、进社区活动。

【体育活动】 基础设施建设 投入600万元，完成滨江、蜀北足球场建设；投入180万元，实施36个村农民体育健身项目建设；投入30万元，完成城区健身路径维修及新布点建设。

群众体育 开展各类群众体育活动100场次，参与两万人；建成省级校园足球学校示范校18所，定期开展校园足球联赛；建成市级体育传统项目学校2所，联合组建了田径、游泳、篮球、乒乓球代表队，为青少年体育后备人才培养、输送打下了基础。

竞技体育　皮划赛艇、跆拳道、柔道、摔跤、女子排球等竞技50人代表南充市参加四川省第十三届运动会，获得了3金、7银、12铜的好成绩。皮划艇队员向晶晶在全国赛艇男女双人500米比赛中获金牌1枚、1000米比赛中获铜牌1枚，并留在国家集训队。招引企业赞助410万元、物资（折资）100万元，举办"福康供水杯"第十届中国升钟湖钓鱼大赛；招引企业赞助10万元，举办"人保财险杯"2018年南部县青少年校园足球联赛暨南部县第三届室内五人制足球赛。

【帮扶工作】 驻村帮扶　投入30万元，为帮扶的石泉乡府君村、碾盘乡磨刀石村建设了标准文化室、卫生室；投入10万元，在两村实施文化墙建设；在府君村新实施300亩柑橘产业园建设，产业园总规模650亩。两个村均退出贫困村序列。

行业扶贫　完成2018年拟脱贫52个贫困村文化室标准化建设；完成5000户电视"户户通"建设；完成贫困村广播线路维护、整改。

【附录】（1）完成198个贫困村文化室建设，探索出的"文化室＋邮政"贫困村文化室建设模式，作为经验在全省交流推广。3月8日，被省文化厅表彰为2017全省文化扶贫成效显著单位。7月，被省体育局、省人力资源和社会保障厅表彰为2014—2017年度全省群众体育先进单位，张志良被表彰为2014—2018年度全省群众体育先进个人。8月，县图书馆再次被国家文旅部评定为国家一级图书馆。

（2）县文广体局下属7个事业单位：文化馆、图书馆、文物管理所、业余体校、赛事中心、文化市场综合执法大队、广播电视台。2018年，局机关在职职工11人、文化馆7人、图书馆6人、文物管理所5人、业余体校5人、赛事中心3人、文化市场综合执法大队9人、广播电视台51人。

【名录】 县文广体局局长：张志良
副局长：陈雪花、杨光斌、范淋峒。

（县文广体局）

广播电视

【基本情况】 2018年，践行"求实、担当、奉献、超越"的广电精神，以改革创新为总揽，以新闻宣传为中心，以事业建设为基础，以经营创收为保障，完成了各项工作任务。

【电视宣传】《南部新闻》每天一期，每期15分钟以上，1月至10月，新闻用稿2400件；专题报道《民生播报》38期、《廉政在线》11期、《平安南部》10期，各类主题报道20组。《民生播报》获全国第五届市县电视台节目评选一等奖。

【广播宣传】 办好调频FM95.3和FM99.9，把握频率定位，持续开设《非常帮助》《政风行风热线》栏目。6月，推出手机APP——南部手机台，为建立融媒体中心打下了基础。

【对外宣传】 出台外宣上稿单项激励考核制度，鼓励上大稿、重稿、好稿，1月至10月，在中央电视台发稿3条，在四川电视台发稿18条。

【帮扶工作】 结对帮扶大堰乡张家坝村、东坝镇园坝寺村，两村实现了"村脱贫，户退出"目标。

【名录】 县广播电视台台长：罗小明。

（县广播电视台）

广电网络

【基本情况】 2018年，坚持以市场为导向，以客户为中心，以推进实施网格化2.0为工作主线，成效明显。

【经营管理】 在2017年网格化管理基础上，2018年对网格化2.0升级提出的要求进行了优化；强化基层一线作战单元建设，竞聘上岗，细分网格，优化人员组合，落实经营责任，下沉关键资源，形成了内部协同支撑、市场响应快捷、用户感知优良的工作机制。

【帮扶工作】 驻村帮扶 帮扶河坝镇凤凰山村、五灵乡歧库村。选派了4名工作力强、农村基层工作经验丰富的人员分别担任驻村工作队长和第一书记，全脱产吃住在村上，与村支三委一道，与贫困户一道，开展扶贫工作。32名职工参与帮扶贫困户105户。为两个贫困村协调争取项目资金18万元，帮助改建了文化室、卫生室、广播室；筹资8万元，支持规模发展花椒、柑橘、核桃产业；组织职工捐资3.2万元，捐赠衣物80余件。

行业扶贫 在文广部门安排下，承接了全县广播电视扶贫任务，减免部分贫困户收视费，投入设备材料52万元，免费为贫困户安装电视接收设施设备。

河坝镇凤凰山村于2017年退出贫困村序列，五灵乡歧库村于2018年退出。

【附录】 2009年，成立四川省有线广播电视网络股份有限公司，各市（州）、县（区、市）成立分公司。公司按照所有权和经营权相分离的模式运行，即各地分公司的资产属当地政府所有，当地政府以资产入股，是唯一出资人（股东），经营管理则由省公司按照国有企业制度统一组织实施。县广电网络公司从2012年开始独立运行，2015年农村广电网络整合进入省公司。

【名录】 县广电网络公司总经理、市广电网络公司副总经理：谢学荣 常务副总经理兼财务总监：胡德娟 副总经理：何荣、周德彬 工会主席：蒲彩强 党支部副书记、办公室主任：陈宇。

（四川广电网络南部分公司）

文化管理

文物与考古

【基本情况】 2018年,完成醴峰观安防、防雷项目申报;配合省考古院完成重点古建筑数字扫描测绘;完成升钟伏羲文化调查、收集及资料整理汇总;启动南部大禹文化前期调查资料收集。

【文物勘探】 配合省文物考古研究院完成嘉陵江流域南部段考古调查,新发现楠木镇羊角坝商州至汉代遗址、阳通坝汉代遗址。配合省文物局完成南部县石刻文物调查,碑刻拓片近百张。完成汉巴南铁路南部段龙庙、富利、王家等乡镇的文物勘探调查。

【文物保护】 完成省级文物保护单位永安庙排危修缮;启动省级文物保护单位南部文庙维修工作;完成国家文物保护单位醴峰观消防工程前期筹备工作;调查申报并公布第六批县级文物保护单位。完成第八批全国重点文物保护单位申报。完成新公布第六批县级文物保护单位的"四有"工作,落实文物保护单位的保护标志、保护机构、保护范围、保护档案。

【附录】 县文物管理所公益性事业单位。担负全县文物调查公布、保护管理、考古发掘、宣传征集、鉴定登编、修复保管、收藏展览等工作。2018年,有在编人员5人。

【名录】 县文物管理所所长:陈刚。

(县文物管理所)

群众文化建设

【基本情况】 2018年,神坝皮影、面塑、杜氏中医升格为市第五批非物质文化遗产;杜氏中医被评定为省第五批非物质文化遗产名录;编撰出版了《南部方言集成》。

【群众文化活动】 1月14日下午14时,"南部好歌曲"本土歌手演唱会在红岩子广场举行,歌曲《在南部的天空下》《心放升钟湖》《遇见八尔湖》宣传了南部。"2018龙腾盛世——南充市龙武大赛"于2月2日下午落幕,县文化馆带领的龙舞队获三等奖。3月2日元宵节,在红岩子广场举办了"百姓大舞台"元宵演唱会,在柳林文化广场举办了"亲水南部闹元宵"龙狮舞表演,晚上,在柳林文化广场举办了国家级非遗马王皮影展演。6月15日,"亲水南部 诗意家园"端午诗歌朗诵会在县文化馆多功能厅举行。7月12日,柴源、吴全禄、敬颖锋、孙建国、何中平、袁勇深入玉镇乡正觉寺村为村民创作书法作品50余幅。7月23日上午，为期1个月的暑期免费少儿书法、舞蹈、写作培训班开班行课。7月26日，71个乡镇文化专职干部及非物质文化遗产传承人参加的业务培训会历时2天，在文化馆结束。8月24日，举办了南部文艺大讲第七讲少儿专场，中国作协会员、省文艺传播促进会副会长兼秘书长徐建成主讲《我的文学人生》。9月28日下午，"亲水南部 国庆欢歌——2018南部县群众广场文艺展演""书香南部——2018年国庆本土作家签名赠书暨免费图书赠阅活动""亲水南部·墨香芬芳——2018国庆广场书画创作现场创作义赠活动"在柳林广场举行，免费赠阅图书2156册，义赠书画作品326件，演出文艺节目18个，接待观众36000人次；当日晚上，马王皮影专场展演在柳林广场演出了皮影戏《陈母教子》《猪八戒背媳妇》《八仙聚》。9月29日上午，庆国庆广场戏曲专场展演在柳林广场举行。历时3个月的纪念改革开放四十周年——"亲水南部"全省文学征文大赛于10月28日揭晓，金指尖的组诗《流向》获一等奖，何蓉的散文《找到南部》、胡绍珍的诗《红桑果》获二等奖，李斌、何壮远分别获三等奖、优秀作品奖。11月6日，"马王皮影"进校园展演活动在柳林幼儿园举行。活动中，马王皮影剧团为师生表演了皮影戏《杨戬救母》《三娘教子》《张飞审瓜》。

【附录】 县文化馆系公益性副科级文化事业机构，于1949年成立。业务范围：组织群众文化活动，繁荣群众文化事业；文化宣传、文艺活动组织、业余创作团体管理、业余文艺创作组织、文化交流、民族民间文化艺术遗产收集整理与保护、相关文化产业经营。内设综合办公室、文学辅导部、书画辅导部、音乐舞蹈辅导部、非物质文化遗产保护中心、网站办公室、信息产业调研部和《晓霞》编辑部；内有艺术展览厅、多功能厅、音乐舞蹈排练厅、学术厅、电子阅览室、非物质文化遗产传承人工作室、文化艺术培训室、民间艺术陈列厅、专业辅导工作室。免费对外开放。机构编制12人，2018年，在编职工7人。

【名录】 县文化馆馆长：邓太忠。

（县文化馆）

图书管理

【基本情况】 2018年，新增读者700人次；新增畅销书11000册；征集地方文献300册；图书借阅60000余人次。

【基础设施提升】 完成了图书馆大楼维修改造；安装了读者流量统计系统，增设1台读报机；提升了综合报刊阅览室、外借部管理系统及数字化、中控室电子设施设备；24小时自助图书馆开通。

【服务读者活动】 完成了56个脱贫村农家书屋图书更新及阅报栏建设；完成了6个总分馆制试点建设；完成了省级下达的第一批次古籍普查工作；参加了由县委宣传部组织的"四下乡"活动，免费赠送了500本图书、200本期刊、300幅春联；给五岳宫村发放了400册图书，内容涉及农村实用技术、文学艺术、健康保健、法律知识；举办了农家书屋管理员、待业青年、农民工电脑知识技能业务培训4次600余人。举办图书展览6次，接待4000人次。

【附录】 县图书馆是政府开设的集知识性、教育性、专业性、公益性为一体的综合性公共图书馆。文献总藏177.9万册（件），其中电子文献72.6万（册）。设10个免费服务窗口：电子阅览室、多媒体阅览室、自动化外借部、综合报刊阅览室、残疾人阅览室、农家书屋文化共享工程网络培训室、读者自修室、多功能少儿阅览室、古籍典藏室、地方文献室。有阅览座席326个，日接待读者900人次，年接待读者5万余人次。2018年，有在编职工6人，聘用职工4人。

【名录】 县图书馆馆长：任伟。

（县图书馆）

新华文轩

【基本情况】 2018年，销售教材教辅、图书、政治读物5530万元，音像制品、电子产品、教装产品1465.86万元；接待读者10万人次，图书零售35万册。

【经营管理】 保证政治读物发行完成不耽误；保证中小学生教材供应"课前到书、人手一册"不懈怠。持续为边远山区学校捐赠图书、课桌椅、多媒体教学设备，计50万元；为建档立卡贫困生补贴教学用书60万元；为南部中学、南部二中、南部一小、南部三小师生提供了6259册课外读物。

【帮扶工作】 增派第一书记、驻村工作组长，落实了一对一帮扶员工。整治、改建50余户危房、土坯房、厕所；为142户农户提供收视费，购买农药、化肥，送去米、面、油、肉，添置床、灶、煤气。全年提供资金30万元，1000人次参与帮扶。

【附录】 （1）被省、市公司授予2018年度优秀分公司、"课前到书"先进分公司、十佳门店称号；10名干部、员工被省、市公司评为明星管理者和优秀员工。

（2）新华文轩出版传媒股份有限公司南部分公司是南部县唯一具备教材教辅发行资格的国有企业，承担全县中小学、幼儿园教材、教辅用书的征订发行。2018年，新华文轩出版传媒股份有限公司南部分公司有在编男职工14人、女职工5人。新华文轩出版传媒股份有限公司南部西门桥书店负责图书、音像制品、文化用品、电教产品零售服务。2018年，新华文轩出版传媒股份有限公司南部西门桥书店有在编男职工7人、女职工6人。

【名录】 新华文轩南部分公司经理：杜小强　副经理：刘海洲　新华文轩南部西门桥店店长：杜涛。

（新华文轩南部分公司）

文 史

档 案

【基本情况】 截至2018年，馆藏档案336个全宗124885卷，258227件，7298余册资料。2018年，完成4个立档单位7534卷（件）档案接收进馆，接待利用档案1215人次，利用档案1645卷（件）次。

【档案管理】 4月，配合市档案局完成档案编研，出版了《乡村记忆——南充四合院的故事》及《历代名人咏南充诗词全编》。6月21日至22日，在八尔湖镇纯阳山村承办了全市脱贫攻坚档案工作试点现场会，整理该村贫困户个人档案90盒，村级脱贫攻坚档案57盒。8月底，完成对100多个机关、企事业立档单位文件材料的立卷归档的指导和综合检查。完成入馆婚姻档案数字化工作，启动查阅目录数字化。首次展示"清代南部县衙档案"仿真复制件；接待专家学者100人次，接待参观群众2000人次，发放宣传资料1000份。

【附录】 1959年11月，南部县档案馆成立，设在原县委机关大院内，"文化大革命"期间被撤销。1978年5月，在文庙礼堂北侧重建807平方米档案库房；1979年1月，恢复南部县档案馆。1980年1月，南部县档案局成立，与县档案馆合署办公。2008年汶川大地震，县档案馆遭受重创。新档案馆项目纳入灾后重建，投资1400万元建成6118平方米新馆，位于政府新区桂冠路8号。2018年，在职男职工9人，女职工5人。

【名录】 县档案局局长：冯隆中。

（县档案局）

地方志

【基本情况】 2018年，完成《南部年鉴2017》《南部年鉴2018》的编纂工作，共计390万字。完成省市年鉴文字、图片征集。

【编辑管理】 主题学习 了解十九大会议精神；学习习近平总书记来川视察指示精神；学习省、市、县会议精神和相关文件精神，明方向、知中心、见行动。

专业学习 翻阅《人民日报》《光明日报》《经济日报》《求是》《新华文摘》《巴蜀史志》，翻阅经济发达地区志鉴，参阅四川年鉴，吸收外省入志入鉴内容，以省鉴为范，规范条目，结构内容，形成特色。新设《媒体看南部》子目。

资料发放与交换 发放、寄送《南部

年鉴（2017）》249本；与云南、河北、山东等地交换资料17次66本。

编纂运作 4月下旬，由县政府办行文征集2018年年鉴资料，电话催稿593次（部分单位催稿七八次），资料缺项补充催稿217次。不少单位未按要求提供准确信息，表述混乱，漏洞百出，编辑人员多方思考，去伪存真，逐字逐句，逐行逐段反复修改，主管领导严格把关，方使两鉴内容翔实，条目明晰，版面文字干净、清爽、规范。

办公室工作 完成事业单位法人报告工作，完成国有资产清查工作，完成内部控制报告工作，完成预算信息公开工作，完成省、市、县报送资料及县委政府交办的其他工作。

【**名录**】南部县地方志办公室副主任：史小龙、宋全举。

（县地方志办公室）

管理与监督

社会保障和人力资源管理

【社会保障】 2018年，全县农村居民人均可支配收入14908元，较2017年增长9.7%，其中工资性收入6566元，较2017年增长9.1%；家庭经营净收入5021元，较2017年增长7.6%；财产净收入253元，较2017年增长24.0%；转移净收入3068元，较2017年增长13.8%。城镇居民人均可支配收入35033元，较2017年增长8.7%，其中，工资性收入20183元，较2017年增长7.9%；经营净收入5381元，较2017年增长8.3%；财产净收入1256元，较2017年增长22.9%；转移净收入8213元，较2017年增长9.2%。

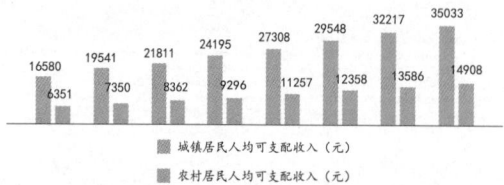

2011—2018年居民人均可支配收入

2018年，机关事业单位参加养老保险1.5万人，参保人员中离退休人员0.9万人，参保人员工资总额9.9亿元，全年应收养老保险金2.8亿元，实付养老保险金4.4亿元。企业职工实际参加养老保险7.5万人，享受退休费社会化发放5.3万人，全年实收养老保险金8.4亿元，实付养老保险金10.5亿元。

城乡居民养老保险覆盖61.7万人，参保缴费23.6万人，实际征收城乡居民养老保险基金1.4亿元，实际发放城乡居民养老保险基金2.7亿元。

已参加医疗保险103.4万人，其中，参加医疗保险职工4.9万人，参加医疗保险居民98.5万人，参加医疗保险离退休职工1.9万人，参保人员工资总额20.4亿元，医疗保险金实收11.7亿元，实际支付医疗保险费6.9亿元。

【就业服务】 新增就业13010人，失业5439人；参加失业保险单位429个，参加失业保险13516人，征收失业保险金700.2万元，发放失业保险金642.7万元，发放再就业各类补贴244.14万元。

【人力资源管理】 坚持高端人才考核招聘、一般人才凡进必考原则，招引各类人才283人，其中，研究生13人。培养专业技术人才1581人，其中，高级人才524人；培养技能人才2943人，其中，高级人才263人。

【劳动权益保护】 建立农民工工资目标考核机制，推进"巡回仲裁庭"办案活动，接受投诉 187 件，受理办结劳动人事争议案件 41 件，案外调解案件 128 件，为劳动者追讨工资 2000 万元，依法移送恶意欠薪案件 14 起。

【名录】 县人力资源和社会保障局局长：李懿　副局长：马毅、杨方斌　办公室主任：赵至春。

（县人力资源和社会保障局）

社会保险

【基本情况】 2018 年，着力改善政风行风、提升干部职工业务水平、优化服务质量，社保工作稳步推进。

【经办管理】 养老保险　参保 75194 人，扩面新增 6580 人，保险费征集 57780 万元。

工伤保险　参保 23308 人，完成目标任务 22850 人的 102%，保险费征集 470 万元，完成目标任务 460 万元的 102.1%。

生育保险　参保 11730 人，完成目标任务 10500 人的 111.7%，保险费征集 385 万元，完成目标任务 370 万元的 104%。

失地农民参保后续工作　2017 年，办理失地农民参保结束后，2018 年，对参保资料进行了整理、归档立卷，部署到龄人员的退休办理。

一站式办理　新增建设退管标准化社区 3 个，规范完善 3 个。建立一站式服务通道，办理人可通过专线电话或现场查询获取转移业务办理情况。

（县社会保险事业管理局）

就业服务

【基本情况】 2018 年，通过技能培训扶贫行动惠及 880 人，其中，获得初、中级技能证书 170 人。针对无技能、年龄偏大建档立卡人员，提供爱心岗位和公益岗位 1000 多个。

【职业技能培训】 建立以"奖补为导向、培训为手段、就业为目的"的技能人才培训体系，开拓校企合作培训模式，推动长期培训与短期培训结合，全年开展各类培训 4000 多人，稳定了就业形势。

【创业带动就业】 鼓励大众创业，全年发放创业担保贷款 1330 万元，建成返乡下乡创业园 1 个，新增创业实体 3500 户，创业带动就业 9962 人。落实"归雁工程"，建立创业项目资料库，由人力资源和社会保障、商务等相关部门紧密结合国家产业政策，制定发展产业指导目录。组织创业专家志愿团提供可持续跟踪式、实时式创业指导，适时向返乡人员传送创业项目信息和各类市场信息。

【就业创业服务】 建立南部县人力资源一站式服务中心，收集发布园区企业用工信息和定向联系各个县驻外商会。提供职业介绍、技能培训、法律援助、劳动维权、就业指导等服务。推进服务平台标准化、服务基础信息化、服务机制协同化、服务行为专业化"四化"进程，落实"一号工程"要求和全省政务一体化平台建设。加强四川省就业服务信息管理系统、"南部就业"微信公众号和"公共招聘网"等网络平台运用，多渠道发布推送最新、最及时的就业信息，完善"互联网+"就业服务体系。

【失保防促作用发挥】 开展"护航行动""展翅行动"，落实稳岗补贴政策和技能提升补贴政策，按照规定对22个企业实施补贴，补贴资金37.86万元，惠及企业职工3313人。发放失保待遇，落实一次性告知制度，全年享受失保待遇4920人次，发放失业保险费582万元。

【附录】 2018年，县就业服务管理局编制20名，在编在岗18人，其中，党员11名，发展入党积极分子2名。

【名录】 县就业服务管理局局长：赵素芬　副局长：庞军、敬星明、杜俭。

（县就业服务管理局）

安全生产监督管理

【基本情况】 2018年1月至10月，全县统计上报发生生产安全事故10起、死亡11人、受伤3人，直接经济损失32万元，与2017年相比，死亡人数下降18%、经济损失减少16%。

【安全生产管理】 县电视台滚动播放安全知识"散打评书"、事故灾难警示片6期；督促83家企业对职业危害严重岗位的1200多人进行了职业健康体检，完成67家企业职业危害因素检测、职业卫生评价，3家职业危害严重企业被叫停；完善了涉氨制冷、有限空间作业安全操作规程，督促企业"五落实五到位"；投资300万元，完善城区消防管网；投资400万元，在110指挥中心建成安全生产综合监管平台；跟踪督办公共安全隐患整改26处，跟踪问政13起，通报批评"慢作为"单位5个，公开检讨单位3个。

组织各类安全检查组133个，暗访暗查组26个，检查企事业单位1613批次，约谈企业8家，督促生产经营单位整改隐患326处，行政管理部门整治公共隐患356处，发出限期整改指令386份、监察意见书32份，曝光安全隐患28项、业主6人。查处非法违法行为138起，关闭取缔企业4家，暂扣吊销证照19个，责令停产整顿28家，停电停供58家，处没罚款310余万元，行政拘留5人，联合惩戒失信企业8家；成立烟花爆竹专案组，查扣烟花爆竹1万余件，刑事拘留5人。

【帮扶工作】 选派两人到碑院镇林坝村、太华乡枷坦塆村担任第一书记；筹集帮扶资金15万元疏通帮扶村产业发展瓶颈；全年实现106户贫困户稳定增收、23户贫困户脱贫。

【名录】 县安全生产监督管理局局长：史光伦　副局长：李玉春、杨程中　党组成员：冯忠国、李红霞。

（县安全生产监督管理局）

人民生活与社会保障

南部县残疾人事业

【基本情况】 2018年，投入残疾人救助资金3161万元，人均投入728.9元。

【基本数据】 残疾人数据 全县城镇残疾人24985人，占残疾人总数的25.57%；农村残疾人72915人，占残疾人总数的74.63%。

残疾人类别 视力残疾15834人，占残疾人总数的16.17%；听力残疾19293人，占残疾人总数的19.71%；言语残疾1761人，占残疾人总数的1.8%；肢体残疾34208人，占残疾人总数的34.94%；智力残疾4007人，占残疾人总数的4.1%；精神残疾9184人，占残疾人总数的9.4%；多重残疾13698人，占残疾人总数的13.99%。

残疾人等级 一级残疾9844人，占残疾人总数的10.18%；二级残疾16381人，占残疾人总数的16.94%；三级残疾9783人，占残疾人总数的10.12%；四级残疾7359人，占残疾人总数的7.61%；未定级53333人，占残疾人总数的55.15%。

贫困残疾人数据 全县贫困残疾人6.34万人，其中，建档立卡贫困残疾人6543人，占残疾人总数的65%，残疾人所占比例涉及1/5的家庭。

【民生救助】 资金资助 适配亟需基本辅具1278件，投入资金64万元；为320名贫困白内障患者实施免费复明手术，投入资金25.6万元；为321户贫困残疾人家庭实施无障碍改造，投入资金179.58万元；为82名贫困脑瘫儿童实施康复训练救助，投入资金149.85万元；为1017名贫困残疾人家庭提供"居家灵活"就业直补投入资金50.85万元；扶持农村贫困残疾人发展生产4831人，投入资金144.93万元。

康复救助 为320名贫困白内障患者实施复明手术；为321户贫困残疾人家庭实施无障碍改造；为82名贫困脑瘫儿童实施康复训练救助；为30名0—6岁残疾儿童实施抢救性康复训练，为55名智力儿童、21名孤独症儿童实施康复训练救助；为244名精神病患者提供免费药品；为400名高危孕产妇提供产前诊断；为110名0—6岁儿童提供残疾诊断补助；为2600名残疾人免费评定。

【民生保障】 创业扶持 聘请农业专技师傅、家电维修师傅、手机维修师傅、理发师傅、按摩师傅，为有就业能力和愿望的5046名残疾人实施技能培训，投入资金50余万元。扶持农村贫困残疾人发展生产4831名；扶持残疾人创业35户，创建残疾人创业、就业基地5个。

【临时救助】 对200名智力、精神残疾人实施"阳光家园"救助；为478名贫困下肢残疾人发放代步轮椅及车燃油补贴。

【扶贫扶持】 全县建档立卡贫困残疾人6543名，将符合条件的纳入低保；对持证残疾人代缴新农合个人部分费用578万元；对321户出行不便的残疾人家庭实施无障碍改造，投入资金179.58万元。

【残疾学生补贴】 小学为500元/生·期，初中为625元/生·期；对60名考取大学的残疾新生和贫困残疾人家庭子女实施资助，投入资金12万元。

【产业扶持】 注入省专项扶贫资金30万元，量化到老鸦镇流杯桥村、梓桐村、花园村20户建档立卡贫困残疾人，每户按15000股入股，每年按不低于商业银行存款利率的5%保底分红，即每户每年分红不低于750元。同时该合作社解决了25名残疾人就近就业；在大王镇繁荣村建立了残疾人脱贫奔康产业园。

【名录】 县残疾人联合会理事长：刘静 副理事长：李天海。

（县残疾人联合会）

南部县红十字会

【基本情况】 2018年，开展集中献血活动16次，无偿献血6511人、2113310毫升；42人血样加入省造血干细胞捐献者资料库；2例自愿捐献器官。

【红十字活动】 筹资4万元，帮助困难群众31人次；为东坝镇白血病患者周平争取到省红十字会人道救助1万元，为永定镇向小华、石河镇李雯雯、大王镇刘雪梅争取到市红十字会人道救助2800元；开展器官捐献慰问1人次，发放救助金3000元。春节前夕，深入大王镇、五灵乡等地贫困村和县城部分社区走访慰问低保户、五保户、贫困户60户，发放价值8万元物资；为县人民医院争取到价值40万元的检验捐赠设备；为五灵乡楼风坪村争取到专项资金10万元；组织县人民医院、县中医院、县妇幼保健院、中仁医院义诊1000人次。动员73个单位捐赠爱心书包864个。

【帮扶工作】 帮扶大王镇羊角山村、五灵乡三角山村。扶助完成羊角山村反壁岩大桥、村委会办公场所、群众活动广场建设；建成500亩晚熟柑橘产业园。

【名录】 县红十字会会长：林红斌 常务副会长：胡建成。

（县红十字会）

医疗卫生人口与生育

【基本情况】 截至2018年，县级医疗卫生机构5个：人民医院、中医院、妇幼保健院、疾控中心、卫生计生监督执法大队；民营医院21个；社区卫生服务中心1个；乡镇卫生院79个，其中，建制乡镇卫生院71个；村卫生室1044个。

【疾病诊疗】 2018年，各级各类医疗机构总诊疗量589.87万人次，与2017年相比增长1.4%；出院15.31万人次；病床使用率达 82.27%，平均住院日 8.33 天。居民健康电子建档 91.39 万人；肺结核病患者健康管理 533 人，管理率达 100%；孕产妇产前检查率达 100%，住院分娩率达 100%；0—6 岁儿童健康管理 53459 人，管理率达 96%；65 岁以上老年人规范管理 77502 人，管理率达 71.56%；高血压患者规范管理 33025 人，管理率达 83.73%；糖尿病患者规范管理 10462 人，管理率达 82.29%；重性精神病患者规范管理 3304 人，管理率达 89.98%；组建家庭医生签约服务团队 327 个，签约服务 30 万人次，签约服务率达 32.6%；孕产妇死亡率为 15.3/10 万人，婴儿死亡率为 2.6‰。

【疾病预防】 预防接种建卡、建证 100%，免疫规划疫苗报告接种率达 99.1%；预防接种 6 万余人，接种 22 余万剂次。报告法定传染病 3818 例，报告死亡 14 人，发病率达 379.46/10 万。从业人员食品卫生体检 15824 人次，公共卫生体检 4033 人次，学校卫生体检 818 人次，医疗卫生体检 1574 人次，饮用水卫生体检 561 人次，化妆品卫生体检 290 人次。

【人口与生育】 至年末，总人口（公安户籍人口）124.8 万人，其中，农业人口 103.5 万人，非农业人口 21.3 万人。女性 59.4 万人，男性 65.4 万人，男女性别比 110.1∶100.0。

已婚育龄妇女 235704 人，其中，无孩妇女 18447 人，1 孩妇女 125508 人，2 孩妇女 88631 人，多孩妇女 3118 人。育龄妇女中采取节育措施 187979 人。

2018 年，人口出生 13078 人，出生率为 9.9‰；死亡 5649 人，死亡率为 4.3‰；自然增长率为 5.6‰。

【医疗卫生管理】 科室建设 推进县级医疗机构转诊率排前 10 位病种所在科室建设，提升中心卫生院和社区卫生服务中心急诊抢救、二级以下医院常规手术、妇产科、儿科、中医和康复等医疗能力。

医疗共同体建设 68 家基层医疗机构（含村卫生室）与县级医疗机构建立医共体，投放健康一体机 50 余台，安装 4G 移动网卡，基层医疗卫生机构上传心电数据 1800 条，远程视频会诊 270 人次，转诊 121 人次，培训乡镇卫生院、村卫生室医务人员 500 余人次。

药品供应制度建设 推进药品采购"两票制"，在 3 家县级公立医院推行药品采购"两票制"基础上，启动 11 家中心卫生院和 1 家社区卫生服务中心"两票制"。

【公共卫生管理】 组织健康巡讲 80 余场；疫苗报告接种率达 90% 以上。新创国家卫生乡镇 2 个、省级卫生乡镇 7 个、市级卫生乡镇 7 个、省级卫生村 119 个、省级卫生单位 11 个、省级无吸烟单位 5 个、健康单位 4 个。36 个乡镇建成污水处理厂。农村卫生厕所普及率达 82.8%。

【扶贫政策落实】 兑现参保兜底政策、免费就诊政策、医疗报销政策、残疾人保障政策、"十免四补助"政策；完成 52 个贫困村卫生室达标化建设。

【基础设施建设】 完成人民医院迁建项目内科楼标段和外科楼标段筏板基础施工、后勤保障楼施工场地平整、边坡标段 70% 的工程量，完成投资 2.2 亿元；完成中医院医技楼 60% 的装修，启动住院楼及公共人防基础施工，完成投资 3700 万元；启动妇幼保健院产儿科住院楼附属设施、内外装修及设备安装进度的 35%，完成投资 7000 万元。

【人才建设】 2018 年，公开招录专业技术人员 323 人，本科及以上学历增长 23.8%，人才总量增长 10.1%，空编率为 5.19%。

继续加强中医药类人才建设，基层医疗机构中医类别执业医师占比 20% 以上，2018 年，基层医疗机构中医诊疗 125 万人次，占基层医疗机构总诊疗量的 45.8%。

【名录】 县卫生和计划生育局副局长：杨积敏、李泸新、王爱民　红十字会常务副会长：胡建成　纪委书记：李廷德　医管办主任：吴洪。

（县卫生和计划生育局）

医疗保障

【基本情况】 2018 年，城乡居民大病保险享受 19846 人次，支付 6137.88 万元。

【保费征缴】 参保 1033909 人，其中，城镇职工 49027 人，城镇居民 984882 人。2018 年，征收医保基金 88179.04 万元，其中，职工 22191.95 万元，居民 65987.09 万元；补助资金 48259.2 万元，个人缴费 17727.89 万元。

【医保管理】 基金监管　发现违规行为 68 次，涉及医疗机构 29 家，暂停医保服务协议 11 家，拒付违规费用 224 万余元。

经办流程优化　完善"一站式结算、一窗口办理、一单制结算"制度，医保征收、异地住院结算等业务全面下沉至乡镇（街道）劳保所，实现群众办事"最多跑 1 次"。

贫困人口扶持政策落实　落实"九免一补助""两保三救助三基金"医疗医保扶持政策，确保建档立卡贫困人口"基本医疗有保障"，贫困人口 100% 参加城乡居民医疗保险，个人缴纳费用由财政承担；保障贫困人口县域内住院、门诊慢病享受倾斜政策，确保贫困患者县域内住院个人支付控制在 10% 以内。

【名录】 县医疗保障局局长：陈光　副局长：朱崇明、李婉琳、赵琪。

（县医疗保障局）

疾病防控

【基本情况】 2018 年 1 月 1 日至 11 月 8 日，全县死亡病例 4245 例；报告孕产妇死亡 187 例；5 岁以下儿童死亡 19 例；肿瘤报告 2442 例。犬伤门诊 4655 人；筛查癫痫患者 280 名。

【免疫接种】 免疫接种　1 月 1 日—10 月 31 日，接种门诊新建卡 1338 人、接种儿童 29058 人、接种 45496 针次。其中卡介苗 1151 针次、乙肝疫苗 2452 针次、灭活脊灰 1601 针次、二价脊灰 5327 针次、百白破三联 4775 针次、白破二联 1382 针次、麻腮风三联 2315 针次、麻风二联 1448 针次、流脑 A 群 1985 针次、A＋C 流脑多糖疫苗 2497 针次、乙脑减毒疫苗 2952 针次、甲肝减毒疫苗 1164 针次、脊灰查漏补种 78 人次、协助社区查验入托入学接种证 2350 本、开展妈妈课堂 30 次、犬伤夜间值班 158 次，总创收 5372833 元。

免疫接种调查　1 岁组：调查 42 人，麻疹/麻风腮/麻腮疫苗接种率达 96.67%、百白破三联疫苗接种率达97.14%；2岁组：调查42人，乙脑减毒活疫苗接种率达95.71%；3岁组：调查42人，A+C群流脑疫苗接种率达96.67%；4岁组：调查42人，脊灰疫苗接种率达97.14%；6岁组：调查42人，白破二联接种率达95.24%、A+C群流脑疫苗接种率为95.71%。

【传染病疫情】 麻疹疫情 疑似病例33例，确诊病例14例，风疹病例1例，排除病例18例。

结核病疫情 1—10月，报告疑似病人1022例，确诊并收治到位535例，其中，涂阳118例，涂阴417例。

艾滋病疫情 1月至10月新报告122例，死亡23例。其中，20岁至49岁占比60%，农民占比50%。

疫情管控 成立重大传染病防治工作委员会及办公室，明确相关部门和成员单位的职责和任务。召开成员单位联络员会议2次，26个成员单位60余人参加会议。

制作2000盒抽纸、1000个手提环保袋、1000张毛巾及1000个水杯等艾滋病宣传品。在盘龙镇、王家镇、神坝镇、兴盛乡和玉镇乡开展农村居民、留守老人和妇女艾滋病防治知识宣传，HIV抗体血清学监测153人。

1月至9月，开展HIV检测109137人次，咨询检测1200人次；对看守所新入所人员开展HIV检测359人；干预暗娼730人次，男性嫖娼行为376人次，吸毒者352人次，开展抗病毒治疗398例，正在接受抗病毒治疗326例。开展CD4检测270人，病毒载量检测197人。

【名录】 县疾病预防控制中心主任：邓元辉 副主任：赵巍、冯捷。

（县疾病预防控制中心）

中医药服务

【基本情况】 2018年，门诊就医119364人次，住院就医17212人次。病床使用率达93%。

【医护管理】 人才建设 2018年，临床医生142人，医技人员108人，护理人员202人。开展院内业务培训62次，外出培训40人次，外派规培10人、进修14人次。

中医诊疗 特色病种中医诊疗方案75个，临床路径36个，中医适宜技术使用比例全部达标。依法执业、处方权考试通过27人，申报新技术新项目21项。落地省级科研项目中管理类1项、临床应用类1项。开展中医护理方案科室11个，实施中医护理方案病种42项、4793例；总收入1.33亿元，其中，业务收入1.27亿元，同比增长10.19%；财政补助收入0.06亿元，同比下降86.36%。

【附录】 县中医院创建于1952年10月，是上消化道癌免费普查项目定点医院、县老年病医院、县农村五保户医疗救治定点医院。新、老两个院区。编制床位500张，开放病床478张。开设内一科、内二科、内三科；外一科、外二科；妇产科、儿科、针推康复科、肛肠科、骨伤科、肿瘤科等21个临床科室，其中，针灸科属省市重点建设专科；骨伤科、血液病科属市重点建设专科。

【名录】 县中医院院长：姚益猛。

（县中医院）

生态文明建设

环境保护

【基本情况】 2018年，空气达标比例为93.7%，PM10平均浓度为66.8微克/立方米，PM2.5平均浓度为37.5微克/立方米。

【环境质量】 水质综合排名全市第一，升钟湖达Ⅱ类水质，嘉陵江（南部段）达Ⅲ类水质，7个国、省考断面水质全部达标，县城集中式饮用水水源地水质达标率达100%，燕子窝、五面山取水口水质均为Ⅱ类；县域27条河长制河流达到或优于Ⅲ类水质的河流25条，达标率达93%；全年削减化学需氧量552.99吨、氨氮85.58吨、二氧化硫52.87吨、氮氧化物18.69吨。

【环境监测】 环境空气自动监测、城区饮用水源地（嘉陵江五面山、燕子窝）季度例行监测、11个乡镇集中式饮用水源半年例行监测、12个小流域例行监测、嘉陵江流域水环境生态补偿监测、区域环境噪声、城市道路交通噪声例行监测、33家重点污染源企业监督性监测、县城垃圾填埋场污水渗漏应急监测，获得有效监测数据6000多个。

【环保监管】 环保宣传 发放环境宣传资料25000份，接受群众咨询1200人次。开办了环保微信，对接四川新闻网、四川环保、看南部网；编制完成了2017年度南部县环境质量报告并向社会公开。

环评审批服务 将13类项目由编制环境影响报告书降为编制环境影响报告表或填报环境影响登记表，群众自行在网络上注册、填报、提交，实现"最多跑一次""办事不见面"。全年环评审批60个、纳入临时环保备案管理12个、完成环境影响登记表网上备案288个、验收15个。

环保问题整改 中央环保督察组移交的63件信访问题，整改完成62件；省环保督察移交的17件信访问题，完成整改销号。中央环保督察反馈意见的21项整改任务76条整改措施，整改完成10项任务40条措施。"清废行动2018"烈女坟弃土场整治施工进度为95%；集中式饮用水水源地通过生态环境部第二轮督察。

【环境污染防治】 监察执法 现场检查页岩机砖厂、沙石行业、汽修行业、畜禽养殖环境治理及运行情况，全年立案96件，下达处罚决定书84件，罚款394.4万元，办理"四个配套"办法6件，其中，按日计罚4件，查封扣押1件，移送拘留1件。畅通12369、24365信访投诉电话，接待转办群众投诉720件次。

空气污染防治 煤改气、煤改电17家；整改砖厂40家、沙石厂27家，搅拌站6家；

整治养殖场360家、屠宰场18家、"散乱污"企业1049家、娱乐企业108家、汽修企业21家、餐饮企业564家。

水污染防治 建成14座乡镇污水处理厂,配套建设污水管网30公里。在县城五面山、燕子窝饮用水水源地一级保护区设置标志标牌146个,设置隔离设施和防护网2512平方米,新增保护区内绿化3300平方米,取缔经营商户32家、农家乐20家,拆除钢棚25000平方米、临河垃圾池15个,取缔所有种植活动。

土壤污染防治 东坝镇垃圾填埋场、南隆镇长沟村垃圾填埋场及周边地下水污染防治,纳入国家土壤污染防治项目库,有序推进前期治理。印发《南部县土壤污染防治工作方案2018年度实施计划》,完成永生化工等17家企业基础信息采集;危险废物规范化管理抽查企业5家。

【帮扶工作】 帮扶流马镇永兴庵村新建便民桥1座;整治堰塘1处、蓄水池2口;新增低保5人;贫困户养殖小猪50头、牛16头、家禽3000只;种植200亩柑橘、200亩大头菜;招引业主种植中药材80亩,带动50人就业,贫困户全部入股产业园。帮扶五灵乡岐山坝村,2018年脱贫21户、49人。新建安置房1处、解决14户五保户安全住房、扩建堰塘1口、修社道1.5公里;发展"黑虎王"专合社1个、股民280户,149户贫困户入股合作社;贫困户养猪260头、养鸡鸭4000只、栽种核桃200亩。

【名录】 县环境保护局局长:任勇 副局长:胡建国、雍开富 党组成员:欧阳伟 总工程师:杨兴。

(县环境保护局)

气象服务

【基本情况】 2018年,全县大范围实施人工影响天气待命作业22天,发射火箭炮弹46枚,防灾减灾效果显著。

【年度气候】 全年平均气温17.5℃,比历年值16.9℃偏高0.6℃,其中2月、9月气温正常;1月、10月、11月、12月气温偏低;3月、4月、5月、6月、7月、8月气温偏高。年极端最高气温38.9℃,比历年值42.4偏低3.5℃;年极端最低气温-1.8℃,比历年极端最低气温-4.3℃偏高2.5℃;年总降水量1075.1毫米,比历年值966.3毫米偏多11%,其中,8月降水特少;2月、7月、10月降水偏少;9月降水正常;3月、6月、11月降水偏多;1月、4月、5月、12月降水特多。年总日照时数1456.1小时,比历年值1208.8小时偏多20%,其中,9月、10月、11月、12月日照偏少;5月、7月日照正常;2月、4月、6月日照偏多;1月、3月、8月日照特多。

全年气温偏高,降水量正常略偏多,日照偏多。

【气象灾害】 暴雨 全年出现3次暴雨天气过程:5月21日、6月30日、7月14日;其中5月21日降水量85.6毫米,据南部县防汛抗旱指挥部统计,73个乡镇(街道)全部受灾,受灾人口161314人,转移人口5123人,倒塌房屋189间,农作物受灾21.73万亩,成灾10.83万亩,绝收0.43万亩,公路中断184条次,供电中断82条次,塘坝受损105座,灌溉设施受损69处,城市受淹4.9平方公里，洪水围困550人，房屋受淹1000户，暴雨洪灾直接经济总损失19398万元。

伏旱　8月8日到8月31日，出现一段伏旱天气过程。

大风　全年共出现4次大风天气，分别为4月5日、5月17日、6月8日、8月8日。

强降温　1月24—26日，出现1次强降温天气过程，局部地方出现雨夹雪或小雪天气，本站累计降温7.2℃。12月26—29日出现强降温雨雪天气过程，72小时日平均气温下降6.2℃，出现雨夹雪、小雪天气，达到积雪标准。

【名录】　县气象局局长：邓文风　副局长：张学雷、毛小红。

（县气象局）

乡镇

蜀北街道办事处

【基本情况】 2018年，面积23.36平方千米，耕地216.00公顷，设17个社区居委会：新华路社区、翻身街社区、水景湾社区、金华街社区、新华路西段社区、金洞路社区、新安路社区、蜀北社区、金鱼桥社区、五里社区、黄家坝社区、向阳社区、石子岭社区、新华社区、振兴街社区、金鱼岭社区、草市街社区。设5村：中心村、席家村、大垭村、黑水塘村、松云洞村。73个村民小组。总人口143013人。粮食总产2938吨，经济总收入9051万元；社会消费品零售16.7亿元；农民人均收入15619元。森林覆盖率达47.2%。

【脱贫攻坚】 贫困人口涉及黑水塘村、松云洞村、席家村、大垭村25户76人。政策兜底3户，落实"四小工程"25户，解决公益性岗位10人，落实低保53人。组织贫困户参加产业技术和就业技能培训3场次，再就业20人。

【社会保障】 发放低保金1835万元，优抚定补金495万元；医疗救助289人、救助资金37万元；高龄补1011人；发放临时救助资金10万元；发放退伍军人"三难"救助金10万元，发放现役军人优待金43万元。结对帮扶优抚对象40人；慰问贫困群众120户，慰问金4.6万元。

【拆迁管理】 推进项目53个，完成拆迁66户、29480平方米。处理土地遗留问题12宗，规划安置还房点12处，启动11处。启动三岔河棚户区改造、金鱼二期道路硬化；启动大垭二期道路管网、用电安装和挡土墙建设；完成向阳二期还房主体建设；完成幸福村10社还房回迁；启动幸福村6社和新华村5社23户拆迁户安置还房；完成黑水塘骨科医院用地迁坟16座、拆迁2户；完成范家沟水库景观大道建设33户拆迁；完成远宏加油站扩建3户拆迁；完成金瑞食品公司征地、青苗林木赔付和签订5户房屋拆迁协议；完成温哥华广场用地4户拆迁；完成中医院扩容6户拆迁；完成212线48亩宗地13户拆迁；完成城北片区18亩土地7户拆迁，3号还房小区群众回迁安置；启动桂博园北大门还房回迁。推进蜀北大市场升级改造；推进桂月路北沿线、嘉陵大道西沿线、南部三中、新区D路北沿线、南沿线、天津亿联、城北指挥部4宗拟出让土地拆迁及迁坟。

【城市管理】 聘请保洁员118人，添置环卫服140套，购买人身意外保险22000元，发放保洁费180万元，整治卫生死角140处。

清掏排污沟4700米、化粪池32口；整治排洪沟850米；修缮断头路、泥泞路520米；旧城修复52000平方米。出动执法人员3800人次，巡查320次，责令停工91处，自拆违建41处；强拆违建6处，拆除4095平方米；乱建立案调查11处，涉案2700平方米。

【附录】 街道关工委被南充市委、市人民政府授予关心下一代工作先进集体；街道办事处被南充市人民政府授予南充市政府环保督察工作先进集体称号。

【名录】 蜀北街道办事处党工委书记：张伦　办事处主任：鲜义明　人大工委主任：何兴浩。

（蜀北街道办事处）

滨江街道办事处

【基本情况】 2018年，面积22.34平方千米，耕地376.50公顷，设7村：晓霞村、长沟村、烈女坟村、涌泉村、青狮村、五面山村、浩口村。设17个社区居委会：后街社区、东街社区、前街社区、东风路社区、三元街社区、南街社区、晓霞路社区、振兴街南段社区、瑞安路社区、正街社区、北街社区、文庙街社区、凌云路社区、礼泉街社区、东园街社区、东南街社区、红电社区。79个村民小组。总人口122525人。签订房屋拆迁协议76户、25486平方米，倒房75户、25093平方米，迁坟183座。拆除违章建筑2496平方米，违章钢棚5807平方米，叫停乱修乱建50处。

【脱贫攻坚】 对2016年、2017年已脱贫的27户精准扶贫对象给予了每户2000元产业发展资金，继续发展"四小工程"。按照"一超、两不愁、三保障、三有"标准，继续巩固脱贫成果，2018年，脱贫户人均收入5000元。

【社会保障】 2018年，取消城镇低保1585人，新增415人；取消农村低保235人，新增105人。城镇低保9211人、发放低保金7406620元；农村低保953人、发放低保金1695360元；救助困难户、残疾人、贫困党员635人，发放救助资金35万元，大米4吨；医疗救助520人、救助资金80万元；重点优抚对象641人、发放资金6153707元；救助贫困退伍军人及军烈属145人、救助资金20万元；救助残疾人低保户困难生活补贴875人、发放资金84万元；重残护理补贴1134人、发放资金820200元、大米2000斤、菜油400斤、轮椅20个、便椅10个、多功能椅10个、多功能床8个；家庭无障碍改造15户，残疾人灵活就业创业60人；计划生育奖励抚助对象175人、168000元，计划生育特别扶助37人、230880元；培训"红十字"应急救急25人；发放农业综合补贴资金546348元，国家公益生态林补偿47480元，退耕还林补偿12500元。

【拆迁管理】 完成城北22户、11345平方米土地拍卖、拆迁；完成二桥引桥路拓宽及城东弃土场18户、4928平方米拆迁，迁坟128座；迁坟、豪威益国际酒店装修竣工；完成伏家垭9幢还房小区装修、附属设施建设；五洲星时代广场1、2、4、5、6号楼建设完工，建筑面积14万平方米。完成东客站7280平方米主站房装修，完成站前广场、站台建设；完成县人民医院一期工程建设9户拆迁，启动基础建设；完成嘉陵江三桥8户、4500平方米拆迁协议的签订。完成前街、盐店街、油店街、半边街、大南街、晓霞路、炮台路、分堡巷、丝绸街、礼泉巷街道棚户区危旧房整治1414户、145834平方米。

【城市管理】 整治"四害"孳生地69处，堵塞鼠洞280个，投放灭鼠毒饵2000公斤。修补硬化地面2200平方米；清理卫生死角18处；清理整治堰塘沟渠550米；清掏化粪池13处；疏通整治下水道270米；更换修复破损管道780米。清扫"两溪"洪水后淤泥3000方；清除河岸河边垃圾200多次。

【党建工作】 召开党员干部民主生活会3次，发展党员16名、转正17名，签订党员干部廉洁履职承诺书123份，开展干部作风督察11次。

【社会事业】 教育 全县中学2所，小学5所。

医疗卫生 有县人民医院、仁友医院（私营）、仁何医院（私营）、滨江中心卫生院、肛肠医院。村卫生站7个。

文化体育 有星星、万达、柳林市民休闲广场；凌云山公园集健身、游玩、休闲于一体。体育设施、器材进广场、进社区、进居民院落。茶房、歌厅较多。村文化活动室7个。

【名录】 滨江街道办事处党工委书记：王天树 办事处主任：赵保全 人大工委主任：李小菊。

（滨江街道办事处）

南隆镇

【基本情况】 2018年，面积24.20平方千米，耕地755.00公顷，设21村：望南村、陡口子村、三清村、改清村、罗家沟村、巴岩店村、天生桥村、古井村、老君山社区、双桥子村、红庙村、宏农村、袁家桥、村响坛子村、清坪村、太洪村、望月村、清泉村、海会村、龙王村、清水村。181个村民小组。总人口27987人。粮食总产8292吨，经济作物总产4590吨。农业总产值9360万元。农民人均收入14248元。森林覆盖率为40%。

【经济建设】 出栏牲畜7995头、家禽51187只。管护2000多亩杨树和4200亩枇杷；完成枇杷改良换代560亩；提升望月村农家乐服务水平，改变了清村观光水库风貌；新购置农机98台，兑现购置补贴5.2万元，新增1户农机大户；实现土地流转1600亩，新培育专业合作社4个，涉农企业1家。

【脱贫攻坚】 精准扶贫34户105人，脱贫34户105人。建立了脱贫攻坚干部长期联系贫困户制度。做到脱贫不脱联，政策、人员跟踪跟效。创新贫困户和临界困难群众"三联单"算账形式，现场签字认可避免反弹。到位"四小工程"补助资金60.8万元。后续扶贫力度加大。90%建档立卡贫困户以小额信贷资金入股奔康产业园，连续两年分红。

【基础设施建设】 范家沟水库安置小区规划设计通过院审；完成元宝山棚户区

改造，还房小区主体工程和配套设施建设完工。城西D路基础设施配套建设入场。嘉陵大道西延线建设开工。火车站纵向一路棚户区改造拆迁户安置推进；应急水厂基础建设完工，范家沟水库蓄水完成即可营运。

【社会事业】 教育 全镇有小学2所，幼儿园4所。

医疗卫生 有卫生院2所，床位30张，从业人员17人，其中执业医师9人。村卫生所21所。

文化体育 有镇文化站、广播站各1处。村级文化活动中心21处，8个村安装了健身器材，文化专业户15户。

【干部管理】 对镇、村干部实行100分目标量化考核，按评分多少计发目标奖、绩效工资，达到了奖勤罚懒效果。

【名录】 南隆镇党委书记：戴政 镇长：文林飞 人大主席团主席：吴彦奎 副书记：李秋芳（组织委员） 副镇长：巫晓军、袁理、李灏（武装部部长）。

（南隆镇人民政府）

河东镇

【基本情况】 2018年，面积16.7平方千米，耕地333.20公顷，设9村：安坝梁村、梯子坎村、北登观村、白云村、油房沟村、白桥村、天鼓岭村、九经洞村、天井沟村。66个村民小组。总人口16487人。粮食总产8367吨，经济作物总产18824吨；农业总产值6100万元。农民人均收入17623元。森林覆盖率30%。

【经济建设】 水果总产292吨；油菜总产295吨。出栏生猪8361头、家禽出栏84790只。

【脱贫攻坚】 建档立卡贫困人口175户617人，脱贫175户617人。投入"四小工程"补助资金35万元，发展家禽养殖33户、猪羊牛家畜养殖68户；鸡鸭鹅填槽0.22万只，猪羊填槽442头。栽植庭院水果5亩。发放扶贫贷款48户、63.3万元。开展实用技术培训2批168人次。

【社会保障】 参加居民养老保险0.9万人，已享受养老金3600人；新型农村医疗保险覆盖率达90%。低保对象504人，每年享受低保资金130万元；五保户86人。发放独生子女、养老优抚金135.7万元。

【基础设施建设】 新修建社道5.08公里；新修便民桥4座。

【社会事业】 教育 有小学1所，教学楼2栋，学校公寓面积450平方米、学生食堂面积300平方米，硬化操场面积3000平方米。2018年，有在校初中生120人、小学生250人。

医疗卫生 卫有生院1所、村医疗站9个。

文化体育 改建了油房沟村文化活动室。

【名录】 河东镇党委书记：李旭 镇长：李中民 人大主席团主席：赵政伍 副书记：王若存、赵鑫 副镇长：赖启强、李雨蔚、雍雪松。

（河东镇人民政府）

火峰乡

【基本情况】 2018年，面积20.80平方千米，耕地448.30公顷，设12村：二郎庙村、琴台寺村、满福坝村、富眉山村、环江寺村、白庙子村、猫儿井村、化林村、大石桥村、城隍垭村、康康井村、玄真观村。103个村民小组。总人口16482人。粮食总产5136吨，经济作物总产1275000吨，农民人均收入16864元，森林覆盖率达46%。

【经济建设】 成立村土地股份合作社4个。发展兴城、元宝山庄等8个农民专业合作社，农户凭入股土地参与民主管理、按股分红。培育家庭农场17家。推广城隍垭村"支部+合作社+农户"模式，栽植柑橘、琯溪蜜柚等水果5000亩。管护产业环线果树4000亩，其中补栽462亩。投资400万元建设养殖场1处。发展"四季有花香、四时有果品"农家乐9家。

【基础设施建设】 新修村道3公里，建成公路防撞墩及波形护栏5公里。整治山坪塘3处。

【脱贫攻坚】 2018年7月，完成对调整后新老第一书记的交接工作。对55户脱贫户全覆盖落实帮扶责任人。建成脱贫奔康产业园2个、东西部扶贫协作项目生猪养殖基地1个。修建村社路28.6公里，新建（整治）山平塘52处，新建（整治）水渠23千米；投入产业发展资金20万元，用于贫困村玄真观村小龙虾产业园区建设，惠及贫困人口21户84人。完成玄真观村文化室、卫生室、宽带建设。

【社会保障】 新农保参、续保5172人；新农合12600人、151万元；收缴社会抚养费730500元、查处53人；农村低保1089人、城市低保56人、五保对象124人、孤儿12人、优抚对象306人、残疾413人、高龄329人，各类救助、抚恤资金3273204元。

【社会事业】 教育 投资2亿元建设思源实验学校，占地80亩，51个教学班。

医疗卫生 有乡医院1所，设内科、外科、妇科、儿科、门诊部、住院部。12个村设置卫生点。

文化体育 有乡文化体育活动场地1处；琴台寺、猫儿井、二郎庙、化林村均有文化活动室。

【名录】 火峰乡党委书记：梁刚 乡长：鲜林波 人大主席团主席：伏永红 副书记：杨轩、王经纬（纪委书记） 副乡长：李颖、幸卉梅。

（火峰乡人民政府）

老鸦镇

【基本情况】 2018年，面积34.20平方千米。耕地907.60公顷。设11村：碾垭村、流杯村、梓潼村、花园村、龟柏村、石宝村、松林村、望水村、玉皇村、柏林村、玉顶村。144个村民小组。总人口23782人。粮食总产11358吨，经济作物总产1829吨。农业总产值17.326万元。农民人均收入17012元。森林覆盖率为42.8%。

【脱贫攻坚】 建档立卡贫困户277户、966人。2018年脱贫40户128人。建成脱贫攻坚产业园8个：晚熟橙柚5个，2000亩，分布在松林村、柏林村、龟柏村；脆香甜产业园1个，分布在花园村、流杯村；柠檬产业园1个，分布在花园村；中药材产业园1个，分布在玉顶村。流杯村长龙专业农民合作社带动残疾人贫困户20户入社。建小卖部6处，小作坊6处，加工坊2处。

【社会保障】 参加医疗保险21200人。大病救助105人，救助资金20.98万元；高龄补助481人、14.61万元。

【基础设施建设】 松林村新修入户水泥路15公里，加宽3.5公里。清污山坪塘3处15亩；加固堰塘1000米。

【社会事业】 教育 2018年，有在职教职工42人，在校学生413人；幼儿园2所。

医疗卫生 有镇卫生院1所，病床10张；村指导站11个。医护人员22人，常年就诊7887人。

文化体育 村村有文化体育活动场所、图书室及远程教育中心。场镇有老年活动中心。

【名录】 老鸦镇党委书记：伏来武 镇长：韩强 人大主主席团席：王兰 副书记：马睿 副书记、纪委书记：向恒枫 副镇长、武装部长：李宪 副镇长：杜寒驰、任继。

（老鸦镇人民政府）

楠木镇

【基本情况】 2018年，面积40.50平方千米。耕地1137.60公顷。设16村：楠新村、通柏村、华光村、白鹤村、驷马村、石牛垭村、金垭村、泸溪村、陵江村、金石村、花冠庙村、白云村、大书村、黎家庙村、南鸭村、横山村。139个村民小组。总人口32574人。粮食总产16.06吨，经济作物总产10518吨。农业总产值13965万元。农民人均收入13759元。森林覆盖率达39.1%。

【脱贫攻坚】 完成C级危房户改造90户、D级危房户30户、避让搬迁户11户。新建社道10公里，加宽5米路3公里、3.5米路2公里；完善大书村、楠新村、通柏村卫生室、文化室配套设施；建成脱贫奔康产业园13个，带动400户贫困户入园发展；实施春见柑橘、中药材、富硒水稻等增收产业3000亩，实现2018年退出贫困户户户有增收产业；技能培训300人次，160名贫困劳动力转移就业。

【社会保障】 新评低保1710户、1890人，取消97户113人，提标73户97人；核发医疗救助67户11万元，临时救助278人次13万元，生活困难群众补贴130户209人、7万元；核发残疾人补贴889人次、17万元；高龄补贴20万元。

【基础设施建设】 硬化过境街道1公里；绿化街道3公里；完成场镇道口监控建设，安装球机2个、枪机8个；完成东升街路面改造。

【环境管理】 整治排污口5处；开展河道垃圾、漂浮物清理13次，落实18名河道保洁员常态保洁；清掏华光村黑臭堰塘1个；打捞水葫芦和各类垃圾38吨；对沙石企业下达限期整改通知书7份，停工整改通知书5份，完成沙石场环保整治5家；组织开展固体废物及危险化学品登记、转移 3 次；开展大气污染管控行动 7 次；开展秸秆燃烧应急响应 11 次；督促安装油烟、扬尘净化装置 54 处；整治养牛场 4 家，养猪场 6 家，生猪屠宰场 1 家。

【社会事业】 教育 有小学 1 所，2018 年，有在职教职工 73 人，在校学生 880 人；中学 1 所，在职教职工 67 人，在校学生 475 人；幼儿园 4 所，入园幼儿 471 人。

医疗卫生 公、私立医院各 1 所，医疗点 25 个，有执业资格医生 75 人。村卫生站 16 个，村医 24 人。开展食品药品安全进校园活动 3 次，对中小学食堂食品安全突击检查 3 次。开展食药品经营过程潜在风险排查 11 次，对食品生产者、药品经营者集中约谈 3 次，限期整改销号问题 13 个。

文化体育 开展文化下乡演出 23 次。6 月 4 日，在石牛垭村召开村级老年协会成立大会，表彰"长寿老人""孝顺媳妇"；7 月 18 日，召开泸溪场首届"敬老日"庆祝会，将农历六月初六定为泸溪场"敬老日"。

【名胜古迹】 境内有康熙年间皇帝赐匾的横山村马家大院；有仙人山红军纪念馆；有驷马村的墓碑、石牛垭村的字库塔、金石村的李先桂墓、李明和墓；有楠新村石刻、南鸭村清代石窟。

【乡镇纪事】 1 月，接受中央组织部、统战部、民族宗教局关于统战工作的调研，并受到了好评；9 月，贫困村楠新村、大书村 2 个退出贫困村序列，实现全镇整体脱贫。

【附录】 楠木镇被四川省人民政府安全生产委员会表彰为"四川省安全社区"；千秋社区被四川省政法委员会表彰为"2018 年度省级'六无'平安村（社区）"；谢健被南充市委、市政府表彰为南充市 2017 年度脱贫攻坚优秀乡镇长。

【名录】 楠木镇党委书记：李立；镇长：谢健 副书记、组织委员：赵俊杰 副书记、纪委书记：马沛霖 副镇长：王小龙、曹红 武装部部长兼副镇长：王龙。

（楠木镇人民政府）

永定镇

【基本情况】 2018 年，面积 29.7 平方千米，耕地 870.10 公顷，设 16 村：通耳村、窑湾村、白鹤村、养活村、百田村、高梯村、永定村、国清村、太平村、神童村、同心村、杏垭村、三合村、黄莲村、大游村、松树村。138 个村民小组。总人口 20228 人。粮食总产 9374 吨，经济作物总产 1011 吨，农业总产值 9780 万元。农民人均收入 9480 元。森林覆盖率为 51.3%。

【经济建设】 水果总产 410 吨，油菜总产 733 吨；出栏生猪 16779 头、家禽 60000 只。3 个贫困村发展晚熟柑橘 2100 亩；建成窑湾村脱贫奔康产业园，流转土地 200 亩。

【脱贫攻坚】 建档立卡贫困人口 477 户 1747 人，全部脱贫。投入"四小工程"补助资金 126 万元，发展小家禽养殖 1011 户，发展猪羊牛家畜养殖 212 户，鸡鸭鹅填槽 1.73 万只，猪羊填槽 812 头。脱贫奔康产业园已栽植丑柑、血橙 1600 亩，庭院栽植果树 600 亩。建成 15 个农民专业合作社，招引业主 5 个。实施易地移民搬迁 102 户，完成危房改造 40 户。发放扶贫贷款 410 户、41.2 万元。开展实用技术培训 11 批 941 人次。

【社会保障】 参加居民养老保险1.23万人，享受养老金4150人；新型农村医疗保险覆盖率达98.3%。低保对象1450人，每年享受低保资金290元；五保对象253人。发放独生子女、养老优抚金824559元。

【基础设施建设】 改造乡道公路11.3公里新修建社道公路32公里。整治土地310亩，整治山坪塘、蓄水池23处。

【社会事业】 教育 永定小学新建教师周转房1栋，新建学校公寓400平方米，完善学生食堂400平方米。2018年，有在校初中生579人、小学生422人，入园幼儿82人。

医疗卫生 有镇卫生院1所、村级医疗站17个。

文化体育 修建了政府院坝文化广场；升级改造窑湾村文化广场、百田村农民文化广场；新建了黄莲村办公楼，完善了村文卫配套设施。

【名录】 永定镇党委书记：侯清明 镇长：赵毅 人大主席团主席：李宁 副书记：周德 纪委书记：龚英 副镇长：代甫、李武。

（永定镇人民政府）

碑院镇

【基本情况】 2018年，面积29.5平方千米，耕地887.20公顷，设14村：七里村、罗面村、五通村、花坛村、大庙村、土垭村、高觉村、高坪村、赵洪村、大佛村、双寨村、渔池村、林坝村、向黎村。132个村民小组。总人口18833人。粮食总产9593吨，经济作物总产1390吨。农业总产值13334万元。农民人均收入14606元。森林覆盖率为48%。

【经济建设】 水果总产495吨；油菜总产730吨；出栏生猪23966头、家禽56000只。发展桑园2124亩，改善养蚕设施，年发种1500张，产茧5.3万公斤。

【脱贫攻坚】 建档立卡贫困人口944户3619人，脱贫943户3616人。投入"四小工程"补助资金212.8万元，发展小家禽养殖1200户，发展猪羊牛家畜养殖368户，鸡鸭鹅填槽2.6万只，猪羊填槽15623头。脱贫奔康产业园已栽植丑柑、血橙2400亩；栽植庭院水果600亩。建成21个农民专业合作社，招引业主13个。实施易地移民搬迁79户，完成危房改造267户。发放扶贫贷款630户、421万元。开展实用技术培训5批495人次。

【社会保障】 参加居民养老保险1.2万人，已享受养老金3960人；新型农村医疗保险覆盖率为98%。低保对象1193人，享受低保资金216万元；五保户276人。发放独生子女、养老优抚金63万元。

【基础设施建设】 改造乡路5公里，新修建社路24公里。整治山坪塘、蓄水池32处。

【社会事业】 教育 乡小学新建综合楼1栋、学生洗漱间100平方米、化粪池130立方米。2018年，在校初中生143人、小学生280人，入园幼儿120人。

医疗卫生 镇卫生院1所、村医疗站15个，新建土垭村、赵洪村卫生室。

文化体育 改建了罗面村、花坛村、

大庙村、土垭村、高觉村文化活动室。

【名录】 碑院镇党委书记：吴浩　镇长：李新　人大主席团主席：袁才文　副书记：汪淳　纪委书记：王红霞　武装部部长兼副镇长：张倨赈　副镇长：赵恒、宋铖。

（碑院镇人民政府）

中心乡

【基本情况】 2018年，面积37.5平方千米，耕地925.00公顷，设14村：四面山村、莲花寺村、狮子嘴村、牌坊村、漏米岩村、雍家店村、红苕店村、秧草沟村、水垭河村、佛儿岩村、长盐井村、三清沟村、茶坪村、杏儿垭村。104个村民小组。总人口13660人。粮食总产7909吨，经济作物总产828吨；农业总产值7500万元。农民人均收入14430元。森林覆盖率为58%。

【经济建设】 水果总产281吨，油菜总产690吨；出栏生猪8252头、家禽74160只；发展桑园3000亩，年发种2000张，产茧6.64万公斤。发展三清沟村、茶坪村、佛儿岩村、狮子嘴村、莲花寺村蚕桑产业园1000亩。

【脱贫攻坚】 截至2018年年底，9个贫困村全部退出贫困村序列，建档立卡贫困人口745户2724人全部脱贫。投入"四小工程"补助资金185万元；新建脱贫奔康产业园2200亩；发展小家禽养殖1000户、猪羊牛家畜养殖322户；鸡鸭鹅填槽2.4万只，猪羊填槽650头。脱贫奔康产业园已栽植丑柑、血橙2200亩；庭院栽植水果500亩、经济林600亩；发展狮子嘴红心柚100亩、牌坊村藤椒120亩和血橙70亩、茶坪沙糖橘300亩。建成10个农民专业合作社，招引业主4个。移民搬迁151户、D级危房改造246户。发放扶贫贷款271户、330万元；开展实用技术培训5批、336人次，种养殖技术培训103人。

【社会保障】 参加居民养老保险9052人，已享受养老金3160人。惠农补贴发放资金169万元；农村低保对象1024人，发放低保资金187万元；特困供养170人，享受资金81.6万元；优抚对象308人，发放资金89.8万元；一二级残疾人344人，发放资金60720元；80岁以上392人，发放补助资金17.2万元；医疗救助74人次，享受救助资金141396元。独生子女家庭享受对象384人，发放养老优抚金36.8万元。

【基础设施建设】 修建入户路、产业路7.5公里；整治山坪塘12口，维修提灌站1处。新建村社路100公里；安装自来水2000户；土坯房五改三建投入资金308万元，到位资金146万元。

【社会事业】 教育　2018年，在校初中生181人、小学生315人；入园幼儿96人。乡小学新建教学楼1栋，新建学生公寓500平方米、学生食堂平方米，硬化操场2300平方米。

医疗卫生　乡卫生院1所，床位18张，从业人员10人；村卫生室14个。

文化体育　投入70万元修建爱心公园；改建莲花寺村、狮子嘴村、牌坊村、秧草沟村、长盐井村文化活动室，新建佛儿岩村、茶坪村文化室、卫生室。

【名录】 中心乡党委书记：杨垒　乡

长：蒲跃　人大主席团主席：孟国瑞　副书记：蒲艳春　纪委书记：孙林　副乡长：李小松、张莉、王红娟。

（中心乡人民政府）

长坪镇

【基本情况】 2018年，面积21.80平方千米，耕地568.00公顷，设10村：天桥村、印山村、三邑村、穿心村、康庄村、天井村、双沟村、小沟村、龙滩村、侯坪村。65个村民小组。总人口11555人。粮食总产6011吨，经济作物总产835吨；农业总产值7500万元。农民人均收入5305.37元。森林覆盖率为41.7%。

【经济建设】 水果总产212吨，油菜总产500吨；出栏生猪4000头、家禽9000只；实施小养殖607户；培育养殖大户2户。圈养和林下养鸡3.5万只、鸭2500只、羊90头。引进三联公司建立种鹅养殖基地。

【脱贫攻坚】 建档立卡贫困人口967户3280人，2018年全部脱贫，9个贫困村全部退出贫困村序列。投入"四小工程"补助资金165.2万元；新建脱贫奔康产业园2200亩；发展庭院经济587户。发展酿酒、豆芽制作等小作坊经济7户；新开便民商店11家。建成10个农民专业合作社，招引业主4户。危房改造198户、土坯房整治364户，异地搬迁安置78户。发放扶贫贷款271户、330万元；开展实用技术培训20批500人次。乡友捐助建桥1座、脱贫产业园1个，回引社会资金300万元助推脱贫攻坚。

【社会保障】 居民养老保险5820人，已享受养老金3160人；惠农补贴发放资金169万元；低保对象820人、发放低保资金128万元；特困供养162人、享受资金67万元；优抚对象178人、发放资金89.8万元；一、二级残疾230人、发放资金18400元；80岁以上高龄392人、发放补助资金17.2万元；医疗救助对象74人次、享受救助资金141396元；独生子女家庭享受对象384人、发放养老优抚金36.8万元。

【基础设施建设】 新建村社水泥道路31.7公里，统筹建设断头路、入户便民路和产业发展路15.5公里；整治维修堰、塘、蓄水池30口。接通嘉陵江楠木段至长坪段输水管道，实施居民自来水建设项目，已安装1750户。实施农电升级改造，新增高压变压器6台。

【社会事业】 教育　乡小学1所。2018年，教职工43人；在校小学生472人，入园幼儿156人。新建教职工周转房1200平方米。

医疗卫生　卫生院1所，医务人员8人。各村有医务人员1名。

文化体育　场镇有篮球场；村村有文化活动室、体育活动场地。

【名录】 长坪镇党委书记：赵继国　镇长：周静　人大主席团主席：杨斌　副书记：蒲焕东　纪委书记：敬翔　武装部部长、副镇长：蒲峰　副镇长：任兆辉、罗晨。

（长坪镇人民政府）

三清乡

【基本情况】 2018年，面积28.20平方千米，耕地665.90公顷，设12村：乐垭村、积极村、南垭村、真相村、庞家村、钟山村、元坝村、檬树村、大锣村、桡片村、罗寂村、宝瓶村。98个村民小组。总人口13892人。农业总产值15387万元，农民人均收入12952元。森林覆盖率为48.5%。

【经济建设】 新建脱贫奔康产业园3个；对3000亩桑园、1700亩柑橘、500亩猕猴桃加强了管理。养蚕2500张，收益380万元；猕猴桃产出5万斤、脆红李产出3万斤，收益50万元。

【脱贫攻坚】 贫困人口101户、288人达到"一超六有"标准，贫困村桡片村、庞家村达到"一低五有"标准。围绕"两不愁三保障"逐一对标补短，解决住房、教育等问题140个，发放"四小工程"资金272.2万元；落实公益性岗位64人、东西部协作爱心公益岗位24人，贫困劳动力外出务工2182人。

【社会保障】 新农合参保11872人；基本养老保险60周岁以上领取3160人，发放到龄人员基本养老金34万元；低保对象858人，特困供养164人，奖扶、特扶对象192人。

【基础设施建设】 新建村社路11公里、入户路23公里。整治山坪塘9口；新建蓄水池12口；实施2个村电网升级改造；C、D级危房改造43户；新建安全住房62套，拆除危旧房40套。安装防撞墩1000米、波形护栏7000米。

【社会事业】 教育 2018年，中考参考113人，重点高中上线92人，综合评价再次居楠木片区第一。

医疗卫生 新建1100平方米乡卫生院业务用房；开展妇幼健康服务78人次。

文化体育 新建文化广场2处；新建乐垭村、钟山村文化活动室3处。

【名录】 三清乡党委书记：敬占龙 乡长：李松明 人大主席团主席：罗小蓉 副书记：王洪亮 副书记兼纪委书记：杨坚 副乡长：蒲益佳。

（三清乡人民政府）

五灵乡

【基本情况】 2018年，面积29.80平方千米，耕地969.40公顷，设15村：何家沟村、徐家沟村、白虎嘴村、石城寨村、三角山村、黑水滩村、瓦向湾村、大堰坎村、福德场村、四房沟村、丁字桥村、大李沟村、岐库村、楼凤坪村、岐山坝村。118个村民小组。总人口17037人。粮食总产1700吨，经济作物总产2100吨。农业总产值3.137亿元。农民人均收入10708元。森林覆盖率为63%。

【脱贫攻坚】 建档立卡贫困人口1133户、4180人全部脱贫。贫困村石城寨村、岐库村、楼凤坪村退出贫困村序列。2018年，劳动力转移就业28人次，技能培训2288人次。建设益农信息社15个。发放教育资助950人次、52万元；申报护林员、水利巡管员公益性岗位116个，发放工资58万元；发放"四小工程"到户资金275.1万元；新栽春见、花椒760亩。

【社会保障】 惠民惠农财政补贴3.1万元。退役军人和其他优抚对象信息采集345人。最低生活保障1002户1049人，发放资金193.608万元；五保分散供养对象207人；医疗救助74人次、发放12.9927万元；临时救济300人次、支出10.1万元。国家抚恤、补助各类优抚对象202人、支出110.528万元。一、二级残疾283人、补助20.382万元。

【基础设施建设】 新建村社路22.42公里，入户路9.1公里，产业路3.48公里，便民桥1座，光伏发电站4座；整治山坪塘9口；新建山坪塘10口。安装自来水140户；完成3个村电网改造，实施C、D级危房改造40户。新增变压器5台；接入互联网1200户；铲除"大棚房"2处；土地增减挂钩项目28.8亩。

【基层组织建设】 2018年，发展党员6人，培训入党积极分子8人，转正4人。

【社会事业】 教育 2018年，有在校小学生730人、中学生351人、入园幼儿221人。

医疗卫生 乡卫生院有床位15张，医务人员10名。2018年，新建卫生院周转房投入使用。

【名录】 五灵乡党委书记：黄建全 乡长：何伟 人大主席团主席：任平 副书记：黄万祥、王林立（纪委书记） 副乡长：赵映红、李玉婷、康青林（兼武装部部长）。

（五灵乡人民政府）

盘龙镇

【基本情况】 2018年，面积54.50平方千米，耕地1828.60公顷，设26村：邓家沟村、观音井村、桥子溪村、长远井村、龙潭子村、板凳垭村、五里子村、井子口村、窑坝寺村、中窑坝村、玉龙山村、回龙寺村、桦厂垭村、江石岭村、龙霖寺村、庙高寺村、火神垭村、菜子沟村、严家沟村、曹家沟村、金台观村、斑竹林村、灵通寺村、桐麻庵村、王家沟村、平寺村。227个村民小组。总人口38000人。农业总产值7495万元，工业总产值3642万元。粮食总产15214吨，经济作物总产3039吨。农民人均收入13619元。森林覆盖率47.5%。

【脱贫攻坚】 针对用水困难户，协调县水务局、福康供水公司安装入户自来水1500户，安装抽水泵100台。由县财政按每户8000元标准，拆除无人居住闲置土坯房71户；新建产业路3公里、村社路12公里、入户便民路3.1公里。

【社会保障】 参加居民养老保险3万人，已享受养老金3450人；低保对象2338人，享受低保资金101万元；五保对象377人。发放独生子女、养老优抚金51万元。入住敬老院47人。

【基础设施建设】 建成2000平方米集市贸易市场1个。新修、改建社道20公里。整治土地100亩，整治山坪塘、蓄水池9处。

【社会事业】 教育 2018年，高云小学有教职工46人，学生310人；盘龙小学有教职工81人，学生1005人；人民小学有教职工21人，学生128人；盘龙中学有教职工87人，学生575人。

医疗卫生 卫生院2所，医务工作者29人。

文化体育 新建了场镇篮球场及室外体育健身场。27个村均建有文化活动场所。

【名录】 盘龙镇党委书记：王宁 镇长：王斐 人大主席团主席：雍广华 副书记、组织委员：李宗银 副书记、纪委书记：谢雄 副镇长兼武装部部长：马良富 副镇长：任志华、刘红梅。

（盘龙镇人民政府）

谢河镇

【基本情况】 2018年，面积21.00平方千米，耕地553.40公顷，设7村：城东村、羊子桥村、武圣宫村、射洪庙村、六家井村、黑竹林村、店儿梁村。87个村民小组。总人口12385人。粮食总产5131吨；农业总产值1459万元。农民人均收入11081元。森林覆盖率为37%。

【经济建设】 建成了圣宫现代农业奔康产业园，吸引游客10万人次；组织农技力量指导完成1200亩桃树、2000亩柑橘400亩中药材管护；引进3个业主，建造3处养猪场和1处生鲜冷冻库；引导羊子桥村养鸡业主发展规模养殖，年出栏肉鸡15万只；培育张明全、石明杰、沈强发展水产养殖，年创收320万元；培育陶德兴、宋基先发展生猪养殖，年出栏生猪1000头，年创收130余万元。六家井村、黑竹林村、店儿梁村发展柑橘2000亩；发展龙泉胭脂桃1200亩；种植中药材400亩。

【脱贫攻坚】 2018年，6户23人脱贫；贫困村射洪庙村退出贫困村序列。实施生产和就业扶持351人；完成易地搬迁26户69人；D改25户、C改17户。低保兜底33人。发放"四小工程"到户资金190.2万元，发放扶贫贷款119户、297.96万元。

【社会保障】 镇卫生院住院报销180人次，报销32万元；门诊8067人次，报销17万元。养老保险参保7966人，2947人领取养老保险金，年领取265万元。城乡低保956人，打卡直发低保金171万元；发放五保生活保障金73万元、优抚补助金102万元。农业支持保护补贴103万元，发放退耕还林41万元，发放公益林补偿5万元，生态效益林6万元。

【基础设施建设】 修建村社路16.4公里；维修整治山坪塘6口，新建蓄水池2口；新铺设自来水管网15公里，新增自来水用户300户。建成店儿梁、六家村文化室、卫生室；投资5000万元，打造集游泳观光于一体的圣宫现代农业一期并于3月开园，吸引游客1万人次。

【社会事业】 教育 有镇小学1所。2018年，有教职工51人；在校小学生445人、初中生246人；入园幼儿2所，入园幼儿165人。

医疗卫生 有镇卫生院1所。从业人员11人。7个村有1名医务人员。

文化体育 各村设有文化室、党员活动阵地。

【名录】 谢河镇党委书记：张兴 镇长：姚兴敏 人大主席团主席：杨正远

副书记：杜文娟　纪委书记：杨智中　副镇长：李悦　武装部部长：吴洪庆。

（谢河镇人民政府）

碾盘乡

【基本情况】　2018年，面积20.60平方千米，耕地446.20公顷，设10村：旱拱桥村、碾盘垭村、羊角坝村、顶山寺村、上柏庙村、磨刀石村、谷黄庙村、马家沟村、下瑶坝村、陈店村。70个村民小组。粮食总产6330吨，经济作物总产1307吨；农民人均收入13330元；森林覆盖率为47%。

【经济建设】　凌江天银农业有限公司在陈店村、捍拱桥村租赁土地1000亩，发展种植养殖产业，所有产品销往一线城市；磨刀石村养猪大户张海泉建养猪场2000平方米，每两年出栏生猪6000头，出售小猪1500头。旱拱桥村幸福农业合作社，参合村民1000人，从除草到收割全部机械化操作。

【脱贫攻坚】　6个贫困村、贫困人口576户1842人，2018年，全部脱贫，退出贫困村序列。投入800万元扶贫资金，新建水泥路9公里，整治病险水利工程7处，新建蓄水池13口；新建村文化室1个、卫生室1个。建成6大脱贫奔康产业园，覆盖6个贫困村、2个非贫困村和576户贫困户。

【社会保障】　城镇低保7人，农村五保户125人；优抚对象166人；参加农保占全乡总人口的75%；农合医疗参保率为100%。

【基础设施建设】　国家小（一）型水利工程—上游水库，库容460万方，库面1200亩。截至2018年，村社路135公里，其中水泥路129公里，泥结碎石路6公里。2018年，建成垃圾清理场2个，购买垃圾车3台。

【社会事业】　教育　有小学1所，附设初中、幼儿园。

医疗卫生　有乡卫生院1所，床位10张。村卫生室10个。

文化体育　有场镇体育场2个，看台设座椅150张；老年体育活动场所2个；2个村设健身器材。乡民政所组织成立了篮球爱好者俱乐部，每周与周边乡镇组织友谊赛。

【名胜古迹】　赖氏祠堂　位于羊角坝村4社，四合院状，32间房屋，占地1.2亩。建于1880—1890年，保存完好。

胡氏祠堂　位于捍拱桥村8社，四合院状，16间房屋，占地3.5亩，建于1880—1890年，保存完好。

苏家湾苏维埃旧址　位于拱桥村1社，为碾盘乡红色文化地标性建筑。

红寺观　位于下窑坝村4社，红四方面军曾在此驻扎。

【名录】　碾盘乡党委书记：王小明　乡长：黄天纲　人大主席团主席：王国彪。

（碾盘乡人民政府）

石河镇

【基本情况】　2018年，面积28.30平方千米，耕地922.90公顷，设15村：石河场村、金刚寺村、玉台观村、四合村、西坪寺村、红寺观村、陈家岭村、廖家营村、杨柏林村、牛市坎村、黑滩子村、罗家店村、钟鼓坪村、宝坪寺村、高阳寺村。110个村民小组。总人口18155人。粮食总产7444吨；农民人均收入11850元。森林覆盖率为48％。

【经济建设】 截至2018年，宝坪寺、黑滩子村脱贫奔康产业园种植有机水稻1000亩，秘本南瓜300亩；石河场村、玉台观村发展水果产业1000亩；宝坪寺村、红寺观村、陈家岭村发展蔬菜基地1600亩；玉台观村、罗家店村发展水产养殖500亩。带动农户入股分红、劳动就业，户均增收1000元。

【脱贫攻坚】 2018年，贫困户309户1102人脱贫。巩固发展脱贫奔康产业园两个。开展脱贫攻坚"回头看"活动，对标补短，从收入、住房、饮水、医疗、教育、广播电视、生活用电等方面全面消除贫困现象，无一户错退、漏评。

【社会保障】 2018年，评定农村低保1282户1294人，发放低保金2346840元；城市低保23户31人，发放低保金77580元。五保户179人，发放特困供养金916800元；优抚对象184人，发放优抚金1051364元；残疾人困难补助274人、263040元，护理补贴发放306人、222720元。敬老院集中供养五保老人47人。落实农业保护补贴资金每年170万元。

【基础设施建设】 硬化村社路12公里。新建、维修病险堰塘18口，整治水渠10公里。完成涌泉水库立项整治。污水处理厂正式投入运行。实施15个行政村安全饮水工程。启动了石河场村古村落保护建设，完善了古街消防设施。投资150万元用于场镇污水管网建设。打造宝坪寺村新农村建设示范点，建成并入住9户。

【社会事业】 教育 有小学1所，教职工72人，学生962人。

医疗卫生 有镇卫生院1所，医护人员12人；村级卫生室15个，村医28名。

【古镇及旅游开发】 石河古镇名山名水众多：龙门垭庙，建于明正德年间，建筑规模1800平方米，清乾隆二十年复修；金刚寺，始建于清代，建筑规模1000平方米，下有光明水库、鱼塘；李家大院，清代文物，建筑规模1800平方米，为清顺治六年知府李凌荣居住地；另有许家大院、文昌宫、张爷庙，均为清代文物，建筑规模15400平方米。另有古迹六陈行商楼、城隍土地庙、贾氏绣花楼、咸风古桥。

2010年，南充市人民政府授予"石河古镇"称号，确定为市级重点历史文物保护单位；2013年8月，被住建部列入中国传统村落名录库；2014年，完成石河场村古村落修复、保护和规划设计；2016年，争取项目资金150万元，用于古街污水管网建设。2018年，打造石河场村、玉台观村水果产业带，为"玉台观—西坪寺—嘉陵江河畔"农业旅游观光示范点打下了基础。

【名录】 石河镇党委书记：谢瑛镇长：张栋良 人大主席团主席：朱正伦副书记：杨红梅、邓亚丁 副镇长：蒋芳、邓国银、杨军（武装部部长）。

（石河镇人民政府）

群龙乡

【基本情况】 2018年，面积26.90平方千米，耕地963.00公顷，设12村：太安村、金子坝村、龙华寺村、陈家店村、王家埝村、快活岭村、石佛沟村、李溪寺村、酒店垭村、丝公山村、高楼村、枇杷塘村。126个村民小组。总人口14973人。粮食总产8865吨，经济作物总产126吨。农业总产值15155万元。农民人均收入13450元。森林覆盖率为48%。

【经济建设】 群龙脆香甜柚闻名全县。加强对果农技术培训、现场服务和农资投入，果农精心管护果树，坚守住了脆香甜柚优良品质。统一收购、销售优良果品，售价递增。支持业主在杨树和果树下养鸡鸭，鼓励果农走"蜂、柚、禽"立体发展之路。全年出栏牲畜9450头、家禽700210只。

【脱贫攻坚】 2018年脱贫35户83人，退出1个贫困村。2018年9月全脱贫。2018年C、D危房改造16户；硬化村道4.8公里。

【社会保障】 新农合参保9779人，领取3632人、发放399520元；特困对象231人、发放110.88万元；低保对象907人、发放167.388万元；残疾297人、发放21.396万元；孤儿3人、发放3.24万元。

【河道管理】 召开河长制专题会议32次，发放宣传资料2600份；动员人力460人次，打捞水面漂浮物、水葫芦及杂草80次、520吨。

【社会事业】 教育 2018年，有在校小学生187人、初中生155人、入园幼儿46人。

文化体育 设立场镇文化体育活动场所2处。12村建立了农家书屋、村级活动室。

【名录】 群龙乡党委书记：赵林 乡长：范江 人大主席团主席：敬大文 副书记兼组织委员：王黎 副书记、纪委书记：杨中杰 副乡长、武装部部长：王毅 副乡长：胡娟。

（群龙乡人民政府）

平桥乡

【基本情况】 2018年，面积26.40平方千米，耕地761.00公顷，设13村：谢家楼村、太平桥村、杨家沟村、打家垭村、金龟坝村、万年山村、桐麻寺村、东观庙村、老家沟村、范家桥村、姜公庙村、袁家坝村、张家庙村。96个村民小组。总人口13435人。粮食总产8290吨，经济作物总产5700吨。农业总产值5000万元。农民人均收入11900元。森林覆盖率为45%。

【经济建设】 第一产业 新栽脆香甜柚1000亩、杨树20万株。种植猕猴桃200亩。新建生猪养殖场5个、林下养殖场1个。成立专业合作社7个。

第二产业 页岩砖厂2家，酒厂2家，木料加工厂2家。总产值900万元。

【脱贫攻坚】 建档立卡贫困户282户958人。发展"四小经济"产业282户，户户有长效产业，面积1—2亩；户户1个短效产业：养殖业或做小买卖。

【基础设施建设】 完成5个村18公里通村水泥路建设，公里总里程95公里。修建塘堰8口,整治、维修农渠500米。新建居民聚居点2个;完成4个村自来水安装;新建垃圾转运站1个,污水处理厂1个,改造路灯25盏。建成移动通信基地站与联通基地站1个。天然气用户560户。

【社会事业】 教育 乡小学附设初中班。2018年,有教职工42人;在校学生589人。

医疗卫生 有乡级卫生院1所,床位10张。村医疗点12个。医务人员26人,其中,执业医师6人。

文化体育 场镇设有文化体育活动场所,村村有文化体育活动场地。

【名录】 平桥乡党委书记:何平 乡长:胡凌飞 人大主席团主席:杨显华 副书记:刘波 副乡长:李轲、杜林。

（平桥乡人民政府）

东坝镇

【基本情况】 2018年,面积33.70平方千米,耕地1028.50公顷,设19村:杨家坝村、彭家堰村、银家湾村、尤家祠村、千佛庵村、红山岭村、土桥子村、安福寺村、圆坝寺村、龟山庙村、继龙庙村、蓼叶湾村、八卦岭村、上乘寺村、马蹄岭村、寨营庵村、楼房沟村、打鼓山村、杨家店村。135个村民小组。总人口28000人。粮食总产8560吨,经济作物总产1200吨。农业总产值10640万元。农民人均收入15487元。森林覆盖率为44%。

【经济建设】 发展晚熟柑橘产业园12000亩,水果总产1200吨;在楼房沟村、彭家堰村、蓼叶湾村发展花椒产业园2000亩,产业用工3万个,增收200万元,实现户均增收4500元。油菜总产890吨;出栏生猪11000头、小家禽56800只。

2018年,固定资产投资3.15亿元,同比增长26%;财政总收入2158万元,同比增长5.8%。

【脱贫攻坚】 2018年,减少贫困人口10户33人。投入"四小工程"资金83万元,发展小家禽养殖700户;为18户返贫风险户落实兜底政策,为60名贫困人员落实公益性岗位,组织贫困人员技能培训8批500人次。在东坝至八尔湖线路上的红山岭村、土桥子村、安福寺村扩面栽植脱贫产业晚熟柑橘2000亩。培育专合组织13个,招引业主21个。改造危旧房50套、土坯房133户;风貌改造东坝至八尔湖产业线危旧房300户。

【社会保障】 农村低保1194户1202人,发放低保金200万元;328名特困对象打卡直发165万元;277名优抚对象发放优抚金179.8万元;586名80岁以上老人发放高龄补贴25.6万元;165户困难群众发放救助资金32.3万元;10名孤儿打卡发放救助资金9.7万元;城乡居保入网11854人,待遇领取4018人;医保入网19501人,劳动力入网10841人;困难群众公益性岗位60个,发放公益性岗位工资28.8万元。

【基础设施建设】 新建截污干管6公里,日处理污水能力1500吨,场镇污水处理率85%。绿化高速公路出口至场镇公路0.5公里。完成王家嘉陵江水厂与南部至东坝供水管网互联互通。新建村社路10公里,入户便道 5 公路，土坎梯田 1600 亩；新建蓄水池 2 口，整治蓄水池 1 口，整治山坪塘 11 口，新建泵站 3 处。

【社会事业】 教育　有小学 2 所，教职工 40 人，在校学生 2700 人。中学 1 所，有教师职工 30 人，初中生 2022 人，高中生 900 人。幼儿园 3 所，其中，公办 1 所、私立 2 所、教师 20 人、入园学生 410 人。

医疗卫生　有乡镇医院 4 家，从业人员 60 人，病床 100 张、接诊 1 万人。

文化体育　完成体育活动中心向阳广场升级改造。

【乡镇纪事】 1 月，为全市重点项目验靶提供现场；为全县"两会"提供参观现场。

4 月，省政协来镇调研：加快特色村镇建设，推进城乡融合发展。

5 月，为全国深度贫困地区激发内生动力研讨班现场会提供现场。同月，省市县领导陪同甘肃省唐省长来镇参观考察农业产业园发展。

6 月，工业和信息化部来镇召开座谈会。

7 月，南部县争创全国"四好"公路示范县迎接国家验收，东坝镇作为示范乡镇提供现场。

8 月，国扶办宣教中心来镇产业园调研创新扶贫工作并召开座谈会，南部县获全国脱贫攻坚组织奖。

10 月，为全市乡村振兴现场会提供现场。

12 月，为全省农田水利基本建设现场会提供现场。同月，工信部副部长一行来镇调研农业产业园建设。同月，省人大副主任一行来镇调研农业产业园建设。

2018 年，获南部县乡镇综合目标考核一等奖。

【名录】 东坝镇党委书记：杜卫东　镇长：陈久东　人大主席团主席：汪和林　副书记兼组织委员：斯冰　副书记兼纪委书记：杨秀华　副镇长：李剑、李旭（兼武装部部长）、任俞霖。

（东坝镇人民政府）

窑场乡

【基本情况】 2018 年，面积 26.00 平方千米，耕地 805.70 公顷，设 12 村：熊家坝村、龙楼庙村、同家沟村、杨家咀村、石庙子村、严家桥村、王家坝村、张家坪村、大地坝村、渭子溪村、金陵坝村、沈家坝村。96 个村民小组。总人口 12996 人。粮食总产 8296 吨，经济作物总产 20448 吨；农业总产值 16866 万元。农民人均收入 16162 元。森林覆盖率为 49%。

【经济建设】 累计发展速生林 6500 亩。杨家嘴村、石庙子村等村连片发展脆香甜柚 920 亩；出栏牲畜 13957 头、家禽 22232 只。

【脱贫攻坚】 2018 年，脱贫 7 户 16 人。截至 9 月，建卡贫困人口 354 户、1158 人，全部脱贫出列，贫困发生率由 2014 年年末的 9.2% 降为零。

【社会保障】 打卡直发地力补贴 143.73 万元、退耕还林补贴 13.12 万元、水库移民后扶资金 3 万元；重点优抚对象定期补助 54.32 万元，解三难专项资金 3 万元、城镇低保 16.489 万元、农村低保 148.764 万元、特困供养人员生活保障金108.08万元、孤儿基本生活保障金4.617万元、困难残疾人生活补助10.7万元、80岁以上老年人高龄补贴15.48万元；医疗救助45人、14.77万元；特困家庭直发困难补贴9.3万元。

【基础设施建设】 1、4、5、8、10、11、12村群众筹资300万元，实施自来水入户建设，覆盖户为50%。新建村社路16公里。新建、改造山平塘5口，新增蓄水15000立方米。

【社会事业】 教育 乡级小学1所。2018年，教职工33人，在校学生240人。

医疗卫生 乡级卫生院1所，从业人员9人，病床10张，接诊12755人。

【名录】 窑场乡党委书记：梁正锋 乡长：斯林平 人大主席团主席：汪体军 副书记：何品伦、杨抚顺 纪委书记：杨抚顺 副乡长：鞠燕琴 武装部长兼副乡长：许智虎。

（窑场乡人民政府）

八尔湖镇

【基本情况】 2018年，面积16.70平方千米，耕地358.50公顷，设10村：张家坝村、任江寺村、火峰庙村、林家垭村、三家沟村、青狮子村、墙垭口村、穿井沟村、纯阳山村、封坎庙村。83个村民小组。总人口9431人。农业总产值10613.15万元。农民人均收入20500元。森林覆盖率为45.6%。

【经济建设】 粮食总产850.6吨，油菜总产80.77吨，水果总产673吨。出栏生猪7614头、家禽50110只。村村有集体收入。

【脱贫攻坚】 6个重点贫困村、4个非贫困村，建档立卡贫困户743户2680人。截至2018年，村全部退出贫困村序列、户全部脱贫。成立农民专业合作社20个，栽植果树5000亩，发展"果套药"产业1000亩，栽植花卉苗木1500亩，建成双孢菇种植园、林芝产业园和肉鸡养殖产业园5个。纯阳山村率先在全县实施污水一体化处理。

【社会保障】 新农合参保率为98%。城乡居民养老保险参保率为95%；五保对象148人，低保对象639人。

【旅游项目推进】 完成高速公路西沿线修建和绿化；启动高速出口至游客中心东沿线修建；完成耳子湾智能生态停车场基础铺装和水稳层铺设；完成水韵花谷及非动力儿童乐园的建设安装，启动动力乐园平场；启动商业古街以及群众文化广场和神龟剧场修建；完成游客中心竹园绿化亮化；完成场镇仿古立面改造二期建设。

【社会事业】 教育 有镇小学教学楼2栋，公寓3栋，学生食堂1处。2018年，有在校学生347人。

医疗卫生 完成10个村卫生室建设。

【乡镇纪事】 1月，纯阳山村、封坎庙村被省委、省政府表彰为四川省2017年度省级"四好村"。

同月 承办全市项目拉练现场会，获流动红旗。

3月，纯阳山村被省农工委和水利厅确定为"水美新村"。

5月，承办全国"四好公路"现场会。

7月1日，镇党委书记梁先辉在四川省庆祝中国共产党成立97周年暨新时代、新担当新作为先进典型代表座谈会上作交流发言。

8月8日,被农业农村部办公厅、财政部办公厅确定为农业产业强镇示范建设乡镇。同月,梁先辉在南充市甘肃省省长考察脱贫攻坚座谈会上作交流发言。

9月,下派第一书记魏小杰以纯阳山村先进事迹在市委组织部组织的全市第一书记培训会上作"五个一"交流发言。

10月17日,全国脱贫攻坚展上,纯阳山村以"纯阳山村绣好精准扶贫这朵花"为主题,分为"创新机制"和"脱贫探索"两个展览单元,讲述了克服资源匮乏困局开展脱贫探索,从浴火重生走上乡村振兴之路的经历(全国两县一镇三村入选)。同月,承接全市第二次项目拉练现场会。

11月,承接全市乡村振兴现场会。同月,承接全省农田水利现场会。同月,在全县第二次脱贫攻坚现场验靶中获得流动红旗。同月,承办全省巴南高速互通八尔湖镇通车现场会。同月,以八尔湖镇为样板拍摄南充市改革开放40周年宣传片。同月13日,被表彰为南部县金融工作先进单位。同月28日,承接全市党建工作现场会。

【名录】 八尔湖镇党委书记:梁先辉 镇长:吴宗汉 人大主席团主席:张鹏华 副书记:刘炯、曲彬瑜 副镇长:杨海、杜俊枚、郑万斌。

(八尔湖镇人民政府)

马王乡

【基本情况】 2018年,面积22.50平方千米,耕地705.10公顷,设12村:宋家寨村、任家岩村、东林寺村、向家嘴村、鲁家庙村、真井寺村、岳家沟村、玉皇庙村、高家坡村、观音山村、宝马井村、桂花桥村。102个村民小组。总人口1.17万人。粮食总产7025万吨;农业生产总值3265万元。农民人均收入11863元。森林覆盖率为46%。

【经济建设】 马王脆香甜柚有"国优"水果之称。任家岩村、东林寺村新栽脆香甜柚500亩。观音山村栽种柑橘360亩;鲁家庙村、宝马井村栽种花椒600亩。

【脱贫攻坚】 截至2018年,建档立卡贫困户519户1711人,519户1711人脱贫;4个重点贫困村任家岩村、东林寺村、桂花桥村、岳家沟村全部退出贫困村序列。

【社会保障】 参加居民养老保险7900人,已享受养老保险金3254人;新型农村医疗保险覆盖率达98%。低保对象753人,每年享受低保资金156万余元;特困供养197人,享受特困供养金91万余元;高龄312人,发放高龄补贴14.8万元。

【基础设施建设】 硬化村社路、产业路13公里。贫困村任家岩、东林寺、桂花桥、岳家沟村基础设施建设项目竣工,完成年度投资500万元。维修渠道1300米、病害水库3座、隧洞3处,整治山坪塘5处,新建蓄水池15口。

【社会事业】 教育 2018年,乡小学有教职工34人,小学生76人、初中生45人,幼儿园12人。

医疗卫生 有乡卫生院1所,职工9人,10张病床,门诊11850人次,住院50人。村医疗站12个。新建任家岩村、东林寺村卫生室。

文化体育　场镇体育活动场地2处。任家岩村、东林寺村、桂花桥村、鲁家庙村、真井寺村、岳家沟村、玉皇庙村、观音山村均设有体育活动场所。

【名录】　马王乡党委书记：李凯林　乡长：罗学卿　人大主席团主席：邹林　党委副书记、纪委书记：汪碧华　副乡长兼武装部部长：杨振东　副乡长：汪永猛。

（马王乡人民政府）

河坝镇

【基本情况】　2018年，面积37.90平方千米，耕地845.40公顷，设15村：杜家店村、石佛山村、三叉河村、立仙庵村、范家沟村、许家垭村、黄堂寺村、铧厂湾村、海堂井村、沪家山村、凤凰山村、崇仙井村、小李沟村、回龙观村、新拱桥村。119个村民小组。总人口19094人。粮食总产8435吨；农业生产总值9989万元。农民人均收入9156元。森林覆盖率为42%。

【经济建设】　生产油料2010吨；出栏家禽12000只；发展核桃300亩、不知火柑1500亩；投资300万元修建金子山山羊养殖基地；引进业主陈在新成立三乡种植专业合作社，投资1000万元创建范家沟农业观光园；流转土地种植花卉、核桃、猕猴桃1000亩。新增农业机械30台、流动收割机50台，机械作业面10000亩。

【脱贫攻坚】　2018年，脱贫13户29人，贫困村沪家山村退出贫困村序列。两个贫困村核桃、柑橘长势良好。

【社会保障】　回龙观敬老院建设完工。享受优抚对象485人。落实城市低保66户91人，农村低保1267户1319人。残疾人893人。医疗救助178人，救助35.2万元。

【基础设施建设】　新建居民小区3个；完成河坝污水处理厂勘察和雨污分流管网改造设计；完成自来水管道安装12.3公里。新建垃圾池96个。

【社会事业】　教育　2018年，有在岗教职工77人。在校学生（含幼儿学生）960人。

医疗卫生　乡卫生院动工修建门诊综合大楼；开展计生服务活动4次；家庭医生签约服务7000人。

【名录】　河坝镇党委书记：罗兴国　镇长：何洪波　副书记、组织委员：严成旭　纪委书记：陈美昌　副镇长、武装部部长：董向前　副镇长：周玉。

（河坝镇人民政府）

龙庙乡

【基本情况】　2018年，面积18.10平方千米，耕地619.60公顷，设10村:高屋基村、文大山村、尖山子村、园通庵村、白鹤湾村、常乐庵村、菩提垭村、尊圣寺村、六角冲村、大石岩村。71个村民小组。总人口10255人。农作物总产7300.45万吨，其中，粮食总产5103.95吨，经济作物总产2196.5吨。农村经济总收入5833.4万元。农民人均收入10305元。森林覆盖率为57.2%。

【经济建设】 投资9000万元整治、调形3100亩荒坡、泽地、林地、耕地，修缮蓄水能力20万立方米蓄水池3个；栽植核桃树、柠檬树、银杏树、海棠、红枫、紫薇、桂花、玉兰、黄桷兰、桃花、樱花树等林木1500亩10万余株；新建养猪场、养鸡场、养羊场。投资500万元，新建化粪池2个、沼气池3个。圆通庵村金鸿养殖场年出栏生猪1200头；高屋基村发展顺发养殖场和养狗场。

【脱贫攻坚】 精准扶贫211户654人。2018年脱贫29户86人。7月24日，菩堤垭村代表南部接受国家验收，退出建档立卡贫困村序列，至此，建档立卡贫困户全部脱贫。尖山子村完成100亩褚橙脱贫奔康产业园、菩堤垭村完成100亩稻田养鱼脱贫奔康产业园建设，贫困户以土地入股形式参与分红。

【基础设施建设】 新建通村水泥路7公里，入户路25公里。维修渠系10公里，整治山坪塘12口。新修垃圾转运站1个，配发双桶果屑箱20个。

【社会事业】 教育 2018年，有小学男生95人、女生61人；初中男生75人、女生62人。

医疗卫生 有乡卫生院1所，村级卫生站10个。乡村卫生站从业人员12人，在编8人。

【名录】 龙庙乡党委书记：张海滨 乡长：徐怀庶 人大主席团主席：何砼全、赵清明 副书记：蒲艳春、王金日（纪委书记）、汪皓 副乡长：苏明海、赵灵。

（龙庙乡人民政府）

梅家乡

【基本情况】 2018年，面积25.90平方千米，耕地859.00公顷，设15村：华严庵村、老门垭村、双桥村、铁家沟村、歇马坎村、碑垭合村、青莲寺村、观音庙村、罗家井村、普照寺村、大乘庵村、金盘穴村、大清垭村、观音堂村、公山庙村。128个村民小组。总人口13272人。粮食总产6759吨，经济作物总产11090吨。农业总产值7217万元。农民人均收入15376元。森林覆盖率为54%。

【经济建设】 出栏牲畜2967头、家禽11479只。1、2、10、15村种植柑橘4000亩，招引业主7人，土地全部流转，流转资金100万元。歇马坎村种植红叶李100亩、养殖龙虾110亩；观音庙、罗家井村种植藤椒600亩。

【脱贫攻坚】 建档立卡贫困人口292户1060人。2018年，脱贫16户50人，贫困村青莲寺村退出贫困村序列。至此，292户1060人贫困人口全部脱贫。立足发展长效产业，发展红心琯溪蜜柚、"不知火"等名优水果。贫困村歇马坎村、青莲寺村完成财政投资200万元，硬化入户路3公里，整治维修堰塘3口，完善易地搬迁附属基础设施建设。

【社会保障】 重新评定1023个城乡低保和270个特困供养人员；发放临时救助、残疾人困难补贴及优抚对象资金100万元。

【基础设施建设】 硬化村社路20公里，维修山坪塘10口；投资150万元改造、升级西紫街、正街。完成歇马坎、青莲寺村电力农网改造。

【社会事业】 教育 2018年，有乡小学在职教职工33人，在校小学生138人、初中生89人、入园幼儿61人。15人考入重点中学，名列王家片区同类学校第一名。

医疗卫生 乡卫生院从业人员8人，其中，执业医师4人，注册护士1人。新建村卫生站3个。

文化体育 建成青莲寺村文化活动室。

【名录】 梅家乡党委书记：易小龙 乡长：张阳明 人大主席团主席：莫小琴 副书记兼组织委员：周勐宏 副书记兼纪委书记：蒲敏 副乡长：任文 武装部部长兼副乡长：刘小龙。

（梅家乡人民政府）

王家镇

【基本情况】 2018年，面积23.50平方千米，耕地803.40公顷，设16村：槽房坝村、总角山村、红庙子村、三房咀村、七层山村、灵泉山村、老君堂村、落翎坝村、龚家沱村、杨村坝村、通民庵村、顶子山村、青布壕村、嘉陵村、马鞍山村、彭家坝村。116个村民小组。总人口20412人。粮食总产13123吨，经济作物总产3630吨。农业总产值10730万元。农民人均收入15052元。森林覆盖率为47%。

【经济建设】 生猪出栏15210头；饲养小家禽20660只；成片水产养殖龚家沱村50亩、杨村坝村280亩、顶子山村20亩。种植莲藕300亩，栽植丑柑、翠李700亩、核桃350亩。建成玫瑰产业园1处300亩。

【脱贫攻坚】 年初，有48户贫困户、122人；年末，除1户1人未脱贫，47户、121人当年脱贫。为贫困村完成改厨改厕40户，安装水泵21户。为贫困村红庙子村新建了文化室、医疗卫生室。

【社会保障】 参加医疗保险20310人。低保对象1910人，发放低保金350万元。

【基础设施建设】 总投资2000万元，占地8亩的污水处理厂于10月底建成，日处理污水1500吨，根治了场镇污水直排。投资9000万元的王家自来水厂于3月动工修建，占地20亩，日供水量9000立方米，惠及王家、东坝、盘龙多个乡镇。场镇15条街道垃圾处理实行辖区3个社区居委会分片负责制。新漆垃圾桶50个。坚持河长负责长效机制，每天巡河一次，设立固定标示牌10个，打捞水葫芦、垃圾150吨。

【基层党组织建设】 培训入党积极分子15人。发展新党员6人。预备党员转正7人。"七一"庆祝会上表彰基层先进支部4个，表彰优秀党员53人。

【社会事业】 教育 2018年，王家中学有在校初中学生11个班410人，70名教职工。王家小学有在校小学生1250人。幼儿园9个班、560人。教职工59人。

医疗卫生 王家中心卫生院为一级甲等医院，有病床100张，医护人员51人。

文化体育 新成立镇老年活动中心和正街社区老年人活动中心各1个。洪湖、文化两广场及主要街道新安装太阳能路灯30盏，方便中老人出入和健身运动开展。

【名录】 王家镇党委书记：陈新民

镇长：贾力鳞　人大主席团主席：罗懿　副书记、组织委员：汪斌　副书记、纪委书记：鲜周天　副镇长、武装部部长：赵邦金　副镇长：蔡荀、张碧珍。

（王家镇人民政府）

铁佛塘镇

【基本情况】　2018年，面积25.60平方千米，耕地693.20公顷，设12村：马鞍山村、三清村、国公村、黄桷店村、后地湾村、铁佛塘村、石桥铺村、贾家店村、贾坪村、杏儿垭村、石柯垭村、公山庙村。97个村民小组。总人口14357人。粮食总产6670吨，经济作物总产662吨，农业总产值7867.83万元。农民人均收入15016元。森林覆盖率为49.9%。

【经济建设】　水果总产849吨，油菜总产662吨，出栏生猪9440头、小家禽出98455只。新栽柑橘4000亩，全镇柑橘规模12000亩。

【脱贫攻坚】　建档立卡贫困人口254户787人，已脱贫254户787人。投入"四小工程"补助资金58万元，发展小家禽养殖677余户，发展猪羊牛家畜养殖36户。脱贫奔康产业园已栽植丑柑850亩，庭院栽植水果450余亩。建成39个农民专业合作社，招引业主3个，实施危房改造29户。

【社会保障】　参加居民养老保险9771人，已享受养老金3026人；低保对象898人，享受低保资金180万余元；五保对象130人。发放独生子女、养老优抚金20.7万元。

【基础设施建设】　新修建社道公路18公里。整治土地1200亩，整治山坪塘、蓄水池20处。

【社会事业】　教育　2018年，有在校初中生667人，小学生543人。入园幼儿136人。

医疗卫生　设有镇卫生院1所，村医疗站12个。

【名录】　铁佛塘镇党委书记：祝继双　镇长：李成强　人大主席团主席：李大春　副书记：袁凡　纪委书记：何瑞青　副镇长：孙永志、赵培、曹桂萍。

（铁佛塘镇人民政府）

大富乡

【基本情况】　2018年，面积33.00平方千米，耕地1107.90公顷，设18村：庵子坪村、横担岭村、卧牛穴村、封崇寺村、铺子垭村、来龙井村、油房嘴村、观音岩村、鞍子沟村、鲜家店村、大刘沟村、小刘沟村、五童庙村、沙包井村、龙头桥村、黄家沟村、应凉寺村、星光村。145个村民小组。总人口19202人粮食总产3633吨；经济作物总产754吨。森林覆盖率为65%。

【经济建设】　铺子垭村建成柑橘、核桃产业园200亩，鲜家店村建成柑橘、核桃产业园300亩，五童庙村建成藤椒产业园300亩。建成20个农民专业合作社，招引业主1人。

【脱贫攻坚】　建档立卡贫困户291户933人，脱贫291户933人。2018年，鲜家店村退出贫困村序列。投入"四小工程"补助资金75.5万元。实施易地移民搬迁16户,完成危房改造44户,开展实用技术培训2批51人次。

【社会保障】 参加居民养老保险1.18万人,已享受养老金4854人;参加新型农村医疗保险17404人,保费240万元,覆盖率达91%。低保对象1072人,每年享受低保资金213万元;五保230人。

【环境管理】 打捞水葫芦2070吨、白色漂浮物及沿岸垃圾320吨。

【社会管理】 扫黑除恶工作开展以来,张贴宣传标语42幅,短信平台宣传10条5000人次;摸排两次,配合派出所刑拘酒后肇事者1名。整治软弱涣散支部1个。

【社会事业】 医疗卫生 设有乡卫生院1所、村医疗站17个。年艾滋病防疫检查共1800人,特殊人员免费体检152人。

文化体育 设有场镇文化体育活动场地1处。村级文化体育活动场所18处。

【名录】 大富乡党委书记:赵长刚 乡长:谢颉 人大主席团主席:何川 副书记:徐全敏 纪委书记:郑继霞 副乡长:鲜永成、杨冉。

(大富乡人民政府)

富利镇

【基本情况】 2018年,面积41.60平方千米,耕地1213.40公顷,设20村:胡家湾村、黄成沟村、九家沟村、李家湾村、道宗庙村、铁佛桥村、坡坡店村、碧龙庵村、大椅湾村、印山坝村、土台山村、冉家沟村、乐道坝村、大坡上村、张家湾村、董家溪村、长马沟村、龙兴寺村、大树垭村、王家咀村。159个村民小组。总人口22743人。粮食总产11245吨,农业总产值15530万元,农民人均收入15522元。森林覆盖率为40%。

【经济建设】 黄成沟村、铁佛桥村、冉家沟村、乐道坝村、张家湾村、董家溪村、长马沟村、大树垭村发展种养殖产业3000亩。

【脱贫攻坚】 2018年33户72人脱贫,贫困村董家溪村退出贫困村序列。截至年底,建档立卡贫困人口325户933人全部脱贫。开展扶贫实用技术、种养殖技术、创业就业技能培训30次;发放"四小工程"补助资金76.5万元,发展"四小工程"327处。董家溪村完成村活动室、卫生室、文化室建设,发展柑橘300亩,贫困户入园率为100%。

【社会保障】 参加居民养老保险1.5万人,已享受养老金5000人;城乡居民医疗保险覆盖率为97%;低保对象1368人,享受低保金245万元;特困供养223人,享受特困供养金111万元。

【基础设施建设】 新建村道50公里,硬化20公里,加装太阳能照明灯600盏。董家溪村投资25万元加固两座水库;印山坝村、大树垭村整治、新修农渠2公里。

【社会事业】 教育 有小学两所:富利小学、董家小学。2018年,董家小学有教职工31人,富利小学70人。共有义务教育阶段学生753人,学前教育学生114人。

医疗卫生 有卫生院两所:富利卫生院、董家卫生院。共有床位31张。医护人员20人。

【名录】 富利镇党委书记：汪大华 镇长：何春花 人大主席团主席：米德鸿 副书记：王冉、李玲 武装部部长、副镇长：张家贵 副镇长：刘丽华。

（富利镇人民政府）

碧龙乡

【基本情况】 2018年，面积26.90平方千米，耕地901.80公顷，设14村：大佛沟村、邓家咀村、铁炉沟村、干柴垭村、五台山村、许家桥村、贾石桥村、高阳寺村、落宝店村、张家山村、袁家楼村、垒子山村、刘房嘴村、拦田沟村。115个村民小组。总人口14645人。粮食总产5665吨，经济作物总产2562吨。农业总产值8415万元。农民人均收入15098元。森林覆盖率为45%。

【经济建设】 出栏牲畜5184头、家禽65293只。张家山村、袁家楼村、垒子山村栽植果桑600亩，产果300吨，收入150万元。举办第五届碧龙乡桑葚采摘节，接待游客10000人次。铁炉沟村600亩脆香甜柚产果260吨，收入120万元。

【脱贫攻坚】 建档立卡贫困户419户1313人，2018年年底全部脱贫。投入"四小工程"补助资金91万元，发展小家禽养殖229户，鸡鸭鹅填槽3500只，猪牛羊填槽320头；发展长效产业栽植果树148亩；发展小买卖122户。开设贫困户技能培训300人次。政策兜底医疗保险参保费全免；低保兜底17户19人；教育补助贫困学生189人16.8万元。

【社会保障】 兑现粮食直补惠农资金164.78万元，实施临时救助7万元，医疗救助21.84万元，高龄补贴15.54万元。9651人参加农保，参保率为98.3%，4162人领取养老保险金。新农合参合12873人，参保率达99%。

【基础设施建设】 新修水泥路4公里。

【社会管理】 设乡调解委员会1个，村调解委员会14个，调处各类矛盾纠纷48起。开展安全知识培训26次，参训1800人次。村道安装了防撞墩，设置150个警示牌。

【基层组织建设】 设党总支部1个，支部15个，党员424人，其中，农村党员392人。发展党员6名，培训入党积极分子8名，转正党员3名。

【社会事业】 教育 2018年，有在职乡教职工43人；小学生189人、初中生97人，入园幼儿88人。

医疗卫生 有乡卫生院1所，病床12张，在职11人。年接诊8000人次。

文化体育 邓家嘴村、干柴垭村、五台山村、贾石桥村、高阳寺村、张家山村配备了办公桌、音响、电脑；文体设施3套。

【名录】 碧龙乡党委书记：雍春红 乡长：邓国禄 人大主席团主席：赵志雄 副书记、纪委书记：胡晖 副书记、组织委员：谢继斌 副乡长：张斌、高月先。

（碧龙乡人民政府）

定水镇

【基本情况】 2018年，面积54平方千米,耕地1347.50公顷,设26村:周垭口村、郑家沟村、哑巴河村、徐家桥村、新场垭村、新场村、懒空寺村、谢家垭村、西河坝村、五房坝村、双河村、三房沟村、仁合村、庄子沟村、庙子山村、马鞍山村、路边井社区、龙凤村、联合村、鲤鱼坡村、九洞磨村、锦屏寺村、高观村、碧龙观村、笔架山村、齐心村。231个村民小组。总人口37107人。粮食总产12091吨;农村经济总收入27466万元。农民人均收入15534元,城镇人均收入22354元。森林覆盖率为38.74%。

【经济建设】 2018年,出栏生猪23259头;栽植晚熟柑橘5000亩,覆盖8个村;中药材4800亩,涉及4个村;解决贫困户就业增收200户600人。当年栽当年收瓜蒌1000亩,产生效益50万元。

【脱贫攻坚】 2018年,减贫77户158人。建成脱贫奔康产业园4个,种植林果2000亩;完成劳动技能培训260人次、农业技能培训580人次、输转剩余劳动力198人次;贫困户普遍实施"四小工程",年出栏家禽2万只,生猪3000头,羊500只,牛200头。完成24户易地搬迁、195户危房改造。

【社会保障】 民生资金投入1168万元。发放农村、城镇低保632万元,特困供养126.4万元,医疗救助30.7万元,残疾人补助金67.6万元。发放退伍老兵、优抚对象慰问金315万元。

【基础设施建设】 新建村道31公里、产业路67公里、安全饮用水650户、照明用电改造1600户。自来水、宽带、电话28个村(居)全覆盖。维修整治雨污分流管网1100米。

【社会事业】 教育 2018年,定水中学有教职工121人,在校学生820人;定水小学有教职工78人,在校学生1550人;凤台小学有教职工35人,在校学生315人。

医疗卫生 定水中心卫生院有从业人员60人,病床54床,摆摊设点游医4人。村(居)卫生站19个,从医人员26人。凤台卫生院从业人员7人,病床12床。村(居)卫生站7个,从医人员15人。

文化体育 场镇文化体育活动场地3处。村文化体育活动中心26处。

【名录】 定水镇党委副书记、镇长:任军 人大主席团主席:刘小梅 副书记兼组织委员:汪朝阳 纪委书记:陈洪森 副镇长:高伯乐、王汝平、何晓华。

(定水镇人民政府)

兴盛乡

【基本情况】 2018年,面积29.20平方千米,耕地749.00公顷,设15村:程家湾村、亭祠场村、黄泥包村、槐树湾村、张家店村、五龙观村、吴家拐村、二龙场村、白垭观村、敬家湾村、圆山子村、白家山村、梁家沟村、利井沟村、凿子坝村。117个村民小组。总人口14491人。粮食总产10156吨,经济作物总产2649吨。农业总产值9720万元。农民人均收入11779元。森林覆盖率为46%。

【经济建设】 2018年,发种蚕种1300张,产茧5.2万公斤,蚕茧收入200万元。新栽、补栽退耕还林600亩、6万株。成立兴盛乡林业专业合作社,林下养殖生态鸡年收入100万元。推行"党支部+合作社+农户"模式,种植耙耙柑200亩。流转土地10000亩，在定升路沿线及周边10个村种植中药材。发展养羊大户2户、养禽大户3户；发展生猪养殖大户7户，年出栏生猪4200头，饲养母猪190头。

【脱贫攻坚】 建档立卡贫困人口624户1716人，已脱贫624户1716人。发放"四小工程"到户产业补助资金165.1万元，实施小庭院106户、小养殖497户、小作坊18户、小买卖39户。危房改造16户；晚熟柑橘产业带、定升公路沿线风貌打造160户。引进业主11位，发展脱贫奔康产业园4个，栽植珍稀林木1500亩、桑树3000亩、黄奎600亩，吸纳农户就近就业400人，其中贫困户140人，人均增收3000元。

【社会保障】 养老、医疗保险：参加居民养老保险7200人，已享受养老金2612人；新型农村医疗保险覆盖率达95%。计划生育：发放独生子女补助费22200元，计生奖励扶助对象250人，享受每人每年960元的奖励扶助资金共240000元。民政救助：五保对象135人，发放资金486000元；孤儿2人，享受19440元；享受农村低保957人，发放资金1856460元；享受城镇低保28人，发放资金66660元。全年解决特困人口困难补助142人次，发放困难补助资金70000元。医疗救助100人次，享受190491元。

【基础设施建设】 新建通社水泥路15公里，入户路10公里。维修农渠8.5公里，新建农渠1.2公里，新建山坪塘6口、维修塘堰渠3处。

【社会事业】 教育 有乡小学1所，村办小学1所；乡幼儿园1所，村办幼儿园1所。2018年，有教职工56人，在校小学生557人、初中生230人，入园幼儿204人。

医疗卫生 有乡卫生院1所，床位10张；村卫生站14个。从业人员26人。2018年，乡卫生院增添了医疗设备；乡政府加强了对村卫生站的管理。

文化体育 设场镇文化体育活动场地2处。村文化体育活动中心15处。

【名录】 兴盛乡党委书记：向秋云 乡长：张望 人大主席团主席：范明高 副书记：杨培林 纪委书记：范琳 副乡长：李兴凡、米刘天。

（兴盛乡人民政府）

大王镇

【基本情况】 2018年，面积20.00平方千米，耕地539.50公顷，设14村：宝灵山村、孙家沟村、袁家祠村、黄连树村、尚书祠村、郑家垭村、杨家祠村、中坪山村、繁荣村、羊角山村、金子山村、大井坝村、雨台山村、宝马河村。106个村民小组。总人口11898人农村经济总收入12373万元，一、二、三产业增加值分别为128万元、145万元、1150万元。农民人均收入12373元。森林覆盖率为75%。

【经济建设】 整理土地1.2万亩；栽植晚熟柑橘1.1万亩。出栏生猪7030头、家禽12606只、牛羊230头。

【脱贫攻坚】 2018年，40户103人脱贫，贫困村雨台山村退出贫困村序列。建成脱贫奔康产业15个1.2万亩，287户902人建档立卡贫困户全部入园；富余劳动力就近务工523人，其中贫困人口78人。

【基础设施建设】 建成产业示范路16公里;形成田间路网230公里、渠网80公里;修建塘堰、蓄水池130口。羊角山村公路桥建成通车;14个村、2312户群众实施城乡一体化供水;5个村实施农网升级改造;14个村、960户群众安装宽带。开办日间照理中心、老年活动中心5个;安装7个村、13公里路灯。

【社会事业】 教育 2018年,有小学生254人、初中生102人、入园幼儿128人。在职教职工38人。

医疗卫生 有病床12张,医护人员6人。接诊2000余人。

文化体育 投资40万元,建成场镇文体广场;建成村文化体育活动场所2处;开展重阳节、中秋节庆祝活动4次。

【附录】 第二次脱贫攻坚"现场验靶"和全县重点项目"现场验靶"获"流动红旗"。镇党委被县委授予"先进党组织"称号;孙国雄被南充市委授予"南充市项目建设先进个人"称号;李玲被县委授予"优秀党员"称号。

【名录】 大王镇党委书记:孙国雄 镇长:何芬 人大主席团主席:胡志洲 副书记:毛崇文 纪委书记:李玲 副镇长:蒋鹏飞(兼武装部部长) 副镇长:谢洪斌、徐莹秀。

(大王镇人民政府)

太华乡

【基本情况】 2018年,面积15.70平方千米,耕地434.00公顷,设13村:老屋山村、春坪垭村、桃树湾村、庙嘴子村、六房坪村、板桥寺村、李家垭村、五房嘴村、油坊湾村、枷担湾村、南阳庙村、宋家庙村、坛神庙村。91个村民小组。总人口9612人。粮食总产5627吨,经济作物总产152吨。森林覆盖率为62%。

【经济建设】 枷担湾村、宋家庙村扩建30千瓦光伏发电产业园;发展蚕桑550亩,养蚕84张,产值9.5万元,桑叶、桑芽售价35万元;栽植桃树、核桃1000亩;栽种栾树、香樟、银杏3000亩。

【脱贫攻坚】 围绕2018年摘帽目标,39户65人按期脱贫;贫困村宋家庙村接受市考核退出贫困村序列。实施"四小工程",落实到户资金95万元,分户规划小养殖、小庭院、小作坊、小买卖370户。结合"四小工程"培养技术能手500人次,培训种养农户和农民技术工180人;组织贫困劳动力160人5次参加县工业园区招聘会,60人就业。危房改造25户。

【社会保障】 农村低保661户702人,城镇低保13户26人。城乡医疗救助32户、16.5万元;发放高龄补贴269人、76080元;五保对象151人,享受供养金138450元。

【基础设施建设】 扩建村社路3公里,土坯机耕道9公里,加宽村道1公里,整治山坪塘3口,新建蓄水池5口。

【社会事业】 教育 2018年,有小学生138人、初中生65人、入园幼儿35人。

医疗卫生 新建宋家庙村诊疗室。

文化体育 新建场镇文化体育活动广场200平方米。新建宋家庙村文化活动室、图书室300平方米。

【名录】 太华乡党委书记：袁文昭 乡长：冯云 人大主席团主席：周津宇 副书记：马科昕 纪委书记：周飞副乡长：杜天伟、邓林峰。

（太华乡人民政府）

黄金镇

【基本情况】 2018年，面积34.60平方千米，耕地1169.30公顷，设24村：榨房沟村、雍庆寺村、姚家庙村、盐井湾村、谢家坪村、万家湾村、天星寨村、塔山村、水音村、缺垭村、青土垭村、桥坝村、南天洞村、老观咀村、吉庆寺村、黄家庙村、广水井村、高垭村、丁家庵村、大湾村、陈桥村、长岭村、仓湾沟村、柏子垭村。163个村民小组。总人口20602人。粮食总产12049吨；播种经济作物16970亩；农民人均收入14954元。森林覆盖率为40%。

【经济建设】 推行"支部+产业"模式，打造"花椒类木本油料作物之乡"示范基地，已完成丁家庵村等10个村、72个社8000亩土地去杂和土地初步调型整理，丁家庵村、吉庆寺村、塔山村、老观咀村已栽植4000亩、30万株花椒幼苗。

【脱贫攻坚】 2014年，建档立卡贫困人口506户、1607人，贫困村2个。截至2018年年底，实现所有建档立卡贫困村贫困户按期按要求脱贫。其中，2018年脱贫48户123人，继续巩固已脱贫户443户1420人。全年发放"四小工程"发展资金487户112万元，引导贫困户发展小养殖业，实施小养殖358户，小养殖存栏鸡11万只、鸭10万只、牛羊100头，小养殖业覆盖建档立卡贫困户占比70%，年增收1000元。

【基础设施建设】 完成场镇污水处理厂主体工程建设。分三阶段完成了镇场街道建设1.9公里，新建社道6公里；整治山坪塘、水库、堰塘9处。

【社会事业】 教育 2016年12月，黄金小学和黄金镇中合并。2018年，有教职工65人；初中生130人，小学生283人。入园幼儿103人。

医疗卫生 设有乡级卫生院2所、村卫生站22个，医务人员35人。

【名录】 黄金镇党委书记：何明 镇长：张来清 人大主席团主席：贾维专 副书记：何杰 纪委书记：冯芳 武装部部长兼副镇长：陈庆国 副镇长：严欣、李刚。

（黄金镇人民政府）

寒坡乡

【基本情况】 2018年，面积24.90平方千米，耕地730.50公顷，设18村：殷家湾村、彭家垭村、大田坝村、龙伏寺村、鞍子岭村、王家垭村、李家庙村、四合院村、莲社庵村、四房嘴村、三清观村、棒子湾村、八庙村、洪山庙村、寒坡场村、燕窝村、柏树包村、胡家垭村。120个村民小组。总人口16226人。粮食总产6942吨；农业总产值4943.81万元；农民人均收入15781元。森林覆盖率为58.4%。

【脱贫攻坚】 2018年，58户169人脱贫。

创建脱贫奔康产业园6个，带动115户365人增收。发放"四小工程"补助资金107.1万元。贫困村棒子湾村投资30万元实现20千瓦时光伏发电，63户贫困户受益。

【社会保障】 参加居民养老保险5731人，已享受养老金2888人；新型农村医疗保险覆盖率为98%；低保对象1057人；特困供养274人。

【基础设施建设】 投资571万元，新建村社路15公里；投入45万元，整改、维护已有村路，其中加宽2公里；投入275.6万元清淤加固病险塘堰7口；投入30.6万元，疏通淤堵水渠。投入建设资金550.8万元，使18个村、1836户乡民用上自来水；投入180万元升级鞍子岭村、莲社庵村等村天然气管网。

【社会事业】 教育 乡小学投资200万元，维修校门、硬化4000平方米操场。2018年，有在校初中生74人，小学生151人，入园幼儿23人。

医疗卫生 设有乡卫生院1所，床位18个；村级卫生室18个。已签约家庭医疗服务3133人。

【名录】 寒坡乡党委书记：王爱民 乡长：程道雄 人大主席团主席：何勇 副书记：王仕东、贾理鸿 副乡长：李鲲鹏、宋强（武装部部长）。

（寒坡乡人民政府）

肖家乡

【基本情况】 2018年，面积18.00平方千米，耕地543.70公顷，设10村：肖家滩村、严家湾村、老牛沟村、大山湾村、石宝地村、盐店坪村、九龙观村、枣子园村、匹驴寺村、谢家庙村。78个村民小组。总人口11633人。粮食总产6432吨，经济作物总产1603吨，农民人均收入9827元。森林覆盖率为42%。

【经济建设】 养殖黑猪1100头、山羊350只、牛200头。"种粮合作社"种粮500亩、育苗270亩，发展食用菌种植基地150亩。发展种植专业合作社10个、养殖专业合作社2个、家庭农场5个。

【社会保障】 参加城乡居民医疗保险9671人，医疗救助105人，救助19.29万元；发放残疾人补贴6000元。

【社会事业】 教育 有小学1所。2018年，有在职教职工32人，在校学生200人，其中男生108人、女生92人。

医疗卫生 有乡卫生院1所，床位20张，从业人员8名。每村设1卫生站，村医1名。

文化体育 10个村都有文化活动室、健身场地，都安装了体育器材。

【附记】 2月，开通了西门桥——肖家4路公交车。

【名录】 肖家乡党委书记：梅丁元 乡长：王淞 人大主席团主席：杜春常 副书记：杨琼英 纪委书记：谢宾 武装部部长兼副乡长：伍峰霄 副乡长：罗燕。

（肖家乡人民政府）

建兴镇

【基本情况】 2018年，面积67.30平方千米，耕地2002.20公顷，设40村：陈家咀村、陈家坝村、龙池寺村、黄家坝村、怡家山村、东龛寺村、马家垭村、凉水坪村、杨家湾村、包包桥村、新庙子村、玉皇观村、蒲家坪村、龙神垭村、洞洞山村、杜家祠村、石门堂村、李家街村、新庙岭村、回龙庵村、莲池坝村、过间楼村、桥楼子村、李广山村、龙滩寺村、红军垭村、中和井村、板桥子村、小垭村、药皇观村、周家店村、卫家坪村、黄瓦寺村、东风村、青源寺村、向家坪村、柏垭子村、双桂村、二教寺村、李河边村。311个村民小组。总人口7.6万人。粮食总产23500吨，农村居民人均可支配收入11816元，森林覆盖率为65.8%。

【经济建设】 蚕桑订种1500张，引进业主在莲池坝村栽桑300亩。新栽脆香甜、柑橘、核桃20万株，贫困村中和井、卫家坪村实现土地流转率达60%。石门堂村、板桥子村和洞洞山村流转土地300亩种植油茶树。东风村种植柑橘150亩。板桥子村引进业主流转土地300亩种植李子树。各村通过村社自主引进业主30余人，流转土地300亩。

【脱贫攻坚】 2018年，加宽陈家咀、龙池寺、凉水坪、中和井、新庙子村联网窄道4.1公里，涉及资金65万元。新建提灌站2座，涉及资金10万元。贫困户土坯房"五改三建"182户，兑付资金182万元。危房改造D级30户、C级30户，涉及资金78万元。

【社会保障】 发放各类民政临时救助资金20.45万元；547个城镇低保、2119个农村低保、494个特困户，年发放资金730万元。1261名80岁以上老人享受高龄补贴，补贴资金52.08万元。为复员、残疾、带病回乡、参战涉核退伍、60周岁农村籍退役等183名军人，发放资金33.713万元。医疗救助236人，全年打卡48.638万元。居保参保10891人，2018年新增参保347人，居保缴费610万元，完成率达197%。申请公益性岗位90人，到位资金7.2万元；申请社保补贴168人，到位资金3.33万元；贫困劳动力登记1678人，普通劳动力40713人。医保参保40138人，完成缴费602.07万元，完成率达90%，完成异地报账结算资料987件。

【基础设施建设】 投入资金40万元，新建堰塘2口、整治3口；清理隧洞4个、600余米；整治明渠60处，清理排灌渠1000米。新发展天然气用户300户；发展光纤网络电视用户800户，发展宽带用户500户。

【河道管理及污水处理】 新建河道垃圾收集池4个，打捞水葫芦3000多吨，杂树400根，支付打捞费30万元；污水日处理污水3000方，污水收集率达75%。

【社会事业】 教育 小学有建兴小学、龙凤小学、义丰小学，2018年，教职工135人，在校小学生2645人。中学有建兴中学、建兴镇中，教职工269人，中学生4041人。公立幼儿园1所，私立幼儿园2所，教师12人，入园幼儿1250人。

医疗卫生 有建兴中心卫生院、龙凤卫生院、义丰卫生院，2018年，有医护人员130人，病床数170张，接诊98000人次。

【附录】 获南充市无邪教示范乡镇、南充市2018年度老年体育工作先进乡镇称号。

【名录】 建兴镇党委书记：王永果

镇长：梁茂生　人大主席团主席：王炳培　副书记：蒲颖波、高波　副镇长：雍晓凤、董晴、黎明。

（建兴镇人民政府）

三官镇

【基本情况】　2018年，面积30.00平方千米，耕地927.70公顷，设20村：金宝山村、白子沟村、凤凰垭村、白果树村、高观山村、双合寨村、九龙嘴村、太和庵村、朝阳庵村、朱家梁村、蒲氏祠村、宝马寺村、兰家沟村、灵宝山村、红岩村、文昌宫村、亭子沟村、白山岭村、凤阳村、保福庵村。157个村民小组。总人口17157人。粮食产8100吨，经济作物总产5224吨。农业生产总值17000万元。农民人均收入10573元。森林覆盖率为57%。

【脱贫攻坚】　贫困人口325户930人，"两不愁，三保障，三有"达标，2个贫困村退出贫困村序列。新建村级公路17.6公里、蓄水池5口、1000立方米；规模产业园2处、710亩。朱家梁村建园3个、890亩。

【社会保障】　农村低保1145人，城镇低保61人，打卡直发220.74万元。民政救助454万元。其中，城乡最低生活保障金220.74万元；救灾、救助及各种人员定补233.55万元。特困供养163人，每人每月400元，打卡直发77.2万元；孤儿8人，每人每月810元，打卡直发7.7万元。大病医疗救助89人，打卡发放16.8万元。

【基础设施建设】　新建村社路11.3公里，改造升级乡道15.3公里、入户路24公里、产业路21.5公里；新建水池3口1050立方米，电网改造升级1个村217户；新增集中安全饮水211户853人。

【社会事业】　教育　镇学校设小学部、初中部、幼儿园。2018年，有小学生400人、初中学生180人。入园幼儿140人。教职工46人。

医疗卫生　三官镇卫生院始建于1952年，占地2300平方米，建筑面积1100平方米。一级甲等医院。病床10张，职工11人。

文化体育　改造升级镇图书馆53平方米，新增图书3000册；新添公共健身器材11件（套）。

【名录】　三官镇党委书记：敬春奎　镇长：汪舟　人大主席团主席：周兴全　副书记：何凌峰（纪委书记）、王丹（组织委员）　副镇长：张金斗（武装部部长）、罗碧英。

（三官镇人民政府）

四龙乡

【基本情况】　2018年，面积21.70平方千米，耕地735.10公顷，设14村：黄龙观村、南岳庙村、老君观村、柏林子村、黑龙观村、代家坪村、土地垭村、董家庵村、九湾子村、胤龙庵村、龛院寺村、金狮子村、青龙庵村、板凳垭村。111个村民小组。总人口12698人。粮食总产5698吨，经济作物总产663吨。农民人均收入12643元。森林覆盖率为48%。

【经济建设】　栽植果树3000亩，种植莲藕3000亩，覆盖14个村。施肥、除草

7000亩脆香甜柚，2/3挂果。经过5年发展，莲藕产业已成为继水果产业之后又一支柱产业。8月，举办了第七届莲花节。

【脱贫攻坚】 全乡贫困户285户859人退出贫困户序列。贫困村板凳垭村建成40千伏光伏发电站并投入运营；种植藤椒200亩。组织贫困户参加招聘会4次，实现劳动力输出200人。

【基础设施建设】 立项投入400万元污水处理厂正在建设。2018年，新建村路5.3公里；维修堰塘3口，增加库容6000立方米；维修隧洞2公里；整修水坝2处。

【社会事业】 教育 有乡小学1所，设小学、初中部。2018年，有教职工38人；在校小学生147人，初中生77人。入园幼儿52人。

医疗卫生 有乡卫生院1所，从业人员9人。村医疗站14个，从业人员10人。

文化体育 设场镇文化活动体育活动场地1处，村文化活动体育场地14处。

【名录】 四龙乡党委书记：罗鹏 乡长：程强 人大主席团主席：周勇 副书记：梁鲛、王小英 副乡长：雍开鹏、汪霖。

（四龙乡人民政府）

碾垭乡

【基本情况】 2018年，面积22.90平方千米，耕地856.30公顷，设16村民：贾家嘴村、王家祠村、百门寺村、神皇庙村、刘三坝村、兴龙庵村、水观音村、付家庙村、金龟庵村、龙王坝村、佛祖沟村、尚龛寺村、金龙庵村、石牛山村、新桥观村、马头庙村。114个村民小组。总人口12326人。农业总产值12278万元。农民人均收入10551元。森林覆盖率为48.6%。

【经济建设】 水果总产477吨，油菜总产638吨，出栏生猪12331头、小家禽21万只。发展桑园3000亩，改善养蚕设施7000平方米，发放蚕种5000张，产茧11万公斤，蚕茧收入500万元。

【脱贫攻坚】 建档立卡贫困人口342户932人，2018年，脱贫6户11人。全乡贫困人口全部脱贫。投入"四小工程"补助资金70.2万元，完成危房改造24户，开展实用技术培训4批500人次。

【社会保障】 参加居民养老保险8000人，已享受养老金2687人。低保对象696人，年共享低保金123.72万元；特困供养人员177人。发放特困供养金85.6万元，发放优抚金81.7万余元，发放独生子女奖励奖抚金22万元。

【基础设施建设】 新修社道5公里。整治堰塘1口，新修蓄水池4处。金龟庵村建光伏发电站1处；整治升中水库流马支渠泄洪渠1100米，整治灌溉明渠、隧道1500米。

【社会事业】 教育 2018年，有在职教职工36人，在校初中生80人、小学生120人、入园幼儿45人。新建教师周转房500平方米，新建教学综合楼1100平方米。

医疗卫生 有乡卫生院1所、医护人员8人，病床9张。村级医疗站16个。2018年接诊5600人。

【名录】 碾垭乡党委书记：董凉 乡长：吴云 人大主席团主席：何远胜 副书记：谢晓燕 纪委书记：何顺义 副乡长：

赵永太、王雪。

（碾垭乡人民政府）

流马镇

【基本情况】 2018年，面积22.90平方千米，耕地851.70公顷，设15村：亮垭子村、白马庙村、普利寺村、铁链寺村、朝真观村、夏家垭村、永兴庵村、天星桥村、青龙嘴村、冯家咀村、狮子口村、双凤庵村、谢家庵村、踏水桥村、秋垭庙村。112个村民小组。总人口14410人。农业生产总值12243万元，农民人均收入11322万元，森林覆盖率为52%。

【经济建设】 小麦、水稻、玉米、油菜、花生等粮经作物覆种8560亩，总产量2369吨，总产值536万元。大牲畜出栏35660头，小家畜出栏45076只，年产值5900万元。挂果核桃19000株，新栽植12000株，年产值300万元；2个贫困村新建脱贫奔康产业园栽植香桃600亩。

【脱贫攻坚】 建档立卡贫困户498户1286人。2018年脱贫5户14人。产业扶贫：新发展"爱媛38"蜜柚产业园区500亩；落实扶贫项目资金182.9万元，其中"四小工程"资金100.9万元，产业园区发展资金82万元。举办"贫困人口技能免费培训班"，参训贫困人口226人，有效劳务输出208人。提供贫困户公益性岗位12个。

【基础设施建设】 争取项目资金130万元，修建社道公路3公里，入户道路1.5公里，建成夏家垭村便民桥1座；维修整治山坪塘6口，水渠8公里；新建蓄水池11口。投入1289万元启动永兴庵村、夏家垭村、普利寺、青龙嘴村等8个村土地整理项目。C、D级危房改造63户。

【社会事业】 教育 2018年，有在校小学生386人、初中生246人。入园幼儿62人。

医疗卫生 乡镇卫生院门诊楼改造完工；新建村卫生室2个。

文化体育 投入8万元，安装体育设施4处，新建"农家书屋"5个。

【名录】 流马镇党委书记：赵桂秋 镇长：赵涵 人大主席团主席：郑帆 副书记：马秀琼 纪委书记：岳冰霞 副乡长：高清、邱文生、梁银河。

（流马镇人民政府）

大河镇

【基本情况】 2018年，面积26.10平方千米，耕地968.30公顷，设15村：龙山村、大坝村、刘家坝村、两河村、中台村、水磨河村、石坝村、白土村、川井村、书垭村、青林村、石垭村、金台村、宁安村、长春村。151个村民小组。总人口16983人。粮食总产7787吨，经济作物总产1467吨。农民人均收入12849元。森林覆盖率为46%。

【经济建设】 第一产业 管护已有165亩葡萄园、114亩枇杷园、270亩花椒。春季发蚕种62张，产茧1577公斤。出栏牲畜176758头、家禽80152只。

第二产业 有民营企业秀月酒厂、龙

腾薯业有限公司、家具厂。2018年，销售收入74.6万元。

第三产业　2018年，新增个体工商户13户，集市贸易交易额871万元，商品零售总额353万元。

【脱贫攻坚】　贫困村水磨河村2018年种植丑柑200余亩，辣椒100余亩；非贫困村种植花椒100余亩。组织贫困户参加大型招聘会4次，实现劳动力输出1200余人。民政救助特困户62人次，发放医疗救助17.8万元。

【基础设施建设】　立项投入1200万元的污水处理厂建成运行。场镇河道清淤2.5公里；整修库容量10万立方米青林水库和石坝村水库。

【社会事业】　教育　有镇小学1所，设小学、初中。2018年，教职工81人，在校小学生646人，初中生330人。入园幼儿154人。

医疗卫生　镇卫生院1所，从业人员14人。村医疗站16个，从业人员16人。

文化体育　场镇文化活动体育活动场地2处，村文化活动体育场地16处。

【名录】　大河镇党委书记：蒲洪庚　镇长：马芝理　人大主席团主席：左明秋　副书记：秦家会、孙凤杰　副镇长：何元强、吕毅、袁雪华。

（大河镇人民政府）

大桥镇

【基本情况】　2019年，面积27.40平方千米，耕地658.60公顷，设15村：新井村、龙泉村、封銮村、方金村、四面村、莲池村、翰林村、武曲村、老君村、石桥村、风云村、盘河村、翠屏村、庄子村、依东村。106个村民小组。总人口17800人。粮食总产330吨，经济作物总产230吨。农业总产值1亿元。农民人均收入12000元。森林覆盖率为48.7%。

【经济建设】　小麦、水稻、玉米、油菜、花生等粮经作物覆种6000余亩，总产230吨，总产值9000万元。挂果核桃2500株，新栽1500株，年产值30万元。种植花椒500亩。

【脱贫攻坚】　建档立卡贫困人口442户1378人，脱贫441户1373人。投入"四小工程"补助资金93.9万元，发展小家禽精养殖1000户，鸡鸭鹅填槽3万只，猪羊填槽5000头。脱贫奔康产业园2个，400余亩，招引业主2个，实施易地搬迁44户，完成危房改造75户。

【社会保障】　参加居民养老保险1.3万人，已享受养老金8000人；低保对象1128人，2018年，共享受低保金236.8万余元；五保对象120人。发放独生子女、养老优抚金2.46万元。

【基础设施建设】　改造村、社路9公里；整治土地1030亩；修建山坪塘、蓄水池2处。

【社会事业】　教育　2018年，有在职教职工69人。小学生800余人，中学生600余人。

医疗卫生　有镇卫生院1所，村级医疗站15个。

文化体育　改建了1个村文化活动室。

【名录】　大桥镇党委书记：吴江　镇

长：雍辉　人大主席团主席：陈彪　副书记：蒲靖　纪委书记：张亚萍　副镇长：罗犇（武装部部长）、罗鸣、何清。

（大桥镇人民政府）

石泉乡

【基本情况】　2018年，面积29.90平方千米，耕地1066.50公顷，设19村：石墙村、渔池村、府君村、莲花村、二郎村、金仙村、新庙村、三溪村、龙骨村、书房村、小湾村、袁家村、太元村、广川村、松林村、新桥村、井坪村、梨园村、老观窝村。143个村民小组。总人口18504人。粮食作物总产9876吨，经济作物总产2465吨。农业总产值8145万元。农民人均收入12740元。森林覆盖率为53.6%。

【脱贫攻坚】　贫困村府君村、莲花村。建档立卡贫困户568户1935人，脱贫568户1935人。投入"四小工程"补助资金125万元。府君村发展杂柑780余亩；莲花村建成核桃园300亩。建成12个农民专业合作社。实施移民搬迁1户。完成危房改造37户。返乡民工种植有机水稻、桃树、羊肚菌300余亩，带动60多户农户发展，安置闲散劳动力30多人就业。

【社会保障】　参加居民养老保险1万余人，已享受养老金4088人；参加新型农村医疗保险14062人，保费269余万元，覆盖率达90%。低保对象1337人，五保对象178人，年享受低保、五保资金305万元。

【基础设施建设】　整治山坪塘4处、水渠1500米、蓄水池12口。新建村道4条5公里，维修大袁公路6公里，维修村、社路15公里。

【社会事业】　教育　有小学1所。幼儿园3所。

医疗卫生　有乡卫生院1所、村医疗站19个。

文化体育　设场镇文化体育活动场地2处。村级文化体育活动场地19处。

【名录】　石泉乡党委书记：陈宗华　乡长：郑澜　人大主席团主席：李清武　副书记：王斌　纪委书记：敬春梅　副乡长：周成明、张勇。

（石泉乡人民政府）

永庆乡

【基本情况】　2018年，面积17.50平方千米，耕地580.10公顷，设12村：永清村、骑凤院村、观音桥村、小井垭村、长峰村、双龙嘴村、邓家河村、田家庵村、永久村、沿河村、长青村、水垭村。87个村民小组。总人口9140人。粮食总产6212吨，经济作物总产527吨，农民人均收入10400元。森林覆盖率为60%。

【经济建设】　农业总产值6500万元。出栏生猪8890头，增长9.4%、小家禽出栏30000只。长青村发展魔芋100亩，水垭村种植无花果300亩、脆香甜350亩。

【脱贫攻坚】　建档立卡贫困人口340户998人，脱贫340户998人。投入"四小工程"补助资金68万元，发展小家禽养殖300余户，发展猪羊牛家畜养殖250户，鸡鸭鹅填槽1.6万只，猪羊填槽530头。脱贫奔康产业园已栽植无花果、脆香甜650亩。开展实用技术培训4批250人次。

【社会保障】 参加居民养老保险6280人，已享受养老金2350人；新型农村医疗保险覆盖率达98%。低保对象675人，特困供养116人。

【基础设施建设】 改造乡、村公路2.9公里，新修建社道5公里。整治山坪塘、蓄水池5处。土地挂钩项目涉及永清村、骑风院村、田家庵村、长青村。

【社会事业】 教育 有乡小学硬化操场1300平方米。2018年，在校初中生42人，小学生146人。入园幼儿48人。

医疗卫生 有乡卫生院1所、村级医疗站12个。

文化体育 改建了沿河村、长青村、水垭村活动室。

【名录】 永庆乡党委书记：赵敏 乡长：罗秋生 人大主席团主席：梁勇 党委副书记：何天辉 纪委书记：张秋云 副乡长：周丕红、谢建文。

（永庆乡人民政府）

宏观乡

【基本情况】 2018年，面积35.70平方千米，耕地956.30公顷，设20村：老观村、楼房坪村、青山村、凤凰村、阳海村、梁垭村、宝山村、东岳村、梨花村、东山村、青云村、兰家桥村、樊家沟村、金猴村、天星村、黄龙村、岳坪村、清泉石村、土地村、佛岩村。149个村民小组。总人口17197人。农业经济总收入5978万元，农民人均收入9800元。森林覆盖率为40%。

【脱贫攻坚】 建档立卡贫困人口538户1859人，均已脱贫。投入"四小工程"建设资金120.3万元。建成柑橘产业园5000亩，建成14个农民专业合作社。易地搬迁34户。完成"四类人员"C、D级危房改造29户；开展实用技术培训3批、100人次。

【社会保障】 参加居民养老保险1万余人，已享受养老金3567人；新型农村医疗保险覆盖率为83%；低保对象1268人，每年共享低保资金126万余元；五保对象240人；发放养老抚恤金73万元。

【基础设施建设】 改造乡道公路3公里，新修建社道公路25公里。整治土地3500亩，整治山坪塘、蓄水池21处。

【社会事业】 教育 2018年，乡小学18个教学班。小学班12个，初中班6个。有在校学生886人，教职工61人。入园幼儿190人。

医疗卫生 有乡卫生院1所、村级医疗站20个，乡卫生院医护人员11人。19张病床。住院接待600余人次。门诊接待8000人次。

文化体育 兰家桥村增加了文体设施。

【附录】 获市、县老龄工作先进单位称号；获全县项目建设流动红旗。

【名录】 宏观乡党委书记：高祥全 乡长：王泽 人大主席团主席：邓旭安 副书记：陈兵祥 纪委书记：何明阳 副乡长：谢加洪、谢瑾。

（宏观乡人民政府）

万年镇

【基本情况】 2018年，面积26.80平方千米，耕地678.00公顷，设12村：准堤村、小喉村、学房村、太和村、青华村、大垱村、双龙村、子龙村、大喉村、天波村、朝阳村、龙珠村。93个村民小组。总人口11576人。粮食总产6301吨，经济作物总产1341吨，农民人均收入13242元，森林覆盖率为46%。

【经济建设】 农业总产值8202万元。龙珠村采取群众每户入股5万元，创建柑橘产业园500亩，县委张根生书记号召全县学习龙珠建园模式；定升路沿线5个村土地去杂、整形，建成柑橘产业带5000余亩。成立5个专业合作社和2个家庭农场，发展脱贫奔康产业园3个，发展核桃产业600亩、桃树产业400亩。全年油菜总产1041吨；出栏生猪9878头、小家禽24571只。发展蚕桑180多亩，改善养蚕设施，年发种120张，产茧3600公斤。

【脱贫攻坚】 2018年，脱贫29户80人。投入163.1万元，用于贫困户"四小工程"建设。通过扶贫攻坚和定升路拆迁安置，90多户新建住房，风貌整治600多户。

【社会保障】 参加居民养老保险7000余人，已享受养老金2385人；新型农村医疗保险覆盖为98%。低保对象835人，每年享受低保资金148万余元；养老优抚对象105人，发放养老优抚金70万元；独生子女217人，奖励扶助资金20余万元。

【基础设施建设】 完成了农贸市场修建。投资400万元的污水处理厂竣工。

【社会事业】 教育 有小学1所。2018年，有在职教职工58人，在校小学生432人，初中生280人，入园幼儿123人。

医疗卫生 有卫生院1所，村级医疗站12个。

文化体育 设镇文化体育活动场地2处。村级文化体育活动场地12处。

【名录】 万年镇党委书记：张敬 镇长：蒲安文 人大主席团主席：熊素碧 副书记：宋仕龙、黄琳洁 副镇长：孟国雄、斯明英、张龙华。

（万年镇人民政府）

雄狮乡

【基本情况】 2018年，面积21.50平方千米，耕地479.50公顷，设12村：狮子村、骏马村、碧山村、西安村、金山村、天官村、大仓村、庆丰村、三峰村、碾盘村、龙宿村、高马村。99个村民小组。总人口12931人。粮食总产5810吨，经济作物总产420吨，农民人均收入14300元，森林覆盖率为57%。

【经济建设】 农业总产值6800万元。水果总产460吨；油菜总产140吨。出栏生猪6200头、小家禽32000只；发展晚熟柑橘9800余亩。

【脱贫攻坚】 建档立卡贫困人口348户1130人，脱贫348户1130人。投入"四小工程"补助资金360.4万元，发展小家禽养殖240户，发展猪牛羊家禽养殖160户，鸡鸭鹅填槽1.6万只，猪羊填槽290头。脱贫奔康产业园已栽植爱媛38、大雅、丑柑等晚熟柑橘品种9800亩，庭院经济作物300亩。建成16个农民专业合作社，实施易地搬迁25户，完成危房改造84户。发放扶贫贷款158户、140万元。实用技术培训3批、260人次。

【社会保障】 参加居民养老保险7100余人，已享受养老金2200人；新型农村医疗保险覆盖率达96%。低保对象890人，每年享受低保金140万余元；特困供养对象120人。发放独生子女、养老优抚金35万余元。

【基础设施建设】 改造乡道公路6公里，新建黑化社道公路12公里。整治土地600亩；整治山坪塘、蓄水池14处。

【社会事业】 教育 有乡小学1所。幼儿园1所。

医疗卫生 有乡卫生院1所。床位8张。村级医疗点12个。

文化体育 新建了雄碾盘村红包山休闲广场，配备健身体育器材8套，改建了雄狮乡碾盘村活动室。

【名录】 雄狮乡党委书记：王伟　乡长：敬中贵　人大主席团主席：范明涛　副书记：王锐　纪委书记：杨兴普　副乡长：杨俸应、任雪梅。

（雄狮乡人民政府）

伏虎镇

【基本情况】 2018年，面积23.50平方千米，耕地758.00公顷，设19村：徐家坝村、蚕子山村、孙家坝村、袁家岩村、张家观村、刘家沟村、五岳宫村、泰山岭村、柿儿垭村、冷水垭村、赵王庙村、麻石咀村、凤台观村、贾岭岗村、碑亭子村、镇江庙村、书房垭村、松林包村、青岗岭村。150个村民小组。总人口32773人。种植农作物26746亩，经济作物6946亩。农业总产值16831.56万元。农民人均收入14955元。森林覆盖率为48%。

【经济建设】 完成贾岭岗村400余亩青脆李产业园和250余亩优质贡米种植基地建设；完成书房垭村洞头区支援的国汇生猪养殖场和水墨山水果产业园建设；巩固提升五岳宫村和书房垭村猕猴桃产业园；启动孙家坝村花果山现代农业产业园建设。

【脱贫攻坚】 2018年，98户271人脱贫。贫困村贾岭岗村退出。全镇贫困户、贫困村全部退出。通过省易地扶贫搬迁项目考核乐山市市级交叉复验、国家东西部扶贫协作和省级扶贫成效两次国考。新建脱贫奔康产业园2个；发展四小工程630户；实施危房改造40户；教育扶贫资助惠及500余名中小学生；有效解决了因病致贫、因病返贫；完成150余户信用体系建设，发放小额贷款146户；954名贫困人口转移就业，其中，在县工业园区就业务工贫困户35人；培养创业致富带头人5名。

【社会保障】 调整城乡低保对象278人，新增符合条件低保人员148人。2018年，完成农保参保缴费9601人，居全县第十五。

【基础设施建设】 武引工程全面开工；启动土地增减挂钩项目；整合涉农资金1734万元，完成8个村的基础设施建设，新建社道路15公里，入户路5公里，产业路

5公里，新建、整治山坪塘5口，整治沟渠20公里；修建蚕子山村、孙家坝村到碑亭子村连接路、张家观村至刘家沟村至五岳宫村连接路，修筑松林包村连接路路基。

【城镇建设】 完成省交通运输厅下达的车辆购置税新建1座农村客运站。完成曙光街、向阳街、邮电街北段、中房湾小区、幸福街等道路硬化及配套建设。完成场镇邮电街北段天然气主管网改造，同步完成通信弱线管网地埋。修补场镇涵洞、沟渠清淘10处。维修老街及场镇人行道1200米，更换修补河道破裂沟盖板600张。启动省级小城镇重点项目建设，新建金曙桥1座。新建城东客运站公厕1座。完成徐家坝荷塘湾生态公园一期建设。协调四大通信网络共建地下管网6千米。协调中房湾、向家岩安置区国土办证问题，化解了群访事件的发生。

【社会事业】 教育 有中学1所。小学（两个校区）1所。民办学校1所。2018年，有在校小学生2530人、初中生1050人、高中生350人。入园幼儿1034人。

医疗卫生 设有镇中心卫生院1所，病床70张，80名医护人员，设有门诊部、住院部。民营医院1所。个体医疗经营点6家。村村有卫生室。

文化体育 创建有七星公园、惠民公园、明珠广场、虎山公园、五岳宫文化公园文化体育活动场地。村村有文化活动室。

【名录】 伏虎镇党委书记：姚先全　镇长：王一加　人大主席团主席：王小平　副书记：邓聪明（组织委员）、蒲华芬（纪委书记）　副镇长：马小红、杨森、阮松平。

（伏虎镇人民政府）

千秋乡

【基本情况】 2018年，面积22.00平方千米，耕地549.80公顷，设12村：凤阳寺村、石人坪村、书房沟村、杨柳村、龙门垭村、油榨沟村、双碑垭村、新寺湾村、王家桥村、龙回山村、蒲氏祠村、安子山村。80个村民小组。总人口7967人。粮食总产7684吨。农业总产值1518万元。农民人均收入13562元。森林覆盖率48%。

【经济建设】 出栏牲畜7096头，家禽22780只。栽植沃柑550亩，海椒320亩，葵花340亩，年产值250万余元。成立了3个种养殖专业合作社。

【脱贫攻坚】 全乡有贫困村2个，建档立卡贫困人口268户821人。至2018年年底，退出贫困人口268户821人，贫困村2个。到位"四小工程"及产业发展资金94.8万元，用于蒲氏祠村、凤阳寺村产业园区建设，惠及贫困人口268户821人，养鸡6500余只，养鸭3900余只，养鹅1350余只，养猪1050余头。借款给60户贫困户用于入股脱贫奔康产业园；到位道路建设项目资金121.2万元，群众自筹140万元，用于凤阳寺村桥洞子至凤阳寺村委会、凤阳寺村5社至凤阳寺村活动室、凤阳寺至凤阳寺村谭家坪；蒲氏祠村活动室至蒲氏祠村2社、蒲氏祠村5社至蒲氏祠村4社、蒲氏祠村1社至蒲氏祠村黄树湾及新寺湾村8社、1社、2社等道路建设。到位水利设施建设资金75万余元，用于蒲氏祠村2社、4社堰塘清淤加固，凤阳寺村4社、6社、

9社改扩建及硬化水利设施。借助南部驻外商会、县内企业、产业园区、电子商务平台，引领贫困户中370人外出就业，30人自主创业，人均创收1.2万元。贫困户按照户均220元标准，全部参加城乡居民医疗保险、大病保险，贫困户个人缴费部分由县财政全额代缴。到位人畜安全饮水资金150万余元，用于石人坪村、书房沟村、杨柳村、龙门垭村、油榨沟村自来水建设。投入50万元维护蒲氏祠3公里农渠，解决4个组近100亩水田灌溉难题。

【社会保障】 养老保险参保5980人，1704人领取养老保险金，年领取212,559万元。农村医疗保险参保率达100%，在乡卫生院住院报销106人次，门诊和住院报销38万余元，大病、慢性病补偿以及贫困户再补偿10.5万余元。按时足额发放各项补助资金，评定城乡低保620人，打卡直发低保金109.5万元，发放五保生活保障金50.52万元，优抚补助资金30.4万元，大病医疗救助金11.4万元，救灾救济资金6万元，重度残疾人补贴83.416万元。粮食直补综补102万元，发放退耕还林13.75万元，发放公益林补偿8.68万元。

【基础设施建设】 完成7村、10村社道建设，1村、12村硬化社道公路4.5公里，新建、整治蓄水池、山坪塘5口。新建便民中心1处、120米。投入20余万元整治职工宿舍和乡政府办公大楼。

【社会事业】 教育 2018年，在校小学生114人、初中生48人，入园幼儿43人。

村文化室与卫生室建设 到位文化室、卫生室项目资金15万余元，用于12个村文化室、卫生室建设。

【名录】 千秋乡党委书记：江运建 乡长：赵玲 人大主席团主席：李彩芳 副书记：杜升、沈维（纪委书记） 副乡长：赵小容、罗根。

（千秋乡人民政府）

玉镇乡

【基本情况】 2018年，面积28.90平方千米，耕地488.20公顷，设11村：玉台宫村、青杠嘴村、正觉寺村、大力寨村、老家湾村、石淌坪村、赵安子村、龙台观村、吴家嘴村、双穿井村、宇灵庙村。78个村民小组。总人口8164人。粮食总产4571吨，经济作物总产2345吨。农业生产总值2568万元。森林覆盖率为46%。

【经济建设】 正觉寺村、石淌坪村、赵安子村新栽水果700余亩；3村成片高规格栽植金橘300亩，6村栽种红心柚360亩，7村栽种玉睿柚600亩。

【基础设施建设】 硬化村社水泥路和产业路15公里，维修渠道10000米。新修水库1座，隧洞3处，整治山坪塘8处，新建蓄水池11口。

【脱贫攻坚】 2018年，贫困村赵安子村脱贫。贫困户退出40户108人。贫困村石淌坪村、赵安子村基础设施建设项目竣工，完成年度投资任务1000万元。

【社会事业】 教育 有乡小学1所，设小教部、初中部。2018年，在校小学生125人、初中生92人、入园幼儿24人。

医疗卫生 有乡卫生院1所，医务人员

7 人。场镇个体开业医生 2 人。村医疗站 10 个。

文化体育　设场镇文化体育活动院坝 2 处，村级文化体育活动中心 11 处。

【名录】　玉镇乡党委书记：雍正元　乡长：谯锐　人大主席团主席：张树春　副书记：何青　纪委书记：利仕强　副乡长兼武装部部长：张靖苓　副乡长：高凤君。

（玉镇乡人民政府）

双佛镇

【基本情况】　2018 年，面积 29.40 平方千米，耕地 836.50 公顷，设 14 村：火儿岭村、东秋林村、七宝庙村、重阳湾村、昌国寺村、界牌垭村、王合垭村、新田坝村、赵家咀村、何家街村、西山坝村、何家湾村、回龙宫村、河边上村。109 个村民小组。总人口 15606 人。粮食作物总产 8026 吨，经济作物总产 3180 吨。农民人均收入 16645 元。森林覆盖率为 48%。

【经济建设】　火儿岭天勤山羊养殖场出栏山羊 1500 余头，收入 150 余万元；赵家嘴赵飞山羊养殖场出栏山羊 500 余头，收入 50 万元；何家街生猪养殖场养殖生猪 1500 余头，收入 100 万元。贫困村昌国寺村种植核桃 300 亩，回龙宫村种植柠檬 200 亩。

【脱贫攻坚】　建档立卡贫困户 345 户 1082 人，已脱贫 345 户 1082 人。投入"四小工程"补助资金 218.3 万元，发展小家禽养殖 1200 余户，发展猪羊牛养殖 425 户，鸡鸭鹅填槽 2.1 万只，猪羊填槽 500 余头。脱贫奔康产业园栽植丑柑、柠檬、莲藕 1000 余亩。栽植庭院水果核桃 500 余亩。实施易地搬迁 23 户，完成危房改造 178 户。发放扶贫贷款 127 户、107.69 万元。开展实用技术培训 4 批 412 人次。

【社会保障】　参加居民养老保险 1 万余人，已享受养老金 3510 人；新型农村医疗保险覆盖率达 99%。低保享受对象 899 人，年共享受低保金 120 万余元；五保对象 121 人。发放独生子女、养老优抚金 50 万元。

【基础设施建设】　新建农渠 27.5 公里。在何家街村、西山坝村实施农田连片整治 280 余亩。改造场镇雨污分流管网 1040 米，整治 163 户 170 套房屋风貌，硬化场镇 12 米宽街道 400 余米。

【社会事业】　教育　2018 年，有在校小学生 650 人，初中生 451 人。投资 160 万元，新建幼儿园 1 所。

医疗卫生　投资 100 万元，新建乡卫生院住院部 700 平方米。

【名录】　双佛镇党委书记：侯文科　镇长：梁德强　人大主席团主席：马辉　副书记：马云满（组织委员）、李高杰（纪委书记）　副镇长：张孝（武装部部长）、何兴乐。

（双佛镇人民政府）

花罐镇

【基本情况】　2018 年，面积 34.00 平方千米，耕地 526.00 公顷，设 15 村：福寿亭村、花林宫村、马家湾村、小分庙村、李氏祠村、观音寺村、梁家坝村、百道岭村、三清宫村、凡水寺村、川井湾村、马家桥村、火石坪村、青杠林村、道花寺村。112个村民小组。总人口11345人。粮食总产7344吨。农业总产值8539万元。农民人均收入11980元。森林覆盖率为45%。

【经济建设】 2018年，出栏牲畜12765头、家禽412万只。种植水稻0.55万亩、玉米0.38万亩。采取合作社+公司+农户模式扩建养殖场1处，新建规模化养殖场1处。完成观音寺等8个村金土地改造。

【脱贫攻坚】 2018年，24户56人脱贫。贫困村青杠林村接受市上考核验收，和道花寺村退出贫困村序列。实施小养殖535户，建设好2个贫困村奔康产业园。数次组织贫困人口参加县就业招聘会，35人在工业园区应聘上岗。

【社会保障】 镇卫生院住院报销180余人次，报销总额30万余元，门诊8523人次，报销18万元。养老保险参保8906人，3054人领取养老保险金，年领取300万元。发放退耕还林41万元、公益林补偿5万元、生态效益林6万元。

【基础设施建设】 新建扩建村社道路和入户路21.9公里，机耕道7.2公里，蓄水池25口、屯水田4个和灌溉农渠6.5公里，整治山坪塘7口。观音寺、凡水寺等7个村完成自来水安装，全镇16个村（居）接通自来水。

【社会事业】 教育 2018年，有小学生658人，初中学生280人。教职工62人。

医疗卫生 有镇卫生院1所，设内科、外科、妇产科、儿科；有注射室、防疫室、中西药房。医务人员11人。

文化体育 设安装村文化娱乐设施5处。

【名录】 花罐镇党委书记：何其晏 镇长：沈文博 人大主席团主席：将洪贵 副书记：罗凌志 纪委书记：杜海东 副镇长：李佩霞 武装部部长：刘祎。

（花罐镇人民政府）

柳驿乡

【基本情况】 2018年，面积30.00平方千米，耕地698.80公顷，设17村：刘家湾村、青龙桥村、桅杆坝村、金顶寺村、黎河寺村、马跑泉村、二房湾村、莲花山村、左家庵村、洞空湾村、柴氏祠村、罗村院村、曲家桥村、冯家岩村、罐子岭村、龟子包村、灯台嘴村。120村民小组。总人口14354人。粮食总产6476吨，经济作物总产1520吨，农业总产值4920万元，农民人均收入12251元。森林覆盖率为45%。

【经济建设】 在青龙桥村、桅杆坝村、罐子岭村、灯台嘴村栽植观青蜜柚、脆香甜8000余亩、88万株；年出栏生猪17164头、家禽19594只；在桅杆坝村、黎河寺村、曲家桥村培育养殖大户6户，年出栏生猪5000余头。

【脱贫攻坚】 建档立卡贫困人口520户1660人，已全部脱贫。投入"四小工程"补助资金117.5万元，发展小养殖500余户。脱贫奔康产业园2个；青龙桥村中药材产业园带动12户贫困户入园发展；桅杆坝村核桃产业园带动21户贫困户入园发展。建成12个农民专业合作社,招引业主两个。完成农村危房改造18户,开展实用技术培训10批1500人次。

【基础设施建设】 启动了武引工程柳驿农渠项目建设,涉及7个村10公里;启动了老观斗渠建设,跨两个村4公里。

【社会保障】 参加城乡居民医疗保险11474人,参加居民养老保险8900余人,已享受养老金2800余人;农村低保851户886人;城镇低保12户20人,全年发放低保资金159.8820万元,

【社会事业】 教育 2018年,有在校初中生360人,小学生530人,入园幼儿130人,在职教职工65人。

医疗卫生 有乡卫生院1所,村级卫生室17个。

【名录】 柳驿乡党委书记:孙建辉 乡长:杨新民 人大主席团主席:何希鲁 副书记:何鹏岑、何拥军 副乡长:李军、袁长阳。

（柳驿乡人民政府）

小元乡

【基本情况】 2018年,面积31.40平方千米,耕地869.60公顷,设17村:金钟村、庄子湾村、文星场村、李家沟村、正觉观村、和平村、赤土垭村、岳家河村、狮峰村、刘家巷村、高石嘴村、鹅公桥村、梓潼庙村、柳树湾村、赵柏湾村、桃花垭村、小石寺村。132个村民小组。总人口1.7万人。粮食总产2678吨,经济作物总产1634吨。森林覆盖率为40.8%。

【经济建设】 种植花椒400余亩,近5万株。规划产业园401户。培育屡霜家养殖、红璐养殖等农民专合组织21个,流转土地2200亩,年产值320万元。

【脱贫攻坚】 锁定贫困户401户1368人。建立健全干部结对帮扶机制,落实驻村帮扶责任,帮助贫困户脱贫。

【社会保障】 发放民政临时救助资金23.8万元。独生子女奖励金7.66万元、享受1274人次。城镇低保27人、发放6.5万元;农村低保1149人、发放205万元;优抚对象182人、打卡直发83.07万元;五保对象173人84.24万元;医疗救助16.8万元;救灾救济11万元;重度残疾人补贴281人、20.42万元。

【基础设施建设】 投资360多万元,建成污水处理厂1个。设垃圾转运站、垃圾箱210个。

【环境管理】 制作河长制信息公开牌20个,河面垃圾专项清理59次,打捞水葫芦和处理河道两旁垃圾1.1吨。

【社会事业】 教育 2018年,有在校学生700余人,在职教职工56人。

医疗卫生 有乡医院床位15张,从业人员9人。17个医疗卫生站。

【名录】 小元乡党委书记:杨伟才 乡长:彭佳惠 人大主席团主席:向其德 组织书记:何长松 纪委书记:周广德 副乡长:何尧、曹茂东。

（小元乡人民政府）

升钟镇

【基本情况】 2018年，面积45.80平方千米，耕地881.60公顷，设15村：马龙庙村、漩塘湾村、桥坝头村、龙脊庙村、陈家桥村、宝印山村、风斗垭村、张家嘴村、柏树垭村、杨家山村、堰坎上村、回龙场村、青龙罐村、玉眉山村、高山村。129个村民小组。总人口22802人。粮食总产8143吨，经济作物总产1243吨。农民人均收入14349元。森林覆盖率为60%。

【经济建设】 第一产业 以回龙场村、堰坎上村、玉眉山村、杨家山村为核心，打造了"万亩柑橘产业园"。新增流转土地6000亩。引进新疆天业集团，租赁杨家山等村6000亩土地打造精品产业园。成立农村专业合作社10余个。引进业主投资承包流转土地800余亩，发展脱贫奔康产业园3个。发展核桃产业1500亩，藤椒产业600亩，小庭院400余处，小养殖600余处，小买卖5处，小作坊5个，养殖生猪5万余头，各类家禽养殖10万余只。免疫注射生猪1.13万头，家禽9.5万只，牛、羊、犬0.35万只。

第二产业 砖厂1个，彩瓦厂1个，家具厂1个，木材厂1个，面粉厂1个，豆制品加工厂1个，垃圾压缩中转站1个，屠宰场1处，新引进酒厂1个。

【脱贫攻坚】 识别贫困户447户1484人。2018年，扶贫27户72人，脱贫27户72人。已发展脱贫奔康产业园5个，发放"四小工程"资金97.1万元。

【社会保障】 享受低保561人，发放资金134万元；特困供养150人、发放救助金87.8万元；医疗救助77人、18.5万元；临时救助425人次、18万元；发放优抚资金159.5万元；老龄补贴15.4万元；残疾人护理补贴16.4万元；农保参保10543人，参保率达97%，已领取4039人；城镇医保参保率达99%。兑付地力保护补贴161.1万元，落实退耕还林及公益林补助资金37.6万元。

【基础设施建设】 建成了8个村18公里四好路，铺设沥青软油路面11公里。在定升路、四好路沿线整治农村住房500余套，拆除彩钢棚28户。在四好路、产业园道路两边种植百日草80余亩。完成了张家嘴村、柏树垭村村道公路加宽，修复了八庙场过河土埂路。铺设污水收集管网4.8公里；启动升保起义纪念碑建设；防护堤建设项目设计方案通过省专家组评审，进入招投标程序。

【环境管理】 杜绝了西河、菜子河沿岸违规搭建、围栏养殖现象，取缔违规拦河网2处。整治散、乱、污企业8个，拆除2家、搬迁2家、整改4家。

【社会事业】 教育 2018年，有在校小学生1571人、初中生837人、入园幼儿512人（其中男生1650人、女生1670人）。

医疗卫生 镇中心医院有医护人员70人，床位60张，救护车1辆。利康医院有医务人员48人，床位80张，救护车1辆。

文化体育 场镇文化体育活动场地3处。村级文化体育活动场地18处。

【名录】 升钟镇党委书记：向泽全 镇长：罗东升 人大主席：王雪珍 副书记：敬友贵、何文静 副镇长：罗卫（武装部部长）、周成敖。

（升钟镇人民政府）

永红乡

【基本情况】 2018年,面积34.20平方千米,耕地1126.40公顷,设18村:分水岭村、金光村、海源村、石板村、鲸鱼村、河源村、春光村、小溪村、先集村、凤仪村、唐家坪村、三元村、五爱村、元山村、三和村、合心村、鸳鸯村、千佛观村。159个村民小组。总人口18770人。经济总收入1.1342亿元;农民人均收入1.2284万元。县财政拨款1342.78万元。森林覆盖率为48%。

【经济建设】 发展水果435亩,油菜5140亩,出栏生猪19872头、小家禽72390只。凤仪村栽核桃200亩、蜜柚100亩、晚熟柑橘200亩;三合村栽桃树400亩、核桃200亩、晚熟柑橘200亩;以定升路为纽带,规划8800亩晚熟柑橘,已栽植6600亩。带动其他村发展藤椒50亩、黄金梨100亩、黑木耳30000棒、核桃200亩。制定了18个村产业园管护机制,重点贫困村贫困户入园208户。

【脱贫攻坚】 贫困户762户2555人。围绕"一超,两不愁,三保障"开展夏季攻势,对标补短整治危旧房、土坯房89户、38.0948万元,8户农户生活补贴提高0.785万元,新建住房38.25万元,维修敬老院3万元;2018年,脱贫户按每户5000元;2014年、2015年、2016年、2017年脱贫户按每户2000元发放"四小工程"填槽。围绕户脱贫、村退出开展冬季攻势,完成了2018年73户215人的户脱贫、重点贫困村三合村的退出。对2014年、2015年、2016年、2017年脱贫户回头看进行分类管理,确保无一例返贫。落实"五个一""三个一"管理和考核,干部一线调查、指导脱贫和产业建设每月不少于2次,督察工作不少于4次;调整、充实了驻村工作力量:三合村蒲青春、曾红娟、卢柏林,凤仪村杨易、王琳、刘建松,每季召开驻村工作队会议1次。第一书记、工作队每月不少于20天在村里工作,农技员全年不少于60次。

【社会保障】 已参保15870人,参保率为84.8%,领取待遇人员人脸识别认证3845人,认证率达93.2%,建档立卡贫困户人员、低保户、特困供养户、重度残疾人员、城镇"三无"人员、重点优抚人员等对象参保率达100%。发放生活困难救助资金14.8万元,解决了因灾害造成损失和突发疾病的150人次困难生活救助。城镇低保20户24人;农村低保1136户1169人。低保打卡直发资金224.9万元。特困供养200人(其中,乡敬老院入住29人,散居171人),打卡发放特困供养资金99.4万元。发放义务兵、优待金、三属、复员军人、退伍军人、转业士官、伤残军人、参战涉核人员、带病回乡复员军人、年满60岁农村籍退伍军人、精简人员补助、水库伤残民工、铁路修建伤残民工289人,打卡直发163万元。打卡直发残疾补助254人、补助资金24.3万元,重度残疾护理资金打卡23.6万元。80岁以上高龄老人502人,补助资金20.5万元。特困户、低保户医疗救助11万元,建档立卡贫困户救助资金3.2万元。独生子女家庭奖励1207人、72420元,独生子女家庭奖扶288人、27648元,特别奖扶9人、61200元,失独家庭慰问金4人、10000元。

C、D级危房改造30户（C、D级各15户）、改造资金39万元。

【基础设施建设】 推进18个村土地整治项目。先后对河源村、凤仪村、唐家坪村、三合村等村部分村道公路实施硬化。修砌排水管网、渠系10余公里，元山村安装路灯50余盏，建设山坪塘3处。

【社会事业】 教育 乡小学投入160余万元周转房建设建成并投入使用；农村少年足球实验学校落户乡小学；小学教育获全县教学管理二等奖，初中教育获全县教学管理一等奖。

文化体育 新建健身广场6处，新修三合村文化活动室及配套工程1处，改造凤仪村文化活动室1处。

【名录】 永红乡党委书记：苏林 乡长：赵云龙 人大主席团主席：李正兴 副书记：黄正利、任洪乾 副乡长：何承斌（武装部部长）、杨易。

（永红乡人民政府）

柳树乡

【基本情况】 2018年，面积35.30平方千米，耕地803.10公顷，设15村：蚕丝宫村、凤真宫村、得鞋坝村、明星村、高家河村、真武殿村、罐子坪村、太阳宫村、梁家桥村、回龙寺村、玉泉村、杨家观村、陈家坝村、白马村、贾寺湾村。107个居民小组。总人口12007人。粮食总产6867吨，经济作物总产2532吨；农业总产值1.38亿元，农民人均收入1.41万元。森林覆盖率为58.6%。

【经济建设】 贾寺湾村2社赵良辉种植黄桃30亩；陈家坝村7社赵明刚建养猪场1处，养殖1000余头；蚕丝宫村7社杜海生建养鸡场1处，养殖鸡10000余只。蚕丝宫村8社赵文良在村内租赁土地50亩种植瓜蒌，并于当年投产。农业总产值比2017年增长9.8%。

【基础设施建设】 新建入户公路2000余米；整治山坪塘3口、农渠1500米；场镇危桥重建从10月动工，于次年春节前完工通车，取名柳林桥。

【社会事业】 教育 2018年，有在校小学生133人，初中生39人，入园幼儿141人。

文化体育 在高家河村、回龙寺村新建文化体育活动院坝两处。

【名录】 柳树乡党委书记：刘敏 乡长：何韬 人大主席团主席：邱南评 副书记：敬小涛 纪委书记：敬文斓 副乡长：蒲蓉、马占全。

（柳树乡人民政府）

保城乡

【基本情况】 2018年，面积42.50平方千米，耕地392.00公顷，设15村：亭垭岭村、马家坪村、宋家坪村、青林寺村、高家山村、枣儿坪村、袁家嘴村、大员山村、香炷山村、通垭口村、大湾头村、檬子垭村、罗家街村、上房湾村、中房湾村。92个村民小组。总人口11762人。粮食总产8704吨，经济作物总产975吨，农业总产值5250.4

万元。农民人均收入15372元。森林覆盖率为48%。

【经济建设】 水果总产450吨，油菜总产590吨；出栏生猪11238头、小家禽35000只。发展优质桑园500余亩，改善养蚕设施，年发种2080张，产茧50吨，产值500万元。建成罗家街村、上房湾村藤椒产业园200亩。建成枣儿坪村、上房湾村红心柚产业园400亩。建成罗家街村光伏发电1处。

【脱贫攻坚】 建档立卡贫困人口279户928人，已脱贫279户928人。投入"四小工程"补助资金56.5万元，发展小家禽养殖1000余户，发展猪羊牛家畜养殖302户，鸡鸭鹅填槽1.9万只，猪羊填槽630头。脱贫奔康产业园已栽植藤椒200亩；庭院栽植水果500余亩。建成5个农民专业合作社，招引业主2个。实施易地移民搬迁50户。2018年，完成危房改造49户；发放扶贫小额贷款146户、165.72万元。

【社会保障】 参加居民养老保险1万余人，已享受养老金2300人。新型农村医疗保险覆盖率达98%。低保对象600余人，每年享受低保资金120万余元；五保对象128人。发放独生子女、养老优抚金34.8万余元。

【基础设施建设】 改造乡道公路5公里，新修建社道公路23公里，改造社道公路11公里。整治土地800亩，整治山坪塘、蓄水池8处；新建污水处理厂2处。

【社会事业】 教育 2018年，有在校初中生350人，小学生315人，入园幼儿96人。

医疗卫生 有乡卫生院1所、村级医疗站15个。

文化体育 改建了马家坪村、枣儿坪村文化活动室。

【名录】 保城乡党委书记：张君伟 乡长：黎双银 人大主席团主席：张仕荣 副书记：张文锦 纪委书记：贾云峰 副乡长：罗良成、张载。

（保城乡人民政府）

双峰乡

【基本情况】 2018年，面积54.00平方千米，耕地255.00公顷，设14村：寨山村、蒲家岸村、柳树坪村、曹家窝村、龙马镇村、青龙宫村、麻溪寺村、黄连嘴村、张家河村、李家坝村、九家街村、园柏树村、胖土地村、陈家沟村。90个村民小组。总人口11530人。农作物总产量3137吨。农业总产值1605万元。农民人均收入12009元。森林覆盖率为90%。

【脱贫攻坚】 建档立卡贫困人口372户1248人，已脱贫372户1248人。全年发放"四小工程"资金74.4万元，发展小家禽养殖144余户，填槽10850万只；发展猪牛羊家禽养殖214户，填槽2345头。青龙宫、黄连嘴两个贫困村新建脱贫产业园300亩，已栽植椿见、红心柚、脆桃；九家街村等3个非贫困村建成产业片800余亩，已栽植椿见。建成14个农民专业合作社；完成3个村产业片承包。培训技术人员100人次，培训致富能干人23人次。

【社会保障】 参加居民养老保险1.1万余人，已享受养老金1176人；新型农村医疗保险覆盖率达100%。低保对象689人，发放资金12.13万元；特困对象122人，发放资金62.28万元；优抚对象164人，发放资金94.37万元；独生子女对象415人，发放奖励金4.98万元；农村父母奖励扶助对象219人，发放资金21.462万元。动态调整农村低保267人次，提供大病救助88人次，救助金18.53万元。发放自然灾害和临时生活救助170人次，救助金10.57万元。对485名持证残疾人和102名疑似残疾人全部实施量服管理；为242名重度残疾人发放了护理补贴。对314名80岁以上老人发放高龄补贴13.56万元。

【基础设施建设】 2018年，陈家沟村等4个村新建山坪塘5口、维修山坪塘6口、蓄水池16口。新修水泥路7.34公里，建设、维护泥结碎石路38公里，改造、维护乡道2公里，整治土地1000余亩。

【社会事业】 教育 有乡小学1所，设小学部、初中部。2018年，有在校小学生289人、初中生65人、学前教育37人、入园幼儿56人。新建厕所1所，改造食堂300平方米，硬化操场1800平方米，绿化操场200平方米。

医疗卫生 有乡医院1所，床位15张，从业人员13人。全年接诊15000人次。

文化体育 场镇文化体育活动场地1处。村级文化体育活动场地14处。

【名录】 双峰乡党委书记：何林峰 乡长：王成 人大主席团主席：王桂林 副书记：王平、敬玉松 武装部部长兼副乡长：何献峰 副乡长：李凡。

（双峰乡人民政府）

升水镇

【基本情况】 2018年，面积25.20平方千米，耕地105.90公顷，设10村：碑垭庙村、书房坪村、檬垭庙村、贡生湾村、洛阳村、寨子村、临江坪村、金鸭场村、梁山村、发英村。75个村民小组。总人口9907人。粮食总产1116吨，经济作物总产171吨，农业总产值930万元。农民人均收入15410元。森林覆盖率为63%。2017年12月创建为国家级卫生乡镇。

【脱贫攻坚】 建档立卡贫困户179户558人，已脱贫179户558人。投入"四小工程"补助资金42.7万元，发展小家禽养殖1000余户，发展猪羊牛家畜养殖302户，鸡鸭鹅填槽9万只，猪羊填槽8376头。在碑垭庙村、书房坪村、发英村、梁山村发展优质晚熟柑橘3200亩；庭院栽植水果300余亩。建成土地股份合作社4个，农民专业合作社6个，招引业主1个，家庭农场9个。实施易地移民搬迁13户43人，完成危房改造169户。开展实用技术培训4批350人次。

【社会保障】 参加居民养老保险6155人，已享受养老金2216人；低保对象588人，年共享受低保资金113万余元；特困供养41人，发放供养金19.8万元。发放独生子女奖励金、特扶资金26.96万元。

【旅游产业】 升钟湖是全国钓鱼竞赛训练基地，中国青年滑水队、中国特技滑水队永久性水上训练基地，四川省作协创作基地。有大型酒店5个，年接待156万人次,接待总收入 2609 万元。有省级以上文保单位 3 个,省级以上非物质遗产项目 2 个,博物馆 2 个,宾馆床位 480 个,民俗(农家乐)床位 1659 个。7 月,举办升钟湖第三届脆桃采摘节。

【基础设施建设】 省重点工程项目定升公路,于 8 月 31 日全线贯通。新修建社道公路 26 公里。整治土地 600 亩,整治山坪塘、蓄水池 10 处。

【环境管理】 落实镇级河长 7 人,村(居)河长 22 人。拆除西河网箱 25 口、钓台 65 个;拆除不规范店招牌 53 个、乱修乱建 6 处。

【社会事业】 教育 有小学 1 所,设小教部、初中部。

医疗卫生 镇中心医院 1 所。占地 4 亩,门诊部 984 平方米,住院部 410.5 平方米,床位设置 12 张。村级医疗站 10 个。

文化体育 新建 5200 平方米健身广场、标准羽毛球馆;完善 7 个居民健身场体育配套设施。9 月,举办为期 7 天的第十届升钟湖钓鱼大赛。

【名录】 升水镇党委书记:刘川 镇长:冯林 人大主席团主席:杨文年 副书记:李泽君、何永章 副镇长:斯静、何昊霖(武装部部长)。

(升水镇人民政府)

皂角乡

【基本情况】 2018 年,面积 26.80 平方千米,耕地 468.80 公顷,设 10 村:偏柏树村、青龙庙村、长树岭村、玄帝垭村、杜家河村、高坡子村、长岭山村、南殿垭村、阆中垭村、铁炉寺村。83 个村民小组。总人口 8354 人。粮食总产 4015 吨,经济作物总产 595 吨。森林覆盖率为 67%。

【经济建设】 发展脐橙 350 亩,红心蜜柚 300 亩。栽植药材 50 多亩、苗圃 50 亩、藤椒 60 多亩;生猪存栏 8600 头、出栏 3700 头;牛存栏 260 头、出栏 75 头;羊存栏 2500 只、出栏 950 只;饲养家禽 12 万羽,出栏 3.5 万羽。

【脱贫攻坚】 全乡有贫困村 2 个,插花贫困村 8 个。建档立卡贫困户 353 户 1135 人。2018 年,实现整体脱贫。截至 2018 年,新建村委活动室 1 栋,维修村委会活动室 3 栋。易地搬迁 29 户,危房改造 199 户,土坯改造 123 户,四类人员改造 76 户;发展脱贫特色产业 1850 亩,奔康产业园 2 个,其中弥本南瓜 1200 亩,优质脐橙 350 亩,红心蜜柚 300 亩。

【基础设施建设】 新修硬化通组水泥路 8.7 公里,新修产业路 3 条 14 公里,维修、整治山坪塘 18 口。

【社会事业】 教育 有乡小学 1 所,在校学生 400 余人,教职工 34 人。入园幼儿 1 所,在园幼儿 100 余人。

医疗卫生 有乡属卫生院 1 所,床位 10 张,医务人员 7 名,其中执业医师 4 人。村医疗卫生点 10 个。2018 年,接诊 1.5 万人次。

文化体育 有乡文化站、广播电视站各 1 处;村文化体育活动中心 10 处。文娱表演队 1 个、27 人。

【名录】 皂角乡党委书记:陈金明

乡长：蒲为　副书记：罗斌　副书记、纪委书记：赵长金　副乡长、武装部部长：吴广慧　副乡长：赖佑江。

（皂角乡人民政府）

铁鞭乡

【基本情况】　2018年，面积28.20平方千米，耕地300.00公顷，设9村：宿亭村、红旗村、罗家村、复兴村、岳皇村、永丰村、安仁村、广福村、团结村。63个村民小组。总人口7843人。粮食总产3600吨、油菜500吨，出栏生猪13000头、小家禽26000只。农民人均收入10143元。森林覆盖率为46%。

【脱贫攻坚】　2个贫困村流转土地660余亩，分别建成晚熟柑橘产业园1个、桃树观光产业园1个和现代化养殖产业园1个。125户建档立卡贫困户全部入园。发放"四小工程"资金648000元，帮助其因地制宜发展小庭院、小养殖、小买卖、小作坊。2018年，36户91人脱贫。广福村通过市级验收，如期退出贫困序列。

【社会保障】　发放临时救助款110人次10万余元，开展医疗救助80人次24万元。投入资金78万元，实施C、D级危房改造60户。

【基础设施建设】　新建招呼站4处；清杂排障乡道11公里。实现天然气、自来水村村通。2个村8个社安装路灯120盏。新建、改扩建山坪塘5口，改造升级提灌站1处。安装场镇路灯60盏。铺设污水管网1500米。污水处理厂已完成调试。

【社会事业】　教育　乡小学新建教学楼1栋，硬化操场1200平方米。2018年，有在校初中生96人，小学生265人，入园幼儿85人。

医疗卫生　有乡卫生院1所、村级医疗站9个。

文化体育　乡有文化站，村有文化室。有健身场地、娱乐场地。

【环境管理及乡企发展】　拆除升钟水库大小网箱60口、浮动钓台86个、水上房屋4处，解决了升钟水库铁鞭段乱搭乱建钓台、网箱、拦河网等问题。

引进上海南充商会与铁鞭纯粮老酒厂签约，联办规模化酒厂，推出"三总故里"白酒系列产品，双方达成年产20吨白酒合作协议。

【名录】　铁鞭乡党委书记：张焱　乡长：王天雄　人大主席团主席：何显东　副书记、组织委员：李军　副书记、纪委书记：谢德林　副乡长、武装部部长：范毅龙　副乡长：范丽莉。

（铁鞭乡人民政府）

大坪镇

【基本情况】　2018年，面积34.50平方千米，耕地602.10公顷，设9村：八一村、上游村、七一村、天台村、青春村、天马村、五一村、红光村、红星村。85个村民小组。总人口12314人。粮食总产12130吨，经济作物总产1210吨。农民人均收入14609元。森林覆盖率为70%。

【经济建设】 农业总产值8253万元。出栏生猪14320头、小家禽45120只。发展优质春见大雅700余亩，花椒500余亩。七一村、八一村李子、春见产业园规模800余亩。

【脱贫攻坚】 建档立卡贫困人口322户943人，已脱贫户322户943人。2018年，投入"四小工程"补助资金74.6万元，发展小家禽养殖271余户，发展猪羊牛养殖185户，鸡鸭鹅填槽1.06万只，猪羊填槽1090头。脱贫奔康产业园八一村栽植李子树300亩、七一村栽植春见大雅500亩。建成2个农民专业合作社，招引业主3个。实施易地移民搬迁19户；2018年，完成危房改造42户。开展实用技术培训6批430人次。

【社会保障】 参加居民养老保险7000余人，已享受养老金2098人；新型农村医疗保险覆盖率达98%。低保对象877人，每年共享受低保资金46万余元；五保对象98人。发放独生子女、养老优抚金72万余元。

【基础设施建设】 改造村道公路6.8公里，新修建社道公路12公里。整治土地200亩，整治山坪塘、蓄水池9处。

【社会事业】 教育 镇小学设教学楼1栋，学生公寓280平方米、学生食堂1000平方米，硬化操场700平方米。2018年，有在校小学生910人，入园幼儿200人。镇中学有教学楼2栋，学生公寓4638平方米、学生食堂600平方米。硬化操场10000平方米。2018年，有在校初中生400人，高中生180人。

医疗卫生 有镇卫生院1所、村级医疗站11个，新建佛七一村、八一村卫生室。

文化体育 改建了青春村、红光村、七一村文化活动室。

【名录】 大坪镇党委书记：范明飞 镇长：黄万久 人大主席团主席：何林 副书记：罗彩琼、张应甫 副镇长：谢先碧、向竞齐。

（大坪镇人民政府）

丘垭乡

【基本情况】 2018年，面积42.90平方千米，耕地865.00公顷，设10村：金星村、联盟村、长亭村、工农村、柏山村、爱国村、五星村、勇敢村、民主村、群峰村。99个村民小组。总人口10667人。粮食总产7215吨，经济作物总产745吨，农民人均收入12103元。森林覆盖率为50%。

【经济建设】 农业总产值8143万元。种植油菜4450亩，出栏生猪9741头，小家禽出栏204650只。发展优质桑园50余亩，改善养蚕设施，年发种100张，产蚕3000公斤。

【脱贫攻坚】 建档立卡贫困人口337户1088人，已脱贫327户1068人。投入"四小工程"补助资金70.6万元，发展小家禽养殖89余户，发展猪羊牛养殖214户，鸡鸭鹅填槽4245只，猪牛羊填槽1301头。脱贫奔康产业园已栽植核桃300亩、藤椒390亩。发放扶贫贷款12户、60万元。开展实用技术培训4批180人次。

【社会保障】 参加居民养老保险8000余人，已享受养老金2890人；新型农村医疗保险覆盖率达97%。低保对象675户760

人，每年享受低保资金145.9万余元；五保对象126人。发放独生子女、养老优抚金118.6万余元。

【基础设施建设】 新建村社水泥路3.2公里。安装自来水2150户。建设污水处理厂2处，埋设排污管道3.5公里。

【社会事业】 教育 有乡小学1所。2018年，有教职工31人。在校小学生212人，中学生学生90人，入园幼儿81人。

医疗卫生 有乡卫生院1所。病床13张，执业医师6人、护士2人、药剂师2人。村级医疗站10个。

文化体育 设场镇文化体育活动场所2处。村级文化体育活动场所10处。

【名录】 丘垭乡党委书记：罗霄 乡长：邓浼贤 人大主席团主席：冯克国 副书记：赵小宝 副乡长：袁旭辉、贺嘉莺。

（丘垭乡人民政府）

太霞乡

【基本情况】 2018年，面积33.00平方千米，耕地233.60公顷，设7村：红花村、高河村、英雄村、南山村、西水村、前进村、先锋村。66个村民小组。总人口6891人。粮食总产3100吨，经济作物总产358吨，农民人均收入13661元。森林覆盖率为28%。

【经济建设】 2018年，农业生产总值10614万元，同比增长10.61%；小麦、水稻、玉米、油菜、花生总产3100吨。大牲畜出栏10800头，小家畜出栏35000只。挂果核桃19000余株，年产值200余万元。两个贫困村新建脱贫奔康产业园栽植脆李300亩。

【脱贫攻坚】 全乡共脱贫189户590人。2018年，22户59人脱贫。投入资金49.4万元，对211户贫困户落实"四小工程"发展，组织贫困劳动力外出务工234人，争取公益性岗位10余个。贫困户均享受县补贴医疗政策及报账比例。

【社会保障】 2018年，参加养老保险3420人，参加农村医保5863人次。调整农村低保减员195人新增194人，城镇低保新增1人减员2人，截至2018年年底，评定农村低保522人，城镇低保7人，发放低保金100万余元；全乡特困供养88人，散居55人，敬老院集中供养33人。打卡直发移民后扶4438余人次，资金260余万元。发放粮食直补3226亩、42.4万元；发放退耕还林893亩、11万余元；发放公益林补偿8940亩、13.18万元。发放独生子女奖励金455人次、54600元；发放计生奖扶151人次、144960元；特扶11人、79800元。

【基础设施建设】 争取资金300余万元，群众自筹100余万元，新建村道、社道、入户路16公里。完成7个村到户自来水安装扩面。完成电网换装升级1700余户。

【社会事业】 教育 争取资金40万元用于学生食堂维修改造、添置教学设备；争取立项资金330万元建设标准化幼儿园。

医疗卫生 争取上级专项资金和物资，对院内医用设备提档升级，并对村卫生站实施改造，增添医疗器材。2018年，门诊8000人次。农村居民门诊及住院报账50万元。实施到村免费体检和专项筛查1500余人次。办理生育服务证49人,流动人口电子婚育证明14人。

文化体育　成功申请立项对乡文化站及活动场所升级改造;各村配备了体育器材,完善了村文化活动场地。

【名录】　太霞乡党委书记:冯红良　乡长:袁彬峰　乡人大主席团主席:范国君　副书记:杨德　纪委书记:张正林　副乡长:赵文国、周蓓。

（太霞乡人民政府）

西河乡

【基本情况】　2018年,面积23.50平方千米,耕地257.00公顷,设7村:元柏村、铁炉村、高峰村、高山村、洪湖村、勤俭村、兴隆村。37个村民小组。总人口4956人。粮食总产2432吨,经济作物总产15.6吨,农民人均收入7891元。森林覆盖率为49.9%。

【经济建设】　西河山羊是南部首个商标注册活体动物。2018年,出栏山羊5420余头,存栏近3000头。新建规模40头以上的养猪圈舍33个,标准化养殖场5个,存栏种猪230头,出栏生猪9480余头,存栏近3500头。小家禽5.8万余只,实现畜牧业产值1155万元。

【脱贫攻坚】　建档立卡贫困人口267户784人,已脱贫267户784人。投入"四小工程"补助资金68.4万元。利用精准扶贫契机,打造长效致富产业,广泛利用林坡、山地、路边栽植核桃,2018年,新栽核桃苗9800余株。发放鸡苗12000余只。建立优质果园200亩,引进特色中药材种植,仅洪湖村就栽种近300余亩大力子。引进西门塔尔肉牛、河南固始鸡两个养殖业品种,成立西门塔尔肉牛、河南固始鸡养殖协会,年出栏肉牛82头、固始鸡12000只。实施易地移民搬迁32户,完成危房改造51户。开展实用技术培训3批214人次。

【社会保障】　参加居民养老保险2992人,已享受养老金889人;新型农村医疗保险覆盖率达99%。低保对象156人,年享受低保资金30万余元;五保对象27人。

【基础设施建设】　新修水泥路4.6公里。县交通局立项对西河大桥维修加固。场镇自来水工程完工并投入使用。场镇新设各种标志标牌30余个,新建临时垃圾池1个、增设减速带6处。

【社会事业】　教育　有乡小学1所。2018年,有教职工25人,学生321人。

医疗卫生　有乡卫生院1所,医务人员7人,7个村7个卫生站。

文化体育　设乡文化活动中心1个,老年协会1个。铁炉村新建了文化活动室。

【名录】　西河乡党委书记:杨俊　乡长:姜维林　人大主席团主席:杨体光　副书记:周金全　纪委书记:谢晋邈　副乡长:刘文斌、任春霞。

（西河乡人民政府）

店垭乡

【基本情况】　2018年,面积42.70平方千米，耕地607.00公顷，设11村：葵花村、紫荆村、回龙村、石龙村、红岭村、红庄村、胜利村、沙溪村、荷花村、南桥村、新埝村。62个村民小组。总人口8903人。粮食总产5917吨，经济作物总产600吨，农民人均收入12579元。森林覆盖率为65%。

【经济建设】 农业总产值2489万元。油菜总产583吨。出栏生猪8353头，增长10.4%；出栏小家禽26732只。发展优质桑园2415亩，改善养蚕设施，年发种1814张，产茧3.871万公斤。

【脱贫攻坚】 建档立卡贫困人口290户859人，已脱贫290户859人。投入"四小工程"补助资金76.3万元，发展家禽养殖户768户，发展猪牛羊家畜养殖293户，鸡鸭鹅填槽1.68万只，猪羊填槽598头。建成10个农民专业合作社。

【社会保障】 参加居民养老保险6988人，已享受养老金1714人；新型农村医疗保险覆盖率达99.5%。农村低保对象673人，每年享受97万余元；五保对象65人。发放独生子女、养老优抚金32万余元。

【基础设施建设】 改造乡村公路15.7公里，新修建社道公路18公里。整治山坪塘、蓄水池23处。

【社会事业】 教育 有乡小学新建教学楼1栋，新建学校公寓680平方米，硬化操场115平方米。2018年，有在校初中生127人，小学生285人，入园幼儿84人。

医疗卫生 有乡卫生院1所、村级医疗站11个。

文化体育 改建了6个村委文化广场及8村级文化活动室。

【名录】 店垭乡党委书记：蒲军 乡长：高周德 人大主席团主席：李代桃 党委副书记：范春全 纪委书记：岳帅文 武装部部长兼副乡长：陈昱 副乡长：徐秀芳。

（店垭乡人民政府）

桐坪乡

【基本情况】 2018年，面积49.80平方千米，耕地775.00公顷，设11村：卫星村、青松村、分水村、光辉村、洪丰村、李庄村、灯塔村、石鼓村、群英村、利华村、东风村。108个村民小组。总人口10401人。粮食总产25807吨，经济作物总产613吨，农民人均收入11255元。森林覆盖率为43%。

【经济建设】 农业总产值6753万元。水果总产5.8吨，油菜总产613吨；出栏生猪15971头；出栏小家禽61846只。发展优质桑园200余亩，改善养蚕设施，发放蚕种120张，产茧180公斤。

【脱贫攻坚】 建档立卡贫困人口301户871人，已脱贫301户871人。投入"四小工程"补助资金60.6万元，发展小家禽养殖301余户，发展猪羊牛养殖301户，鸡鸭鹅填槽1.1万只，猪羊填槽645头。脱贫奔康产业园栽植核桃、藤椒1100亩。建成3个农民专业合作社。实施易地移民搬迁51户，完成危房改造187户。开展实用技术培训4批425人次。

【社会保障】 参加居民养老保险0.9万余人，享受养老金3125人；新型农村医疗保险覆盖率达98%。低保对象769人，2018

年，共享低保金 36 万余元；五保对象 105 人。发放独生子女、养老优抚金 32.4 余元。

【基础设施建设】 改造乡道公路 2 公里，新修建社道公路 19.4 公里，路肩维护 6 公里。整治山坪塘、蓄水池 12 处。

【社会事业】 教育 2018 年，乡小学有在职教职工 39 人，在校学生 615 人。桐坪二小有在职教职工 13 人，在校学生 97 人。

医疗卫生 乡卫生院有医护人员 11 人，病床 10 张。2018 年，接诊 19235 人。

文化体育 改建了光辉村、洪丰村、青松村、东风村文化活动室。

【名录】 桐坪乡党委书记：何志强 乡长：杨恒宇 人大主席团主席：冯鹤鸣 副书记：罗长锐 纪委书记：严体杨 副乡长：杜崇明、王洤。

(桐坪乡人民政府)

光中乡

【基本情况】 2018 年，面积 33.60 平方千米，耕地 640.00 公顷，设 9 村：中和村、双桥村、芦花村、金马村、玉桥村、高岭村、大营村、白果村、八角寺村。85 个村民小组。总人口 10583 人。农村经济总收入 5268.1 万元，同比增长 8.2%；农业总产值 3863.3 万元，同比增长 6.3%；外出务工收入 3221 万元。农民人均收入 8892 元。森林覆盖率为 46%。

【经济建设】 夏栽桑 150 亩。供育化养蚕 200 张，产茧 29.6 吨，平均产茧 30 公斤。蚕茧收入 81 万元。共栽种杨树 50000 株。栽植九月香花椒 360 亩。

【脱贫攻坚】 识别贫困农户 276 户，贫困人口 865 人，贫困村 2 个，非贫困村 7 个。截至 2018 年，精准扶贫 276 户 865 人，脱贫 45 户 113 人。扶贫工作开展以来，全乡集中投入基础设施建设，实现了"村村通"水泥路；开通了移动基站、网络通信；全面实施新农合，解决了"看病难"；完成了农电网改造，解决了"用电难"。户发 3000 元至 5000 元用于"四小工程"发展资金。

【基础设施建设】 协助县武引指挥部和相关部门做好武引二期工程和光中支渠建设涉及的相关村社户的征地坏迁协调工作；完善光花、冷大公路危坡、危岩以及塌方地段整治、排危和防护栏安装；完成了引升水自来水入光中工程；实施了八角寺场镇应急水源、双桥水库应急水源建设。争取了大云水库、九道拐水库病险整治立项、芦花村二型水库和武引储备水源建设立项以及引武引水源入双桥水库立项。

【社会保障】 五保户 118 户 118 人；低保户 603 户 748 人；民政医疗救助 56 户，发放救助资金 10.2 万元。发放、更换残疾证 70 个，发放补助资金 13.6 万元；发放救助物资计 13 万元。独生子女户 510 户，享受 510 人，发放资金 32600 元；计生奖励扶助对象 94 人，发放资金 67680 元。发放农耕补贴 132.8 万元。

【社会事业】 教育 2018 年，有教职工 38 人，在校学生 500 人。

医疗卫生 设乡级卫生院 1 所，村医疗站 9 个，有医务人员 29 人。

文化体育 截至 2018 年年底，8 个村增设了体育健身器材、篮球架、乒乓台。

配套解决了 2 个村文体设施和八角寺文化广场建设。

【名录】 光中乡党委书记：谢志健 乡长：熊道文 人大主席团主席：汪翔甫 副书记：杨年斌 纪委书记：李建国 武装部部长：范毅 副乡长：陆霖。

（光中乡人民政府）

神坝镇

【基本情况】 2018 年，面积 47.00 平方千米，耕地 629.40 公顷，设 11 村：方山村、洛池村、云安村、白塔村、崇垭村、龙安村、桥楼村、檬垭村、天宫村、青龙村、小岭村。90 个村民小组。总人口 11396 人。粮食总产 6230 吨，经济作物总产 3692 吨，农民人均收入 15163 元。森林覆盖率为 52.5%。

【脱贫攻坚】 全镇贫困村 2 个、插花贫困村 9 个，贫困人口 257 户 776 人。按照村"一低五有"、户"一超六有"的脱贫标准，15 户 34 人脱贫。全年实施危房改造 C 级 25 户，D 级 25 户。"四小工程"覆盖面达 100%，家禽家畜养殖效果良好。小岭村生力源生态养殖专业合作社正式投产，贫困户年终分得红利；青龙村建成红心猕猴桃产业基地 50 亩。通过分类管理，对标补短，无一例返贫。受到县委、县政府 5 面流动红旗表彰，综合排位前 8 名。

【基础设施建设】 新建成村社道路公路 11.1 公里。村社道水泥路加宽 5.3 公里。"冷大"路正式立项并启动，已完成二层铺油，完成附属工程。整治山坪塘、蓄水池 12 口。

【社会保障】 参加养老保险 4349 人，享受领取养老金 2192 人，新型农村医疗保障覆率达盖率达 98%。享受政策补助低保对象 815 人，五保对象 107 人，重度残疾 154 人，困难残疾 143 人，退伍军人 146 人。享受计生奖扶 272 人，特扶 13 人，手术并发症 12 人。

【社会事业】 教育 镇小学新建综合楼 1 栋、幼儿园 1 栋、厕所 1 处。2018 年，有在校小学生 376 人，初中 126 人，入园幼儿 118 人。

医疗卫生 设镇卫生院 1 所、村级医疗站 11 个。

文化体育 改建了青龙村、洛池村文化活动室、卫生室。

【社会管理】 开展镇村干部安全专题会议 22 次，"三主一员"安全生产专题培训 5 次，培训营运车司机 3 次，推出安全生产宣传标语 56 幅(处)。纠正违章 310 余人次。严禁打鱼船载客渡人。增添警示标志标牌 52 处。化解各类矛盾纠纷 46 起，处理信访诉求 23 件。党风廉政建设社会满意度评价位居全县前 7 位。

【名录】 神坝镇党委书记：隆正雄 镇长：冯洁 人大主席团主席：何金雷 副书记：王朝文 纪委书记：柴彬 副镇长：张翔、王文妮。

（神坝镇人民政府）

媒体看南部

NANBU NIANJIAN

四川以党建促脱贫让党旗在脱贫攻坚一线飘扬

2017年12月,海拔3100米的四川金川县新沙村白雪皑皑。62岁的建档立卡贫困户王坤禄家中升起了火盆,灌香肠、熏腊肉,室外冰天雪地,屋内温暖如春。相比屋里的暖,王坤禄的内心更温暖,"2017年光花椒一项纯收入,就有两万多块呢!"

眼下,巴蜀大地正书写着全面小康的四川篇章。脱贫,堪称这一篇章中最难"写"的一笔。"念兹在兹,唯此为大。"四川省委作出庄严承诺:"不获全胜,绝不收兵。"

如何以党建引领促脱贫,将基层党建与精准扶贫深度融合?四川省委常委、组织部部长黄建发强调,充分发挥党的政治优势、组织优势和群众工作优势,为坚决打赢脱贫攻坚战特别是攻克深度贫困堡垒提供坚强组织保证。

提升思想引领力,凝聚政治自觉和行动自觉

"五月的索玛花盛开,党的关怀到小山,牵手走进小康路……"村民吉木尔地莫一路哼唱着《小山农民夜校之歌》,走进农民夜校,学习政策法律、文化知识和种养殖技术,她脸上的笑容像盛开的索玛花一样灿烂。

彝区藏区是贫中之贫、难中之难、坚中之坚。凉山彝区从奴隶社会直接进入社会主义社会,"一步跨千年"。歌中唱到的小山村,位于喜德县冕山镇,村民分散居住在海拔2800米至3000米之间的高寒山区,要靠山地农耕和高山放牧生活。

对于贫困而言,经济的困窘只是一方面,内在的原因是缺乏斗志和必要的知识技能。当前,四川的脱贫攻坚已到了啃"硬骨头"的关键阶段,全省11501个贫困村全部创办了农民夜校。"艰苦创业""脱贫争先""感恩奋进"三项教育,引导贫困群众感党恩、听党话、跟党走,一所所农民夜校犹如一盏盏明灯,照亮着贫困群众脱贫致富的希望之路。

"我认真读了十九大报告,2020年国家将全面建成小康社会,谁都不能掉队。党和

国家有大目标，咱们脱了贫之后是不是也该有新目标？""完善承包地'三权'分置制度，十九大报告这句话具体是啥子意思？"……从"掌上夜校"开课，到"兜兜宣传队"拉家常，再到琵琶弹唱宣讲，四川大力推进党的十九大精神进农村，采取支部专题学、送教下基层、宣讲小分队等多种形式，让十九大精神在田间地头指明方向、开花结果。

脱贫攻坚征途上，思想引领解决的是"深层次"问题。四川启动实施脱贫攻坚重点培训计划，到 2020 年，全省每年将举办 4 期"四大片区"脱贫攻坚示范培训班，重点培训秦巴山区、乌蒙山区、大小凉山彝区、高原藏区的扶贫专干、乡镇长、第一书记；每年举办两期脱贫攻坚工作业务培训班，重点培训"四大片区"市、县扶贫部门干部。除此之外，四川还用补交的党费补助 2.4 万余名川陕革命老区和彝区藏区村党组织书记集中培训，激发"弱鸟先飞"意识，提升攻坚克难能力。

提升组织覆盖力，创新组织设置和活动方式

过去有一些地方，将脱贫攻坚看成经济领域、民生领域的事情，既想不到又抓不住党建在脱贫攻坚中的"牛鼻子"作用。四川顺应新时代农村经济社会发展新趋势，推进党的组织设置和活动方式创新，整体推进支部建设，让鲜红的党旗在脱贫攻坚一线高高飘扬。

青翠李园内枝繁叶茂，农家院里蔬菜长势喜人，水泥路通到各家各户……巴中市巴州区曾口镇秧田沟村，新气象让人感叹。村民杨如才以前特别羡慕邻近的寿星村。而现在，秧田沟村也充满希望。变化为何这么大？妙招在于强村弱村抱团发展。四川优化设置健全组织网络，采取强村带弱村、富村带穷村联建党组织 3100 余个，依托中心村、重点村合建党组织 2300 余个，在农民专业合作社、农业产业园区新建党组织 8300 余个，开展城乡结对共建党组织 11501 个，以组织联建带动资源共享、发展联动、治理共抓。

2017 年 2 月 22 日，四川省委书记王东明来到仪陇县日兴镇黎明村，走进陈彬的家中，一起帮着谋划脱贫路子，引导他回乡创业。2017 年年底，陈彬如期实现脱贫。说起新年愿望，他向村党支部递交入党申请书，想早日实现入党梦。

"作为天大的事、使出天大的力、尽到天大的责。"南充市每名市县级领导至少联系帮扶 1 个贫困村、2 户贫困户，每年到联系点和联系户家不少于 6 次；"任务最重的乡，书记县长亲自挂；问题最多的村，县级干部亲自包；难度最大的户，县级干部亲自帮。"南部县 33 名县级干部一面旗，是全县百姓心中脱贫攻坚的"战狼团队"。

"我这也是胎教啊，以后孩子生下来，去山里走亲戚也认得路！"西昌市政务中心的会计杨鳗铃挺着个大肚子走在去黄水乡书夫村的崎岖山路上，2016 年，她成为彝族村民沙子呷的帮扶人，每次离开时，沙子呷都拉着她的手说："你是我的汉呷（汉族）女儿！"

从上至下，由面及点，四川加大抓乡促村力度，出台县、乡、村党组织工作运行规则，在贫困乡镇实行领导干部包片、驻村干部包村、一般干部包户"三包"制度，在贫困村实行村干部"四必到四必访"，在彝区藏区全面推行"结对认亲"、联户联僧，推动乡村干部

沉下去、干起来。在每年开展的"三分类三升级"活动中，四川以脱贫攻坚作用发挥为重要评判标准，对全省村党支部分类整顿提升，全省贫困地区先进村党支部增加3100余个、后进村党支部转化5300余个，组织覆盖力显著提升。

提升队伍战斗力，培养能征善战带头人队伍

"精准扶贫政策下，春风沐浴潮水坝。筑巢引凤海升来，致富果园利万家……"仪陇县赛金镇潮水坝村，薛登友正带着宣传队给村民们表演节目，把党的政策、潮水坝的变化编成花鼓、快板、三句半等文艺形势，唱给老百姓听。

说起薛登友，以前他可是村里的"顽固派""上访户"，和村里的发展对着干，总觉得干部靠不住、忽悠人。可这些年，薛登友也在用心琢磨：村里的羊肠小道变成了4米多宽的柏油大马路，一些原本房子破败不堪的贫困户都住上了宽敞明亮的小洋楼。看着村子一天天变好，村民的腰包一天天鼓起来，想想自己以前做的事，薛登友心里有些惭愧："干部天天泡在村里搞产业、搞水利、修公路，有时候吃饭都顾不上。干部还是靠得住，真心为老百姓在干实事。"

火车跑得快，全靠车头带。广大党员干部是脱贫攻坚战的火车头。如何推动干部人才资源向脱贫攻坚一线特别是深度贫困地区集结打攻坚战？四川下了一番"绣花工夫"。

"贫困户就是我的家。"这是一群来自各个行业的排头兵，他们或是单位领导，或是工作骨干，每天用脚步丈量贫困到小康的距离，他们有一个共同的名字叫做：第一书记。"立下愚公志，不脱贫我就不回去了！"仪陇县委副书记袁茂鑫是来自省委办公厅的挂职干部，兼任黎明村党支部第一书记的他几乎天天泡在村里；南部县中心乡狮子嘴村第一书记李鹏飞是县政协机关的年轻干部，接到选派任命时，正遇上母亲确诊为癌症晚期、新婚妻子怀孕……为精准选好管好用好第一书记，四川向所有贫困村选派第一书记，配套落实联系领导、帮扶单位、驻村干部、农技员，充实帮扶力量；同时，实行第一书记调整"召回"和正向激励制度，累计调整召回2975人，评选表彰3162人，提拔重用2965人，激励第一书记下得去、融得进、干得好。

农村基层党组织是党在农村的执政根基，也是落实党的路线方针政策的"毛细血管"。除了八方支援的第一书记，四川还大力加强带头人队伍建设，实施千乡万村好书记选育计划：跨县区统筹选优配强4152个贫困乡镇党委书记，从省市机关向重点乡镇选派465名主抓扶贫产业的副书记，回引3877名外出务工经商优秀人才担任贫困村党组织书记，实施3年10万名村后备干部培养计划……

逢山开路、遇水架桥，人人过硬、攻城拔寨，带头人队伍愈发强壮，贫困户依靠的臂膀愈发坚实，全面小康的梦想愈发接近。

（1月9日8版　人民日报　吴储岐）

净水设备进校园

1月17日上午,四川南充市南部县四龙乡小学的孩子们课间时带着水杯到净水机前节水。

自从去年11月学校安装净水机以来,孩子们的饮水质量得到了进一步改善,越来越多的孩子养成了课间饮水的习惯。目前,南充境内已有12所农村学校安装15台净水设备,共发放6750个儿童水杯。

(1月18日9版,人民日报 张力摄)

四川省南部县打造脱贫攻坚合力

扶贫不唱"独角戏"

对于四川省南部县长坪镇天井村患有胰腺炎的贫困户罗思付来说,社会力量对他的帮扶,让他非常感激。"是华润雪花啤酒员工捐助的3万元钱帮我渡过了难关。"在脱贫攻坚过程中,南部县除了党和政府的力量在第一线啃硬骨头,当地还通过发展产业,充分鼓励和引导企业等社会力量投入扶贫。

一人实现稳定就业,就能实现一家脱贫

南部县地处川东北"十年九旱"老旱区,人口多、基础差、底子薄,发展滞后,是首批国家级贫困县、新一轮扶贫开发重点县和革命老区县、秦巴山区连片扶贫重点县。罗思付所在的长坪镇天井村,过去旱地多、水田少,加之地处偏远,是南部县的重点贫困村,也是南部县工业园区管委会和华润雪花的对口帮扶村。

华润雪花啤酒(南充)有限公司前身是位于南部县定水镇的一家啤酒小厂。在工信部对口帮扶南部县的工作机制推进下,2002年通过工信部牵线搭桥,华润雪花啤酒集团收购了这家小厂,成立分公司。近年来,这家企业成为助力南部县打赢脱贫攻坚战的有生力量。

公司副总经理陈林介绍,集团投入技术改造资金约1.35亿元,将企业由定水镇搬迁至

基础设施和生产条件更好的河东工业园区，新厂 2012 年开始投入生产，目前，年产啤酒约 4.5 万吨，企业每年要纳税近 3000 万元，成为当地重要的税收来源。此外，企业的物流部长期吸纳 200 多名当地村民就业，吸纳贫困户就业。

在产业项目方面，华润雪花投入资金 10 万元，争取项目资金 40 万元，在天井村新建了一个面积 200 亩的中药材产业基地，采取"公司＋合作社＋基地＋农户＋金融机构＋保险公司"的模式，解决了长效增收和后续发展的问题。

"一户贫困户只要有一人实现稳定就业，有了稳定的收入来源，就能实现一家脱贫。"陈林说，扶贫不是党和政府的"独角戏"，而是全社会的责任。公司响应扶贫号召，制订具体规划，全力支持脱贫攻坚，主动申请帮扶长坪镇天井村，结对帮扶贫困群众，并为天井村提供就业岗位，提升贫困群众的自身发展能力，不少贫困户有了一技之长。

企业等社会力量对于打赢脱贫攻坚战至关重要

桐坪乡青松村村民杜元伦家有养猪的传统，但受制于交通不便、电力供应不足等因素，养殖业只能小打小闹，一年下来也只能饲养 10 多头猪。"有了稳定的电力保障，不仅能够将规模扩大到原来的 10 倍，干活也更轻松了。"杜元伦说，自从农网改造升级后，他添置了几台饲料加工设备，并将养殖规模扩大到了 100 头。

"借助行业优势，优先对贫困村实施农网改造升级，是国网南部县供电公司扶贫帮扶的亮点。"青松村党支部书记杜玉友介绍，自 2016 年 7 月以来，国网南部县供电公司还免费为村里 5 家易地扶贫搬迁户和 13 家危房改造户安装了电力线路，让贫困群众住上安全房的同时也用上了安全电。

"近 3 年来，南部县共整合各类资金 48 亿元投入脱贫攻坚。除了各级财政资金和政府融资平台解决的资金之外，企业等社会力量对于打赢脱贫攻坚战至关重要。"南部县县长任爱民说，在脱贫攻坚中，全社会力量广泛参与凝聚起来的合力，与政府的扶贫力量有机结合在一起，形成了相互支撑。

据了解，从 1994 年原电子工业部起，工信部就开始定点帮扶南部县，在产业扶贫、基础扶贫、教育扶贫等方面给予帮扶，对产业规划、企业发展、特色园区建设等方面给予了重点支持。下派优秀年轻干部蹲点帮扶，在技术创新项目的支持和带动下，众多投产的工业企业成为当地脱贫攻坚的引擎。

2017 年 10 月，南部县通过国家专项评估检查，由四川省政府正式批准脱贫摘帽。"南部县将坚持把防止返贫和继续攻坚放在同等重要的位置。"南部县委书记张根生说，接下来南部县将紧盯整体脱贫目标，巩固稳定脱贫成果，深入开展"回头看""回头帮"。加大教育、医疗、金融等政策扶持力度，严防政策"缩水"导致返贫反弹。同时，对未脱贫户，持续壮大增收产业、加大资金投入、改善生产条件，实施重点倾斜、重点帮扶，确保 2018 年整体脱贫。

(2月9日9版倒头条 人民日报 通讯员张枥)

南部县：冬日爱心温暖边远山区学生

冬日的川北大地寒气袭人，而南部县大坪中学的操场上却格外火热。"阳光行·关注学生心灵成长"大型公益活动近日在大坪中学举行，来自成都合纵三联CI4爱心团队16名队员和全国各地的70多名爱心支持志愿者，不仅给留守、贫困学生捐赠了7万元的财物，还与他们一对一进行心理辅导，学生给父母(爷爷、婆婆)洗脚的场景，更是让现场的人动容。

一对一心理辅导　　　　　　　赵健梅摄

大坪中学位于南部县最边远山区的大坪镇，距县城90多公里，是一所1957年成立的老牌高完中。"由于学校地处贫困山区，家庭条件稍好的学生都到城里读书去了。"校长敬永斌介绍，学校目前有初、高中学生400余名，其中，60%家庭困难，90%是留守学生。和城里学生相比，他们不仅仅是物质上的缺乏，更令人担忧的是远离父母导致的亲情缺失、眼界狭窄、心灵封闭等问题。"在临近春节许多学生父母都返乡了期间，爱心团队的'阳光行·关注学生心灵成长'活动，对我们师生、家长来说简直是雪中送炭！"

当天上午8点多，简陋的操场被志愿者们用彩旗和气球打扮得五彩斑斓，学生、老师、志愿者和自发赶来的几百名家长挤满了操场。伴随着《感恩的心》的歌声，志愿者将几百条红围巾系在孩子脖子上，现场为40名家庭特别困难的学生每人送上了1000元现金，并为学校捐赠了价值3万余元的学习、体育用品。

CI4爱心团队相关负责人但文静深情地说："孩子们，当父母不在身边，你们感到孤独和难过的时候，就看看、摸摸胸前的围巾，想想有许多叔叔阿姨、哥哥姐姐们牵挂着你们，我们会常来看你们。"

"摸摸父母、爷爷、奶奶脚板上的老茧，用心感受长辈的养育之恩，想想今后自己该如何尽孝，报答长辈，让孝爱之心永传。"在心理辅导的学生给父母(爷爷、婆婆)洗脚环节：台上10名家长面前整齐地摆放着一排洗脚盆，10名学生将身旁水瓶的热水倒在盆里，然后听着志愿者的指挥，"把长辈的鞋袜脱掉，将他们的脚放进水里，依次轻推脚背、脚颈、脚底，

学生给父母或长辈洗脚 赵健梅摄

再慢慢地从下至上进行小腿按摩……"洗着洗着,台上一片哽咽声,有的相拥而泣。"爸爸您长年在外面打拼辛苦了,我以前不懂事要这要那,还惹您生气。我今后一定好好学习。""儿子,妈妈脾气不好,但我很爱你的……"那一刻,现场所有人无不动容。

很多家长表示,看得泪水在眼眶里打转,"感谢学校教孩子要孝敬父母,让孩子体会父母的辛苦。说实话,我以前做孩子的时候也没给父母洗过脚,这次活动后,我回家也要给自己的父母好好地洗一次脚。""这个活动很简单,但却教育了我们两代人。"

(1月23日 中新社 赵健梅)

退得出还要稳得住

消除绝对贫困,全面建成小康社会,是广大人民群众所盼。从韩清亮、扎西丹增、扎西才让的口中,听到的是率先脱贫的心声;从他们的脸上,看到的是幸福美满的笑颜;从他们的精气神中,感受到的是对美好未来的信心。

2017年,全国有28个县迎来了重大节点——脱贫摘帽。而同时,我们要深刻认识到实现摘帽退出只是脱贫攻坚征程上的阶段性胜利,并不意味着万事大吉。党的十九大报告指出:"坚决打赢脱贫攻坚战,贫困人口和贫困地区同全国一道进入全面小康社会是我们党的庄严承诺"。确保贫困群众退得出、稳得住,依然是今后的政治任务和中心工作,不但要扶上马,还要再送一程。要在脱贫攻坚期内,始终保持脱贫攻坚支持政策的延续性,继续坚持"脱贫不脱政策,摘帽不摘责任",继续在教育、医疗、产业发展、民政救济等方面持续给予大力扶持。同时,把所有退出的县继续纳入扶贫考核之列,重点考核脱贫稳定情况和边缘人群稳定情况。

如何能"脱贫不返贫"?井冈山一直在进行"脱贫致富快,全靠产业带"的探索。眼下,已经成功探索了"三变"的产业"造血"模式,整合盘活资源,变资源为资产,变资金为股金,变农民为股东,使农民从仅收租金,变成长久坐拥租金、佣金、股金"三金",有效增强了贫困群众的造血功能,让贫困户获取长期稳定的收益。

对于"摘帽之后怎么办"的问题,四川省南部县也给出了答案。虽说该县2017年贫困发生率已降至0.7%以下,顺利脱贫摘帽,但认识到尚未实现贫困人口整体脱贫的现状,作出了"从稳定产业、稳定就业、稳定保障等方面解决问题,还有一部分需要通过政策兜底解决,要重点倾斜、重点帮扶、重点突破"的决策。

脱贫攻坚是一项巨大的系统工程,必须花大力气推动,才能有持久的效果。经过连续几年脱贫攻坚作战,剩下的都是难啃的"硬骨头"。然而,留给我们奋战的时间越来越少,需要再多一些决心,再多一些专注,再多一些实干。

(1月30日8版 农民日报 缪翼)

南充市委书记宋朝华赴南部县访贫问苦

四川省南充市积极贯彻习近平总书记扶贫开发重要战略思想,全面落实四川省委王东明书记重要指示精神,紧紧围绕脱贫抓党建、抓好党建促脱贫,百倍用心、千倍用力、众志成城、合力攻坚。截至2016年年底,全市实现326个贫困村退出、25.6万人脱贫,贫困发生率降至3.43%,蓬安县顺利通过省级考核评估验收,南部县代表四川成功接受国家考核评估。2017年,将实现410个村退出、8.3万贫困人口脱贫,高坪、嘉陵、仪陇3个县(区)摘帽。

南充市委书记宋朝华深入农村调研脱贫攻坚工作

南充市辖3区1市5县、393个乡镇、5271个行政村,总人口760万。2014年年底,全市共有嘉陵区、阆中市、南部县、仪陇县4个国家扶贫开发重点县,高坪区、营山县、蓬安县3个省定贫困县,有建档立卡贫困村1290个、贫困户15.2万、贫困人口45.13万,贫困发生率为7.78%。2015年以来,省委书记王东明定点联系仪陇县,先后8次深入联系点调研指导,明确提出南充脱贫攻坚要"走在前列、作出示范"。南充市在推进脱贫攻坚、精准扶贫的战略中,以党建为引领,决战决胜脱贫攻坚,在脱贫攻坚中坚持"五个引领"。

一、坚定不移强化思想引领,吹响脱贫攻坚"冲锋号"

南充市委始终把脱贫攻坚作为头等大事、重大政治责任、最大民生工程,着力凝聚最广泛的思想共识,汇聚最强大的攻坚合力。一是"三个天大"强化使命担当。市委提出,各级党员干部务必把脱贫攻坚"作为天大的事、使出天大的力、尽到天大的责"。2016年以来,市委书记宋朝华先后主持召开13次常委会、8次领导小组会、3次覆盖到村的电视电话会,聚焦聚力贫困山村,部署布置脱贫摘帽,全市上下决战意志高度统一、决战态势全面形成、决战场面迅速铺开。二是"三种意识"凝聚思想共识。结合"两学一做"学习教育，通过市委常委会、中心组学习会、县处级主要领导干部读书班等形式，深入学习中央、省委脱贫攻坚重大决策部署，强化党员干部"最后的堡垒、最关心的事、冲在最前方"三种意识，鲜明了工作导向、压实了工作责任、传递了工作压力。从市委书记到村社干部，全市各级党员干部一线调度、一线冲锋、一线突击，高位推动、高压推进、高标落实。三是"三条标准"亮明目标追求。市委明确要求，脱贫攻坚要坚持三条硬指标："保满分、争第一"是奋斗目标，"一梯队、一方阵"是底线要求，"干成事、不出事"是钢规铁纪。全市各级党员干部按此对标、加压奋进，心往一处想、劲往一处使、拧成一股绳，朝着既定目标冲锋冲刺、决战决胜、不胜不休。

省委书记王东明赴南部县调研南充脱贫攻坚工作　　南充市市委宣传部供图

二、坚定不移强化责任引领，建强脱贫攻坚"指挥部"

各级领导班子和领导干部坚定脱贫攻坚政治自觉，履行脱贫攻坚政治责任，挂帅出征、挂图作战、挂责问效，着力把脱贫攻坚大干快干起来，把工作进度提速加快起来，把问人问责较真起来。一是挂帅出征到一线。坚持高频率研究部署、高密度调度推进，各级党政主要领导亲临一线指挥、亲临前线参战、亲临火线突击。每名市县级领导至少联系帮扶1个贫困村、2户贫困户，每年到联系点和联系户不少于6次，示范带动党员干部进村入户、访困问需、访贫问计。二是挂图作战攻堡垒。市县乡均成立脱贫攻坚领导小组，在乡设立"指挥所"，在村建立"作战室"，层层挂出"作战图"，对"五大"扶贫工程逐一落实具体单位、具体人员，将目标细化到月、工作安排到天。坚持按图施工、照图拉练，定期督导查进度、现场观摩查标准、实地验靶查履职。2016年以来，全市已进行5次大型现场拉练，确保脱贫攻坚工作有力、推进有序、落实有效。三是挂责问效促落实。全面实行"三个一"调度推进机制，市委市政府主要领导一月一调度，县（市、区）党政主要领导一周一调度，乡镇党政主要领导、第一书记、村党支部书记一天一调度。坚持问事必问人、问人必问责、问责必到底，建立由纪委、组织部和扶贫移民局共同参与的"三方联动"考评问责推进机制，对未完成任务的地方和部门，实行"目标考核一律一票否决、有关领导一律就地免职、追责问责一律从严从重"，目前已调整处理工作不力的干部138人。

三、坚定不移强化干部引领，打造脱贫攻坚"突击队"

抓住"人"这个脱贫攻坚核心因素，围绕脱贫攻坚调兵遣将、排兵布阵，引导党员干部干在最前、冲在最先。一是配优配强队伍。全面落实中央好干部标准和省委"三重"用人导向，结合换届人事统筹和脱贫攻坚需要，选配45名县级优秀干部充实到脱贫攻坚一线。坚持择优选派、因村选人，1290个贫困村、588个贫困户超过20户的非贫困村分别实现了"五个一""三个一"帮扶力量全覆盖，群策群力的脱贫格局总体形成。二是督严督紧干部。推行"9+5"暗访督察机制，9个督察组和5个暗访组每天进村入户，全程录像录音、原汁原味通报、全面跟踪整改，每日一通报、每周一挂牌、每月一评比、每季一拉练。在脱贫攻坚最紧要关头，全市"暂停一般性休假请假、暂停一般性学习培训、暂停一般性外出考察"，全市党员干部蹲点在一线、攻坚在火线、冲锋在前线的攻坚态势总体形成。三是提振提升士气。实行脱贫攻坚与绩效考核、评先评优、职级晋升"三挂钩"，让实干者受累不受气、吃苦不吃亏、流汗不流泪。2015年7月以来，市委、市政府表扬优秀脱贫攻坚一线干部474名、帮扶先进集体319个，提拔任用县处级干部51名、科级干部1149名，提拔重用受到省市表彰表扬的第一书记56名、优秀驻村干部29名，大干快上的决战氛围总体形成。

仪陇县安溪潮村崭新的川北民居　　　　任阅摄

（1月5日　人民网　通讯员张枥）

清代四川南部县衙门档案文献入选首批《四川省档案文献遗产名录》

1月24日，记者从市档案局获悉，首批《四川省档案文献遗产名录》日前正式公布，清代四川南部县衙门档案文献成功入选。

据了解，清代四川南部县衙门档案被称作研究清史的"活化石"，其中既记录有中央政权政令在基层的贯彻执行情况，又记载了南部县在清代社会的历史变迁。清代四川南部县衙门档案所涉内容时间跨度长达256年，记载内容包含清代政治、经济、军事、文化、教育、司法、宗教、外交等方方面面，是县级地方政权的"全景缩影"。

市档案局局长刘文明介绍，为进一步研究好、利用好清代南部县衙门档案，市档案局不断加强与高校、新闻媒体、出版社等单位横向合作，深度开发清代南部县衙门档案。

2003 年 10 月，清代南部县衙门档案入选第二批《中国档案文献遗产名录》；2004 年，《清代四川南部县衙门档案全宗指南》出版；2009 年 12 月，市档案局与西华师范大学合作编辑的《清代四川南部县衙档案目录》出版发行，并获得四川省社会科学优秀成果二等奖；2016 年，市档案局与国家清史编撰委员会、黄山书社合作的《清代四川南部县衙门档案》，历时 4 年完成编撰并发行。近年来，四川大学、西华师范大学等高校专家学者还以清代南部县衙门档案为主要文献支撑，开展跨学科、多领域、多主题的专题研究，在相关领域推出了产生重要影响的研究成果或形成专题研究的系列学术专著。

南部县城青山环抱

（1 月 26 日　人民网记者杨晓江　实习生何映卓、张茜）

南充市南部县确定 2018 年奋斗目标

以乡村振兴战略为统揽，以供给侧结构性改革为主线，以项目建设为抓手，打牢立稳五大"亲水支柱"，坚决打赢"六场攻坚战"，打好"三场持久战"，这是南部县第十七届人民代表大会第三次会议确定的 2018 年奋斗目标。

南部县县长任爱民代表县人民政府所作的《政府工作报告》进一步明确，2018 年，该县经济社会发展的预期目标是：地区生产总值同比增长 8.5% 以上，规模以上工业增加值同比增长 10.5% 以上，城镇和农村居民人均可支配收入同比分别增长 8.9%、9.9% 以上……

如何书写"亲水南部"建设新篇章，为"南充新未来成渝第二城"贡献南部力量？今年，该县将在脱贫攻坚、产业培育、环境治理、改革开放等方面再加马力、再创佳绩。

关键词：脱贫攻坚夯实农业农村基础

坚持继续攻坚和巩固提升相结合，下足绣花工夫，高质量实现 46 个贫困村退出、7000 人脱贫。

针对基础短板，该县将精准落实"22 个专项扶贫计划"。改造升级农村电网 290 公里，完成 46 个贫困村文化室、卫生室标准化改造，解决 1.2 万人饮水安全问题；实施土地整理 12 万亩，建设高标准农田 9.6 万亩，整治病险水库 16 座、渠系 200 公里，完成武引二期工程，改造提升农村公路300公里,建成"四好农村路"200公里。

围绕群众增收,全面推广"五方联盟""三园共建"机制。新建脱贫奔康产业园60个,吸纳贫困户全部入园、全面增收,依托主导产业发展,持续抓好"四小工程";高效推进"三个一培养计划",培养致富能干人、技术明白人8000人,新增转移就业7000人以上。

落实攻坚机制,始终保持"五个不变",深入开展"回头看""回头帮",持续巩固脱贫成效。深化教育、医疗、养老等保障体系,切实关心低保户、残疾人户、五保户等特殊群体;注重扶贫与扶智、扶志相结合,全面推行"三议五会"群众工作法,不断激发贫困群众内生动力;健全"三级晒账""四方管账"制度,切实发挥扶贫资金使用效益。

关键词:产业培育探索乡村振兴路径

按照"产业兴旺、生态宜居、乡风文明、治理有效、生活富裕"总要求,率先走出质量兴农、绿色发展、乡村善治的路子,推动农业全面升级、农村全面进步、农民全面发展。

在壮大优势产业上,该县将深化农业供给侧结构性改革,巩固提升传统产业。建成优质粮油基地30万亩、"三品一标"基地20万亩,争创农业品牌5个;打破区域限制,创建区域产业联盟3个;坚持用工业化理念发展农业,招引龙头企业15户,发展家庭农场、农民专业合作社、业主大户200个,巩固提升盘龙至大堰产业示范基地,建成定水至升水产业基地5万亩。

在新兴业态培育上,围绕八尔湖乡村振兴战略示范区建设,招引实力企业参与农旅综合体验区(二期)投资开发,新建观光产业园1万亩、田园综合体5个,培育星级农家乐、田园客栈50家,打造川陕甘渝乡村旅游目的地。围绕升钟湖世界运动康养旅游目的地,加快国家旅游度假区创建步伐;启动休闲观光农业示范基地建设,建成特色农业种植基地、生态水产品养殖基地和生态美食广场。

在特色村镇打造上,坚持"依山傍水、见山望水"的理念,完成10个乡镇场镇和20个村规划编制,加快推进伏虎、升钟、建兴"百强镇"建设,建成八尔湖镇古文化商业街,打造特色风情小镇12个,创建省级生态乡镇9个、生态村54个,保护修复传统村落5个;大力实施"五改三建"和"四化"行动,建成幸福美丽新村71个。

关键词:园区建设促进实体经济发展

立足现有主导产业,加大支持力度,进一步优化园区布局,完善功能配套,培育壮大产业发展平台,加快发展具有市场竞争力的产业体系。

为提升工业经济园,加快省级经济开发区创建步伐,积极招引和培育新能源、新材料、电子信息、节能环保等新兴产业。新拓展园区500亩,建成雨污管网6公里,改造道路5公里,建成园区供气专线。

为发展总部经济园，启动总部经济大楼建设，出台激励发展政策，积极承接南部籍企业资本和产业回归，力争引进总部项目2个。主动对接国内外知名企业，力争在引进区域总部、研发总部、销售总部上取得突破。鼓励企业通过资本经营、战略合作和业务重组等方式抱团发展，形成优势互补、务实互利和开放互动的发展态势。

为建设商贸物流园，加快火车站现代物流园建设，建成亿联状元金街，推动莱克汽贸园建成投运，支持邮政、农资配送等企业健全完善县乡村三级物流体系，鼓励县域物流企业延伸服务。启动商务大数据平台建设，建成县级农村电商服务中心和500个村级服务站。

关键词：污染防治加强生态环境建设

牢固树立"绿水青山就是金山银山"的发展理念，坚决守护好"亲水南部"的生态底线，在保护中发展，在发展中保护。

该县将按照"五不放松"要求，持续开展城市扬尘、油气回收、秸秆焚烧等专项整治，建成污水处理厂16个、垃圾收集站1039个，切实补齐环保基础设施"短板"。深入实施清水、护岸、净水、保水"四大行动"，全面落实"湖长制""库长制"，纵深推进"河长制"，完成饮用水源保护区标准化建设，修复河流滨岸生态300公里。

加强生态保护，深入开展"绿化南部"行动，加快升钟湖、八尔湖湿地公园建设，实施退耕还林2万亩，完成河岸绿化5万亩，强力整治乱砍滥伐，持续提升森林覆盖率和城市绿地率。加快推进城区河湖库联通及水系修复，治理水土流失35平方公里。

推进节能减排，坚守环保底线，严把企业环保准入关，加强产业项目全过程环保监管。实施工业污染源达标排放计划，启动垃圾焚烧发电项目，完成砖瓦行业标准化、规范化建设，单位生产总值能耗下降3.5%，实现产业结构向节约型、环保型转变。

关键词：改革开放释放创新创业动能

坚持向改革要活力、向创新要动力，积极推动先行先试、创新创业和对外开放，不断拓展发展空间、增强发展动能。

在深化改革领域，将完成农村产权确权颁证和集体资产清产核资。新组建城投、旅投、农投等实体公司，运用PPP等融资模式，实现融资32亿元以上。全面推行城市拆迁、旧城改造货币化安置，促进房地产业健康发展。稳步推进国企改革，完成国有企业法人结构治理和高管选聘。深化"放管服"改革，推进行政审批、行政许可在一体化政务服务平台上线运行。

在扩大对外开放方面，坚持招大引强、招强引优，着力谋划一批带动力、支撑力强的大项目、好项目，研究出台一系列支持大企业、大集团的优惠政策。深化重大招商项目县级领导包联和"一站式"服务制度。

积极招才引智,实施嘉陵江英才工程,出台招才引智优惠政策,建立高端人才信息库,引进一批优秀人才。深入实施"双创"工程,建立"双创"基金,用好返乡创业信贷政策,打造职工创新工作室10个,新建大学生创业基地5个,培育一批"南部工匠"。

关键词:民生改善共建共享发展成果

坚持以人民为中心的发展思想,顺应民生新需求,满足群众新期待,努力促进公共服务均等化。

持续强化民生保障,扎实推进民生工程和民生实事,动态消除"零就业"家庭,把城镇登记失业率控制在4.3%以下。积极创建全国残疾预防综合试验区,实施重度残疾人家庭无障碍改造600户。加快王家、保城等乡镇制水厂建设。探索医养结合模式,完善养老服务体系。健全完善留守儿童和妇女、老年人关爱服务体系。

不断创新社会管理,坚持集中接访和包案化解制度,实行信访责任追究制和巡察制,减少存量,控制增量。新成立安全监管执法中队5个,充分发挥安全生产综合监管信息平台作用,常态开展隐患排查整治和打非治违。深化"平安南部"建设,全域推进"雪亮工程",新增监控点位1000个,严厉打击黄赌毒、偷盗抢、暴恐黑等各类违法犯罪行为。做好法律援助、社区矫正、人民调解等工作。

加快发展社会事业,新(改)建幼儿园、中小学校6所,改造薄弱学校10所,建成思源实验学校、幸福幼儿园,推进城乡义务教育均衡发展。广泛开展群众文化体育活动,积极创作亲水文化作品,办好第十届中国升钟湖钓鱼大赛。完成县人民医院综合楼、中医院医技楼、妇幼保健院业务楼主体工程,实施"健康南部"计划,实现医联体信息共享。积极推进食品安全示范县和10个示范乡镇建设。做好国防动员、民兵预备役和民族宗教、统计、气象、档案、修志等工作,促进各项事业协调发展。

(2018年1月中国网•锦绣天府　图/文　通讯员张枥)

南部县多方发力奋力书写建设"亲水南部"新篇章

3月13日,记者从南部县政府办获悉,2018年该县经济工作将围绕"亲水南部"建设目标,着力抓好项目攻坚、产业发展、脱贫攻坚、城乡建设、改革开放、风险防控等方面,在抓执行、抓推进、抓落实上持续发力,从而推动县域经济稳中向好发展,奋力书写"亲水南部"建设新篇章。

项目攻坚快速推进

县政府办相关负责人介绍，2018年，县委、县政府确定了"十件大事"和年度计划投资259亿元的148个重大项目，涉及基础设施、产业发展、民生保障等多个方面。

"将强力抓好项目的落地落户落实，做大经济发展的'底盘'。"该负责人介绍，南部把项目落地作为招商引资的重中之重，把重大项目建设摆到经济工作的突出位置，在具体工作中，对确保基本稳定的常规项目一个不丢，及时跟踪进度，实现早日达产达效；对新型项目、改革试点项目积极争取，实现靠前跟踪对接，力争尽快落地，早开工早建设。

据了解，为助力项目建设实现"加速跑"，该县还在涉及项目报建审批、要素保障等方面，坚决做到快推快批快建，对已落地即将启动的G75南部互通、满福新区水环境治理等项目，开辟绿色通道，实行并联审批，对已开工项目，采取现场验靶、电视问政等方式，倒逼责任落实，着力破解资金、用地、拆迁等难题，积极优化环境，用高频率的研究部署、高密度的调度推进、高强度的暗访督查确保项目工作"三量齐增"。

产业发展提质增效

"实体经济是发展的基础和支撑，要坚持产业发展不动摇，着力强实体、增效益。"县政府办相关负责人告诉记者，该县将坚持围绕转型升级抓工业，以创建省级经济开发区为契机，聚焦机械制造、食品医药、电子信息、丝纺服装"四大主导产业"，紧盯智能制造、光伏发电等新型产业，着力促使形成一批具有带动力、引爆力的产业集群。同时，促成国能生物、日光电子等5户企业建成投产，实施金泰纺织、泉胜金属、新龙源管业等项目技改创新，推动园区企业增量优化、存量调整、转型升级。

该县还将围绕品牌塑造抓农业，按照分区发展、特色发展的原则，依托现有的脆香甜柚、蚕桑、肉鸡等种植养殖基础，推进特色优势产业串点成线、连线成片，实现规模发展、集聚发展。通过积极培育家庭农场、业主大户等新型经营主体，深度推广"五方联盟"产业发展机制，培育壮大农业产业基地。

同时，南部将坚持围绕业态优化抓三产，不断加快对八尔湖农旅综合体验区（二期）和升钟湖度假区的建设，启动对禹迹山景区的提升规划，深入实施"旅游+"工程，推进文旅、农旅、体旅等深度融合，通过政策、资金等手段，吸引实力企业参与投资开发红岩子湖、八尔湖、升钟湖，打造新的景区景点。

脱贫攻坚普惠民生

"南部虽然实现了国贫县摘帽，但继续攻坚和防止返贫的任务依然很重，要坚持脱贫攻坚不动摇,着力补短板、惠民生。"该负责人表示,该县将把防止返贫和继续攻坚放在同等重要的位置,全力抓好增加稳定收入、巩固脱贫成效、建立返贫预警机制、强化责任落实等,千方百计增加贫困群众收入,确保稳定实现"两不愁、三保障"。

为切实增加群众收入,该县将把产业扶贫作为脱贫攻坚的基础性措施,坚持因地制宜、因人因户因村制定产业扶贫措施,实施一户一策项目,持续推进"四小工程",全面推广"脱贫奔康产业园+N"的发展模式,千方百计在特色产业链上做贫困群众的乘法,长短结合稳定增收。

"脱贫摘帽不是终点,整体脱贫才是底线。"该负责人介绍,南部还将全面健全保障制度,继续坚持帮扶力度、帮扶措施、帮扶政策、帮扶对象、帮扶责任"五个不变",始终对标"两不愁、三保障""四个好"目标,紧盯"精准攻坚、防止返贫、同步小康"三大任务,确保今年 46 个贫困村退出贫困村序列、7000 名贫困人口脱贫。

城乡建设提升品质

在城乡建设方面,南部将坚持以新型城镇化为总揽、城市品位提升为龙头、乡村振兴为驱动,统筹推进城乡建设。

据了解,南部将建好满福新区这个"火车头",统筹推进满福坝片区 11 个在建项目建设,加快推进南部嘉陵江三桥等项目建设进度,思源实验学校、康养中心、制水厂等配套工程要提速推进,尽快竣工。

针对旧城改造,该县将尽快编制完成老城区控制性规划、县城绿地系统及交通等专项规划,并以棚户区改造为契机,对农贸市场、停车场、绿地公园进行提质改造,优化人居环境。对乱修乱建、未批先建行为将严厉打击,对未经县规委会批准的项目一律不得动工,对规委会审批的项目一律实行挂图施工,接受群众和社会的监督。

为深入实施乡村振兴战略,南部将坚持在培育特色产业上下工夫,巩固提升盘龙至大堰产业基地,新拓展定水至升水、火峰至长坪产业基地;在特色小镇上下工夫,在今年完成 10 个一般场镇规划编制和八尔湖镇古文化商业购物街及场镇基础配套设施建设基础上,加快推进升钟、建兴等"百镇建设行动",按照小规模、微田园、组团式、生态化发展模式,打造一批工业强镇、商贸重镇、旅游名镇。同时,大力实施农村"五改三建"和绿化、美化、亮化、净化"四化"行动,力争建成幸福美丽新村 80 个、创建"四好村"100 个。

改革开放激发活力

据了解,南部将持续深化重点改革,切实用好"国家中小城市综合改革试点县""扩权强县"等的改革权、试验权,不断在供给侧结构性改革、投融资体制改革等方面下足工夫,加快完成城投、旅投公司组建,提升投资效率,补齐社会短板,培育发展新动能。

同时,该县将纵深推进开放合作,加快出台激励总部经济发展的政策措施,积极承接东部沿海地区产业转移和南部籍企业资本回归,用好18家在外商会的力量,大力开展以商招商、蹲点招商,力争全年新签约项目22个、到位省外资金72亿元以上,努力把南部打造成为川东北地区的开放高地和投资洼地。

"创新是引领发展的第一动力,是推动高质量转型发展的关键之举。"该负责人说,南部将切实推动创新发展,积极对接嘉陵江英才工程,出台招才引智优惠政策,引进一批城市规划、金融资本、法律服务等方面的综合管理人才,培育和选树一批"南部工匠",大力支持企业与高等院校建立产学研联盟,设立技术研发中心,着力搭建一批"双创"平台,深入推进商事制度改革,广泛开展各类"双创"活动,持续点燃"大众创业、万众创新"激情。

风险防控筑牢底线

面对稳增长和防风险双重任务,南部将坚持两手抓、两促进,积极推动各项稳增长政策措施落实到位和不断完善,充分激发市场活力和社会创造力,推动建立健全防范机制,促进经济安全平稳运行、健康发展。

该县将建立务实管用的债务风险处置机制,努力将债务风险控制在警戒线之内,通过采取优化资源配置、PPP模式、争取置换债券等方式,多渠道筹集建设资金,以可控方式和节奏主动释放风险。

据了解,该县还将注重防范化解环境和稳定风险,继续坚持打好污染防治"三大战役",加快乡镇污水处理厂、水环境治理等补短板项目推进,严格控制新建高能耗项目,加强产业项目全过程监管,强力打击环保违法行为,聚焦社会安全、公共安全、网络安全和生产安全,妥善处理好农民工欠薪、购房和回迁户安置、社会保障等群众反映突出的问题,确保社会和谐大局稳定。

(3月24日 中国网 通讯员张枥)

南部"超级玛特"上线

2017年12月30日,由南部县亿联控股集团主办,县工商联、县经信局、南部超级玛特电子商务有限公司等联合承办的县域互联网经济发展论坛暨"超级玛特"上线启动仪式在南部县举行。

活动当天，主办方邀请到清华社会实践导师、资深互联网实战运营专家蒲实作了主题为《实业互联网转型升级之路》的精彩演讲，深入分析了互联网时代给人们带来的便利。随后，参加此次活动的150余名来自省内外协会及知名企业的代表参观了建材城内上线品牌商家。

"此次论坛不是简单的产品促销大会，而是一次消费理念革命。"该县经信局相关负责人表示，南部将以此次互联网经济发展论坛为契机，充分挖掘"互联网+"服务平台，推动县域相关产业转型发展。

据了解，该县自入列国家级电子商务示范县以来，为进一步落实"互联网+"战略，打造本土电商品牌，推动移动互联网与南部农业、现代制造业、服务业等产业融合发展，致力支持发展"南充·南部电子商务产业园""超级玛特"等电商平台，有力促进县域互联网经济健康发展，增强南部全民互联网意识，实现南部"互联网+惠民、便民、富民"示范引领。

据介绍，"超级玛特"电子商务平台由该县超级玛特电子商务有限公司投资自主研发。该平台自2017年10月试运行以来，已有近200户商家、500多个品牌在该平台上线，线上交易额已超过100万元。

（1月4日4版　四川日报　高林阳　通讯员张枥）

亲水南部：农牧业铺开如诗画卷

1月11日，中国共产党南部县第十三届委员会第四次全体会议召开。会议要求全县上下要按照党的十九大和省委、市委全会精神要求，进一步解放思想、抢抓机遇、创新驱动，以坚若磐石的政治定力、发展定力和廉政定力，大力实施乡村振兴战略，以"十件大事"为重点，全面打牢立稳五大"亲水支柱"。

南部县实施乡村振兴战略的底气与该县农牧业的飞跃发展休戚相关。回首2017年，南部县农牧业迈步新时代，发展谱新篇。

现代农业高位求进

2017年，南部县现代农业高位求进，农业综合生产能力、市场竞争能力和可持续发展能力显著增强，农产品有效供给得到充分保障，农民增收持续稳定。

农业生产稳定增长。全年农作物播种面积233.5万亩，粮食总产52.8万吨，油料总产7.5万吨；年出栏生猪110.5万头、肉羊25.7万只、肉牛6.1万头、家禽1016.5万只；水产品总产2万吨。农业增加值完成58.96亿元，同比增长4%。

特色产业发展有力。在东坝、梅家等乡镇新栽杂柑、脆香甜柚、橙类等水果10万亩,巩固提升水果基地3.5万亩。在大堰、定水等乡镇新建白芷、白芨等特色中药材生产基地及生态观光园0.7万亩,在大堰、楠木等乡镇建设中药材核心示范片0.5万亩,示范推广中药材新品种6个,面积1.5万亩;推广果、桑和林套药等新技术6项,面积1.8万亩。拓展有机水产基地3.5万亩,新建蔬菜基地3000亩。创建万亩现代农业示范基地5个,建设优质粮油基地33万亩,肉鸡、生猪等产业园75个,推广农业机械化耕种收面积68.5万亩。

项目实施成效显著。大力实施项目推动战略,全年争取到位项目28个,完成固定资产入库2.2亿元。所有到位项目全部按时启动实施,承担的省市县重大项目、民生工程,实施程序规范,建设质量好,进度快,在县上组织的项目验靶中,获得流动红旗2次。

新型主体发展迅速。新发展农民专业合作社125个、家庭农场133家,培育农民职业经理人150个,新增土地流转面积4.5万亩。

农业供给侧改革深入推进。大力推进"粮改饲",共推广饲用玉米新品种3个,天府27号花生、南豆12号大豆等主粮和小杂粮优质品种12个;引进西门塔尔牛、简洲大耳羊等畜禽新品种6个;新发展牛、鹅等草食牲畜30万头(只);引进乌鱼、翘嘴红鱼等水产新品种5个,发展"三品一标"农产品生产基地15万亩,开展农民职业技能培训1500人次,建设高标准农田5万亩,推广农业机械3600台套。紧扣"亲水南部"建设主题,以升钟湖、八尔湖、县城近郊为重点,建设了花舞世纪、布拉格小镇等休闲旅游农业25个。

产业园区建设成效显著。新建脱贫奔康产业园75个。在东坝、梅家等乡镇,采取"龙头企业+合作社+贫困户+金融+保险"的五方联盟建园模式,集中成片建设脱贫奔康(柑橘)产业示范园,建成了优质晚熟杂柑为主,长100里、面积10万亩的柑橘产业带,带动了包括2578户贫困户在内的2.5万余人入园发展,实现园区对贫困人口全覆盖。

扶贫攻坚卓有成效

在脱贫攻坚过程中,始终将产业扶贫作为推动贫困群众脱贫奔康的首要支撑和第一要务,坚持不断做大做强脱贫增收致富的产业,确保贫困县脱贫"摘帽"后农户持续稳定增收。

成片推进优势农业产业。按"扩面积、转机制、提质量、增效益"的发展思路,深入推进水果、中药材、蚕桑、畜禽、水产、优质粮油等特色优势产业发展。着力发展有机养殖,打造品牌渔业,完成了10000亩有机水产品认证。在升水、万年、兴盛等乡镇发展休闲渔业1600亩。在不影响稻谷产量前提下,稳步推进稻田养鱼,推广发展1000亩。以升钟湖库区、中心、三清、五灵等25个乡镇为核心,发展栽桑养蚕,改造升级1万亩。以楠木、碑院、永定、碧龙、黄金等5乡镇为核心,通过引进抗病性、抗逆性强优良新品种,改造升级果桑0.5万亩。以兴盛、建兴2乡镇为核心,改造升级茶用桑树0.5万亩。重点发展大堰、定水2个白芨基地乡镇,建成4个中药材重点村,面积1400亩。

大力发展"四小工程"。按照"一户一策"原则,支持贫困户发展小买卖、小庭院、小养殖、小作坊"四小工程",帮助贫困户实现当年见效增收。培养从事蔬菜、水果、畜禽等农产品贩卖的200户,培养就地经营小商品代销店的300户。在八尔湖环线、省道204环线及周边乡镇的贫困村规划建设脆香甜柚为主的小果园15000亩。新建桃、李等伏季水果小果园0.8万亩。新发展生猪1万头、牛1万头、羊10万只、家禽200万只,养殖业人均增收500元以上。利用贫困户房前屋后的小果园、小林园、荒山荒坡等资源,滚动发展鸡、鸭、鹅等小家禽。培养从事生产生活等竹制品、木制品加工的150户,培养从事豆腐、豆芽、凉粉、锅盔等食物加工生产的450户。

全面打造特色乡村旅游。结合升钟湖、八尔湖的水和林业资源,大力发展以水上运动、森林康养为主的体验休闲养生旅游,以革命教育为主的红色文化旅游。重点打造八尔湖片区、升钟湖片区旅游示范乡镇8个,新培育星级农家乐160户,带动贫困人口通过旅游脱贫致富4500人。

大力创新发展机制。确立了"三议"(村"两委"提议、村民代表审议、全体村民决议)定产业;"三助"(国家补助、群众自助、社会捐助)筹资金;"竞争立项、滚动调项"方式定项目。坚持"信贷跟着贫困户走,贫困户跟着能人走,能人跟着龙头走,龙头跟着市场走"的扶贫模式。在政策扶持方面,按照"投入不变、渠道不乱、有效整合"的原则,县上统一整合农业、水利、国土、交通等方面的涉农项目资金,统筹用于贫困村的产业发展。

产业党委巩固脱贫成果

2017年11月1日,国务院扶贫办召开新闻发布会,宣布南部县与全国9个省区市的26个贫困县顺利脱贫摘帽。为巩固脱贫攻坚成果,南部县成立了八尔湖环线脱贫奔康产业党委,县农技推广中心主任周光胜担任八尔湖环线脱贫奔康产业党委书记。

这是南部县第一个经县委批准建在产业链上的基层党委,设有大堰乡、东坝镇、梅家乡、铁佛塘镇4个产业党总支和打鼓山村、纯阳山村、大乘庵村、国公村等31个产业党支部。建立产业党委旨在把党组织建在产业集群上,通过制订产业环线发展规划并组织实施,承担产业环线各项基础设施、公用设施和其他建设项目的建设、监督和管理,协助乡镇党委推动产业发展。产业党总支重点抓好各自乡镇的产业发展规划、推进实施,并定期召开联席会议,研究会商党建工作、产业发展、产业项目建设以及群众关心的产业问题。产业党支部主要负责各自村级产业的发展规划、组织实施,传达宣传政策、引导产业健康运行,发展能人带动、壮大产业规模,促进人才培养、为党组织输送"新鲜血液"。

产业党组织是党在产业链上的战斗堡垒,打破了各乡镇、行政村的区域区划界限,可以通过组织引领进一步把党的决策主张、惠农政策等落实到产业发展中,以加强基层基础工作、健全乡村治理体系,促使把党员聚在产业链上,让群众富在产业链上。

据了解，南部县八尔湖环线目前有柑橘、香桃、脆香甜柚等多个产业基地，产业带覆盖盘龙、大堰、东坝、梅家、铁佛塘等乡镇，目前已达到百里、百村、近十万亩的规模。八尔湖环线脱贫奔康产业党委成立后，将发挥其组织保证、协调服务、示范引导等作用，把千变万化的市场和千家万户的农民有机链接起来，帮助群众实现市场资源共享化、营销风险最小化、市场收益最大化，在基层党组织的带动和基层党员的示范引领下，共奔小康路。

(1月15日3版 四川农村日报 汪仕春 张枥)

问渠那得清如许 为有源头活水来
南部县高质量脱贫摘帽背后的故事……

2017年11月1日，国务院扶贫办召开新闻发布会，宣布南部县等全国26个贫困县脱贫摘帽。中央电视台新闻联播头条、《人民日报》、新华社、中国国际电视台、《中国扶贫》杂志等国家主流媒体报道了脱贫摘帽的南部做法、南部标准和南部经验。

路径：突出五大重点

南部县咬定脱贫摘帽目标，以时不我待、只争朝夕的紧迫感和责任感，下定决心，下足功夫、下沉力量，使出拼劲、韧劲和闯劲，精准施策、精准发力，一家一户治贫根，一点一滴抓落实，一步一步向前推。

稳定增收："三有四小"新模式。南部县坚持千方百计把贫困群众纳入特色产业利益链，创建脱贫奔康产业园，实现"村有当家产业"。全县198个贫困村都设立了产业扶持周转金，金融机构为每一户贫困户授信2—5万元，让贫困群众摆脱了产业发展"缺资金"的困境。构建了"龙头企业+专合组织+致富能人+贫困群众+金融保险"的"五方联盟"合作共赢发展模式，建成脆香甜柚、柑橘、食用菌、肉鸡等脱贫奔康产业园358个，覆盖所有贫困村。贫困户通过入股分红、土地流转、就地务工等方式参与发展。充分挖掘贫困群众有限生产能力，发展"小庭院、小养殖、小作坊、小买卖"，实现"户有致富门路"。立足留守贫困劳动力多为老弱妇孺的现状，坚持量力而行、量体裁衣，不刻意搞"大作品"，注重发展"小工程"。县财政为贫困户每户安排产业扶持资金，分户规划落实小庭院、小养殖、小作坊、小买卖"四小工程"。2017年年底，发展小庭院18298户、小养殖22788户、小作坊633户、小买卖963户，通过发展产业实现脱贫的贫困户占到贫困户总数的88.5%。坚持"一人就业、全家脱贫"，持续提升贫困群众就业能力，实现"人有一技之长"。脱贫攻坚中，抓住就业扶贫这个关键，建立县、乡、村三级劳动力信息数据库。对务工无技术的，围绕提高议价能力加强技能培训，培训合格发给技术等级证书并推荐就业；对务工无门路的，依托南部驻外商会实现转移就业；对年龄大无法外出务工的，按照每月400元标准开发公益岗位，通过公开评定就业。

住房保障："3个3"新路子。南部县强化组织领导、强化宣传发动、强化政策配套，完善住房设计，并细化识别程序、细化申报程序、细化验收程序，严格过程监管。按照"三议"程序和"五不评"标准，确定安全住房建设对象。"五不评"即城镇有商品房的不评，住房能够满足安全居住要求的不评，两年以上未回家居住且人均纯收入高于全县人均收入的不评，户口在本地但外地有住房的不评，已享受危房改造、易地扶贫搬迁、灾后重建等补助政策的不评。在入户审核过程中，重点把好五个环节：投资总额是否坚守两条底线；面积是否符合标准；功能是否完善；结构是否牢固；方案是否实在。为确保建设质效，坚持围绕水、路条件好的地点选址，保障设计选址；成立13个质量安全巡查小组，实行全覆盖、网格化的全程指导、服务、监管，保障安全建房；突出山水田园特色，保护好原有的地方特色和人文环境，保障群众意愿。

教育保障："三覆盖"新机制。为确保贫困学生全覆盖，推行"一库一卡一册"管理制度，"一库"即教育扶贫信息数据库，"一卡"即教育扶贫政策明白卡，"一册"即教育扶贫资金管理册，做到帮扶对象精准到人、帮扶政策覆盖到人、帮扶资金滴灌到人。推行结对帮扶全覆盖，要求每位教师至少结队帮扶1名建档立卡贫困学生。一名贫困学生有一名帮扶干部结对关爱。一名特困学生有一名爱心人士结对关爱。对享受完所有的资助政策后，学习、生活仍有困难的贫困学生，特别是在校的高中生和大学生，由18家南部驻外商会和8家县内行业商会，为其推荐成功人士或爱心乡友，进行"一对一"资助，直至大学毕业。推行技能培训全覆盖。对中学毕业未进入大中专院校的贫困学生利用中职学校等专业培训机构，开展数控、挖掘机、焊工等技能培训，培训合格再通过南部商会推荐就业；利用产业基地开展柑柚、畜禽、食用菌等实用技术培训，让每一名贫困毕业生都能掌握一门谋生技能。

医疗保障："三三制"新靶向。南部县是"红色盐乡"，地下水卤盐超标严重。农村群众因水致病、因病致贫的现象突出。为此，筑牢"三道防线"，确保群众看得起病。第一道防线：基本医疗保险。政府财政兜底，实现贫困人口医保全覆盖。第二道防线：商业保险。发挥市场机制作用，让商业保险机构分担贫困人口大病风险。第三道防线：民政救助。实施"三大工程"，确保群众看得好病。源头工程：城乡一体供水。运用"项目资金+财政补助+社会融资+群众自筹"的多元投资机制，整合资金15亿元，实施了城乡供水一体化工程，解决了85万群众安全用水问题。基础工程：基层医疗机构建设。保证贫困群众"小病不出村、就近能看病"。保障工程：技术培训和医疗联合。确保基层医疗机构"敢于看病、看得好病"。建立"三大机制"，确保群众看得上病。动态筛查机制：建立完善医疗信息数据库，做到全面覆盖，精准到人。定期巡诊机制：开展健康体检和巡诊巡访，做到全面排查，精确到病。长效便民机制：开辟医疗绿色通道，做到全面服务，精细到策。

基础建设："三同步"新突破。南部县地处秦巴山区，山高沟深，条件艰苦，行路难、饮水难、用电难、增收难、看病难、上学难"六难"问题，像一只只拦路虎，阻碍着南部群众发家致富、脱贫奔康。南部县以专业合作社为纽带，因地制宜，因村施治，创新资产利用型、资源开发型、集体经营型、物业服务型、入股分红型"五型"集体经济发展新模式，解决了集体经济"空壳村"问题。采取政策补助、村民自建、社会帮扶三结合方式，全面开展通路、通水、通电、通网四通工程建设。每村都建有文化活动广场，充实了"农家书屋"，村级文化活动室软硬件设施全部达到"六个有"要求，有效满足了农村群众日益提高的健身愿望和精神生活需求。

举措：强化责任落实

脱贫攻坚来不得半点掺假渗水，容不得任何投机取巧。南部县坚持严字当头、实字托底，始终强化过程管理、成效考核，始终强化责任落实、压力落地，始终强化正反约束、内外加力，脱贫摘帽实现了工作务实、过程扎实、结果真实。

分类管理，精准帮扶。在全覆盖蹲点督导的基础上，由县级挂联领导牵头，组织"五个一"帮扶力量，逐户进行会诊，根据排查出的问题，对贫困户实行ABC分类管理，能稳定脱贫的定为示范户（A类），有一定难度的定为中间户（B类），问题较大的定为困难户（C类）。按照"稳定示范户、提升中间户、攻坚困难户"的原则，分类建立清单，定实攻坚措施。对当年脱贫成功率大的"示范户"，鼓励其自主创业，自力更生，全面兑现帮扶措施和脱贫政策；对加一把力、鼓一把劲就能脱贫的"中间户"，及时调整帮扶力量，抽调精兵强将，进行点对点、人对人、面对面精准帮扶；对当年脱贫问题较大的"困难户"，针对安全住房、安全饮水、人均收入等方面存在的"硬伤"，一户落实一个工作组，一项工作落实一个责任人，每天一盘点、每周一会诊，集中力量攻坚，确保如期脱贫。

挂图作战，现场验靶。县领导以及县级部门和乡镇主要负责人结合相关乡、村、户的实际，逐一明确攻坚目标、攻坚任务、攻坚时限，制作指向精准、责任清晰、要求具体的攻坚作战图，并悬挂在每个人办公室的醒目位置，切实做到目标就在眼前、责任常记心中。每一季度进行一次现场验靶，由30多名县领导担任验靶组组长，利用15天左右的时间，对所有贫困村、所有贫困户和随机抽查的部分非贫困户进行拉网式检查，情况好的颁发"流动红旗"，情况差的给予"黄牌警告"，三次被"黄牌警告"的，单位"一把手"必须引咎辞职。每一次验靶结束，均组织被"黄牌警告"的乡镇和帮扶单位的主要负责人、驻村工作组长、第一书记等，召开全县性的警示大会，凡三次警示的，一律升格为诫勉谈话。同时，规定被"黄牌警告"的乡镇第一时间召开民主生活会，挂联的县级领导全程参加，深刻反省和检视存在的突出问题，逐一制定整改措施、落实整改责任、明确整改时限，并适时开展回头看、回头访、回头查。

轨迹管理，差评召回。"人在哪里，干了什么"，实时记录。配备第一书记定位对讲工作电话，建立远程实时监控平台。第一书记，用定位对讲工作电话签到、报送工作图片；县扶贫办，运用平台记录第一书记行动轨迹，收集第一书记工作图片，建立第一书记工作电子档案。"干得如何，怎样改进"，综合评判。实行月督查、季测评、年考核制度。月督查，查阅乡镇日常管理、考核资料和第一书记工作日志，查看第一书记工作情况，并随机走访村上党员群众；季测评，先审核公示季度工作实绩，再组织党员、干部、群众代表进行民主测评，测评内容分权重计分，并按20%的比例纳入年考核结果；年考核，与第四季度测评一并进行，分现场打分、领导评价两个部分，分别以10%的比例纳入年考核结果。"想不想干，肯不肯干"，多元促动。每月，专题约谈月督查定性为"差"的第一书记，责令限期整改；连续三次被约谈，全县通报、取消当年评优资格，并召回调整；第一次被召回的，由派出单位副职递补，副职被召回的，由派出单位"一把手"顶岗，宁愿让一个部门瘸腿，也不让一个贫困村掉队。每季度，根据工作电子档案和月督查汇总结果，核发第一书记下乡补助。每年，根据年考核结果，按第一书记总数20%确定优秀等次人员；年考核不称职的，扣发个人当年目标奖，扣减派员单位当年目标考核分值，取消当年派员单位领导班子年度考核评"好"和单位主要负责人评先评优资格。

　　蹲点巡查，电视问政。县上挂联领导牵头，"五个一"帮扶力量全程参与，坚持统筹协调、问题导向、重点突破、缺啥补啥的原则，对全县198个贫困村、17166户贫困户进行蹲点督导、蹲点观察、蹲点会诊，逐户走访、实地查看、现场办公，形成"问题清单"，逐项落实整改措施、整改责任人、整改时限，确保脱贫攻坚取得了实实在在的效果。抽调150名干部组建40个专项巡察组，常态开展走访、约访、接访和明查暗访，坚持问题发现、梳理、汇总、上报、转办或移交"五不过夜"，所有问题逐一实行"挂号"整改、逐一进行"销号"管理，重大问题线索第一时间移交纪检监察机关。县上还组织媒体记者，深入贫困村、贫困户进行脱贫问效专题采访，对好的典型进行深度挖掘、广泛宣传；开设《阳光问效·追责问责》专题电视节目，对反面典型进行轨迹剖析、电视问政、通报曝光。

　　一线考察，悬帽攻坚。成立一线考察办公室，坚持在脱贫攻坚一线去发现干部、培养干部、考察干部、储备和使用干部。对作风务实、业绩优秀、群众认可的扶贫干部，通过一线考察、论功行赏、火线提拔；对心浮气躁、跑关系的干部，一律纳入"黑名单"管理，三年内不得提拔重用，整个干部队伍风清气正、人心思干。

力量：以人民为中心

　　人民群众是脱贫摘帽的力量源泉。在决胜脱贫攻坚、同步全面小康这场输不起、必须赢的关键战役中，南部县始终坚持以人民为中心，尊重群众主体地位，唤醒群众主体意识，激发群众主体活力，听民声、解民难、立民志，密切了党群干群关系，实现了党心民心同心。

"干群一家亲"凝心聚力。始终把"干群一家亲"活动作为一根红线贯穿脱贫攻坚全过程，让脱贫攻坚的过程成为新形势下创新和实践群众工作方法的过程。一是实施十大惠民行动。以"察民情、解民难、利民生"为主题，深入实施代办服务、送医进村、就业促进等十大惠民行动，全面帮扶群众、服务群众、温暖群众。二是开展助耕助收活动。农忙时节，3万余名帮扶干部全部进村入户，为困难群众上门服务、抢种抢收，与贫困群众同吃同住同劳动，真正帮到了群众的心坎上。三是开通市民服务平台。"24365市民生活全天候服务中心"，24小时365天为广大市民提供政策咨询、便民查询、在线求助、建议投诉等个性化、便捷化服务。

"三议五会"凝神聚智。南部县全面推行"三议五会"群众工作法，变"代民做主"为"让民做主"，凡村民决议的事项，逐一形成村规民约，一把尺子量到底，一碗水端平。脱贫规划制订、到村到户项目等村级大小事务，村"两委"只有提议权，没有决定权，一律先由村"两委"集体商量后，再发起决策提议。村"两委"发起提议后，及时召开由村"两委"班子成员、党员群众代表等参加的集中审议会，重点围绕是否因地制宜、是否公平公正、是否依法合规等问题，联合审议村"两委"提议事项，讨论通过后，提交全体村民大会进行表决。五会即村"两委"干部会、党员会、群众代表会、联社会、院户会。村"两委"干部会，重点解决班子团结的问题，凝聚共识，凝聚合力。党员会努力提升普通党员的责任感、归属感和荣誉感。群众代表会通过群众教育群众、群众引导群众的方式，做好群众工作。联社会通过单独或联合的方式召开社员群众会议，让老百姓畅所欲言。院户会分院落组织群众会，同老百姓谈思想、谈发展、谈变化，解开心结，消除顾虑，最大限度地凝聚感恩奋进的社会"正能量"。

"五大主题教育"凝魂聚气。依托"农民夜校"，在互教互学、走访住夜、促膝谈心中，持续深入开展感恩教育、法纪教育、习惯教育、风气教育和脱贫光荣教育，大力培育新风正气、传承孝悌美德、激发感恩奋进，帮助贫困群众摒弃"等靠要"思想，让"勤劳致富光荣、懒惰致贫可耻"的观念根植人心，凝聚正能量，弘扬新风尚。围绕省委住上好房子、过上好日子、养成好习惯、形成好风气"四个好"目标，分类制定可量化、可操作、可评判的评定标准；组织全体村民民主评选"四好"星级示范户和"四好村"，并通过公开授牌、专项奖励优先支持发展等激励措施，最大限度地激发困难群众脱贫奔康的积极性和创造力。

精神："四拼"凝聚磅礴力量

南部县广大党员干部对信仰的那份忠诚、对事业的那份担当、对人民的那份挚爱，凝聚成了最磅礴的南部力量，最强大的南部气场，演绎了许许多多可歌可泣的感人故事，展现出了一种催人奋进的精神力量。

充分展现出了争分夺秒的"拼抢精神"。全体干部几乎没有星期天、节假日，很多县级领导长期是早上 6 点钟出发，逐村逐户走访，白天发现问题，晚上开群众会，现场解决问题，12 点以后才回到办公室处理文件和业务工作；很多帮扶单位负责人，白天当局长，晚上当"村长"，特别是行业扶贫部门，长期担任"先锋队""排头兵"，凭着顽强的意志力战胜了一个又一个困难。

充分展现出了挑战极限的"拼命精神"。不少一线的同志，夫妻双方都是扶贫干部，经常是一周难回一次家，连家中十岁左右的小孩儿都学会了洗衣做饭、独立生活，县武装部派出的第一书记，家在外地，几个月没回去，在村上饱一顿饿一顿，最后胃出血，经医院抢救，才度过了生命危险。

充分展现出了不胜不休的"拼搏精神"。很多单位平时只留一两个人值班，其余干部全部进村入户扶贫；有的帮扶单位之前得了"黄牌"，一把手带队，全员出动，卧薪尝胆，连续两个月蹲点在村上，逐户查找问题、解决问题、补齐短板，硬是把一个问题村变成了干群一心的"四好"村。

充分展现出了万众一心的"拼合精神"。脱贫摘帽，所有县级领导和基层干部通实事求是、精准补短，全县上下呈现出了前所未有的凝聚力和战斗力。

（1 月 19 日 6 版、7 版　四川农村日报　蒲宗太）

南部访友不遇吕洞宾留下"瓜皮诗"

在南部县城北，有座灵云山，山上有个灵云洞，洞口立着一座吕洞宾石像。据史书记载，吕洞宾在南部访友不遇，遂以瓜皮题诗石壁，这首诗就叫《灵云岩访蒲景珣不遇以瓜皮题石壁》。

据《舆地纪胜》记载，唐开元年间，南部县石河镇人蒲景珣隐居灵云洞内。吕洞宾慕名到访，事不凑巧，蒲景珣刚好不在，吕翁遗憾之至，随手拾起瓜皮，题诗于石壁，后人戏称"瓜皮诗"。《历代名人咏南充》一书收录吕洞宾所写的这首诗："我自黄粱未熟时，已知灵谷有仙奇。丹池玉露妆朱浦，剑阁寒光烁翠微。云锁玉楼铺洞雪，琴横鹤膝展江湄。有人试问君山景，不知君山景是谁！"

《历代名人咏南充》一书的编辑成员史今律解析，此诗首联写作者对灵云洞向往已久，早就知道这里风景奇特。颔联中的"丹池玉露"指灵云岩的滴泉水池。尾联构思十分巧妙，把灵云洞与洞庭湖之君山相提并论，甚至分辨不出谁是真正的君山。

事实上，风景秀美的南部灵云山、灵云洞，留下了不少历史掌故和名人诗文。灵云洞外危岩绝壁，草木葱茏，洞口上沿曾刻有"出岫为霖"四个大字，据悉为清同治翰林王正玺游览时所书，并与顶端横刻的"穿岫泄云"四个字呼应。

2006 年，灵云洞被列为县级文物保护单位，并经过重新修整。如今，灵云山以北已打造为生态公园,与炮台山、石子岭观光农业园区连成一片,遍山苍松翠柏,满目青翠,与嘉陵江东岸火烽山森林公园遥遥相对,被喻为南部县城的"肺"。

(3月14日12版 四川农村日报 罗琴口述 记者伍力整理)

"国考"纪委扶贫监督的南部实践

2017年11月24日午后,冬日难得一见的阳光,洒在南部县大堰乡纯阳山村。

52岁的姚素琼,在二号蘑菇种植棚外,与他人开着玩笑。爽朗的笑声瞬间就感染到了在场的每一个人。瘦高瘦高的姚素琼很干练,说话、做事都很麻利。可谁又能想到,她患有食道癌?又有多少人知道,几年前她和丈夫还动过一起自杀的念头,"买瓶安眠药,一起死了算了。"

但这天见到的姚素琼,却是那样的乐观、爽朗,开朗得就像冬日阳光。

这里面,究竟发生了怎样的故事?

患病夫妻的新生活

姚素琼一家所在的大堰乡纯阳山村,如今有了一个新名字——蘑菇山。因为山顶上,建起了16个大棚,种蘑菇。

这16个大棚,官方名字叫"食用菌产业园",吸纳了村子的15户贫困户。其中的二号棚,姚素琼就是股东之一。

1998年起,姚素琼就和丈夫远赴广州打工,一干就是八九年。"在工厂里加工皮箱,别人休息时,我还在加班。"她和丈夫最大的心愿,就是攒够了钱,回家修一套新房子,因为泥巴和竹篾做的旧房子已经破败不堪,"坐在屋里能看见天。"

但厄运接二连三地落在她头上。先是丈夫脑出血,半身不遂,"半边身体没有知觉,6月天都要穿毛裤。"2008年8月,她也被查出了患有食道癌,在广州的医院做了手术,"一刀花了五六万",把原本用来修房子的钱全花完了。一家五口,包括一个80多岁的婆婆,一下失去了所有的经济来源。"那时小女儿还在上学,我和我老公都干不了活,全家只靠初中还没毕业就辍学的大女儿打点零工过日子。"

从广州回来后,全家在西充县租了房子勉强过活,这一住就是七八年。回忆起那段艰难的日子,姚素琼的眼泪掉了下来:"我们两个都是好强的人,现在干不了活、吃不起饭,连亲戚朋友都不敢见,就像做了什么见不得人的事。"最困难时,夫妻俩曾动过一起自杀的念头,"一分钱都赚不到。走投无路了,真的走投无路!我们两口子相约买瓶安眠药,一起死了算了。"

命运的转机,来自一个电话。

那是2016年年初,打电话的是南部县市场监管局对口帮扶干部余全林。"他告诉我政府在补贴修房子,我不相信。哪有这种好事?"姚素琼说,当时她怎么也不相信,觉得是骗人的。后来,又连续接了几次余全林的电话,姚素琼抱着试试看的态度,从西充回到了纯阳山村。"那天,来了很多人,都是叫我们尽快修房子,国家有补助。我就想,一个人可能是骗我,那么多人不可能都是骗我。就答应了下来。"

总面积82平方米的新房子,只用几个月时间就修好了,"花费6万8千元,我们只出了六千多。"都住进去了,姚素琼还不敢相信这是真的:"以前我们拼死拼活就是为了一个这样的房子,没想到国家的脱贫政策这么好,补助了大部分钱,新房子就建起来了。"

房子有了,但还是没有收入来源。这个时候,姚素琼屋后山顶上,16个大棚建起了,贫困户只要投入5万元,就可以承包一个种植大棚。"我老公不敢,怕做赔了,又要欠账。"但有主见的姚素琼自己偷偷去贷了5万元的款,加入了产业园。"去年卖了第一批蘑菇,赚了1万多,今年总共收入10万元不成问题。"不仅如此,姚素琼还让两个女儿办起了农家乐,她自己在小院里也搞了小养殖。如今的她,脸上一直挂着笑容,"生活好了,心情也好了。"

姚素琼的感激话很多,她能一口气说出很多大大小小干部的名字,从省委书记、市委书记到县委书记,从市场监管局、大堰乡的帮扶干部到县纪委的巡察干部,都能一五一十说清楚,"因为他们都到我家里来过,帮过我很多事情。"

产业扶贫全覆盖

与姚素琼所在的纯阳山村隔湖相望的,叫封坎庙村,南部县纪委常委李翼宏,是这里的第一书记。

封坎庙村靠近西充县,周边全是不高不低的大山,千百年来,居住在这里的村民,走的都是不足半米宽的泥巴路,用村支书代光树的话说:"连摩托车都不能骑。"

但如今,全村5个社之间,全部通了水泥路,把原本孤立的5个社连通起来,也连通了外界,村里的农产品可以远销外地,村民的人均年收入因此翻了几番,从2014年前的人均3000多元,增长到现在的12000元。

水泥路边,一排川北特色的砖房,住的是村里异地搬迁的贫困户。全村19户贫困户都已经完成了异地搬迁,分散在5个居住点,这里只是其中之一。

"现在国家的扶贫政策好,破房子都得到了改造或新建。"代光树说。

在南部县,为了完成旧房、危房、烂房重建改造,让"人人住上安全房",南部县整合项目资金8.4亿元,新建或改造住房25056套,其中90%都通上了水电气。

封坎庙村到乡上的公路两旁,一路过去,排列着7个大型养鸡棚,每个鸡棚一次可以出栏1万多只鸡。每个鸡棚都由几户贫困户入股，年底按股分红。

李翼宏对这些数字很了解："2号棚的鸡昨天刚卖完，8000多只鸡，收入4万多元。2号棚总共有6户贫困户入股，除去各项成本开支，每户可以分红3000多元。一年能够养4批，光这一项收入每户就1万多元。"

在一个鸡棚的外墙上，有一个公示栏：该鸡棚共有8户贫困户入股，仅第一批出栏的鸡卖出后，每户贫困户分红3025元。不仅如此，"给鸡打疫苗，起鸡粪，卖鸡时抓鸡，也优先聘用贫困户，增加他们的务工收入。"李翼宏的账算得精细。

通过引进龙头企业，借助金融扶贫政策，全县已建立了食用菌、蛋鸡、生猪、水果、蔬菜等类别的脱贫奔康产业园198个，实现了贫困村全覆盖、贫困群众全参与的目标。

带着娃娃去扶贫

李翼宏有个同事叫张毅，是南部县纪委党风政风监督室主任。

2014年开始，南部县对全县198个贫困村实行县级部门对口帮扶，每个村派一个帮扶工作组。南部县纪委帮扶两个村，万年镇大埝村是其中之一，张毅是大埝村的工作组成员。

"帮助贫困群众，了解基本情况，制定落实帮扶举措，都是我们的工作内容。"大埝村地处偏远，最大的问题就是基础设施落后，"村里都是碎石路和泥巴路。"张毅说。

工作组争取项目支持和多方筹集资金80万元，给村里修了2.9公里水泥路，维修了灌溉渠道和堰塘，保证了农业灌溉用水。同时，根据村民的不同年龄和文化水平，开展就业培训，帮助推荐就业。

张毅的家在南部县城，他隔天就要下一次村，"有时天天往下跑，太晚了就住在老百姓家里。"但作为儿子、丈夫和爸爸，对于家人，张毅也有难以言说的亏欠。"去年10月，我妈在西安做了个大手术，我只请了三天假，命保住了，就回来继续工作。妈妈出院后，今年每个月都要去成都化疗一次，每次12天。我一次都没有陪她去化疗，因为是脱贫攻坚关键时期，实在不好意思请假。"

很多个周末，张毅不得不带着5岁的女儿下村。"都是因为当时妈妈去成都化疗，妻子有时出差、有时在学校加班，孩子没人带，我只好带着去下村。"张毅相信，带着女儿也不会影响工作，"也让她从小直观感受一些城里无法感受的，比如幸福的来之不易，比如叔叔阿姨的辛苦付出。"

但带着女儿去扶贫，更多的是因为"扶贫工作耽误不得"。

"狗不咬书记"

离大埝村不远的宏观乡土地村，以前是个有名的"四无村"——无村活动室、无村社公路、无集体经济、无人员做事。2015年8月之前，村里有个第一书记，但因为工作不力，需要重新下派一名第一书记。这时，宏观乡纪委专职副书记杨明武主动请缨，下派到了土地村。

"当时没人愿意去，因为这个村的村干部不团结，群众之间关系不和谐。"杨明武今年刚30岁，但他此前做过7年大学生村官，有丰富的农村工作经验，"有信心把这个村的问题解决好。"

但刚到村里时，杨明武还是有些吃惊，"村民都瞧不起我，不相信我能改变这个几十年的烂村。"

杨明武到村里做的第一件事就是走访，每家每户逐一走访，了解情况，找出问题，理清思路。

经过走访，杨明武发现，干群关系紧张的重要原因是村务不公开。

他一方面召开党员会，梳理账目，进行财务公开；另一方面，从改善基础设施入手，修了4.8公里村社公路，架起了一座桥，还建了村活动室。

从2015年8月到2017年7月，近两年的时间里，杨明武除了周末回到家里，吃住全在村上。而工作忙时，更是连家也顾不上回。2017年6月，他的妻子怀孕7个多月，还跑到村里帮他一起整理了十几天的扶贫工作资料。

孩子出生时，杨明武只看了一眼就回到了村里。"时间长了，她也难免有怨气。"杨明武说，有一次凌晨1点多，孩子突然发烧，接到妻子的电话，他连夜开车回家，把孩子送到医院。

但大多数时候，杨明武收获更多的是欣慰。"回到村里，村民很远就打招呼，问我吃了没有。"这样的情况，在他刚到村里时是没有的。

而因为在村里待久了，连村里的狗见了他都不咬，杨明武也因此有了一个外号——狗不咬书记。

纪委书记大会作检讨

纪检干部，终究是执纪问责的铁军，虽有柔情的一面，但更多是保证纪律的执行，有时甚至"刀刃向内"。

在南部扶贫攻坚关键阶段，南部县纪委书记赵平，就将"刀刃"指向自己，第一个站出来公开检讨。

赵平挂联东坝镇，因该镇打鼓山村贫困户孙永德的危房整治不彻底，存在弄虚作假，被巡察组检查发现并在全县通报。有一点值得一提的是：巡察组是纪委牵头，情况通报是赵平亲自签发。

而且，在2017年2月22日晚，南部县"脱贫攻坚警示通报会"上，赵平当着县委县政府、县级各部门、所有乡镇、村的干部共几千人，在视频会深深鞠了一躬，并作深刻检讨："孙永德的危房整治，房子外面看起来很好，可厨房的梁是用一根棍子撑着的，存在严重隐患。

这是工作作风不实、整治不彻底的表现，我作为联系领导，监督指导不到位，负有不可推卸的责任，向大家当面检讨，下来后，我将与东坝镇和帮扶单位在一天内整改到位。"

此时，会场内鸦雀无声，台上台下无不肃然起敬。

事隔9个月后，南部县通过国家验收，退出了贫困县名单。再说起这件事，赵平觉得是对的。"那时，这样的问题，在整个南部县都带有共性、普遍性。我不站出来作检查，就没有说服力。"

南充市副市长、南部县委书记张根生，更是"以上率下"的带头人。他联系的长坪镇，一次现场验靶中，有三个村得了黄牌警告，他就向全县道歉。三个月后的第二次现场验靶，长坪镇得了四面流动红旗。

"永不撤离的督战队"

南部县纪委牵头40个巡察组，一共150人，进驻全县198个贫困村、821个"插花村"。先后制发督促整改通知书2426份、通报反馈问题24238个，为南部脱贫摘帽真正发挥了巡察利剑的作用。

为了确保巡察不走过场、务实有效，县纪委明确：每个巡察组负责1到3个乡镇，从进驻那天起，到国家摘帽那天止，中间不换人，"同功过共命运，共进退同担当。避免出了问题相互推诿扯皮。坚持一个组巡察到底，成为'永不撤离的督战队'。"赵平感慨道，"现在回过头去看，巡察组与乡镇党委捆绑一起，效果很好。"

但一个组在一个地方待久了，熟了，不能打破脸面、大胆开展工作，这怎么办？南部县纪委也想到了：在40个巡察组之外，又单独设置了一个独立的流动巡察组，专门对这40个巡察组，进行再巡察。"一环扣一环，解决'熟人社会'的问题。这一招，也很管用。"

流动巡察组组长马小寒，还兼任了综合组组长。综合组，每天汇总各巡察组情况，然后连夜整理汇总成《巡察快讯》，并保证第二天上班之前，将《巡察快讯》送到33名县级领导的办公桌上。"《巡察快讯》形成了极大的震慑，哪个帮扶单位、哪名驻村组长、哪位第一书记帮扶的村出了什么问题，瞬间，所有的县级领导都会知道。"

"很长一段时间里，每个县级领导上班的第一件事，就是看这个通报，研判有哪些问题。要是自己联系的乡镇被点名了，谁都会紧张、也会马上赶往现场，督促整改。"巡察干部马小寒的女儿在成都读初中，生了病了都只好恳求班主任送到医院去，讲起这些细节，自责之余，也隐约有一些愧疚。

熬夜，熬通宵的夜，是她和巡察团队的常态——从2016年10月到2017年7月底通过"国考"，"国考"是南部县对"国家验收"的一种通称，这个通称里，也隐约包含着一种神圣、一种使命、一种责任，马小寒们只休息了一个端午节。

"国考"过了，马小寒有自己特殊的感慨："人的一生，很多事情可能都会忘记；但有些事情，永远不会忘记。比如扶贫。"

"把脱贫攻坚当作天大的事"

"永远不会忘记扶贫"的还有伍定。

2016年7月5日，伍定履新南充市委常委、市纪委书记。一周后的7月12日，伍定就赶赴脱贫攻坚的仪陇县调研。他实地查看了村委活动室、食用菌种植基地和柑橘产业园基地，详细了解了农村产业培育，以及交通、水利等基础设施建设、农村公共服务等情况。

就是那一次，伍定第一次"亮剑"：全面从严治党永远在路上，监督执纪问责永远在路上。南充的各级纪检监察干部要围绕市委、县委中心工作，开展重点检查、重点督查。"要把脱贫攻坚等作为监督重点，严查项目、资金方面违规、违纪、违法问题，坚持问题导向，细化举措、强化宣传，不断提升群众的知晓率、获得感、满意度，"为脱贫攻坚提供坚强纪律保障。"

8月23日上午，伍定深入南部县部分工业企业、乡镇和县纪委宣教中心、市民生活服务平台调研督导。在河东镇，伍定再次亮剑：南充市各级纪委要保持有腐必反、有贪必肃、有案必查的高压态势，从严管党治吏；支持南部县纪委对脱贫攻坚领域群众反映强烈的微腐败、不作为、慢作为、乱作为，以及违反中央八项规定精神、"四风"反弹等方面的问题严查重处。

10月23日，受市委书记、市委巡察工作领导小组组长宋朝华委托，伍定带队赴嘉陵区、高坪区、仪陇县召开脱贫攻坚专项巡察反馈会。伍定要求，对于脱贫攻坚专项巡察发现的问题，整改要到位，决不能简单为之；整改态度要坚决，整改措施要过硬，整改成效要显现，实行销号管理，坚持标本兼治；查处要到位，决不能姑息迁就，要从严执纪、形成震慑；要进一步做好党风廉政建设社会评价工作，全面提升人民群众满意度。

伍定说，南充市纪委监察局"始终把脱贫攻坚当作天大的事，使出天大的力，尽到天大的责"，围绕服务脱贫攻坚工作大局，充分发挥监督执纪问责职能，动真碰硬，全力护航脱贫攻坚，为打赢脱贫攻坚战贡献纪检力量。

据悉，脱贫攻坚战打响以来，南充市各级纪检监察机关已查处扶贫领域中违纪违规问题102件，组织处理196人，纪律处分181人，有力地推动全市脱贫攻坚工作顺利开展。

"国考"

"国考"是南部县对"国家验收"的一种通称，这个通称里，也隐约包含着一种神圣、一种使命、一种责任。

2017年7月19日—26日，国务院扶贫办，委托中国科学院地理科学与资源研究所，作为第三方机构，组织西南大学，正式对南部县退出国家贫困县进行实地评估检查。

2017年10月27日，四川省政府发文，批准南部县退出贫困县。

2017年11月1日，国务院扶贫办举行脱贫摘帽新闻发布会，介绍了包括南部县在内的28个国贫县摘帽情况。

"国考"评估组是怎样工作的？ 评估环境"零干扰"

评估组每天晚上11点多，才告诉第二天评估的样本乡镇。评估组成员早上8点出发，通过DPS导航直接到达样本村，到村后不能有一个干部尾随，不能有一辆无关车辆滞留，村级向导员只能在距受访农户100米外等候。入户之后，先看身份证，再看户口簿，信息相吻合的才留下来；如果不吻合，就要查这个人的身份；如果这个人是干部，就视为干扰评估，情节严重的报告国务院扶贫办、终止评估，并从严追责。

评估手段"现代化"

入户调查全程纪实，对样本户进行卫星定位，对其谈话过程全程录音录像取证。评估组到户之后先看房子，然后看厨房、厕所、卧室、粮仓、衣柜等。到村到户后使用卫星遥感器查看2014年以前的情况，对比现在的变化情况，把脱贫成效查得一清二楚。

延伸阅读 南部县脱贫摘帽引发全国关注

南部县地处川东北、嘉陵江中游，面积2229平方公里，总人口131万，曾是国家扶贫开发重点县和川陕革命老区。2014年，全县有建档立卡贫困村198个，贫困人口32734户103273人。

脱贫攻坚工作启动之后，南部县紧紧围绕"六个精准""五个一批"，以钉钉子的精神补齐贫困村"一低五有"短板，以"绣花"的工夫解决贫困户"两不愁、三保障"难题。截至去年年底，全县实现了146个贫困村出列，29911户95453名贫困人口脱贫，贫困发生率降至0.7%以下。脱贫摘帽村全部达到"一低五有"标准，脱贫人口全部达到"两不愁、三保障"和"一超六有"标准。

2017年11月1日，国务院扶贫办举行脱贫摘帽新闻发布会，介绍了包括南部县在内的28个国贫县摘帽情况。南部因人口众多，绝大多数评估指标排在全省乃至全国前列引起广泛关注。《人民日报》、中央电视台、《中国扶贫》杂志以及四川电视台等多家主流媒体对该县脱贫摘帽成效和经验进行了报道。

（1月4日2版、3版 华西都市报记者 曹笑、董兴生）

央视一套：亲水南部　无鱼不成宴（视频截图）

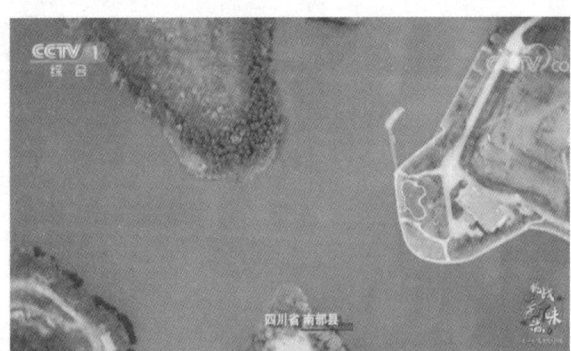

1月1日跨年夜中央电视台一套，时长：50分钟

凤凰卫视：摘帽了——中国扶贫纪实（视频截图）

3月14日晚《凤凰大视野》，时长：30分钟

东方卫视：四川南部县产业就业两手抓　以长促短摘"穷帽"（视频截图）

3月13日晚《东方卫视》，时长：4分钟

乡村土菜鼓起农民腰包

在四川省南充市南部县,有一个大型的人工湖——升钟湖。湖水烟波浩渺,小岛星罗棋布,民居古色古香,是当地观光旅游的热门目的地。

好生态带来好发展。近年来,这里的农家乐搞得如火如荼,农民吃上了"旅游饭"。升水镇临江坪村的老宋就是其中之一。老宋一身农家汉子打扮,在自家后厨忙前忙后,他说:"游客要吃'特色',除了湖里的草鱼、鲢鱼,我正做的这道菜就是我们的招牌菜卧龙鲊(zhǎ)。到了我们这里不吃这道菜,可是一大憾事。"

老宋把一块五花肉洗净,切成巴掌大、手掌厚的肉片,放进不锈钢盆子里。接下来再把生姜、葱、蒜等剁成细末放入盆内,打碎鸡蛋,涂抹到肉片

乡村宴席上,村民在制作卧龙鲊

上。将玉米、大米炒熟后,磨成粉均匀地涂抹在肉片上,再将肉片放进蒸笼,用武火蒸起来,卧龙鲊的香味随之悠悠地飘散出来。

过四五十分钟,经过"三蒸三晾",老宋关掉火,左右手各垫一条毛巾,迅速将蒸笼盖揭开,黄澄澄、香喷喷的卧龙鲊出笼了。夹一块尝一尝,柔柔的,软软的,油而不腻,口齿凝香,那叫一个爽。

卧龙鲊的主料是五花肉,可吃起来一点也感觉不到肥腻,究竟是什么原因呢?老宋将整个蒸笼搬到别处,谜底因此揭开:只见蒸笼下的开水表面飘浮着一层油花。

说起卧龙鲊,老宋来了精神。他说,卧龙鲊是将五花肉在蒸笼上蒸熟的,"笼"与"龙"同音。升钟水库地处三国时期蜀国所在地,相传诸葛亮常用此菜犒赏大军,诸葛亮又称卧龙先生,故而得名。当地百姓办宴席,压轴硬菜一定是卧龙鲊,乡村宴席上,8块卧龙鲊放在盘子里,中间插一根筷子以免掉地。跑堂的师傅端出它时,热气腾腾,香气四溢。食客准会伸长脖子,瞪着眼睛,生怕谁把自己的那一份抢了。食客从肉片的大小,就能推断出主人的热情程度。

据介绍,升钟湖景区日接待能力达5000人以上,已经形成集休闲垂钓、观光旅游、餐饮于一体的产业体系。老宋说,没想到这道菜从一家一户的小饭桌端上了饭店的大饭桌,有的饭店还要提前预订。土菜焕发了新生命,让越来越多村民的腰包鼓起来。

(5月13日11版倒头条 人民日报 通讯员张枥)

李鸣珂：隐蔽战线的英雄

在四川省南部县城隔嘉陵江相望的火峰山上，万绿丛中一点红，矗立着一座红色石雕，那就是烈士李鸣珂的塑像。

李鸣珂，1899年出生于南部县安坝乡（今河东镇）白云村龙王沱。1919年考入四川省高等蚕业学校，参加进步学生运动。毕业后回南部县任实业所所长。他同进步青年一起组织青年义勇团，发动和组织群众同贪官污吏、土豪劣绅做斗争。1924年参加川军。1925年到广州入熊克武创办的建国联军军事学校学习，同年加入中国共产党，并转入黄埔军校第四期步兵科学习，参加中国青年军人联合会。1926年秋毕业后，任国民革命军第11军24师教导大队中队长。

1927年5月，李鸣珂参加粉碎夏斗寅叛乱的作战。同年8月参加南昌起义，任中共前敌委员会警卫营营长，担负警卫周恩来、叶挺等领导人的安全，保护文件档案，押运缴获的武器和现金，协助政治保卫处惩治反革命分子等任务。起义部队南下后随周恩来、贺龙等绕道香港到上海，在中共中央军事部和中央特科工作。他同黄云桥假扮成夫妻，以三洋经济川裕公司负责人的公开身份，机警地同敌人周旋，保卫中央机关的安全。

1927年至1928年间，中共四川省委遭到严重破坏。为加强四川的领导，中共中央决定派李鸣珂到四川，任中共四川省委委员兼军委书记。

1928年的夏天，李鸣珂抵达重庆，立即着手组织建立秘密工作交通网。他把妻子和兄妹从家乡接到重庆，组成党的交通联络站。同时，李鸣珂大力开展在川军中的兵运工作。先后发动和领导了川东起义、蓬溪起义和涪陵罗云坝起义，组建中国工农红军川东游击军第2路，李鸣珂任中共前委书记。

1930年4月18日，在奉命即将赴洪湖区就任红6军军长前夕，李鸣珂亲自执行惩处叛徒易觉先的任务，在行动中不幸被捕。19日在重庆朝天门英勇就义，年仅31岁。

李鸣珂留下的数封遗书感人至深。他要妻子"好好教育孩子，准备给我复仇……你今后唯有革命"；劝告同志们："切莫为我空悲痛，愿对准我们的敌人猛攻！猛攻！"

如今，可以告慰李鸣珂烈士的是，曾经贫穷落后的家乡旧貌换新颜，老百姓的生活越过越好，河东镇成了南部县规划的科技工业园区，蒸蒸日上，日新月异。

（6月26日6版 人民日报 吴文诩）

乡贤王新：用影片记录川北乡愁

《川北旧事》摄制组在拍摄大坪剪纸

近段时间，由四川省南部县玉镇乡正觉寺村村民王新组织拍摄的川北民间传统文化纪录片《川北旧事》引起了广泛关注。一些人纳闷，他为什么要拍这纪录片，记录几十年前的那些"旧事"呢？

今年50岁的王新外出打工多年，如今已经奋斗成为成功人士，但他认为自己永远都是玉镇乡正觉寺村村民。为了丰富乡亲们的文化生活和引导他们节日期间远离赌博，从1997年起，他陆续出资筹办了16届乡村"春晚"。同时，他还出资修建了舞台、老年文化活动中心，举办了两届微电影节，而且，把正觉寺村建设成了一个AA级景区。

2016年春节，王新从江苏昆山赶回南部县老家过年。他发现，过去春节期间表演的花灯、地灯、皮影、狮舞、傩戏等几乎绝迹，人们喜欢贴的窗花、墙花、灯花等剪纸，传统的榨油、戽水、磨面等生产劳作场景很难见到，流传在民间的山歌、劳动号子等也差不多成了绝响。在王新眼里，这些属于"旧事"的东西，如今都正在慢慢消失。他一边怅然若失，一边觉得自己有义务挖掘、整理、保护它们，让人们怀旧时有所依托，浓浓乡愁有所依附；让人们更加珍惜今天幸福、美好的生活。

如何让这些旧事原生态地展现出来？曾经做过电影放映员的王新决定拍摄纪录片。2016年6月，他出资组建了一个摄制组，首先聚焦具有南部县地方特色的剪纸、花灯、地灯戏、傩戏等非物质文化遗产。拥有100多年历史的店垭花灯如今会表演的人越来越少，愿意拜师学艺的人更是凤毛麟角，正面临失传困境。78岁的第7代传人贾群昌，得知王新要来拍摄花灯非常感激，像过节一样提前做了准备，还发动其他人广泛参与。年逾五旬的村民马秋花不仅作为群众演员义务参与拍摄工作，还免费为拍摄人员提供食宿。

不少人都支持王新，让他感到很欣慰，但也有一些让他感到难过的事。被称为戏剧活化石的杜家班傩戏已经告别舞台多年，第7代传人杜南楼也已经去世，这给王新的拍摄工作带来了困难。然而，王新和他的团队经过多方收集资料和走访了多人，最终克服困难，重现了傩戏当年的风采。还有就是戽水这种劳动方式已经"进了农耕文化博物馆"，现在不要说编戽水兜，就连会使用这一工具的人都少了。为了展现这一劳动场景，王新花钱四处搜寻，最后总算买到了一个有些破的戽水兜。他们请来一帮老农到稻田边操作，再现了山区农民戽水抗旱的情景。

王新说："我们计划用 3 年时间拍摄 30 集川北旧事。"他表示，川北旧事包括人文、地理、故事、传说、民风、民俗、戏曲、山歌、劳动号子、传统劳动工具和劳动过程等。纪录片每集时长约为 8 分钟，几乎每一分钟都可以勾起人们对往事的回忆，每一集都饱含着浓浓的乡愁。他觉得，川北旧事不仅仅是南部县的旧事，还包括整个川东北具有代表性的旧事。

目前，王新和他的团队已经完成了《地灯戏》《店垭花灯》等 10 集的拍摄，并将第一集《大坪剪纸》上传至网络，点击数量已经突破 5 万。网友关注《川北旧事》的同时，评论说："《川北旧事》将散落在川北民间的艺术珍品进行有效打捞，将散发着川北浓郁乡土气息的民间文化精品进行积极传播，这既是一种文化自信豪情的流露，更是一种利在当代，功在千秋的家乡建设的浩然宏业。"还有网友期待这部纪录片能"反映更多过去的我们，不忘初心，记住乡愁。"

（5 月 15 日 7 版头条　农民日报　张枥文/图）

乡村振兴产业先行　南部县药材基地春耕繁忙

2017 年，南部县刚作为全国第一批"脱贫摘帽"的贫困县，开春后，在深入贯彻党的十九大精神，大力实施乡村振兴战略时，南部县坚持以产业兴旺为重点，奋力建设"实力乡村"。

早在年初，南部县委深入研究并出台了"关于全面深入贯彻落实党的十九大精神，大力实施乡村振兴战略，加快推进亲水南部建设的决定"，制定出了战略目标、实践路径和推进措施，明确提出了要立足产业兴旺，做大做强亲水产业。

据介绍，南部县坚持以"推进绿色发展，建设亲水南部"为统揽，紧紧围绕"农业增效、农民增收、农村增绿"目标，通过大力提升传统产业，培育特色产业，推进产业融合，转变农业发展方式，不断推动传统农业向现代农业跨越发展。

还有，南部县把产业作为发展农业经济的第一要务，按照"村有当家产业"发展思路，因地制宜规划发展水果、中药材、蚕桑、水产、畜禽等优势特色产业园，以产业园示范引领、辐射带动全县优势产业规模发展、特色发展。在发展建设产业园时，不断探索创新发展机制。

另外，南部县按照"村村建园、户户入园、龙头带动、财政奖补"的思路，创新建立龙头企业 + 专合组织 + 农民群众 + 金融 + 保险"五方联盟"机制，让农户与优势市场主体、金融和保险机构联结起来，采取龙头企业带动、合作社领办、农户入股、金融贷款支持、保险公司跟进的方式，在全县因地制宜发展产业园，带动农户增收致富。

值得一提的是，按照"投入不变、渠道不乱、有效整合"的原则，整合农业、水利、国土、交通等涉农资金，统筹推动产业发展和产业园建设。去年，南部县整合涉农项目资金 5.5 亿元，建设产业园 256 个。同时，成立现代农业专题招商小组，围绕产业链条延伸、产业园区经营等，采取驻点招商、以商招商等方式，积极招引懂技术、懂管理、有资金、有市场、有实力的龙头企业、返乡创业人员,合作共建共管产业园,推动产业园不断发展壮大。

(人民网4月4日 朱虹)

叙永县委书记陈景强率队赴南部县考察交流脱贫攻坚

6月13日至15日,四川省叙永县委书记陈景强率队赴南部县考察交流脱贫攻坚工作。县委副书记曹阳、郑勇,县领导周之平、袁维荣、叶继东、苏丹等参加考察。

考察期间,两地举办了脱贫攻坚工作座谈会,围绕脱贫攻坚工作成效、存在的问题、探求解决具体问题的方式方法进行了深入交流。南部县委副书记朱仕友介绍了南部县脱贫攻坚情况。他介绍说,国家第三方评估纪律之严、要求之高、范围之宽、样本之全、方法之活前所未有,脱贫摘帽没有任何经验可循、没有任何模式可鉴、没有任何捷径可走,只有以争分夺秒的"拼抢精神"、挑战极限的"拼命精神"、不胜不休的"拼搏精神"和万众一心的"拼合精神",干群一心、众志成城,坚定信心、笃定决心、保持恒心,全县上下一起干,用脚步丈量小康距离,用行动拉齐小康短板,才能打赢脱贫摘帽、致富奔康这场硬仗。

陈景强对南部县毫无保留地分享脱贫攻坚经验表示感谢。陈景强指出,南部县在脱贫攻坚工作上思路明晰、措施精准、工作有力,创新了大批工作机制,创造出许多先进经验,值得学习和借鉴,叙永将把南部县脱贫摘帽好的经验、方法、做法,特别是决战贫困的精神和毅力,带回叙永,吸收消化,结合县情实际,融合好、融入好,以坚定的决心和信心打好打胜脱贫攻坚硬仗。

考察期间,陈景强一行还参观了南部县脱贫攻坚作战室,并在会后前往东坝镇打鼓山村村委会、东坝镇脱贫奔康(柑橘)产业园、八尔湖镇纯阳山村脱贫奔康(食用菌)产业园以及贫困户姚素琼家进行实地考察。详细了解项目规模、发展机制、资金来源、带动贫困户致富模式等情况,围绕脱贫帮扶中面临的困难与问题进行了交流取经。

在南部县脱贫攻坚作战室,一张张醒目的作战挂图展示脱贫攻坚最新成果。脱贫攻坚以来,南部县建成集信息汇总、调度指挥、视频监控和战况速递于一体的脱贫摘帽作战指挥平台,实现了脱贫攻坚工作的精准调度、精准发力、精准监管。考察团人员一边听一边看,认真翻阅相关档案资料,深入了解脱贫攻坚推进工作机制。

而在东坝镇打鼓山村村委会、东坝镇脱贫奔康(柑橘)产业园以及八尔湖镇纯阳山村脱贫奔康(食用菌)产业园,考察团一行认真听取当地镇村负责人介绍经验和做法,详细了解精准扶贫、产业发展等工作开展情况。据了解,为让贫困群众尽快过上好日子,南部县建立龙头企业+专合组织+农民群众+金融机构+保险公司"五方联盟机制",助力群众当前增收、长期受益、稳定脱贫。按照"金融跟着穷人走、穷人跟着能人走、能人跟着龙头走、龙头跟着市场走"的方式,使产业园与贫困群众有机结合,让有劳动能力的贫困群众从事种养殖，无劳动能力的贫困群众入股分红，有效解决了贫困群众产业缺资金、生产缺技术、致富缺动力的"短板"问题。

来到贫困群众姚素琼家中，考察团一行详细了解房屋规划、功能布局、质量监管等方面情况，并就"如何搬得来、住得好"等问题进行了详细交流。据悉，南部县按照统规自建、统规联建、统规统建三种方式，扎实推进"五改三建"和易地扶贫搬迁。坚持制度先行、机制先建，严守补助资金、自筹资金"两条底线"和"四不补助"原则，将房屋质量摆在优先位置，优化功能布局和基础配套，使生活用房、生产用房等一应俱全，确保在规定面积内最大限度满足群众需求。

（人民网6月19日 李欣）

四川南部县：夜晚的八尔湖畔 流光溢彩

八尔湖畔夜景　　　　　　　　敬松摄

南部县重点打造的八尔湖旅游景区，占地500亩，由八尔湖酒店、音乐喷泉、文化广场等项目组成，集观光、休闲、游乐、购物等多项功能于一体。2017年10月投运以来，吸引了大量游客。图为5月31日晚，在南部县大堰乡八尔湖畔，绚丽的水幕上一轮明月升起，流光溢彩。

（人民网5月3日电　敬松摄）

南充市南部县满福大道及配套路网工程项目开工

5月26日，中国五冶集团南充市南部县满福大道及配套路网工程项目正式开工。

据悉，该项目新建道路17条，道路总长10872米，工程内容包含道路工程、桥涵工程、管线工程（雨水、污水、给水、电力、电信、照明）、交通工程、绿化景观工程，建设工期180日历天。

该项目是南充市政府必保项目，也是南充市市政建设工程规划的先遣项目，对南充市和南部县的基础设施建设、社会经济发展具有重要意义。

（人民网5月3日电　陆颖玻）

中药种植+康养旅游 改变山乡旧面貌

南部县兴盛乡柏垭观、敬家湾等村的部分土地曾撂荒严重，杂草丛生，如今一块块种有中药材的土地纵横交错犹如锦缎铺在地上，一幢幢整洁漂亮的民居焕然一新。这些地方在短短的5个月时间里何以发生这么大的变化呢？

山村面貌大改变

4月3日上午，笔者在兴盛乡柏垭观村的中药材种植基地看到，种植的白芨、牡丹等中药材幼苗已经长出一片片嫩绿的新叶。

"我们共种了10余种中药材，长势都很好。"翱宇农业公司总经理杨正合说，这些中药材是2018年11月初在柏垭观村首批流转的500亩土地种植的，为了充分利用土地，达到取长补短的效果，他们还将各具特性的中药材套种在一起。该公司还将利用西河及沿岸优美的自然风光投资修建人工内河、天然浴场等游乐设施，和当地群众共同打造一流的康养旅游基地，在发展中药材产业的同时吸引更多的游客前来观光旅游。

看到村子面貌发生了翻天覆地的变化，村民李开兴最近也开始着手重新粉刷墙体、添置新家具，并在房前屋后种上了银杏、桂花等景观树。"有那么优美的环境，又有龙头企业带动，我们肯定能够借机吃上'旅游饭'。"李开兴说，他将利用自家二层楼的小洋房开办个性化的农家乐，为家里开辟一条新的致富路。

干群齐心谋发展

回想起5个月时间以来当地干部群众对自己工作的支持，杨正合感慨颇多。

2017年11月，在省中医药管理局的介绍下，杨正合一行来到柏垭观村考察、洽谈流转土地种植中药材的相关事宜。当地干部群众很快将该村500亩土地流转出来，特别是在协调紧邻西河的一片已经流转给某业主的种有少量树木的荒滩时，当地干群更发扬了牺牲局部利益顾全大局的风格。"当时，为了解除以前流转这片土地的合同，几名群众代表不仅在一周之内与村干部一起和原业主先后协商了5次，还自发集资7.5万元从原业主那里收回了土地的经营使用权，并

村民在药材基地务工

将这片土地交付给农业公司统一打造,为我们解决了大麻烦。"柏垭观村党支部书记韩久仁对乡亲们的付出感动不已。

"只要能够将我们这里打造得漂漂亮亮,让大家都过上好日子,我们出点钱又算什么!"今年 80 岁的张国英老人是参与自发筹资帮助村里和原业主解除土地流转合同的村民之一,她不仅将自己平时积攒下来的 1000 元交给村委会,还动员所有家庭成员拿出 2.6 万元支付赔偿金。

"我们能够选择在这里投资创业,看中的不仅仅是这里优美的自然环境和便捷的交通,更重要的是当地干部群众对我们的支持。"杨正合说,为了感谢乡亲们的支持,他们还将继续加大投入,和当地干部群众一起创业发展。

就近就业助增收

下午 1 时许,当笔者来到兴盛乡敬家湾村时,60 余名村民正在一块面积约为 70 余亩的旱地里打窝、插种和填土,忙得不亦乐乎。

"真没想到,我们都这么大的年纪了,还能够在家门口挣工资,活儿不累,工资却不少。"该村 2017 年年脱贫的村民李开德说,农业公司到该村连片种植中药材时,他便和年近 7 旬的老伴一起在中药材种植基地打工,两位老人每个月务工的收入达到 3000 元,加上 1 亩土地的流转费,今年他们的收入可达 3 万元。

"中药材种植是一项劳动密集型产业,需要大量劳动力。"杨正合说,基地平均每天的用工量都在 100 人左右,每个月人工工资支出达到 24 万元,由于大力推行机械化作业,人工从事的均为轻体力劳动,为当地不能外出务工的中老年人和妇女提供了大量的就业机会。"等到以后康养中心和村民自建的农家乐投入运行后,我们这里不仅风景会变得更加美丽,群众的生活也会发生翻天覆地的变化。"谈到连片种植中药材和打造休闲康养中心给当地带来的变化时,兴盛乡党委书记向秋云高兴地说。

(4 月 11 日 3 版 四川日报)

代夫尽孝 好媳妇用爱撑起完整的家

南部县兴盛乡柏垭观村村民高林树在丈夫去世后,一如既往地照顾公婆,抚养孩子,撑起了一个完整的家,得到了公婆和邻居的赞扬。3 月 27 日,笔者来到高林树家中,倾听了她的故事。

丈夫去世重担压身

1995年,20岁出头的高林树与兴盛乡柏垭观村李志银结婚。婚后,夫妻俩耕种几亩庄稼,还办起了家庭养殖场,日子过得红红火火。"那时候,通过饲养肉鸡,每年我们至少可以收入上万元。"回想起年轻时的幸福生活,高林树感慨不已。

2005年,高林树夫妇带着积蓄和向亲友借来的钱到广州租铺面做起了百货生意,他们将不到10岁的儿子留在家中由公婆照看。不到1年时间,夫妻俩在广州的生意逐渐步入正轨,不仅还清了所有的外债,还有了一笔可观的盈余。

"原以为日子就会这么顺风顺水地过下去,哪知道世事却不遂人愿。"高林树说,2006年4月的一天,身体一直很好的丈夫突然出现肚子剧烈疼痛的现象,到医院检查后被确诊患上了肝癌。2年时间内,高林树花光了家中的积蓄仍没能挽留住丈夫的生命。弥留之际,丈夫留下了一句"照顾好爸妈和孩子,别让这个家散了"的嘱托。

信守承诺支撑家庭

由于要照顾老人和孩子,高林树不能外出务工,她忙里忙外,日子过得异常艰辛,一个人苦苦地支撑着家。

2009年冬天,经人介绍,高林树和何友强认识并准备组建家庭。

"我有公婆和孩子要照顾,婚后我们还要继续和他们住在一起并照顾好他们,这是我的承诺,必须遵守。"在谈婚论嫁的时候,高林树将继续留在家中照顾公婆和孩子作为结婚的唯一条件提出来。同样淳朴忠厚的何友强被她的善良和真诚打动,同意和她一起承担起照顾家庭的责任。

婚后,为了改善家庭的经济状况,高林树让丈夫照顾公婆和孩子,自己则到新疆的建筑工地上打工,尽管每天都是10小时以上高强度的劳动,但身体柔弱的高林树却从来没有在任何人面前说一声苦和累,即便多种慢性疾病缠身,她也没有产生过放弃的念头,"既然是承诺,就算再苦再难,也要坚持下去,何况他们都是我的亲人。"

公公患病代夫尽孝

"爸,我不在家的这几天时间,您可一定要按时吃药,注意饮食。"当笔者来到高林树家中时,因为腰椎间盘突出压迫神经导致腿疼而在县城医院住院治疗的高林树不顾自己的伤痛,回到家中看望公公李天文,并给他带回了一些药物。

"真是多亏了这个好儿媳妇,要不是她,我们这个家不知道会变成啥样哟。"回想这些年儿媳妇对这个家的付出,特别是自己被查出患胃癌这1年多时间来高林树对他无微不至的照料时,李天文感动不已。

2017年3月初,刚和丈夫一起到新疆上班的高林树突然接到了公公李天文被查出患胃癌的消息。尽管上班还不到一周时间,高林树还是赶回家中将公公送到成都、南充等地进行治疗。

看到公公的身体状况在自己的精心照料下逐渐好转,精神状态也非常好时,高林树开心不已。而对于自己身上的伤痛,她却满不在乎,"只要老人和孩子们健健康康,平平安安,我就是苦点累点也没啥。"

"都说久病床前无孝子,而咱儿媳妇却比孝子还要孝顺我们。"对于儿媳妇高林树这些年对家里的付出,李天文看在眼里,记在心里。

(4月11日6版 四川日报王林均、高林阳 特约通讯员张枥)

一桌日记簿记下半个世纪林业史

2017年是天然林资源保护工程实施20周年,植树节期间,省林业厅收到南部县小元乡退休林业站站长李明怀的一封信,希望将40多年植树造林的图片、文件等历史资料赠予厅里保存留念。

3月28日,记者带着林业厅的回信来到李明怀家中,翻看一桌子的巡山工作日记、征收育林基金时的收据、退耕还林粮食补贴的造册登记表……它们见证了40多年来绿化全川的每一阶段的历史。

山头剃光头 买种苗要立军令状

20世纪六七十年代,大炼钢铁以及各种基建消耗大量木材,南部县的山头被剃了光头。"山是红的、水是黄的",裸露的岩石露出狰狞的样子,村民连烧火做饭都没有柴火,草根都被挖光。

后来,国家号召全民植树,在一没项目二没资金的情况下,村民积极性仍然高涨。林地因为厚厚的落叶腐烂后形成有机质丰富的腐殖土,村民扒这些土来为田地施肥,俗称"砍坡"。植树的重要性可见一斑。

但当时种苗繁育跟不上,每个乡只分到二三十斤种子。李明怀正是在这时,成为乡里的林业员。心急之下,他跑去升钟湖边挖了巴茅回来;然而,草本科的巴茅一岁一枯荣,根本不济事;他又远赴剑阁县挖青杠树苗,但终究不是长久之计。

为了获得南充农科所的种苗,李明怀写信给当时的地委领导,并立下了军令状。当时桤木、柏木混交的营造模式为林业专家所推广,但刚开始桤木常因立地条件差而死亡。为了保证成活率，李明怀投入了全部心血，几年后，地委书记康咸熙前来验收，看到树苗长势喜人，破例为他颁发了奖状。

20世纪80年代，南部县进入造林高峰。1989年，四川更是启动了长江防护林建设，每年春季3—4月，秋季9—10月，都是成百上千的人一起涌上山头植树。为造气氛，李明怀还邀请民间艺人穿起戏服给村民表演。"当时不用给演出费，男艺人给烟，女艺人给糖就可以了。"

植树抚育管护　林业站长一肩挑

随着植树进入高峰，林业建设也有了长足发展。每个村都有村集体林场，每个林场可以吸纳10多个村民负责生产管护，还能利用林地搞些畜禽养殖。李明怀作为总负责人，工作变得琐碎，林场员工的婚丧嫁娶、立传刻碑都要考虑到。1987年，集体林场解散，只保留国有林场，李明怀有些遗憾，但也只能顺应改革方向。

工作低潮也会不期而遇。曾有一度，分管林业的副乡长不重视绿化造林，李明怀几次汇报工作，甚至追到厕所里报告，却不见下文，他便向上级反映了工作受阻的情况。1984年该副乡长调离，新任的一上来就提供了造林期间午饭补贴——3个馒头，这在当时已经是相当不错的待遇了。

1998年，四川启动天然林保护，防火防盗成为重中之重。为了加大宣传力度，在春节前后，广播他的打油诗：《给植树者拜年》《给偷树者拜年》，以轻松幽默的语调鼓励、肯定植树村民的贡献，警示盗砍盗伐者。

在全民重视、全民参与的氛围下，李明怀在职期间，小元乡还创造了30年未发生森林火灾的纪录。

村民有承诺"养转转牛一样养你"

1999年四川试点退耕还林，2000年正式启动，前两年是以稻谷、小麦、玉米等粮食来补偿农户。工程实施之初，一些乡镇个别干部利用村民不懂政策的漏洞，从中克扣。李明怀见状，给乡长写了苦口婆心的警示诗，要求按实际丈量的土地面积，为农户及时兑现粮食及钱款。李明怀至今还完整保留着厚厚一沓原始统计表，村民每人一个红色签名章，领取粮食后印上自己的名字。

一直以来，小元乡没有因为各项补贴未及时发放而闹矛盾，这在基层实属难得。南部县造林股股长赵全勇评价道，如今四川再次启动新一轮退耕还林，补贴款早已以"一卡通"的形式实现现金到户，但李明怀的花名册仍然见证着四川农民为生态保护所作出的贡献。

2010年开始，南部县发展杨树作为工业原料林。当地冬季的温度不足以冻死病虫，一度导致虫害泛滥。李明怀在给树木打药时，不慎中毒昏迷，被辗转送往南充、成都等几家医院,才被治愈康复。早年,李明怀在一次林业巡查中,突患急性格林巴利综合征,四肢瘫痪,但他身体稍有恢复又第一时间重返工作岗位。从当初的荒山,到如今58%森林覆盖率的青山,从保持水土为主到生态林、民生经济林两手抓,从重数量到重质量,从单一的林木产业到农旅康养等复合型产业……李明怀见证了四川林业的蜕变发展,虽然辛苦,但心里却有满满的幸福感。

2012年李明怀正式退休,在最后一篇工作日记中他写道:"黄昏时刻的树影拖得再长也离不开树。"闲不住的他每半年更新一次宣传海报,为村民普及最新的造林绿化政策。2017年,年近70岁的李明怀再次因脑溢血而住院,子女暂且无力赡养。村民对他说,你为乡里做了好事,以后没人照顾你的话,村民就像喂"转转牛"一样,每家每户轮流照顾你。这大概就是对一个基层公务人员最大的褒奖。

(4月11日7版 四川日报 吴平)

爱心人士资助肢残人士踏青赏春

近日,南部县肢残协会携手社会爱心人士举办了"真爱无疆,春使导航,陪残助游八尔湖"爱心活动,帮助该县50余名肢残人士走进八尔湖踏青赏春。

"能走出家门看看春色,算得上是一件美事。"大桥镇肢体残疾人赵小英说,十几年前,她因病致残,丧失了行走的能力,在爱心人士的帮助下她开始走出户外,感受到了春的气息,心里特别愉快。

"这次活动得到了很多肢残朋友的响应,也圆了他们春季外出踏青的心愿。"该县肢残协会主席帅市龙说,他们组织残疾人春游的活动已经坚持4年了。每年春天,协会都会选择一到两处县城及周边的景点,带着残疾人朋友前往踏青。

据了解,近年来,该县大力推动辖区内社区康复服务的发展,在县城及乡村试点创建残疾人社区康复点6个,为残疾人提供基本辅助器具设备及运动康复、心理康复、娱乐康复等服务,以及针灸、理疗、推拿等中医辅助康复服务,帮助残疾人在家门口进行免费的康复训练。今年,该县将整合项目资金300万元,用于该县500户建档立卡贫困重度残疾人家庭实施无障碍改造,并针对改造对象家庭的不同情况,进行方便适用、功能多样、安全可靠的改造,改善残疾人参与社会生活的条件。

(4月12日6版 四川日报 白刚 特约通讯员 张枥)

直升飞机灭虫害

4月18日,一架直升机从南部县火峰乡满福坝村起飞,前往县城灵云山公园灭杀蜀柏毒蛾。

据监测情况分析,南部县部分乡镇、街道蜀柏毒蛾可能呈现暴发趋势,将严重威胁着森林资源和生态环境安全。为有效治理病虫害,南部县对蜀柏毒蛾越冬代发生较严重的柏木林约4.8万亩全部实行飞机施药防治。

(4月19日2版 四川日报 白刚 特约通讯员 张枥 摄)

身残志坚 一样能创造幸福生活

南部县升钟镇柏树垭村残疾人敬成伟尽管历经生活磨难,却始终笑对生活,凭借"不服输"的斗志和多年来的辛勤劳动,和同样残疾的妻子一起,不仅摆脱了贫困,还过上了幸福快乐的好日子。

"身体残疾算得了什么"

敬成伟因患小儿麻痹征造成严重的肢体残疾,30多岁时才经人介绍和同样先天残疾的妻子敬翠华组成了家庭。"因为身体原因,又没有一技之长,我们只能在家中守着几亩薄田过日子。"婚后,尽管他们起早贪黑地耕耘着自家的庄稼,但日子始终过得紧巴巴的,一直挣扎在贫困线上。

2000年12月,他们的女儿来到世上。"这本来是一件幸福的事,可我却高兴不起来。"敬成伟说,家里添一个人就意味着多了一笔不小的开销。

"别人都能过上好日子,我为什么不能,身体残疾又算得了什么?"面对生活的重担,自幼性格倔强的敬成伟心中那股不服输的劲头涌了上来:每天起早贪黑照料庄稼,扩大猪、鸡、鸭等家畜家禽的养殖规模。

10多年来,尽管敬成伟夫妇拼尽全力,可贫困的生活却并没有多少改观。让他们欣慰的是,女儿不仅乖巧懂事,学习成绩也一直都很好。

"人活着就是要有志气"

2015年7月，女儿初中毕业考上高中，让敬成伟一家人看到了希望。夫妇俩在高兴的同时，也陷入了深深地焦虑之中，"一年几千元的学费，每个月几百元的生活费，我们哪里凑得齐啊！"

"就算砸锅卖铁我们也要让你上学！"当懂事的女儿提出要放弃上学机会外出打工时，一向和蔼的敬成伟对女儿发起了脾气。临近开学的日子，敬成伟才通过东拼西借和省吃俭用为女儿筹齐了第一学期的学费和第一个月的生活费。

当年12月，敬成伟一家在精准识别"回头看"的过程中被评定为建档立卡贫困户。随后，敬成伟夫妇二人不仅享受到了低保政策，住上了维修整治后的安全住房，女儿也享受到了减免学杂费的政策，申请到了贫困学生助学金。

"人活着就是要有志气！党的政策已经那么好了，我们有啥理由自己不努力？"当帮扶单位南部县园林局为他家制定帮扶措施时，敬成伟便结合自己喜欢捣鼓农业机械的特长，选择了农机维修技能培训，妻子敬翠华也在帮扶单位的帮助下，利用逢场天在升钟、皂角等场镇摆摊设点贩卖日常用品。

"辛勤劳动创造幸福生活"

5月11日，正值农村抢种抢收的繁忙时节。当天清晨，尽管天空飘落着零星小雨，年近5旬的敬成伟还是骑着他的三轮车，准时来到位于升钟镇正街的农机维修部。

"这段时间正是大家使用农机农具最多的时候，也是农机最容易坏的时候，我得加班加点做完手上的活儿，免得耽误了大家'双抢'。"拆卸、检查、维修，一打开门市部，敬成伟便投入到紧张而忙碌的工作中。

"每个月都能挣1500元。"敬成伟告诉笔者，这家农机维修店是堂哥开设的。2016年6月，在通过培训掌握了农机维修技能后，他被聘到这里上班，对于现在的这项工作，他感到很满意。

2017年11月，为了方便自己上班，也为了方便接送妻子摆摊设点，敬成伟购买了一辆三轮车。

"上班和做生意都是在家门口，我们还有很多空闲的时间。"敬成伟说，在上班和做小买卖的同时，他和妻子还种了两亩多庄稼，饲养了母猪、鸡等。

据敬成伟介绍，通过务工、搞种植、养殖和做小买卖，2017年，他家以人均5000元的纯收入顺利摆脱了贫困。

"不等不靠，依靠辛勤劳动创造幸福生活，这样的日子让人心里感觉很踏实，也很舒坦。"敬成伟说，目前，他家又养了1头母猪、4头肥猪、50只鸡，种了两亩庄稼，加上他在农机维修店和妻子贩卖百货的收入，今年，他家的人均收入较为理想。

"如果女儿今年能考上理想的大学，那就更好了。"敬成伟说。

(5月23日6版 四川日报 王林均 高林阳 特约通讯员 张枥)

第十届升钟湖钓鱼大赛 9 月举行

第十届中国升钟湖钓鱼大赛将于 9 月 17 日至 20 日在升钟湖景区举行。

据介绍，本届钓鱼大赛包括三大赛事，9 月 17 日至 20 日，在升钟湖核心钓场举行的第十届中国升钟湖钓鱼大赛（库钓），总奖金 42.5 万元，冠军奖金 20 万元。9 月 18 日至 20 日，在升钟湖凤凰岛水域举行 2018 中国升钟湖国际舟钓大赛（舟钓），总奖金 5 万美元，其中冠军奖金 1.5 万美元。9 月 17 日至 18 日，在升钟湖标准竞技钓鱼池举行 2018 全国钓鱼锦标赛(四川南部站）预选赛（池钓）。

据了解，南部县已连续 9 年举办国际国内钓鱼赛事，升钟湖还成功创建 4A 级景区，被国家体育总局确定为"全国钓鱼竞赛训练基地"，并入选"2018—2023 全国钓鱼基地联盟"。

(5 月 29 日 2 版　四川日报　高林阳　特约通讯员　张枥)

股权量化　拓宽残疾群众增收路

6 月 5 日，在南部县老鸦镇花园村的大棚蔬菜园里，几名村民正在采摘西红柿，不一会儿就是满满一筐。"我们不仅参了股，还能在合作社打工挣钱。"61 岁的残疾人廖桂英当了一辈子农民，如今摇身一变成了合作社的股东和工人，不但享受起"分红"，每月还能在地里帮忙挣到工资。和廖桂英一样，目前该村还有 20 名建档立卡贫困残疾人享受到该扶贫项目，加入到合作社成为了股东。

"关心、关爱残疾人，蕴含在社会生活的每一个细节，更体现在提供更多的就业机会，帮助残疾人通过力所能及的劳动，向着脱贫奔康迈出了坚实的步伐。"该县残联相关负责人介绍，为切实帮助残疾人增收，2017 年以来，该县坚持推行残疾人扶贫资金"股权量化扶贫项目"，以建档立卡残疾人财政扶贫资金 30 万元入股专业合作社，并分配给 20 名残疾人，形成股权。

为确保贫困户利益，该项目将在每年年终根据合作社的盈利和股权进行红利分配，如果合作社分配盈余不足，则实行按商业银行一年定期贷款基准利率红利，对持股残疾人进行保底分红。

"为保证公平公正，在项目实施过程中，还明确要求残疾人在持股期间不允许退股，不允许转让。"该县残联相关负责人说，如果持股残疾人出现死亡、迁出本县、私自转让等不能继续持股的情况，该县残联将对其所持股份实行主体收回，并在县残联的指导下重新量化给其他符合条件的残疾人或其他持股残疾人。

（6月11日3版 四川日报 白刚 特约通讯员 张枥）

专场招聘会助力就业扶贫

为进一步加大对社会贫困群体的就业帮扶力度，6月15日，南部县2018年工业园区企业用工暨就业扶贫专场招聘会在该县工业集中区管委会办公大楼前广场举行。

招聘现场，各个企业的招聘咨询台前都围满了求职者。"我今年已经40多岁了，不打算再出远门了，就想在县城周边找份工作，既能照顾家里，也有一份稳定的收入。"大桥镇新井村村民王朝飞早早来到现场，并与县内的一家泵业制造公司达成了就业意向。"如今，越来越多的群众希望回乡务工、就近择业，这需要搭建起信息畅通的就业服务平台。"该县就业局相关负责人介绍，此次就业扶贫专场招聘会，把缓解企业用工需求与帮扶农村贫困劳动力就业相结合，将就业岗位送到百姓家门口，为他们就业提供尽可能多的机会，让广大劳动者挑选岗位、轻松就业。

当天的招聘会，该县有2500余人进行现场登记求职，最终达成求职意向协议437人。

（6月26日2版 四川日报 白刚 特约通讯员 张枥）

尽心尽力照顾岳母 女婿孝顺传佳话

"一个女婿半个儿"。近日，南部县双峰乡柳树坪村88岁的陈秋莲提起悉心照料自己的女婿李芝泉时，连连称赞。

岳父去世女婿主动照顾岳母

"妈，快点下来，小心摔倒。"当笔者来到李芝泉家时，李芝泉刚从双峰乡赶集回来，看到岳母一个人坐在一个1米多高的石头上休息，他立即上去将老人扶到椅子上坐下。

"老小孩、老小孩，真是越老越像小孩子一样难照顾了。"李芝泉告诉笔者，2015年春节后，60岁的他从剑阁县涂山小学退休。岳父意外去世，原本就患有帕金森和高血压等病的岳母面临着无人照料的困境。

"老人的儿子儿媳已经过世，孙辈们又外出打工没有能力照顾，只有靠我们了。"李芝泉说,妻子在成都帮儿子照顾小孩,岳母又不习惯在成都的生活,他便放弃了在成都悠闲、舒适的退休生活,来到位于南部县升钟湖畔的柳树坪村,承担起照顾老人的责任。

边学边做 精心呵护饮食起居

当天中午刚到12点,李芝泉就将一大碗炖好的肉端上桌子,搀扶着岳母坐下来吃午饭,当看到老人颤抖的双手根本夹不住肉和菜时,李芝泉又帮助岳母将肉和菜夹到饭碗中。

"好吃,好吃。"看到老人大口大口地吃着自己煮好的饭菜时,李芝泉开心地笑了。

"老太太的夸奖可是来之不易啊。"李芝泉说,退休以前,每天自己大都在学校食堂吃,回家后也有妻子帮忙做饭,自己连一碗面条都做不好。为了照顾陈秋莲的口味和方便老人进食,原本喜欢吃麻辣味炒菜的他现在已经习惯了天天吃清淡的炖菜。为了让老人吃上既有营养又可口的饭菜,他不仅通过看电视中美食节目和手机上网查询等方式学习烹饪技术,还经常通过电话向远在成都的妻子请教。

"要想让老人身体健康,除了饮食营养,卫生习惯也很重要。"李芝泉说,他定期督促老人洗澡和帮助老人换洗衣服,并消毒去味。

"要不是他的照顾,我现在都不知道成啥样了。"尽管陈秋莲年事已高,但对于女婿李芝泉的悉心照料,老人很感动。

李芝泉给岳母喂药

不辞辛劳 努力保障健康

午饭后,李芝泉迅速收拾完碗筷,并将分好的药和温度刚好合适的温开水送到陈秋莲嘴边,让岳母服药。

"家里的几位亲人都是因为脑溢血去世,所以我在家中不仅准备了降血压和治疗帕金森的药物,还专门到华西医院咨询专家后购买了预防脑溢血的药物。"李芝泉说。

百密仍有一疏。2016年5月16日凌晨1时,睡梦中的李芝泉突然听到陈秋莲的叫喊声。"当我推门进去时,发现老太太在做噩梦。"为了防止意外发生,李芝泉立即骑着摩托车请村卫生室的医生对陈秋莲进行了检查。"原来,老太太是因为感冒和血压升高引起的身体不适。"经过近3个小的治疗观察,当得知陈秋莲的各方面终于恢复正常后,李芝泉又骑着摩托车将村卫生室的医生送回家。

"只要老太太能够平平安安,我辛苦点又算得了啥。"3年来,尽管李芝泉经常都会遇到这样的情况,但他却始终没有向谁抱怨过,更没有产生过放弃的念头。

(6月26日5版 四川日报 李果 王林均 特约通讯员 张枥)

与湖同龄共潮起

川北有大湖，山为岸，丘成屿，淘洗日月星汉，镜鉴周遭物事。湖名升钟湖，年方四十，如嘉陵江右岸的一枚巨大碧玉，佩戴在群山胸前。

我在川北深山中牙牙学语时，升钟湖也在六百里西河多年孕育下动工修建，我与她同龄。后来，我的小名换成学名，每天在乡村小学来回奔跑，但在父辈交谈中，升钟湖还是唤着小名，叫碑垭水库。直到我已能独立在习字本上写下我的名字时，才知道碑垭水库的大名也镶嵌在大坝的外坡，"升钟水库"四个巨大有力的毛笔字用水泥筑形瓷片贴面，在阳光的照射下光芒耀眼，远近可见。

我的名字源于父亲的期望，升钟水库的名字则源自大坝的所在地。建坝位置的碑垭庙就是水库小名的由来，碑垭庙当年属升钟公社，便有了"升钟水库"的大名。升钟水库1976年批准兴建，1977年年底正式动工。在偏僻的川北大山中，流淌千年的西河就这样用自己的方式把历史定格。

西河是升钟湖的母亲，她用自己长长的臂弯把川北层层叠叠的群山揽在怀里，呵护着孩子们成长。山再高，草木再深，但在西河面前，都是低眉颔首，沉默顺从的，这是西河的家风，也是西河两岸的民风。在西河的怀中，川北山上山下的日子一直过得宁静恬淡，柴米油盐井然有序。岁月在大山中的细节，因重复而简单，因遗忘而单纯，除了坟林里石碑上的记载外，已经没有多少更久远的记录。

在我能从四合院高高的木门槛上轻松翻进翻出的时候，十万民工已经在碑垭庙两个山头间筑起一个巨大的门槛，要把西河的水关在山中。川北的大山如一道道门，把村民们一代代关在山中。在当地人记忆中，很少有人走出大山有所作为，直到红军从这里经过，带着村民们一道北上，然后才有村子周围一些人名和故事留在书籍中。川北工农红军的建立、升钟寺农民革命运动的史料，至今仍令这片土地深为荣耀。

截断西河的大坝一天天增高，我的腿也一天天变粗变长。我与同伴们一样，一心只想顺西河之水，奔向山外的天涯海角，可是大坝要把水一滴不漏地关在山中，那我们长大后如何走出大山呢？我们当年一直十分担心，但看到深山里进来红红绿绿的汽车，就把这事忘了。我们周末都争着去放牛，可以躺在温暖的石头上看河对面山下公路上的红绿"蚂蚁"爬。绿的是解放牌，红的是太脱拉，它们来来回回拉河滩上的沙去筑大坝。我们时常看到解放牌冒着黑烟不停吼叫，就是冲不上一个小山坡，路过的挖掘机伸过铁掌子把解放牌一撑，解放牌就轻松地开走了。那条白晃晃的碎石公路是全公社的社员们修建的，一早出村，晚上回村，中午就在工地上煮饭吃。

川北很少有成片的水，不少人一辈子都没看到过海。我上四年级时，有一天，在放学路上发现在山峰的缝隙间透出一小片亮光，那就是升钟水库的水。远远望去，如雨后的牛蹄印，又像一块碎玻璃直晃眼。所谓水库，看下去只这般大小，多少让我有点失望。后来，我进入山对面的初中，每年春旱和伏旱时几个月不见一点雨，只得每天到山下的水库中提水。我第一次站在湖边，才看到浩大的水面如同一道难题，不能逾越只能叹气。淹没在水下的山坡，一米开外就看不见了，只剩蓝幽幽的一片，深不可测，仿佛一双大大的眼睛盯着我，一动不动，让我有点发怵。

几场暴雨过后，水库水位就到了洪水线，山谷流下来的水直接进入深深的水库。暴雨过后，浑浊的洪水在水库的河湾里留下一截黄色的尾巴，村民们乘机拿长棒到尾水打鱼。看到被呛得头昏脑涨的鱼们盲目乱窜，村民们瞅准机会一棒打下去，打到的每条鱼都有两尺多长。后来，村民们一个接一个到新疆摘棉花、山西挖煤、广东进厂。早年，我们村子五百多人，如今只留下老人和小孩不足五十人。村民们出去之后，五年十年不回村，如今只在朋友圈、QQ群、微信群可以看到他们秃顶发福的照片。

一晃四十年过去。村民们还在异乡，村庄还在老地方，升钟水库仍旧年年碧波荡漾。放水插秧或者大旱时节，水面有点下降，也只是在岸边露出一截晒干的灰白泥土，仿佛水面的项链。但水库周围的山上山下却发生了当年意想不到的变化。升钟水库已经改名叫升钟湖，岸边出现一片片粉墙红瓦的渔家乐，公路也变成宽阔的沥青路，整齐高大的行道树每季换装，升钟湖已经成为远近闻名的旅游胜地，吸引来一队队钓鱼游湖的异乡人。兰渝铁路、成南铁路、成兰高速、成巴高速先后建成经过湖区所在的南部县，升钟湖如同一个美丽村姑成为网红。同样的山水，经过几十年的历练，已成为康养乐土、聚财宝地，成为我老家乡村振兴的牵引机。

我与同村的伙伴们一样，二十来岁就离开村庄外出打拼。如今都成家立业，父母都进城带孩子，老家的院落长期上锁。可是近几年间，水泥公路村村通、户户接，危房旧宅全面整治，撂荒的肥田沃土流转重生，昔日破旧的乡村容光焕发，我老家的村庄与城郊的示范村没有多少差别。前几天，微信群又传来新的视频，村里的小堰塘外有台红红的挖掘机在清淤淘泥，轰隆隆的发动机声如阵阵春雷，让这个麦苗儿又青、菜花儿又黄的春天耳目一新。

三十而立，四十不惑。升钟湖如同一位智者，经过几十年的沉淀涵养，如今更加睿智沉稳。水就是她的力量，所为必胜，所行必达。站在充满磅礴活力的湖边，想到自己也与改革开放大潮同起共振，深深感受到个体的小生活，映射着国家的大变革。

我的儿子今年三岁，正赶上新时代的发展大潮，在他们这一辈身上，我们肯定会看到更多新惊喜。

（7月7日12版 人民日报 彭家河）

扎根基层八年辛苦　南充南部县"吹牛书记"用实干赢得百姓点赞

89岁高龄的母亲生病住院40多天，梁先辉没能全心尽孝。母亲去世后，他匆匆办完丧事就返回工作岗位。大哥突发脑溢血，猝然离世，他也只是匆匆诀别，转身又投入到脱贫攻坚的工作中……

7月4日，记者赶到南充市南部县八尔湖镇采访，见证了镇党委书记梁先辉的忙碌。大半天时间里，他接待来访群众10多次，接打电话20多通，采访被一次次打断。"上面千条线，下面一根针，乡镇工作千头万绪，如果没有担当精神，就不能把工作做好。"梁先辉感慨。

"吹牛书记"吹牛？100多公里路修通了

梁先辉至今依然记得2010年刚到八尔湖镇担任党委书记时的情况：八尔湖镇在全县乡镇综合排名连续多年倒数第一；全镇通村水泥路不足500米；越级上访、缠访时有发生。

从南部县的"鱼米之乡"定水镇到"倒数第一"的八尔湖镇主持工作，不少人都替梁先辉捏了一把冷汗。

尽管有充分的思想准备，但上任遭遇的第一件事，还是给了梁先辉一个"下马威"：镇政府拖欠建筑商廖某80万元通乡公路建设款，被告上法庭。

虽然最后镇政府还清了欠款，但是"路"却成了梁先辉的心结。

"要致富，村村都得通水泥路。"在之后召开的全镇干群大会上，梁先辉刚说出这句话时，参会人员就面面相觑，发出一阵讪笑，"穷得叮当响，吹牛书记就姓梁。"会后，"吹牛书记"这个外号不胫而走。

面对重重困难，梁先辉下广东、上新疆、奔成都，联系乡友捐款捐资，并向上争取项目资金政策。为节省修路经费，他鼓励村民投工投劳，全面参与。

"修一条少一条，修一截短一截。"经过8年苦干实干，梁先辉带领全镇干部群众，先后修建了100多公里的村道、社道、便民道，实现了100%的村、90%的农户通了水泥路。

"千条理万条理，实干才是硬道理"

"说一千，道一万，不如做给群众看；千条理，万条理，实干才是硬道理。"这句话是梁先辉的口头禅，也是他的座右铭。

曾经的八尔湖镇，10个村中有8个村属库区淹没区，有6个村是建档立卡贫困村，贫困人口750户2647人，贫困发生率达27.1%。

如何摆脱贫困，让村民过上好日子？梁先辉苦苦思索后，将目光投向龙头企业：引进业主大户，带动产业发展。

位于南充市西充县的四川森肽集团主要种植销售双孢菇。在梁先辉的争取下，该企业在八尔湖镇纯阳山村投资500多万元，建起了16个现代化双孢菇种植大棚。全村27户建档立卡贫困户全部入股,其中15户有劳动力的贫困户承包大棚,年收入超10万元,12户无劳动能力或外出务工的贫困户,每年可从产业园分红7000元。

目前,八尔湖镇共引进15家龙头企业,建起15个脱贫奔康产业园,覆盖全镇10个村。

得知书记病了,村民悄悄把土鸡蛋放在他门口

有了龙头企业,梁先辉又将目光投向有着2800亩水面的八尔湖。"通村道路通了,骑游道通了,绿水青山就会变成金山银山。"经过调研谋划,八尔湖镇党委政府依托当地得天独厚的自然资源,制订了区域旅游扶贫开发方案。

发展旅游业的道路并不顺利。"山山水水能当饭吃?花花草草能当衣穿?"听说了镇上的发展计划,82岁的村民陈现方分毫不信。修建八尔湖湿地花海,需要征用纯阳山村村民王锡忠家2亩地。王锡忠宁死要当"钉子户"……

梁先辉一方面组织班子成员,挨村播放八尔湖旅游开发规划宣传片,一方面组织村民代表到升钟水库、阆中古城等地参观,开阔村民视野,打消村民顾虑。回来后,王锡忠不仅积极配合湿地花海的修建工作,还在附近卖起了锅盔夹凉粉,"主要卖给游客,生意好的时候,一年能收入1万多元呢!"

看到村民挣钱,村民范发生也坐不住了。2016年,他建起了400多平方米的4层小洋楼,开起了农家乐,"一年轻轻松松挣10多万元。"如今,节假日来八尔湖镇游湖、垂钓、休闲度假的人越来越多,吃旅游饭的村民也越来越多。目前,该镇共有60多家农家乐。

路通了,产业有了,八尔湖镇也变了样。从2016年起,八尔湖镇在南部县乡镇综合排名,由原来的最后一名变成了第一名。截至去年,该镇6个贫困村全部退出,贫困人口减至9户30人,贫困发生率降至0.3%。

成绩的背后,是梁先辉对家人的深深内疚。母亲住院,他没能全力尽孝,大哥猝然离世,他也只是匆匆诀别。说起这些,50多岁的梁先辉眼里噙满了泪水。

但梁先辉的付出,村民看在眼里,记在心上。2017年4月,梁先辉患病需要早晚输液,当地村民得知后,悄悄在他办公室门口放上了土鸡蛋、新鲜蔬菜等。群众的认可就是对自己最大的回报。感动之余,他又让办公室人员悄悄登记下来,再挨家挨户地把东西送回去,"只要老百姓过上好日子,我就没有辜负组织的培养,没有辜负群众的期盼,就无愧于乡镇党委书记这个光荣的称号。"

(7月7日 新华社通稿)

长坪山上访"穷亲"

在距成都270余公里的四川省南部县中心乡漏米岩村,长坪山雄踞。汽车驶上宽敞的

上山水泥路，穿过片片桃林、甘蔗林，山顶一座新建的小楼映入眼帘。

"兄弟，好久没见了！快进屋坐，喝点折耳根茶解解暑。"相识三年，第五次见面，马全民和记者已如亲人般熟悉。

坐在新家宽敞的客厅里，手机连接上 WIFI，吃着刚从地里摘回的西瓜，老马九岁的小女儿马懿萍拉着他的衣角："爸爸，你答应明天要带我去县城耍的，不要忘了哈。""要得，要得。"马全民脸上全是笑意。

眼前的场景，与三年前记者第一次上山时已大不一样。那时，马全民一家还住在低矮破旧的祖屋里，新居尚未完工，屋前的地里刚栽下桃树苗。上有老人，下有两个上学的女儿，"贫困户"的帽子一戴就是多年。

脱贫攻坚战斗打响后，马全民夫妇在返乡创业者何平的果园里务工，有了稳定的收入，逐步摆脱了贫困。

"叔叔，我已经在中心乡小学上班了，可以给家里分忧了。"说这话的是马全民的大女儿冯炼，她大学毕业后，2017 年考上了公招教师，这是全家的大喜事。

马全民不出远门务工，因为他还义务做着一份特殊的工作：成千上万红军牺牲在长坪山一带，马全民一家祖孙四代，已默默地为红军烈士守墓 80 多年。

"我们的祖辈跟着共产党闹革命，流血牺牲；今天，我们乘脱贫攻坚的东风，过上了安逸的生活，我们要把红军墓世世代代守下去，这是我们的根。"马全民说。

在马全民家下方几百米处的山坡上，居住着记者的另一个"老熟人"周强善。

2016 年年初，周强善还处在绝望的边缘。妻子因病去世后，他一人带着一儿一女，住在两间摇摇欲坠的老瓦房里，疾病缠身。

这次见到周强善时，他正坐在框架结构的新房前纳凉。"新房子有 75 平方米，水、电、气三通，再也不用担心漏雨和房子垮了，感谢党委政府和何平兄弟的帮助。"有农村医保的保障，62 岁的周强善比上次看着精神了许多。"有帮扶，我自己也不能偷懒，每逢赶场天我都要到乡场上摆摊补鞋，一天能挣 20 多元。"

周强善口中的何平是他的邻居。因家境贫寒，何平初中毕业就到成都打工创业，打拼成了一名企业家。四年前，何平回乡二次创业。他流转承包了漏米岩村 2800 亩土地，建设农业生态综合开发试验园。村党支部书记冯闲银告诉记者，何平不但资助周强善修起了新房，还带动全村 26 户贫困户在家门口就近务工挣钱，有了工资性收入。

见到何平时，中年汉子明显老了，他去年栽种的 200 多亩甘蔗因缺水和霜冻，大部分坏在地里，损失上百万元。"我看准了乡村振兴这条路，再苦再难也要走下去，今年我总结了经验，又把甘蔗种上了。"

南部县地处川东北嘉陵江中游，人口 130 余万。2014 年年底，全县有贫困人口 10.3 万，贫困发生率为 9.8%，被列为四川省脱贫攻坚的重点县。

南部县委书记张根生介绍，四年来，全县干部群众拿出当年红军打仗的精神，把脱贫攻坚作为一场战役来打,精准发力,已累计减贫9.5万人,贫困发生率降至0.7%。2017年10月,南部成为全国首批脱贫摘帽县。

"虽然已摘掉贫困县的帽子,但还有小部分的群众没有脱贫,巩固脱贫成果还任重道远。"张根生说。

为此,南部县正深入推进产业扶贫,以建设356个脱贫奔康产业园为依托,按市场运作模式,探索建立不依靠行政命令和慈善行为推动的长效增收机制,长坪山一带的产业发展已纳入明年的工作计划。

7月中旬以来,南部县持续40多摄氏度的高温天气,中心乡党委书记杨磊、乡长蒲跃等扶贫干部头顶烈日在长坪山下走村入户。"我们乡余下的120户贫困户计划在今年底脱贫,我们一天也不敢耽误。"杨磊说。

长坪山顶,800余座烈士墓碑整齐排列,如同不倒的战士,守护着共产党人的初心,见证着共产党人在脱贫攻坚新战场上继续前进。

(7月24日　新华社通稿　任硌　张海磊)

"周三娃"重操旧业

太阳早早升起,亮而热辣。位于四川省道101线旁、距成都近300公里的南部县长坪镇,迎来了赶场天。

8月15日清晨不到7点,在四川省南部县中心乡漏米岩村,周强善正将补鞋工具搬上机动三轮车,准备从家出发去邻近的长坪镇集市赶场。
摄影　张可凡

8月15日清晨,周强善在前往集市赶场的路上。
摄影　张可凡

8月15日，南部县长坪镇文化街，正在摆摊的周强善。 摄影 张可凡

周强善把机动三轮车停到文化街上一家无名超市的门前，将缝纫机等工具一件件搬下来，就着台阶摆起了摊子。

"三娃，今天来得早嘛！"尚未坐定，便有乡邻拿着鞋子走过来，"鞋跟脱胶了，修一哈。"

周强善拿起鞋子，挫一挫，打胶、黏合，再锤几下，几颗铁钉将鞋跟与鞋底牢牢锁定，几个动作一气呵成，前后不到3分钟。周强善是这个早集上的"新面孔"。"三娃是今年3月份开始到我店门口摆摊摊的，这娃不容易，在屋头闷了好多年，相互帮衬嘛。"在85岁的超市店主周修善眼中，62岁的周强善还年轻，"他是隔壁中心乡漏米岩村的村民，因排行老三，都叫他周三娃。"

周强善手艺好，一直在忙。临近10点，太阳更火辣了，赶早场的人纷纷散去。

周强善也收拾好工具，向店主道了声谢，"下班"回家。路过猪肉摊，他又"割两斤肉"，女儿在家要做点好吃的。

16岁的女儿周银花在邻近的中学上学，做家务是一把好手。中午，周银花在客厅摆好碗筷，从厨房端出一大盆丝瓜炒肉。

"老汉，你多吃点肉。"周银花不断给周强善夹菜。正午时分，四面环山的小山村安静下来。饭后，周强善坐在家门口继续补着从早集上带回的鞋，女儿则回到自己屋里做作业。这是他们的新家，70多平方米，坐落在半山坡上，前后都是甘蔗林。

"我们的老屋就在背后的山上，没搬下来时老汉、哥哥和我三个人挤在一间土屋里，下雨就漏，也不通路。"周银花对记者说，"新房子通了水电气，哥哥也出去打工了。"

"周强善曾是全乡最困难的贫困户。"中心乡党委书记

南部县长坪镇文化街，前来修鞋的乡邻正在与周强善交流。摄影 张可凡

8月15日，南部县中心乡漏米岩村新貌。昔日的旱山村，已变成山青水秀的农业综合开发产业园。摄影 张可凡

杨垒说，周强善的妻子在刚生下女儿后因病去世。2005年，他在外务工时右腿受伤，留下残疾。后来他自学补鞋技术，成了一名鞋匠，但腿脚不便、下山路不通，三娃多年"闷"在家里。

2014年年底，南部县被列为四川省脱贫攻坚重点县。周强善一家被评定为建档贫困户。

"这几年变化太快了，我都有点不相信是真的。"周强善说，帮扶政策来了，村里水泥路通了，钢混结构的新房子修起了；县乡村干部三天两头到家里来帮助解决困难，女儿读书不花钱了；土地流转了，村民成了股东，每年固定分红；农村医保让他治病无忧……2017年10月，南部成为全国第一批脱贫摘帽县。

路通到了新家门口，手里也有了些钱，周强善决定重操旧业。"政策这么好，我也不能偷懒。"他购置了一台机动三轮车，今年春节后，每逢长坪镇赶场天便去摆摊。"我一个月赶9次场，每次能挣几十元钱，这样的日子安逸。"

漏米岩村村西山顶上，传说有一岩缝一遇天灾便会漏出大米接济村民，唐朝时这里建起了漏米岩庙。

66岁的村小学退休教师冯明树对这儿的历史了如指掌。他说，岩缝漏米只是美好的传说，漏米岩村是有名的旱山村，十年九旱，村民靠天吃饭，已穷了千百年。如今村民真正过上好日子，还是靠党的好政策和自强不息。

古刹遗址旁如今已成为村老年人活动中心。周强善觉得，冯老师说得很有道理。

（新华社8月18日电　任硌、张海磊）

第十届中国升钟湖钓鱼大赛　"开竿"千余名中外高手竞技

第十届中国升钟湖钓鱼大赛在四川省南充市南部县升钟湖水域开赛。来自中国、美国、英国、澳大利亚等12个国家（地区）的1000余名选手将在为期4天的比赛中展开角逐。

本届钓鱼大赛共包括三大赛事。分别为9月17日至20日的2018第十届中国升钟湖钓鱼大奖赛;18日至19日的2018中国升钟湖国际舟钓大赛;17日至18日的全国钓鱼锦标赛(四

9月17日，参赛选手在比赛中。　　新华社记者 薛晨 摄

川南部站）。三大赛事均设置了丰厚的奖金。

今年的国际舟钓大赛吸引到了众多国内外顶尖高手前来参赛。包括澳大利亚冠军、欧洲路亚巡回赛冠军，以及中国舟钓路亚公开赛分站赛的前10名。

据赛事组委会介绍，大赛期间还将举办2018中国升钟湖钓鱼文化高峰论坛等相关活动。

（新华社9月17日电　薛晨）

为了曾祖母的承诺，四川26岁女教师为800红军英魂守墓

26岁的冯炼拥有多重身份：马全民的长女、小学语文老师以及第四代守墓人，打扫落叶，清除杂草，擦拭墓碑……这些动作冯炼家一做就是四代人。

时光倒回80多年前，1933年开始，红军主力数进四川南充市南部县，中国共产党开始在南部县境内建立起区、乡、村三级苏维埃政权。1933年年底，为掩护主力部队转移，一位姓刘的红军连长主动请缨，留守川

冯炼在擦拭墓碑

东重要关隘——南部县长坪山。驻守长坪山的日子，刘连长常去山脚下陈修坤夫妇家帮忙干活。无儿无女的陈韩氏把他视作亲生儿子。红军大部队转移后，刘连长和战士们被军阀部队发现，激战3天3夜后，刘连长身负重伤，被敌人杀害。那一年，他只有25岁。刘连长死后，陈韩氏在第三天夜里，带着丈夫、亲戚们一起，偷偷地把刘连长的遗体背回了家，连夜埋在老屋背后。发现刘连长遗体消失，军阀部队四处搜寻，把陈韩氏抓去吊打了三天，但始终没从她嘴里得到刘连长遗体的下落。3个月后，陈韩氏去世了。临终前，陈韩氏叮嘱丈夫去领养一个男孩，要把刘连长墓世世代代守下去……于是，有了第一代守墓人，第二代守墓人，第三代守墓人，第四代守墓人，如今，刘连长墓背后的山坡上，已竖起了800多座墓碑，他们是80多年前在南部为中国革命战死的人们中的一部分，他们有着一个共同的名字——红军。

冯炼选择回老家成为第四代守墓人之前，外面并不是没有诱惑，也不是没有质疑，她告诉在广州创业的男朋友："我有一个梦，一定要回南部县去圆。"如今，冯炼已经适应了，

在各个角色之间转换，作为家里的长女，她承担起做家务的任务。

作为南部县中心乡小学老师，她最喜欢带孩子们来看刘连长，把红军和刘连长的故事讲给他们听。

作为第四代守墓人，用她自己的话说："路才刚刚开始"，如今，冯炼家曾经低矮破旧的祖屋，已经变成崭新的二层小楼，天然气通了，WIFI 接上了，屋前的桃树苗也结出了累累硕果。

冯家正在准备祭食

唯一不变的"还是每次跟爸爸去墓园里转转觉得最踏实"。

墓碑上记载的内容，有的没有出生年月，有的不知道家在哪里，更有的只留下一个名字……但前来祭奠烈士的人们日渐增多，冯炼为到长坪山祭奠红军烈士的人们，担任义务讲解员，她查阅了许多资料，把南部县的红色历史背得滚瓜烂熟，不少烈士家属都会和冯炼一起回忆那段红军血洒沙场，为民族解放捐躯的历史，更有家属专程前来，感谢冯炼一家对已故亲人墓碑的守护。

冯炼说："爸爸年纪越来越大了，他把整个墓园清扫一遍差不多得用 4 天，妹妹还在读小学，作为长女我要回来和爸爸一起承担。"

她还说："我是听着刘连长的故事长大的，这是我们家族的共同记忆。""在他的亲人找到他之前，我们就是他的亲人。""刘连长用他的生命为我们换来了今天，我要一辈子做他的守墓人。"……

(8月3日 澎湃新闻)

脆红李丰收

游人摘李

7月31日，笔者在南部县南隆镇太洪村看到，在浓郁的李子林中，一颗颗紫红色的李子大小均匀，压弯了枝条。

"来耍的人多，脆红李好卖！"据主人杨大力介绍，这片脆红李于 2014 年从台湾引进种植，当年挂果，该品种有脆、甜等特点，深受消费者的喜爱。

(8月7日7版 四川日报 白刚 特约通讯员 张枥)

猕猴桃促增收

8月20日上午，南部县平桥乡张家庙村猕猴桃产业园里，工人正采摘猕猴桃。目前，该县共种植猕猴桃1000余亩，主要集中在八尔湖、神坝、升钟、伏虎、平桥等乡镇，带动贫困户600余人就近就业，人均增收超3000元。

(8月23日2版 四川日报 白刚 特约通讯员 张枥)

石河场村 邂逅慢时光

"上文下武中城隍，咸丰古桥连望乡，双溪流水绕场后，绿柳成荫百花香。"这首古诗说的就是南部县石河镇的石河场村。

这座始建于宋代真宗年间的古村落，是曾经的烽火驿站，最辉煌的时候曾有160多家店铺。斗转星移，岁月荣枯。古村落历经沧桑，由繁华之地蜕变成如今的一个村落，尽管如此，这里仍然保留着一条长约340米的古街。古街坐东向西，俯瞰就像一条腾飞的龙。龙口在上半场，建有文昌庙，龙尾部分是张爷庙，庙后有咸丰古桥。龙头与龙尾均有防盗城门。这里的民居大多是清代建筑，一般两层，下店上宅，房屋结构严谨，冬暖夏凉，防震防水力强，门窗、梁檐雕刻的花鸟虫草龙凤图案活灵活现。

每到周末，都有不少游客结伴来到石河场村，静享慢生活。不少村民开起了饭馆、商店、茶舍等，为古村落注入了新活力。

(8月24日8版 四川日报 张枥)

中央电视台5频道报道第十届中国升钟湖钓鱼大赛赛事3条；四川卫视12条。

南部县获脱贫攻坚组织创新奖

主要事迹：南部县成功探索出"挂图作战"指挥机制、"现场验靶"推进机制、"五方联盟"链接机制、"三议五会"自治机制、内生动力引导机制、党建扶贫引领机制，4年减贫9.5万人，基本实现整体脱贫。紧扣"两不愁、三保障",立足"村有当家产业、户有致富门路、人有一技之长",建成脱贫奔康产业园356个,分户发展小养殖、小庭院、小买卖、小作坊"四小工程"2.8万户,培训并转移就业贫困劳动力3.3万人。建成城乡一体全域供水体系,所有贫困户都吃上了安全水,住上了安全房,教育医疗有保障。现场验靶、蹲点巡察与悬帽攻坚激励约束,全县上下持续迸发出拼抢、拼命、拼搏、拼合的"四拼"精神,"四好创建""五大教育"与"干群一家亲"相结合,营造了"感党恩,谋发展,自力更生建家园"的良好氛围。

(10月17日22版 人民日报)

依托对口帮扶　南部走上特色脱贫致富路

"现在一亩地就赶上了过去六亩种玉米的收入!"南部县万年镇天波村村民王维君高兴地向记者介绍地里的晚熟柑橘。万年镇天波村在完成土地流转后,推广种植晚熟柑橘,王维君的6亩多地全部栽上了柑橘树,如今逐渐显现出经济效益。

据悉,2018年4月,在新一轮东西部扶贫协作战略决策部署下,浙江省温州市洞头区与四川省南部县建立结对帮扶关系。王维君所在的天波村自然条件差、缺资金、少技术,在与洞头区建立结对帮扶关系后,该村与帮扶干部一同选定了抗风险性强、收益可持续、扶贫精度高的晚熟柑橘项目。

为了不让贫困户承担风险,温州市洞头区在帮扶南部县的过程中采取"注资入股,按股收益""保底分红,稳定收益""统筹分配,精准收益""兼顾四方,捆绑收益"的办法,充分调动村民、村集体、贫困户与负责经营的能人积极性。"流程土地获得租金、在地里务农挣一份工资、通过土地入股收成还有一份分工,同一块土地有了3份收入",王维君望着眼前的土地,满怀信心,表示要做好示范带动村里更多人改变命运。王维君只是南部县在结对帮扶中受益的一员。

在实施东西部协作的对口帮扶中,洞头区从制度上确保长效收益。经反复调研、分析、对比,确定了晚熟柑橘、名贵中药材、生猪3个注资持股回报高、见效快、风险低,可长期经营的项目。对有销售风险的项目,实行保底分红确保贫困户稳定收益,将项目利润纳入"东西部扶贫收益资金池",统筹分配;优先考虑劳动力丧失、残孤寡单亲家庭等,实现精准扶贫。在收益分配过程中实行跟踪审计、全程监管、阳光操作,保障贫困户权益。

据了解,温州洞头区安排帮扶资金2900万元,投资入股1.306万亩晚熟柑橘产业示范基地、5个生猪养殖场、300亩名贵中药材基地,惠及10个乡镇19个贫困村贫困人口。授人以鱼不如授人以渔,在对口帮扶过程中,洞头区除了项目支持,还展开干部、技术人才交流,提升区域旅游资源,对接就业等多种方式提升南部县致富增收能力。

2018年5月，黄欢欢带着援助南部医疗卫生事业的重任来到南部县妇幼保健院，在她的指导下，医院有了"床头交接班"医疗模式，也有了"两周一学"的学习制度，让科室医生的治疗方案、处理方式和标准进一步趋向统一。

8月，南部县携手洞头区在成都举行"亲水南部百岛洞头"2018年浙川东西部旅游协作专场推介会，取得了良好效果。8月下旬，举行了"携手奔康、共赢未来"就业扶贫大型现场招聘会上，当天650余人现场求职登记，达成就业意向协议165人。

截至目前，两地已签订东西扶贫协作结对帮扶协议19份，实现洞头区53个企业与南部198个贫困村结对帮扶，达到贫困村村企帮扶全覆盖。南部县东西部扶贫协作工作领导小组办公室相关负责人介绍，"短短的半年，洞头南部扶贫协作从纸面走向现实，领域不断拓宽，基础不断坚实，结出丰硕成果。"

（12月13日　中新网　王槐林）

南部县采取"四大工程"打造乡村人才振兴

为全面贯彻党的十九大和十九届二中、三中全会精神，认真落实习近平总书记对四川工作的重要讲话、重要指示批示精神，着力造就一支懂农业、爱农村、爱农民的"三农"工作队伍，南部县通过"四大"工程，打造乡村振兴人才队伍。

实施招贤工程，打造支农专家队伍。聘请清华大学、北京大学、同济大学等高校专家团队，对满福坝、升钟湖、八尔湖等示范区进行高标准规划设计。聘请法律顾问团、法律服务团，与县内法律工作者常态开展送法律下乡活动。聘请四川农业大学、西华师范大学、省农科院等5支农业专家团队驻村，开展产业规划、农技推广、新型职业农民培训等。

实施回引工程，打造致富能人队伍。通过招商引资，全县引进亿元以上农业项目5个，吸引返乡务工人员创建家庭农场1180个，带动种养殖大户2800户。

实施培育工程，打造乡土人才队伍。依托产业基地、农民夜校、电商中心等平台，力争到2021年，每村培养50名农村使用技术人员、20名职业经理人、10名电商销售人才。

实施传承工程，打造能工巧匠队伍。通过"专业培训""拜师授徒""技艺传承"等方式，培养一批傩戏、花灯、皮影、剪纸等非物质文化遗产传承人，以及一批民俗工艺、民俗产品、民俗建筑等"土匠人"。

（11月19日　中国网　通讯员张枥）

温州市洞头区帮扶南充市南部县半年多 成效显著
汇聚人财物　携手同奔康

今年4月，按照国家东西部扶贫协作战略决策部署，温州市洞头区与南部县建立结对帮扶关系。半年多时间来，洞头、南部两地齐心协力、主动作为，不断在人才交流、产业协作、劳务合作、扶贫帮扶等方面探索创新、务实合作，共计实施帮扶项目5个，到位扶贫协作资金3000万元。

产业合作　帮扶到点
产业项目已覆盖10个乡镇、19个贫困村，引入16家企业落户南部

隆冬时节的兴盛乡柏垭观村薄雾缥缈，村子里的名贵中药材示范产业园内，白芨、黄精、麦冬等长势喜人。村干部介绍，洞头区的帮扶让村里不仅有了新的增收产业，而且还让环境变美了。

今年5月，洞头区帮扶干部根据调查走访情况，在广泛征求意见的基础上，决定投入1200万元帮扶资金在定水、兴盛、碾盘等3个乡镇的6个贫困村，打造名贵中药材示范产业园1200亩，带动当地贫困户和群众持续巩固增收。

在大王镇雨台山村，村干部正带领村民移栽最后一批晚熟柑橘苗。村党支部书记陈静介绍，得益于洞头区大门镇和大王镇的扶贫协作，雨台山村与大门镇小门村实现"联姻"，全村规模发展晚熟类柑橘200余亩，可带动群众年增收达100万元，并可对全村39户贫困户实现利益联结全覆盖。

据了解，晚熟柑橘示范产业园帮扶项目将在"农投公司＋合作社＋能人＋贫困户＋村集体"基础上，安排帮扶专项资金，在定水、大王、雄狮等10个乡镇、15个贫困村新建晚熟柑橘标准化示范基地1.3万余亩，助力贫困农村地区走上产业发展新路。

"我们根据南部县农牧业发展情况，将在适宜养殖的贫困村分期建设生猪脱贫奔康产业园15个。"洞头区相关负责人介绍，同时推进"百名"农村实用技术人员培养计划项目、"百家"贫困人口就业脱贫技能培训项目。

据了解，目前南部县实施的洞南扶贫协作产业合作项目已覆盖10个乡镇、19个贫困村，完成投资入股晚熟柑橘产业示范基地13060亩、生猪养殖场5个、名贵中药材基地300亩，涉及帮扶资金2900万元。

帮助新引入企业16家，计划投资约12亿元，其中，浙江省玉环市10家成长良好的汽车零部件企业已正式搬迁，2家企业已正式投产，江苏常熟1家企业已进场施工，累计完成

投资额 5.09 亿元，吸纳贫困人口就业 150 人。

人才援助　扶持到位
选派 2 名党政干部和 19 名专业技术人员赴南部县挂职，开展支援工作

今年 5 月，作为一名 8 岁孩子的母亲，温州市中西医结合医院新生儿科副主任医师黄欢欢，带着重任来到南部县妇幼保健院。在她手把手的指导下，医院有了"床头交接班"医疗模式，也有了"两周一学"的集中学习制度。半年多来，医院的年轻医生不但养成了学习和讨论的习惯，还让科室医生的治疗方案、处理方式和标准进一步趋向统一。

也是在今年，南部县中医医院在短期对口帮扶的温州市中心医院急救科尤荣开主任医师、蔡晓盛主治医师助力下，成功抢救一例心肺骤停患者。作为结对帮扶的医疗团队，他们通过院内培训、座谈、演练、会诊等，帮助南部的医护人员掌握新理论、新知识、新技术，让医院的管理体系、医疗质量、院科建设等方面有明显提升。

今年 4 月和 7 月，洞头区选派赴南部县挂职的 2 名党政干部和 4 名医生、教师等专业技术人员全部到位，他们将用 1 年多时间，助力南部打好打赢精准脱贫这场攻坚战。

"在洞头与南部的互动中，更多的是'走亲'一般频繁、亲密的扶贫协作关系。"该县人社局相关负责人说，在洞头南部扶贫协作工作中，两地积极开展干部人才交流，为南部县脱贫攻坚大局储备人才资源，架起了两地深化交流合作的桥梁。

洞头区还增派了 15 名专技人员赴南部县短期挂职，开展支援工作。通过对接温州技师学院，达成"南部专班"计划，给予南部的贫困学生"两免两补"政策。南部计划本月组织 60 名学生赴温州实习。同时，南部县选派 4 名党政干部和 6 名医生、教师等专业技术人员，于今年 6 月赴洞头区进行为期半年的交流学习。举办干部人才培训班 2 期、247 人，举办专业技术人才培训班 19 期、1273 人。

携手奔康　两地情深
53 家企业与南部 198 个贫困村结对帮扶，实现贫困村村企帮扶全覆盖

记者来到八尔湖镇八尔湖景区，只见山水一色，薄雾缠绕，如梦如幻，宛若人间仙境。"今年 8 月，我们携手洞头区在成都举行了'亲水南部百岛洞头'2018 年浙川东西部旅游协作专场推介会，取得了良好效果。"南部县旅游局相关负责人说，两地联合举办的推介会，进一步深化东西部在旅游产业发展、旅游人才交流、旅游市场营销等方面合作，为促进两地经济社会更好发展提供支撑。

而在 8 月下旬举行的"携手奔康、共赢未来"2018 年温州市洞头区与南部县就业扶贫大型现场招聘会上，来自浙江和南部本地的 125 家企业带来了 166 个工种、4000 余个岗位，更是引得众多求职者的关注，当天就有超过 4000 人现场求职登记。

此外，针对南部实际，洞头区还在今年8月开展"东西合作·圆梦大学"爱心助学活动，帮助10名品学兼优的贫困大学新生顺利实现大学梦。今年11月，南部县优质农特产品直销中心门店在洞头区开张，南部的农特产品被推向洞头市场。与此同时，洞头区发出"对口支援四川省南部县专项募捐"的倡议，动员全社会力量参与扶贫协作工作。

"短短半年，洞头南部扶贫协作从纸面走向现实，领域不断拓宽，成果不断丰硕，基础不断坚实。"南部县东西部扶贫协作办公室相关负责人告诉记者，洞头区坚持把南部的事当成自己的事来办，毫无保留地把洞头经验及时提供给南部，在农产品销售、劳务协作、旅游扶贫、动员社会力量帮扶等方面深化合作，并不断拓展平台和领域，推动两地实现优势互补、互动发展、互惠共赢。

据了解，洞头南部扶贫协作结对向下延伸到乡镇、村、学校、医院、企业各层次各领域，实现全方位、立体式合作交流，惠及贫困人口3972人。截至目前，两地已签订东西扶贫协作结对帮扶协议19份，实现洞头区53个企业与南部198个贫困村结对帮扶，达到贫困村村企帮扶全覆盖。南部成为洞头职工跨省疗休养唯一目的地，完成前来南部疗休养12批次、228人。并赴南部县开展扶贫志愿服务36人次，动员社会各界捐赠资金达442.8万元。

【数说成绩】 产业帮扶 产业合作项目覆盖10个乡镇、19个贫困村，投资入股晚熟柑橘产业示范基地13060亩、生猪养殖场5个、名贵中药材基地300亩，帮助引入企业16家，计划总投资约12亿元。

人才帮扶 选派2名党政干部和19名专技人员赴南部县挂职。南部选派4名党政干部和6名专业技术人员赴洞头区交流学习。举办干部人才培训班2期、247人，举办专业技术人才培训班19期、1273人。

其他帮扶 两地签订东西扶贫协作结对帮扶协议19份，洞头区53个企业与南部198个贫困村结对，达到贫困村村企帮扶全覆盖。南部成为洞头职工跨省疗休养唯一目的地。洞头赴南部县开展扶贫志愿服务36人次，动员社会各界捐赠资金达442.8万元。

(12月12日 中国网 通讯员张枥)

南部县推进乡村绿色发展 实现"一村一处景，一镇一幅画"

山清水秀、天蓝地绿、村美人和的环境是农村的最大优势和宝贵财富，为此，南部县把建设生态宜居的美丽乡村作为乡村振兴的支撑点，整体布局、从严管控，推进乡村绿色发展，坚持人与自然和谐共生，实现"一村一处景，一镇一幅画"。

科学规划 "三大片区"错位发展

金秋时节，走进南部广袤农村，绵延起伏的是深绿的山，安静流淌的是浅绿的水，硕果累累的是美丽的田园，处处呈现出人与自然和谐共处的生动画面。

"丰富的生态资源缺失整体规划和科学规划。"南部县住建局相关负责人介绍，嘉陵江流经南部78公里，并留下最美的"身段"。其干流和支流中，又形成红岩子湖、升钟湖、八尔湖、盘龙湖、观音湖和48条溪流，水利资源得天独厚。52.8%的森林覆盖率，让绿色成为南部的主打色、乡村振兴的底色和亮色。为此，南部秉持"绿水青山就是金山银山"的理念，坚持生态优先不动摇，在规划上整体布局、科学定位，做到一张蓝图绘到底，建设生态城镇、打造美丽乡村、发展绿色产业，不断推动生态文明建设走在前列。同时，以红岩子湖为核心，以升钟湖、八尔湖、盘龙湖、观音湖为增长极，以嘉陵江流域风情小镇和生态湿地为支点，形成"一核四极多支点"的空间布局。并以此为纲，统筹城乡，科学布局生产、生活、生态功能区，形成升钟湖库区、西河南部段沿线、嘉陵江南部段以东"三大片区"错位发展格局。

今年，南部县又制订并启动"实施乡村振兴、建设亲水南部"五年规划，基本建成八尔湖乡村振兴示范区，启动东坝至盘龙、定水至双峰、火峰至长坪3条"乡村振兴示范带"建设。到2020年，确保乡村振兴取得重大进展，制度框架和政策体系初步形成，如期完成脱贫攻坚任务，与全国全省同步实现全面小康。到2035年，基本建成3条示范带，农业农村现代化基本实现。到2050年，与全国全省一道实现农业强、农村美、农民富的伟大愿景。

定水镇庙子山村新貌

多规合一 乡村有颜值有气质

波光粼粼的池塘、平坦的道路、充满水乡古韵的村居……走进八尔湖镇纯阳山村，呈现眼前的是一幅美丽的山水田园画。

"美丽乡村建设，要靠'颜值担当'，更要'气质制胜'。"八尔湖镇党委书记梁先辉说，建设生态宜居乡村，既要有"面子"，更要重"里子"。纯阳山村在发展乡村旅游之初，始终把改善生态和人居环境放在首位，制订符合村庄特质的旅游发展规划。后来，村里通过在屋、路、湖、景上"多规合一"，在村民房屋建设上"宜聚则聚、宜散则散"，恢复川北民居风貌，建设水生态湿地公园、纯阳花海、游湖栈道等，村子实现了大变样。

"合理划定生产、生态、生活空间，实现乡村空间布局、产业发展、土地利用等专项规划相互衔接配套,坚持特色化和项目化相结合。"县住建局相关负责人介绍,南部充分尊重村庄的发展规律和个体差异,通过先规划后建设,详细制定场镇和村"六个详规",并于今年完成"多规合一",先期建成了5个特色小镇和10个特色田园新村。

立足乡村资源禀赋,南部将按照符合农村实际、体现乡村特色、满足农民需求的原则,完善村镇规划编制,在"美"上做足"特"文章,有序开展建设,既保护好乡村原始风貌、村庄原有形态,更挖掘乡村的文化内涵和生态特点,走差异化、特色化的路子。

如今的南部,八尔湖乡村振兴示范区初步建成,红岩子湖13平方公里文旅新城加速推进,升钟湖国际休闲度假目的地创建全面铺开,盘龙湖、观音湖生态湿地以及嘉陵江南部段沿线30多个风情小镇建设正次第展开,初步形成了"一村一处景、一镇一幅画"的发展格局。

"以前的房屋又破又旧,现在住的是小洋房。这条件和以前比简直是天壤之别。"纯阳山村村民王新春原是村里的贫困户,2016年,在党的相关政策支持下,一家人搬进了新房。站在自家的农家小院放眼望去,川北民居和美丽田园交相辉映。"村子就像大花园,住着别提多舒心了。"谈及村子的巨变,王新春笑容满面。

打造精品　只留遗产不留遗憾

青山环绕,池塘点缀,干净整洁的村庄掩映在绿树之中,一幢幢白墙青瓦的民居错落有致,来到四龙乡黑龙观村,一幅美丽的山乡画卷让人流连忘返。

"秋季的村子,更多了一份恬淡,这得益于农村人居环境的科学规划和从严管控。"黑龙观村党支部书记胡学军介绍,七八年前,村子还是一副脏乱差的模样,"污水、垃圾遍地,田地荒芜,道路难行。"而如今的村子,溪水潺潺,鸟语花香,游客纷至沓来。

今昔对比,让胡学军感慨不已。在不断推进生态宜居乡村建设中,黑龙观村先后开展了生活污水处理、溪沟塘堰整治、生态人居提升等工程,大力实施垃圾分类等,办好事关群众生产生活的"关键小事"。

"建设生态宜居乡村,要把住从严管控的关键环节,规划要坚定不移执行到底,管控要坚持刚性执行,努力建设传世百年的'精品',只留遗产,不留遗憾。"南部县农牧业局相关负责人说,生态宜居的乡村是由一个个小细节、一件件"关键小事"组成的。在这当中,南部将严守生态保护红线,推动乡村自然资本加快增值,让良好生态成为乡村振兴的支撑点。

南部还致力建设美丽乡村,按照环境优美、特色鲜明、打造精品的要求,结合区位优势、产业特色、乡土人情,积极开展农村人居环境整治行动,解决垃圾围村、污水横流等突出问题。加强农村宅旁、水旁、路旁以及荒地、闲地、闲宅基地等地的绿化,对河渠、塘堰进行全面治理,并同步实施配套工程和基础设施建设,实现"一处美"向"一片美"转变,让农民得到实实在在的实惠。

(10月31日　中国网　苏磊)

借力"一江五湖" 南部县发展亲水旅游产业

嘉陵江从阆中市一路南下,流入南部县,48条支流的汇入,让嘉陵江(南部段)水位提高,并在南部红岩子航电枢纽和阆中沙溪航电枢纽的影响下,形成宽阔江面。

86公里长的嘉陵江(南部段)流经该县12个乡镇,这里还有升钟湖、八尔湖、红岩子湖、盘龙湖、观音湖,"一江五湖",水资源丰富,南部县也因此被称为"嘉陵江水上森林"。10月16日下午,大型跨媒体行动《嘉陵江》文旅考察团抵达南部县,感受"水上森林"的魅力。

以水为媒 水库建成风景区

在全视角的大自然体验馆,通过科技让人仿佛置身于室外,花草扑面、湖水荡漾,绿色生态的景观让人惬意。10月16日下午,在南部县八尔湖镇八尔湖720°体验馆,一拨又一拨游客来此体验720°全视角观赏八尔湖。

"这个阵仗真大,虽然人坐在室内,却像待在外边田坝里!""这是啥技术?坐里面就像看万花筒一样!"体验馆内四面墙及天花板上,展示着八尔湖的前世今生,令游客们惊叹不断。

八尔湖原名八尔滩,系1958年当地建成的一座水库。2015年,精准扶贫工作开始后,南部县委、县政府抓住新一轮发展机遇,以脱贫奔康产业园为平台,创新实施八尔湖风景区工程项目,"变"八尔滩为八尔湖。八尔湖镇党委书记梁先辉说,通过近年来的努力,如今已形成以八尔湖为中心、辐射周边的乡村旅游业,带动当地贫困户脱贫致富,原大堰乡也因此更名为八尔湖镇。

当晚,八尔湖风景区的水幕电影扮靓了湖水。水幕电影映出的美丽画卷,反映了当地村民对党和祖国的感恩之情,也充满了吸引游客眼球的乡村旅游美景。

八尔湖风景区只是南部县旅游产品大家庭中"年轻的一员"。当地已形成"一江五湖"全域旅游新格局,南部也离"世界亲水休闲旅游目的地""国际运动康养旅游目的地"的目标越来越近。

绿色发展 绿水青山就是金山银山

20世纪80年代,以灌溉为主的水库——升钟水库问世南部。曾经,因为贫穷,升钟水库网箱养鱼成风,虽然库区群众暂时获得收入,却给库水造成污染。

进入21世纪,当地打响升钟水库环保战。通过不懈努力,库区水质得到提升,还一片净水于库区人民,也让南部县打开了借助水库资源发展乡村旅游业的创新思维。当地把水

大型跨媒体行动《嘉陵江》文旅考察团在南部县考察

库更名为"升钟湖",创办钓鱼大赛,吸引各地钓鱼爱好者参赛,以此带动旅游业发展。如今,升钟湖钓鱼大赛已成功举办10届,大赛提升了南部县的知名度,成为当地发展旅游业的"靓丽名片"。升钟湖也因此成为"中国第一钓鱼城""中国西部最美丽的渔村"。

嘉陵江水哺育南部人的同时,还赐予当地绿色发展的基础。这里有150万亩生态林、15万亩优质水果和药材等绿色产业园。南部县城中心有600亩"桂花博览园",被誉为"中国桂花第一园",赋予了南部人宜居的生活环境。南部县莲花博览园核心景区四龙乡黑龙观村发展3000亩荷花产业,在带动当地村民脱贫奔康的同时,激活了当地沉睡的乡村旅游资源。

"南部县依托嘉陵江走绿色发展之路,相继建成速生林景观通道3000公里、生态绿道150公里、绕城桂花走廊35公里、城市森林公园73万平方米。"南部县政府副县长杨波说,"山在城中、城在林中、林在水中"的南部,已融入半小时南充、2小时成渝、5小时西安"经济圈",川东北交通枢纽次中心优势显现。

激活资源　旅游业促进乡村振兴

南部传颂着"北宋陈氏三状元"的历史佳话,流传着"卖油翁"的历史故事。历史上,画圣吴道子绘就的《千里嘉陵图》,就画有嘉陵江南部段的风景;诗圣杜甫、著名书法家颜真卿曾流寓这里;唐代第一立佛、北宋陈氏三状元故里、元代古刹醴峰观等,反映了南部源远流长的历史与厚重的文化内涵。

南部红色文化催人奋进。1.2万名南部儿女参加红军,其中1.1万人为国捐躯。为保证中央苏区食盐供应,南部10万军民冒死恢复盐井、建盐厂,树起"红色盐乡"的时代丰碑。"南部民间文化丰富多彩,千年桂花王、丘垭皇娘坟等民间传说充满浪漫神奇色彩。"南部县委副书记朱仕友说。

近年来,南部亲水旅游吸引了大批游客。这里的马王皮影、群龙剪纸、店垭花灯、双峰傩戏等被列入国省非物质遗产名录;这里的根雕、树皮画、川剧座唱、金钱板等令人叫绝。南部县依托嘉陵江资源,激活了当地乡村旅游产业,全域旅游助推精准脱贫工作强劲开展。杨波介绍,5年间,南部共有10.2万人脱贫,198个村退出贫困村,贫困发生率从9.8%降至0.01%,并成为全国首批脱贫摘帽县之一。"南部县把乡村振兴与旅游业相结合,无疑为一创新举措。"考察团成员、省旅游学会会长陈加林认为,南部县围绕嘉陵江全域旅游,定位"嘉陵有魂、亲水南部",可持续性开发旅游资源,走出了旅游业高质量发展之路。

(10月27日　中国网　李波)

南部县创新"六大机制"打赢精准脱贫攻坚战

"村里建有产业园,我在园区负责除草、喷药、修枝、摘果,一天工资 60 元。" 10 月 11 日上午,家住南部县东坝镇打鼓山村的村民鲜秀英算了一笔账,今年以来,她在产业园区务工,收入已经超过 1 万元。

在打赢精准脱贫攻坚战中,南部县创新实施"挂图作战"指挥、现场验靶推进、"五方联盟"链接、"三议五会"自治、内生动力引导、党建扶贫引领"六大机制",成功摘掉了国家级贫困县帽子,经验在全国推广。一场精准脱贫攻坚战打下来,全县至今共减贫 10.2 万人,退出 198 个贫困村,农村贫困面貌得到根本改变。

建脱贫奔康产业园 让贫困群众收入稳定

10 月 11 日上午,鲜秀英就走出家门,来到村里的脱贫奔康产业园上班,主要是在柑橘产业园里除草、修枝等。"像我们这把年龄,在家门口就能务工挣钱,多亏了党的扶贫政策好。"年过半百的鲜秀英说,在产业园区务工,每天有收入,2 亩多土地年底还有保底分红,一年的总收入不低于 2 万元。

"打鼓山、打鼓山,村民穷得连声叹,出了光棍一大班……"顺口溜的背后,折射出的是打鼓山村曾经的贫穷。随着精准脱贫攻坚战在村里打响,如今,打鼓山村完成危房改造 55 户,排危整治 200 余户,风貌改造实现全覆盖。村里还建成了文化室、卫生室等,新建村组道路 10 余公里,新修和整治山平塘 4 口、灌溉渠系 5 公里。在产业发展方面,建起了面积达 1.5 万亩的柑橘产业园,昔日的荒山、撂荒田变成了果园。

打鼓山村党支部书记赵全勇介绍,东坝镇打鼓山村脱贫奔康(柑橘)产业园实行的是"三园共建"模式,即在龙头企业负责技术、农资、管理和营销服务的基础上,引导具有管理创新能力的贫困户领办创业园,具有劳动能力的贫困人口进入就业园,既无管理创新能力又无劳动能力的贫困人口带进托管园,实现利益联结全覆盖。2017 年,加入创业园的 66 户贫困户年均增收达 3 万元,加入就业园的 39 户贫困户年均增收达 2 万元,加入托管园的 21 户贫困户年均增收超过 1 万元。

打鼓山村是南部县打赢精准脱贫攻坚战的一个缩影。要改善农村贫困面貌,发展产业是关键。南部县创新推出了"五方联盟"链接机制,即推行龙头企业+专合组织+致富能人+贫困群众+金融保险"五方联盟"机制,按市场运作模式,建成了覆盖贫困村和贫困户的脱贫奔康产业园 356 个,让群众有了稳定的收入和增收渠道。

约束激励机制　让帮扶干部有工作热情

在打赢精准脱贫攻战中，南部县始终把精准脱贫作为最大政治任务，实行星期二、三、四"无会日"制度，保证帮扶干部每周有二至三天进村入户、蹲点帮扶。成立县、乡、村三级"作战室"，层层挂出"作战图"，将"两不愁、三保障"目标落实到具体单位，把任务细化到月、安排到天，一周一调度、一月一通报、双月一验靶。有着"战狼"之称的33名县级干部每人挂联1至3个乡镇及相对应的村，任务最重的乡镇由县委书记、县长亲自挂；问题最多的村，县级干部亲自包；难度最大的户，县级干部亲自帮。

斗硬考核和奖惩，南部县在全县抽调150名纪检干部成立40个巡查组，全天候蹲点巡查，发现问题、当天交办、限期整改、定期复查，整改不到位的一律电视问政、从严追责。暗访巡察、验靶结果则纳入年终考核，好的授予"流动红旗"，差的给予"黄牌警告"。一系列约束激励措施，逼出了南部干部的血性、激发了队伍的"狼性"。在打赢精准脱贫这场战役中，干群一心、众志成城，持续迸发出了争分夺秒的"拼抢精神"、挑战极限的"拼命精神"、不胜不休的"拼搏精神"和万众一心的"拼合精神"。清晨6点钟出发进村入户，晚上开群众会解决问题，深夜回办公室处理文件和业务，成为南部干部的工作常态。

扶贫也扶志　激发脱贫内生动力

南部县建兴镇中和井村是典型贫困村，耕地少、贫困人口多，一些贫困群众思想保守、观念落后。为增强贫困群众致富信心，中和井村组织村干部、贫困户代表到附近的三官镇朱家梁村、火峰乡城隍垭村等地"取经"，通过参观学习，大大激发了贫困群众"我要脱贫"的内生动力。如今，村里建起了面积300余亩的核桃产业园，还栽种了50余亩红心柚。

"贫困的根结在于一些群众缺乏知识、技能、信心和斗志。给钱送物虽见效快，但没有贫困主体的积极参与，很难从根本上脱贫。"中和井村党支部书记何仕光说，扶贫重在扶志，只有调动贫困群众的积极性，不等不靠，苦干实干，才能彻底告别贫困。

为了提升村民"我要脱贫"的内生动力，南部县推行"三议五会"工作机制，规范议事内容，确保阳光透明，纳入"三议"的事项，一律按村"两委"提议、村民代表审议、全体村民决议"三议"程序决策，自上而下宣传、自下而上决策，干部指导不拍板、群众说了算。在用好"五会"平台方面，坚持由乡镇或帮扶单位组织召开村"两委"干部会，解决村班子软弱涣散和团结问题；召开全村党员会，尊重党员主体地位、发挥先锋作用；召开群众代表会，紧紧依靠群众代表做深做细群众工作；召开联组会或院户会，广开言路，多方听取意见，符合政策的立即办，不符合政策的讲清道理，做好沟通，及时化解疑虑，将村民"自我管理、自我教育、自我发展"动力充分激活。

激发群众"我要脱贫"内生动力，南部县还坚持通过政策统筹、活动引领、思想教育等多管齐下，全力增强群众不等不靠、脱贫奔康的信心和决心。如妥善处理贫困村与非贫困村、贫困户与非贫困户、特惠与普惠之间的关系，消除群众之间不平衡心态和相互攀比心理，构建了邻里相助、齐心协力的脱贫氛围；优先支持发展长效产业和到户"四小工程"，调动了群众脱贫积极性，甚至是抢着干和加油干；深入开展感恩教育、法纪教育、习惯教育、风气教育和脱贫光荣的自尊教育等"五大主题教育"，让"勤劳致富光荣、懒惰致贫可耻"观念厚植人心。

（10月12日 中国网 李奎）

培育特色产业 南部县争当"乡村振兴发展排头兵"

按照市委六届八次全会对实施乡村振兴战略的总体部署，南部县紧紧围绕市委争当"乡村振兴发展排头兵"的要求，抢抓全省乡村振兴规划试点县机遇，全力以赴建设实力、美丽、文明、和谐、幸福"五大乡村"，一场实现农业强、农村美、农民富的乡村振兴大会战，正在"亲水南部"大地上全面打响。

截至目前，南部县已建成晚熟柑橘基地16万亩、木本油料基地9万亩、中药材基地5万亩、有机水产基地10万亩，359个脱贫奔康产业园蓬勃发展，成为点燃乡村振兴的激情火种。

培育特色产业 提高农产品附加值

走进南部县东坝镇打鼓山村，但见平坦宽阔的水泥公路四通八达，道路两旁是大片大片的柑橘林，行进在村道路上，柑橘的清香扑面而来。

"3年前的打鼓山村，既没有当家产业，也没有公路，不少村民外出打工。"东坝镇打鼓山村村民罗堂秀告诉记者，脱贫攻坚启动以后，该村水泥路修到了村民家门口，还发展起柑橘产业。她主动将家里2.2亩土地入股产业园享受柑橘挂果后分红，还申请入园务工，一年工资5000余元。她不仅有了收入来源，还降低了市场风险，日子越过越有盼头。如今，全村已有上百名村民入园务工，年均务工收入约6000元；柑橘进入盛产期后每亩能收入9000元以上，林下套种蔬菜、花生等，还可年均增收1500元左右。

按照市委建设"实力乡村"的要求，南部县始终把培育壮大特色产业作为重中之重，按照"区域化布局、标准化生产、规模化建设、企业化管理"思路，全力培育晚熟柑橘、木本油料、有机水产、生态养殖等"四大产业基地"。重点打造铁佛塘—八尔湖、定水—双峰、火峰—长坪"三大产业环线"，持续延伸农旅结合价值链。加快建设农产品加工园、综合物流园"两大园区"，进一步提高农产品附加值。用好用活农村电商网络"一个平台"，推动脆香甜柚、升钟湖有机鱼等本土农产品走出四川、走向全国。

目前，南部县已建成晚熟柑橘基地 16 万亩、木本油料基地 9 万亩、中药材基地 5 万亩、有机水产基地 10 万亩，359 个脱贫奔康产业园蓬勃发展。

开发亲水资源　发展特色乡村旅游

近日，记者在八尔湖镇看到，村庄枕湖而卧、湖湾千变万化、湖岸植被秀丽，以川北民俗风情古街、山水演艺琉璃湖湾、八仙音乐文化广场为脉络，勾勒出了八尔湖景区轮廓。景区内，美丽的八尔湖以群山为背景，以水为视野，建筑、山涧、山体、溪流相互环绕，如梦如幻。

"昔日的八尔湖镇通村水泥路不足 500 米、水利设施薄弱，各项工作在全县排名倒数第一，是全县有名的贫困镇。"八尔湖镇党委书记梁先辉说，为将八尔湖镇的绿水青山变为老百姓脱贫致富的金山银山，2016 年，该镇启动了八尔湖景区建设工程，大力实施亲水资源大开发，围绕八尔湖 5000 亩黄金水面，建成环湖道 6.2 公里，开发骑游度假、农耕体验、田园客栈、农业观赏等农旅项目 10 余个。同时，结合幸福美丽新村建设，对全镇所有建筑统一按"唐代、宋代、清代、蜀汉时期"川北民居风格实施仿古改造，已完成了八尔湖镇场镇长龙街、兴业街和通滩街临街及临湖面危旧房棚户区改造和外立面仿古改造，涉及住房 610 套、7 万平方米，让旧陋的街道变成了景观。

"成功打造起八尔湖景区后，全镇面貌焕然一新。优美的自然风景吸引了不少游客来八尔湖游玩。"该镇居民姚素琼说。2017 年，姚素琼在八尔湖景区内租下一幢二层小楼，办起了农家乐，为来游玩的旅客提供食宿、棋牌等服务，仅这一项，全年收入就近 10 万元。

旧村换新颜带来的福利，不只姚素琼一家享受到。2017 年以来，该镇农家乐如雨后春笋一般，共开设农家乐、渔家乐、民宿客栈新型业态等 200 余个，解决 300 余名贫困人口就地脱贫，带动 8000 余人创业就业。

近年来，南部县紧紧抓住全省乡村振兴规划试点县的契机，依托八尔湖生态山水资源优势，深度挖掘地方文化，深度开发乡村旅游，深度推进农业特色产业升级，成功打造八尔湖亲水田园综合体，有效助力脱贫攻坚和乡村振兴。

实施文化惠民工程　让群众共享文化的春天

乡村振兴既要塑形，更要铸魂。南部县始终以弘扬社会主义核心价值观为引领，全力培育文明乡风、良好家风、淳朴民风。

在南部县八尔湖镇，随处可见"孝老爱亲""法治进村""和谐乡村"等宣传字样。在该镇一处广场上，一场村民自发的文艺演出正在这里举行，村民们通过自编自演的歌曲、快板、小品等，大力宣传"养成好习惯，形成好风气"等文明道德内容，为全镇营造起良好的风气。据介绍，除了开展文艺演出，该镇还依托党员远程教育终端站点、"农民夜校"等平台，开展"五大教育"、树立典型模范等，不断提升乡风底蕴。

近年来，南部县坚持以"一江五湖、亲水文化"为统领，深入挖掘八尔湖"八仙文化"、升钟湖"伏羲文化"、满福坝"大禹文化"的人文价值，切实加大对古场镇、古村落、古民居的保护力度，让鲜活的文化代代相传。积极构建乡风文明价值体系，持续开展"最美南部人"评选、优良"家风家训家规"评审、"四好新村"评定活动，树立文明乡村的标杆。大力实施文化惠民工程，全面建好村级文化活动室，做到"广播村村响、电视户户通、电影月月放"，真正让群众共享文化的春天。

南部县八尔湖镇新景

（10月26日 中国网 李然）

作为全国 6 个精准扶贫典型之一
纯阳山村进"决胜 2020 脱贫攻坚展"

10月17日，"决胜2020脱贫攻坚展"在北京会议中心举行。南充市南部县大堰乡纯阳山村，作为全国6个精准扶贫典型之一获邀参展。

在"决胜2020脱贫攻坚展"上，纯阳山村以"纯阳山村绣好精准扶贫这朵花"为主题，分为"创新机制"和"脱贫探索"两个展览单元，讲述了克服资源匮乏困局开展脱贫探索，从浴火重生走上乡村振兴之路的经历。展览用图文、图表、视频等形式，立体化、全方位、多角度、全景式展示自开展精准扶贫以来，纯阳山村的脱贫巨变。

纯阳山村位于川东北地区大型水库八尔湖淹没区，它走出了怎样的脱贫探索道路？10月18日，记者前往纯阳山村寻找答案。

从2014年全村建档立卡贫困户90户345人、贫困发生率34.6%，到2016年退出贫困村序列，2017年实现户户脱贫，并被评为四川省"水美新村"，纯阳山村的脱贫"秘诀"在于形成了"五方联盟"长效产业发展机制。4年来，纯阳山村探索利用"龙头企业＋专合组织＋致富能人＋贫困群众＋金融保险"模式，增强产业扶贫生命力，在特色产业链上为贫困群众做好"加法"。

"加法"的效果如何？"现在看起来还不错的产业扶贫模式，一开始大多数贫困户并不敢干。"村支书涂正林说,他们先后组织多批贫困群众赴外地参观学习,贫困户才渐渐有了脱贫信心。

"以前我只懂种玉米、小麦,不敢搞其他产业。"村民毕兴成乐滋滋地告诉记者,村里建起脱贫奔康(食用菌)产业园后,有专业技术人员指导,让他没了后顾之忧。同时,每户村民贷款5万元,政府贴息一部分,剩余部分由政府和企业出资,自己只需投工投劳就可参与产业园发展。

"产业园还引入保险扶贫机制,除固定资产、病虫害保险外,还有价格指数保险,保证每公斤杏鲍菇最低售价不低于8元。"村民王宝中是纯阳山村智能菇房的"房主",他的菇房面积500平方米,一年能产四季双孢菇,按目前市场价格计算,有望获得10万元左右的净收入。

"我们不但彻底告别了贫困,而且日子越过越红火。"村民姚素琼表示,她入股由农户合资成立的蘑菇生产厂,工厂建成投产几年来,产品产量逐年递增,"蘑菇主要销往成都、重庆等地,2017年每户入股村民纯利润近8万元。"

在纯阳山村脱贫奔康(食用菌)产业园,涂正林一手拿统计表,一手持计算器,为入股的每户村民算着今年的收入账。他说,"五方联盟"长效产业发展机制不断推动纯阳山村变劣势为优势,"2020年,我们奔康有信心!"

(10月21日2版 四川日报 通讯员 白刚 敬松)

船工号子:嘉陵江畔的劳动者之歌

嘉陵江流经南部县78公里,南来北往的船只穿梭于嘉陵江上。在沉重的拉纤过程中,船工们为了缓解疲劳和统一行动步伐,根据不同时间、地点、场景、人物,见啥唱啥,从而形成了具有地域文化的船工号子。

近日,笔者走近一些老船工,聆听一段关于船工号子的故事。

兴起:劳动的歌声

"嘉陵江水哟,浪悠悠哟,联手推船哟,到河里走哟……"尽管已经是81岁的高龄了,但家住南部县城新华路某小区的黄方荣老人每天清晨起床后,还是要在自家的阳台上吼几嗓子船工号子,他浑厚圆润的号子声不仅不会引起街坊邻居们的反感,还会赢得一片喝彩声。"吼了几十年了,船工号子几乎已经成了我生活中的一部分了。"作为一名生在船上、长在船上,父兄皆为船工的人,黄方荣一直对流传在嘉陵江畔的船工号子有一种特殊感情。

据黄方荣介绍，20世纪50年代初至60年代末，是嘉陵江上船工号子最盛行的时期。而当时传唱最多的是流行于嘉陵江流域的川江号子。这种船工号子主要分为稀流号子、平水号子和上滩号子三类，稀流号子是船下滩时船工们吼的一种准备号子，语气非常舒缓；平水号子是行驶在风平浪静的江面上船工们吼的一种号子；而上滩号子则是船逆行于江流非常湍急时船工们吼的号子，由于吼此类号子时船工们的劳动强度非常大，上滩号子又被称为"拼命号子"。

"那时候吼船工号子，其实就是船工们在从事高强度体力劳动时释放压力，缓解疲劳的方式。"黄方荣告诉笔者，当时的船工号子虽然有固定的调子，却并没有固定的词，在拉船的过程中，船工们根据不同时间、地点、场景、人物，见啥唱啥。

"那时候，没有机会到戏园中听戏，也听不到什么流行歌曲，嘉陵江畔的船工号子就是儿时听到的最好听的歌声，那是从劳动者口中唱出的最动听的歌声。"每当回想起当时的情景，黄方荣都会陷入沉思中。

消逝：时代的变迁

1955年，黄方荣离开家乡求学、工作和参军。在学习和工作之余，吼几嗓子家乡的船工号子便成为他最大的业余爱好和特长。在部队里，会吼船工号子的黄方荣不仅被任命为宣传干事，还被选派到成都等地参加比赛。

就在黄方荣痴迷于传唱家乡的船工号子时，家乡却在悄悄地发生着变化：随着陆路交通的发展和机动船等交通工具的出现，船工号子逐渐消逝于嘉陵江畔。

1978年，当黄方荣从部队退伍回到南部县城时，行走在嘉陵江畔的船工不见了踪影，儿时经常回荡在嘉陵江两岸的船工号子再也听不到了。

"船工号子突然之间再也听不到了，心中总感觉空落落的。"黄方荣说，觉得生活中缺少了什么，为了弥补这种缺憾，他便有事没事自己一个人在家里吼几嗓子，有时候也和周围的朋友一起吼。

"船工号子作为一定时期的历史印记，也是一笔宝贵的文化遗产，不应该在我们这里丢失。"眼看着船工号子的消逝，黄方荣盘算着如何让更多的人了解船工号子，记住船工号子。

涅槃：文化的拯救

2009年7月，当黄方荣得知该县将举办首届电视歌手大奖赛的消息时，眼前为之一亮。"这不正是向大家展示船工号子魅力的大好机会吗？"当时，尽管自己已经年逾七旬，但仍然登上了舞台。

"船工号子那种高昂的、原生态的声音听起来给人一种激昂向上的感觉，让人为之一

"船工号子"应邀到外地演出

振！"作为该县首届群众歌手大赛的评委之一，当第一次在舞台上现场听到源自本地的船工号子时，同样在嘉陵江边听着船工号子长大的南部县桂花香老年歌舞团团长何定政心中为之一振。回想起当时的情景，何定政记忆犹新。

随后，何定政便介绍黄方荣加入南部县桂花香老年歌舞团，并从歌舞团中挑选了9名身材高大、嗓门高亢、舞台表演经验丰富的人和他一起成立了船工号子演唱队。每周星期二和星期六，他们都会聚集在一起排练、演唱船工号子。

"让更多的人听到船工号子，记住船工号子是我们最大的心愿。"据何定政介绍，近10年来，船工号子演唱队不仅深入到该县各乡镇开展义务演出活动，还应邀到周边的阆中、仪陇等地演出，深受当地群众的欢迎。

2017年10月底，在该县文化馆的组织下，黄方荣和其他8名演唱队成员应邀到巴中市参加了第五届巴人文化艺术节活动。活动中，黄方荣等人表演的船工号子赢得了主办方和现场观众的一致好评。

"船工号子作为宝贵的非物质文化遗产，值得我们保护和传承。"据该县文化馆相关负责人介绍，下一步，他们不仅会加大对船工号子的收藏和保护力度，还将通过各种活动加大宣传力度，让更多的人了解和熟悉。

(11月6日6版　四川日报　李果　王林均　特约通讯员　张枥 文/图)

巴南高速八尔湖互通通车

11月7日，南部县八尔湖镇热闹非凡，当地干部群众敲锣打鼓、载歌载舞庆祝巴南高速八尔湖互通处通车。巴南高速八尔湖互通立交工程项目位于成巴高速（K202+764米），距八尔湖1公里，设有全长1884米的五个匝道，一个四进四出仿古风格收费站。该工程于2017年6月开工建设，总投资1.25亿元。

(11月9日1版　四川日报　白刚　特约通讯员　张枥 摄)

马王皮影进校园

近日,南部县马王皮影第九代传承人杨洪富走进县城柳林幼儿园,为小朋友们表演了皮影戏。

"我们开展非物质文化遗产进校园试点活动,旨在深入推进非物质文化遗产保护,以更接地气的方式传承弘扬地方优秀传统文化。"南部县委宣传部相关负责人介绍,这一活动让广大少年儿童认识非物质文化遗产,并在培养兴趣的过程中远离手机,提高动手动脑能力。

南部县历史悠久,存在于民间的非物质文化遗产众多。近年来,该县经相关部门挖掘、整理、申报,已获批准114个(种)非物质文化遗产,其中国家级1个(马王皮影),省级3个(双峰傩戏、南部评书、杜氏中医),市级111个。其中,马王皮影创始于清朝雍正年间,2008年入列国家级非物质文化遗产。

皮影表演吸引了孩子们

(11月14日7版 四川日报 白刚 特约通讯员 张枥 文/图)

唢呐声声 见证时代变迁

因为从小酷爱唢呐,南部县柳树乡高家河村村民敬文建用自己的执着与坚守,不仅让祖辈传承下来的唢呐给附近的乡亲带来了艺术的享受,也让唢呐这项民间艺术在升钟湖畔不断生根发芽。

口口授受学技术

11月19日,笔者来到敬文建家时,只见整洁简朴的客厅中,大大小小的唢呐成为一道亮丽的风景线。敬文建坐在客厅里吹着唢呐,圆润悦耳的声音让人震撼。

"舌、指要配合协调,肺活量要好,悟性要高,同时要掌握一些基本乐理常识。"聊起唢呐,不善言辞的敬文建打开了话匣子,讲起了这些年来他总结出来的吹唢呐的经验和技术。

今年62岁的敬文建自幼特别喜欢听别人吹唢呐。"小时候,无论是哪家有红白事,还是请人唱大戏，都会吹唢呐，声音一响起心里就会感到莫名的快乐和兴奋。"回想起自己和唢呐最初的情缘，敬文建记忆犹新。

16岁那年，敬文建开始跟随本村的唢呐艺人敬文明学习吹唢呐。由于没有曲谱，自己也不懂曲谱，敬文建只能通过口口授受和模仿，学习相关技巧。凭借师父传授的技巧和自幼对唢呐的喜爱，再难的曲子，敬文建都能够在很短的时间里学会并将其完美地演奏出来。

"要想真正地吹好唢呐可并不是一件容易的事儿，特别是在那个条件艰苦、生活困难的年代。"敬文建说，过去由于家中经济困难，他白天不仅要和师父一起外出工作，而且还要帮助家里干农活儿，只有到了晚上，才有空闲时间练习吹唢呐。由于吹唢呐时会发出很大的响声，为了不影响邻居休息，敬文建便独自一人点着煤油灯躲在自家狭小、潮湿的地窖中练习到深夜。

不到一年时间，敬文建便通过这种口口授受的方式，学会了在当地流传的所有的唢呐曲目并能够独当一面登台演出。

由盛转衰苦坚守

20世纪60年代至70年代，柳树乡以及周边地区唢呐最盛行。"那时候，无论哪家遇到红白事或是为老人祝寿，都会邀请我们。"敬文建说，当时，他不仅经常到县城以及周边乡镇吹唢呐，还多次被邀请到阆中、广元等地吹唢呐。"每到一处，主人家都会恭恭敬敬端上茶水招待我们，唢呐一响，还会有很多人围过来看热闹，我们也越吹越有劲。"想到唢呐经历的最辉煌的时候，敬文建脸上洋溢着自豪的笑容。

"吹唢呐是很有讲究的，曲目也有很多种。"据敬文建介绍，流传于南部县升钟湖畔的唢呐曲目，主要分为杂牌子和调牌子两大类。其中，主要运用于戏曲配乐中的杂牌子中又包括官牌、将军牌、观音扫殿牌等种类，每一种类都对应有不同调子；而调牌子又分为应用于结婚、寿诞中喜庆类和丧事中的悲伤类两大种类，每次外出，他们都会根据不同的情景和雇主的要求，吹奏相应的曲目。

时间进入到20世纪90年代初期，广播电影电视繁荣起来，升钟湖畔民间的戏班子减少了，为婚丧嫁娶营造氛围的唢呐、锣鼓等传统的器乐演奏也逐渐被现代器乐演奏取代，曾经的唢呐艺人不再像以往那样受欢迎，只有在遇到比较隆重的葬礼时才会被邀请。为了生计，唢呐艺人只好纷纷改行，而敬文建也被迫放弃了自己钟爱的唢呐外出务工。

"外出务工期间，虽然收入比以前高多了，但快乐却减少了。"敬文建说，2003年，在经历一年短暂的外出务工后，他回到了家乡。每当空闲的时候，他都会拿出心爱的唢呐，自娱自乐一番。

2016年10月18日，敬文建应邀参加南部县升钟湖民间文化研究协会成立20周年暨保城乡第三届孝亲敬老节，并为观众们现场演奏了《百鸟朝凤》等曲目，赢得了现场观众的掌声和喝彩声。

"如何传承保护好唢呐这门古老的民间艺术，不让其在我们这代人手里失传呢？"面对自己钟爱的民间艺术即将失传,敬文建心急如焚,也尝试过通过收徒弟等方式将它传承下去,可效果并不是很理想。

敬文建的担心也正是该县文化馆所关注的。目前,敬氏唢呐已经被列入该县非物质文化遗产保护对象,并尝试通过各种方式加大对其的保护力度。

(11月22日6版 四川日报 王林均 特约通讯员 张枥)

南部农特产品热销浙江洞头区

"这个柚子真好吃,脆香甜。"11月20日上午,在浙江省温州市洞头区新城区的首家"洞头区——南部县优质农特产品直销中心门店"人头攒动,洞头市民纷纷前来尝鲜。

"南部县的农特产品备受洞头市民青睐,尤其是脆香甜柚、黑皮花生、核桃等供不应求。"店主陈丹凤说,自11月15日营业以来,南部县的脆香甜柚、双孢菇、黑皮花生、黑豆、野山猪、天麻、大红菌等10余种农特产品引来洞头市民争相购买,首批700余斤农特产品即将卖完。随后,该店还将继续和南部有关部门对接,让更多的优质农特产品能出现在洞头。

温州市洞头区百岛特色渔农产业协会副会长肖海东介绍,该直销门店是浙江洞头区与南部县东西部扶贫协议的一个项目。洞头区通过这一直销中心门店,以实体店购买加电商订购的模式,将南部县的土特产引进到洞头区市民的家门口,点燃了当地市民自发购买、参与扶贫的热情,促进了两地之间的农副产品交流和互通。

据了解,洞头区和南部县还将通过农业对口帮扶市场营销项目,促进两地之间的农副产品交流和互通,包括组织南部县农特产品参展浙江农业博览会、展销会;与洞头区渔农办协作组织南部县农副产品进入洞头超市;发动南部县电子商务企业在洞头区注册,线上销售南部县农产品;引进洞头区特色产品进入南部县超市等。

(11月27日4版 四川日报 白刚 特约通讯员 张枥)

南部集中巡河守护碧水

"请大家走的时候将垃圾全部打包带走,美好的环境需要我们共同维护。"11月20日,笔者在南部县紫岩河流马段看到,几名巡河工作人员正在对沿岸钓鱼人进行劝导。

据该县河长制办公室相关负责人介绍,为进一步落实护河清水举措,该县制定了河长集中巡河工作方案,确定每月第一周星期四为河长集中巡河日,常态化组织各级河长及相关单位开展声势浩大的集中巡河，对河流两岸的养殖场、排污口、面源污染、河道保洁、河面清洁、船只等大型漂浮物摸排备案，对发现的问题，形成问题清单，明确整改主体，及时交办，限时整改。

据介绍，河长由县级领导担任，落实县乡村三级河长 790 名，并分别设置记者河长 13 名、河道警长 25 名，安排部分志愿者和相关工作人员全程参与，联动巡河、护河。

（11月28日3版　四川日报　刘锐峰　特约通讯员　张枥）

省新增和恢复蓄引提水能力 1.3 亿立方米
高效节水灌面新增 60 万亩

12 月 3 日，全省农田水利基本建设现场会在南部县举行。记者从会上获悉，截至目前，我省完成投资 265 亿元，新增和恢复蓄引提水能力 1.3 亿立方米，新增有效灌面 105 万亩，新增高效节水灌面 60 万亩。

在整合资金方面，达州市按照"渠道不乱、用途不变、各投其资、各记其功"的原则，把分散在农业、林业、扶贫、国土、发改、交通等 8 个部门的项目资金整合，"多个渠道引水，一个龙头放水"，2017 年以来，整合资金 13.65 亿元，带动业主及受益群众投入 5.42 亿元，社会资本及金融支持 0.34 亿元。

在智慧灌溉方面，南部县建成水肥一体化管理站 2 处，土壤墒情监测点 21 处，气象监测站 5 处，一套管网同步输水送肥，管灌、喷灌、滴灌每亩分别能降低成本 400 元、500 元、600 元，解决了灌水不足、营养供给不均等问题。

在渠系配套上，雷波县一改守着向家坝、溪洛渡两个大水库，却仍是"水在江中流，人在岸上愁"的窘境，通过因地制宜兴建小型水利，有效灌溉面积达到了耕地面积的 43.41%，为近 100 万亩核桃、20 万亩青花椒、5 万亩脐橙等优势产业基地提供了生产用水。

下一步，我省将加快推进李家岩、土溪口、白岩滩等 75 处在建工程，新增、恢复蓄引提水能力 1.2 亿立方米。

（12月4日2版　四川日报　吴平）

洞头南部手拉手　人才援助架起合作桥梁

12 月 12 日，笔者从南部县东西部扶贫协作工作领导小组办公室获悉，今年 4 月，温州市洞头区与南部县建立结对帮扶关系以来,已选派 2 名党政干部和 19 名专业技术人员赴南部县挂职,为南部县脱贫攻坚大局储备人才资源,架起了两地深化交流合作的桥梁。

今年,南部县中医医院在温州市中心医院急救科尤荣开主任医师、蔡晓盛主治医师助力下,成功抢救一例心脏骤停患者。作为结对帮扶的医疗团队,尤荣开等人通过院内培训、演练、会诊、座谈等,帮助南部的医护人员掌握新理论、新知识、新技术,让所在医院的管理体系、医疗质量、院科建设等方面得到明显提升。

今年 4 月和 7 月,洞头区选派赴南部县挂职的 2 名党政干部和 4 名医生、教师等专业技术人员全部到位,他们将用 1 年多时间,助力南部打好打赢精准脱贫这场攻坚战。"在洞头与南部的互动中,更多的是'走亲戚'一般频繁、亲密的扶贫协作关系。"南部县人社局相关负责人说,在洞头南部扶贫协作工作中,两地积极开展了干部人才交流。

"从产业项目支持到人才交流培训,洞头区和南部县的联系越来越紧密。"谈及东西扶贫协作,南部县投促局纪检干部周树林对今年 8 月举行的招商促进专题培训记忆犹新。他说,通过培训学习了先进招商引资经验和先进发展模式,更让两地招商干部"零距离"共同学习、共同交流、共同成长,坚定了东西部携手奔小康信心。

今年以来,洞头区还增派了 15 名专技人员赴南部县短期挂职,开展支援工作。通过对接温州技师学院,达成"南部专班"计划,给予南部的贫困学生"两免两补"政策,并计划 12 月组织 60 名学生赴温州实习。南部县已选派 4 名党政干部和 6 名医生、教师等专业技术人员,于今年 6 月赴洞头区进行为期半年的交流学习。两地协作,举办干部人才培训班 2 期、247 人,举办专业技术人才培训班 19 期、1273 人。

(12 月 13 日 2 版 四川日报 曹伯同 特约通讯员 张枥)

智慧水务"玩"的就是云平台
2020 年南部县将全面建成智慧水务平台,集中六大涉水业务

12 月 3 日,在南部县城乡水务有限公司二楼的智慧水务指挥调度中心,记者通过大屏幕,直观看到大刀供水加压站的实时运行情况:余氯 0.21,浊度 0.58,PH 值 7.65,均在正常范围,如果出现异常,系统就会自动报警。

南部县这套系统贵在通过全程监测,不仅能及时发现管网爆管漏水,还能利用数据建模,在上百公里的沿线中锁定爆管大致位置。这便是智慧水务系统性的优势,此外,更大大降低了人力、管理成本。

乡镇巡水员减140人成本降1400万元

"南部全县130万人口，70多个乡镇，85%的人口已纳入城乡一体化供水。在乡村，由于地势高低起伏不平，水管压力差异很大，很容易爆管；加压站又常在很偏远的地方，人工管理效率很低。"该县水务局办公室主任李小均说。

以前，一个乡镇需要三四名巡视员。城乡供水上，除了基建，人力成本仅次于药费、电费，占全部运营成本的1/3。

今年汛期，嘉陵江涨水，升钟湖放水，一时间，自来水厂进水浊度提高50%以上。根据浊度变化，水厂工人在控制面板上提高配药比例，增加沉淀时间，保证了出水质量合乎要求。

这一过程，同时被南部县智慧水务平台所掌握，3个水源地、9个水厂、9条输水线的运行是否正常，都能够尽览无余。

"现在，只需要划分大的片区，每个乡镇的巡水人员能减员2名，按每人每年十万元的经费计算，就能节省1400万元。"南部县水务投资公司副总经理欧阳明介绍，以往水管报修要么打服务电话，要么到营业大厅，现在报修、缴费、查询都能在手机上完成，从乡镇到农村也在逐步普及。

六大涉水监测集成有助提高决策水平

此前，城乡供水，污水厂排水、河湖长制、防汛减灾、高效节水灌溉、河道采沙等涉水事务均存在管理成本高、应急预警处置不及时等问题。

为此，南部县争取国家项目资金2亿元，自筹资金1亿元，于2017年4月启动建设智慧水务管理平台，涵盖了上述六个方面，将于2020年全面建成。

据了解，水务信息化并不是新鲜事，南部县曾经学习考察的宁波市，以及德阳市、金堂县等地水务企业都实现了一定程度的智能化；水库大坝的智能监测正在从大中型水库向小型水库普及；智慧巡河在河长制的推动下迅速壮大，如绵阳游仙区等……但各个系统尚缺乏整合。

南部县的智慧水务系统有何不同？

承担平台建设的公司相关负责人吴利剑认为，系统性平台需要对物联网、自动控制、云计算、大数据等信息技术有深入掌握，还需要对水务行业有相当的浸润，才能让技术对接需求。例如，供水管网监测，需要对水动力模型有了解。

该系统采用云平台，可以按需分配系统资源。与传统平台相比，云平台是伸缩性极强的虚拟化平台，可以把5台服务器的容量分成10台甚至25台……实现按需订制。

目前，这套平台首先实现的是城乡供水、排水系统的集成，紧接着，先前的防汛减灾系统、后面建设的高效节水灌溉和采沙监管系统都将实现便捷接入。

其好处就是水务数据在更大程度实现共享,通过数据的挖掘分析,提供决策参考,提高服务效率。

六大涉水业务集中,也减少了分别建设、管护的成本,该平台一班3人,各班轮守即可,节约了行政资源;更重要的是对全县水务的综合掌握分析,有助于提高决策水平。

参加智慧河长APP测试运行的工作人员何平提出,部分巡河工作人员年纪偏大,数据收集并非一劳永逸,而要常抓不懈,此外,对数据的发掘应用,也需要发挥创造力,才能发现更多隐藏在表面下的重要事实,服务全县水务工作。

(12月11日2版 四川日报 吴平)

暖冬行动让留守儿童温暖过冬

12月10日,南部县24365市民生活全天候服务中心等单位的志愿者和爱心人士一道,前往寒坡小学开展了"大手牵小手"关爱留守儿童暖冬活动。志愿者们为该校留守学生发放"爱心温暖包"慰问品,并鼓励他们努力学习,争取用优异成绩回报社会,传递社会正能量。

当天,志愿者为留守学生精心准备的花式自行车表演、军体拳、《感恩的心》手语舞等14个节目,让孩子们度过了快乐的一天。爱心人士还为该校230名留守学生送上了书包、手套、课外读物、文具等"温暖包"及篮球、足球、羽毛球、乒乓球等体育设施设备,让孩子们感受到社会大家庭的温暖。同时,大家还开展了拔河、乒乓球、篮球、"我来教你包饺子"等趣味活动。

寒坡乡距离县城25公里,外出务工人员多,留守学生较多。近年来,在部分社会爱心企业、爱心人士捐资助学帮扶下,该校校园环境得到了极大改善,校园文化逐年浓厚,学校面貌焕然一新。

据了解,近年来,该县24365市民服务中心组织爱心企业、爱心人士开展"暖冬"行动活动4次,受益者有4000余人,累计捐助资金20余万元。

(12月13日6版 四川日报 高林阳 特约通讯员 张杨)

推行高效节水优化农业水利建管机制

2018年,四川新增高效节水灌面60万亩。2014—2017年,全省农业用水量占当年用水总量比重下降了 1.6 个百分点，但仍然占到 59.8%。我省正大力发展高效节水农业，立足水资源的优化配置，服务现代农业结构调整，并以此为节点，带动整个投入机制、运行管护、水价收取的制度进一步优化。

亩均投入高综合效益更好

南部县东坝镇打鼓山村村民刘永凯 2014 年承包了 1000 亩荒地种柑橘。

"以前抽水放水、拖管管都要人，浇一亩地要 2—3 个人工，一年浇 3 次，按一个人工一年 60 元的工钱计算，1000 亩就要四五十万元的成本。"刘永凯给记者算了一笔账。

2016 年，南部县水务局在该村实施高效节水试点。2018 年，以项目资金为引领，县上引进两家公司对该片进行升级改造，建成了水肥一体化灌溉示范片。为加强工程运行管理，由南部县城乡水务有限公司组建了工程运行管护服务专业公司，对该片进行智慧化管理。刘永凯向管护公司仅支付 300 元 / 亩的服务费（包括水费、设备维护费等），算下来比以前至少省一二十万元。

除此之外，园区还建有气象监测站、土壤墒情监测站、水肥一体化管理站等。

"根据天气预测，快要下雨就不浇水了，土壤缺啥才提供啥肥料。"刘永凯说，不知是不是智能灌溉施肥的效果，今年幼树初挂果的不知火柑橘，比以前的更甜了。

绵阳市游仙区的葡萄种植业主黄昭强也有同感。他为农村做水利灌溉工程，深感渠道的大水漫灌不仅让作物"吃不消"，还容易产生更多病虫害。"之前种葡萄的老板，2013 年将园子转给我们承包了，将灌溉施肥精细化之后，葡萄品质提高，卖到 30 元一斤。"

结合现有基础节约建设成本

结构精密的管材不耐糙，水质颗粒悬浮物多、水压不稳等因素都会影响正常出水。

南部县凭借城乡供水一体化达 80% 以上、管网绵延乡镇村数百公里的优势，灌溉用水也采用同一套系统，减少了另建的支出，同时，大大减少了管材、设备的故障率，水质更有保障。

南部县城乡水务有限公司经理助理赖思龙介绍，他们使用的是新疆天业节水灌溉股份有限公司的先进技术。在新疆当地，已经实现污水处理厂处理后的中水循环利用灌溉农业。南部县待完善污水处理后，也将朝此方向努力。

游仙区在高效节水灌溉的实施中强调权利与义务的匹配，采用"民办公助、先建后补"的模式，调动业主积极性。该区水务局水利股股长罗海燕介绍，当地大部分属于丘陵地区，集中连片的农区较少，连片的发展成型的产业园区更少。但为了避免资金浪费，还是本着适度集中、产业成型的原则挑选业主。此外，由业主承担设备泵房建设、管沟开挖和回填，并且要做出书面的承诺，有效利用，积极维护。

今年7月，洪水冲垮了游仙区几十公里的农毛渠，但深埋在耕作层以下的节水灌溉管道没有受到影响。

智能化服务兼顾管护与水价

以往的农田渠系，普遍存在失修、失效的问题，水费收缴也难以计量。高效节水灌溉如何破题？

首先是在建设之初就合理规划、高标准执行、严堵漏洞。罗海燕说，这套设备确实"娇贵"，技术要求高，之前就多次勘察设计，安装时又多次核实，调试时，有一点不对就达不到效果。但是，开头的基础工作做扎实后，后面使用就很方便了。

其次，上述两地不约而同地采取了社会化服务加智慧水务的方式。游仙区计划改造高效节水灌面20万亩，已完成43600亩，南部县也已建成36000亩，这么大的面积也倒逼以人力为主的巡护变智能监测。

南部县组建了工程运行管护服务专业公司，开发了智慧水务一体化平台，升钟湖、八尔湖能通过遥感技术实现三维成像，从水源到田间均可远程在线实时观察。

游仙区孵化了本地的水利工程管护物业公司，并在34万亩灌面上实现了斗口水量自动测报系统的全覆盖，包括187处斗口计量点，12个一体化闸门，10个雷达计量点。在此基础上，水费查询、缴纳都可在手机上完成。

葡萄园水药肥一体化　　　　　　　　喷灌

（12月14日4版　四川日报　吴平）

蛋壳上绘出家乡美景

12月11日上午，南部县升钟镇旋塘湾村村民杜光显在一块鸭蛋壳上绘出八尔湖风光后，开始做防止褪色的技术处理，一周后他绘制的 10 幅蛋壳画将被送到外地客户手中。

在常人看来，鸭蛋的蛋清和蛋黄有很高的营养价值，可以做出美味的佳肴，蛋壳似乎没有什么用处。然而，在市级非物质文化遗产升钟树皮画第五代传承人杜光显的手中，鸭蛋壳却变成了一件艺术品。杜光显把身边的山山水水、花草树木都栩栩如生地展现在蛋壳上。

他是如何创作出蛋壳画的呢？

灵感来自偶然

12 月 11 日，笔者来到南部县升钟镇旋塘湾村村民杜光显家中时，只见简陋的工作室内除了琳琅满目的画笔、调色板、颜料以及树皮画外，还有大小各异、切面整齐的鸡蛋壳和鸭蛋壳。

杜光显告诉笔者，作为升钟树皮画的传承人，他一直用自己熟悉的树皮画反映家乡的山山水水和风土人情，他希望在树皮画的基础上有所突破，但始终找不到突破口，直到 8 年前的那个夏天。

当时，杜光显在成都装修房子。一天晚上，他躺在即将装修好的新房子的地板上休息时，突然发现有一束椭圆形状的光线从窗外照射到洁白的墙面上，就像一个鸡蛋，外面树木枝叶的影子也投射在椭圆的光圈中，宛如一幅风景画。

"这不是在蛋壳上描绘的风景画吗？"尽管当时已经是晚上 10 点钟了，痴迷于绘画艺术的杜光显仍然不顾一天的劳累，立刻爬起来，从附近的超市中买了 10 个鸡蛋，反复观察和琢磨，思考着如何才能够在蛋壳上画出美丽的风景画。

"想要在蛋壳上绘画，首先要做的就是将蛋壳切成两半，去掉里面的蛋清和蛋黄，以便于保存。"他连夜找来了刀子和小钢锯等工具，尝试着将蛋壳切开用于绘画。

"10 个鸡蛋都用光了，当时能想到的办法都用尽了，但这些鸡蛋还是都被我切得粉碎。"绘制蛋壳画最初的尝试尽管以失败告终，但杜光显却并没有就此而放弃，心中一直琢磨着，并坚信自己一定能成功。

艺术在于创造

"切蛋壳是绘制蛋壳画的第一步。这些蛋壳看似平常，却是经过我反复琢磨、反复试验而总结出来的方法切割而成的。"杜光显告诉笔者，当年他从成都返回升钟镇老家后，很少外出，心思大多用在了如何切割蛋壳上。

"那时我基本上不干家务活，有时候甚至连吃饭的时间都搞忘了。"杜光显说，尽管他痴迷于切割蛋壳的举动引起了妻子的不满甚至有时候会因此吵架，但他却坚持着自己的试验。

一个月的日日夜夜，100 个大小不一的鸡蛋和鸭蛋，在经过反复失败、反复思考、反复尝试后，杜光显终于找到了一个又快又好的方法。"用一根细铁丝，在特殊的环境下，不到 10 秒钟，就能够将一个鸡蛋整齐地切割成两块。"对于自己反复尝试出来的切蛋技巧，杜光显烂熟于心。

据杜光显介绍，在掌握了切蛋壳的技巧后，凭借自己对艺术的热爱和执着追求，他又相继探索出了为蛋壳加固防止摔烂和避免蛋壳画褪色等技术。

杜光显正在创作蛋壳画

美景永驻心中

"一江五湖风景靓，亲水南部美名扬。"12 月 11 日，在做好了相关准备工作后，杜光显拿出一块绘制有八尔湖风光的鸭蛋壳，为其做最后的防褪色处理。蛋壳上，秀丽的山丘，清澈的湖水清晰可见，就连游客独自泛舟湖上的情景也栩栩如生。

"在蛋壳上绘制场面宏大的风景画，其困难程度远远超过在纸上和树皮上面绘画。"杜光显说，由于蛋壳面积小，表面为曲面等原因，在绘画的时候，除了要有扎实的基本功外，还需要超强的耐心和细心。

杜光显介绍，12 月 4 日，他花费了 1 个多月时间绘制的第一批 100 幅升钟湖组图如期完成并交付到远在北京、上海、广州等地的游客和乡友手中，目前正在绘制的 10 幅"一江五湖"组图也将在完成后送到顾客手中。

"能够用自己的双手、通过自己的方式让远在他乡的游子记住家乡的山山水水，让远方的客人了解'亲水南部'的秀丽风光和风土人情，也是一件有意义的事。"据杜光显介绍，目前，在得知他在蛋壳上绘制反映该县秀丽风光的"一江五湖"的风景画时，很多在外乡友和到升钟湖观光垂钓的游客纷纷通过各种方式购买。而他，也乐意通过这种独特的方式，让更多的人了解家乡、记住家乡。

（12 月 19 日 7 版 四川日报 李果 王林均 特约通讯员 张枥 文/图）

亲水南部"五个围绕"振兴乡村

改革开放 40 年来，南部县城乡面貌发生了翻天覆地的可喜变化，老百姓的幸福指数一年比一年高。

近年来，特别是党的十八大以来，南部县利用5年时间发展脱贫奔康产业园236个，发展小庭院、小养殖、小作坊、小买卖"四小工程"28643户，建成"三源六厂九线+N"城乡一体化全域供水体系，82万农村群众吃上了跟城里一样的自来水，全县通村硬化路达100%，通组硬化路达80%，基本实现村村有集体经济、硬化路、文化室、卫生室和宽带网的"五有"目标，贫困发生率降至0.01%，成功摘掉国家贫困县的帽子。

脱贫摘帽后，南部县锁定建设亲水南部的目标，围绕生产基地、园区加工、营销物流三个融合推进产业振兴；围绕培养技术能人、乡村匠人、归乡贤人，推进人才振兴；围绕传承亲水文化、乡土文脉、乡风文明，推进文化振兴；围绕建设清洁家园、生态家园、宜居家园，推进生态振兴；围绕组织强村、能人治村、民主管村"三个工程"，推进组织振兴。

(12月21日5版整版　四川日报　特约通讯员　张枥　文/图)

南部县坚持"三个高质量"建设四好农村路

脱贫奔小康，道路是保障。近几年来，南部县立足"服务脱贫攻坚、服务乡村振兴、服务同步小康"的新要求，坚持以人民为中心的发展观，全面推进农村公路建设"大会战"，全县100%的乡镇、100%的村、75%的社通上水泥路或油路，并先后荣获全省、全国"四好农村路示范县"称号。

坚持一切为了群众　高质量打造"脱贫奔康路"

南部县始终把农村公路建设与脱贫攻坚、乡村振兴深度融合，依托兰渝铁路、兰海高速、成巴高速等快速通道，投入资金90亿元统筹推进农村路网建设。一是围绕出行建设"便民路"。坚持"群众出行瓶颈在哪里，道路就建设到哪里"，以"打通断头路、加宽村道路"为重点，完成1300公里村道公路加宽，通组路和入户路达到2600公里，基本实现"半小时达高速、一小时坐动车"的美好愿景。二是围绕增收建设"产业路"。坚持"群众致富产业在哪里，道路就建设到哪里"，立足全县30万亩晚熟柑橘、中药材等特色产业基地，配套建设产业路、园区路1900公里，带动形成3条产业环线、4大产业示范基地，打通了产业兴旺的"交通经络"。三是围绕开发建设"旅游路"。坚持"群众长远效益在哪里、道路就建设到哪里"，立足"一江五湖"资源优势和生态宜居的村庄建设，高品质打造乡村旅游公路260公里，带动发展田园村庄50个、特色小镇10个、农业主题公园25个，满福坝"南部水城"、八尔湖"水韵古乡"、升钟湖"世界钓鱼城"成为度假休闲目的地。

中国升钟湖钓鱼大赛已成功举办十届

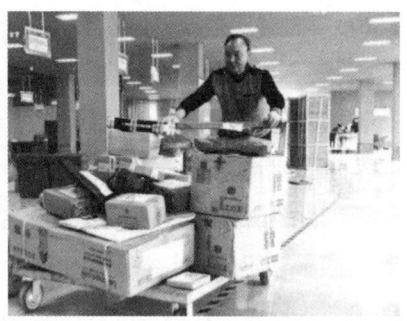
农村淘宝入驻南部县

过去的贫困村变成了景点

农村孝亲敬老活动

定水镇庙子山村生态农业

农村交通大大改善

坚持一切依靠群众　高质量打造"精品放心路"

按照"政府主导、群众主体"的原则，推行"群众自主决策+自主监督"模式，凡涉及群众利益的土地占用、林木损毁、筹资筹劳等重大事项，一律通过"三议五会"程序决策，努力建设传世精品。一是打造平顺舒适"品质路"。建立政府监管、业主负责、社会监理、企业自检、专业检测、群众监督"六重质量监管机制"，全面推广滑模摊铺等先进工艺，提高路面平整度和密实性，所有县道公路全部达到技术标准三级以上，所有乡村公路全部达到技术标准四级以上。二是打造防护牢固"安全路"。坚持质量打底、安全第一，投入资金3亿元，规范安装防护栏2200公里，设置安全警示标志和道路指示标牌15000个，确保农村公路安全防护到位。三是打造绿色生态"景观路"。坚持路域环境治理与村容村貌改造同步，实施公路沿线绿化、美化、亮化，处处显山露水，成为一道靓丽的风景线。

坚持一切服务群众　高质量打造"人民满意路"

四好农村路建设，补齐了脱贫攻坚的短板，打通了乡村振兴的经络，为确保优质高效服务群众，南部县始终坚持"三分建设、七分管护"，加快形成管护协调、营运高效的良好态势。一是管理系统化。构建县乡村三级道路管理体系，全县成立 21 个执法中队，设立 73 个乡镇（街道）交管办，每村配备 2—3 名护路员。将农村公路管护制度写进村规民约，全县 200 余名农村党员主动领养公路 350 公里，带动 600 余名群众义务领养公路 1200 公里，做到养护、管理、监督"三位一体"。二是养护精细化。投入资金 8000 万元，率先建成全省规模最大的县级公路机械化养护中心，常态开展维修和预防性养护，最大限度地延长道路使用年限。三是运营便民化。投入资金近亿元，建成乡村招呼站 1500 个、客运站 61 个，开通农村客运线路 151 条、乡村旅游精品线路 7 条，依托阿里巴巴农村淘宝等电商企业建成三级物流配送网络，实现农村客运便捷化、旅游专线化、物流顺畅化。

（12 月 22 日 4 版整版　四川农村日报　杜伟）

聚焦农业　授之以渔

隆冬时节寒意深，四川省南部县万年镇天波村村民王维君的心却是火热的。眼下进入农闲时期，他却没闲着，经常要跑到地里看看，因为这地里种着能让他增收脱贫的"宝贝"。

自然条件差、缺资金、少技术，一直是阻碍天波村村民致富的"绊脚石"。今年 4 月，在温州洞头区的对口帮扶下，天波村完成土地流转，实施土地整理调型，推广种植晚熟柑橘 1700 余亩，村民王维君的 6 亩多地也全部栽上了柑橘树。

为了不让贫困户承担风险，洞头区采取"注资入股，按股收益""保底分红，稳定收益""统筹分配，精准收益""兼顾四方，捆绑收益"的办法，充分调动村民、村集体、贫困户与负责经营的能人积极性。

南部县兴盛乡柏垭观村党支部书记韩久仁介绍，依托洞头区的对口支援，柏垭观村创新机制，发展种植中药材。洞头区帮扶的资金注入，实现了贫困群众全覆盖。贫困户李开兴将家中的 8 亩多地流转出来，自己以工人身份在地里务工。他说："现在改种药材，一天就赚 80 块，一个月下来 2000 多，关键是年底还有分红收入！"

在南部县伏虎镇书房垭村，距离村委会不远处的一块平地上，两栋建筑整齐排列，其中一栋正在进行墙体砌砖。村党支部书记马仕满说，洞头区注入 100 万元帮扶资金，在村里建设脱贫奔小康生猪产业园,让生猪的养殖实现信息化、自动化,并带动了周边群众就业。

在实施东西部协作的对口帮扶中,洞头区坚持机制创新,以确保长效收益。通过反复调研、反复分析、反复对比,确定注资持股回报高、见效快、风险低,可长期经营的晚熟柑橘、名贵中药材、生猪3个优选项目,保障群众长期收益。对有市场销售风险的项目,一律实行保底分红,确保贫困户稳定收益。项目分红部分,统一纳入"东西部扶贫收益资金池",再统筹分配给南部全县贫困户,并优先考虑劳动力丧失或半丧失、残疾、孤寡、单亲家庭等贫困户,最大程度地实现精准扶贫。

截至目前,洞头区已安排帮扶资金2900万元,投资入股1.306万亩晚熟柑橘产业示范基地、5个生猪养殖场、300亩名贵中药材基地,惠及南部县10个乡镇19个贫困村的贫困人口。

(12月27日17版 浙江日报 曹伯同 张枥)

人物与先进

NANBU NIANJIAN

中共南部县委、县人大常委会、县政府、县政协领导人

中共南部县委
副市长、书记：张根生
副书记：任爱民（7月前）
　　　　黄　波（12月后）
　　　　朱仕友
　　　　李广超（挂职）
常　委：袁剑柏
　　　　杨庆萍
　　　　赵　平
　　　　刘卫颖
　　　　朱大志（挂职）
　　　　邓　彪
　　　　张晓波
　　　　徐小斌
　　　　钟　源

南部县人大常委会
主　任：胡修云
副主任：汪文成
　　　　林鸿斌
　　　　李光远
　　　　杜　济

南部县人民政府
县　长：任爱民（7月前）
代县长：黄　波（12月后）
副县长：袁剑柏
　　　　朱大志（挂职）
　　　　张全杰
　　　　冯文强
　　　　杨　波
副县长、县公安局局长：陈燕辉
副县长：杜　彬

政协南部县委员会
主　席：时春英
副主席：彭　勇
　　　　罗加瑞
　　　　何　榕

2018年度"最美南部人"

类　别	姓　名	工作单位及职务
务实担当	梁德华	县农牧业局党组书记、局长
	梁　刚	火峰乡党委书记
助人为乐	杜邦辉	南部微公益爱滴起跑线协会会长
	张树军	南方医科大学南方医院副院长、党委委员
诚实守信	汪明英	南部安泰医院院长
敬业奉献	牟丽琼	市监局行政审批股政务中心窗口工作人员
	刘友生	南部永生化工总经理
孝老爱亲	李芝泉	剑阁县涂山乡退休教师（长住双峰乡）
	舒华明	县国学研究会会长
	聂　彬	中铁五局集团技术主管
见义勇为	蒲仕南	宏观乡老观村村民
	周　国	南部二中高中英语教师
脱贫攻坚	李鹏飞	县政协办公室信息调研股股长